Andreas Friedrich
Michael Ahrens

Der WanderUrlaubsführer

ANDALUSIEN

Die **71 Top-Wanderungen** und **Ausflüge**,
mit **Faltkarte** und **GPS-Tracks** als Download

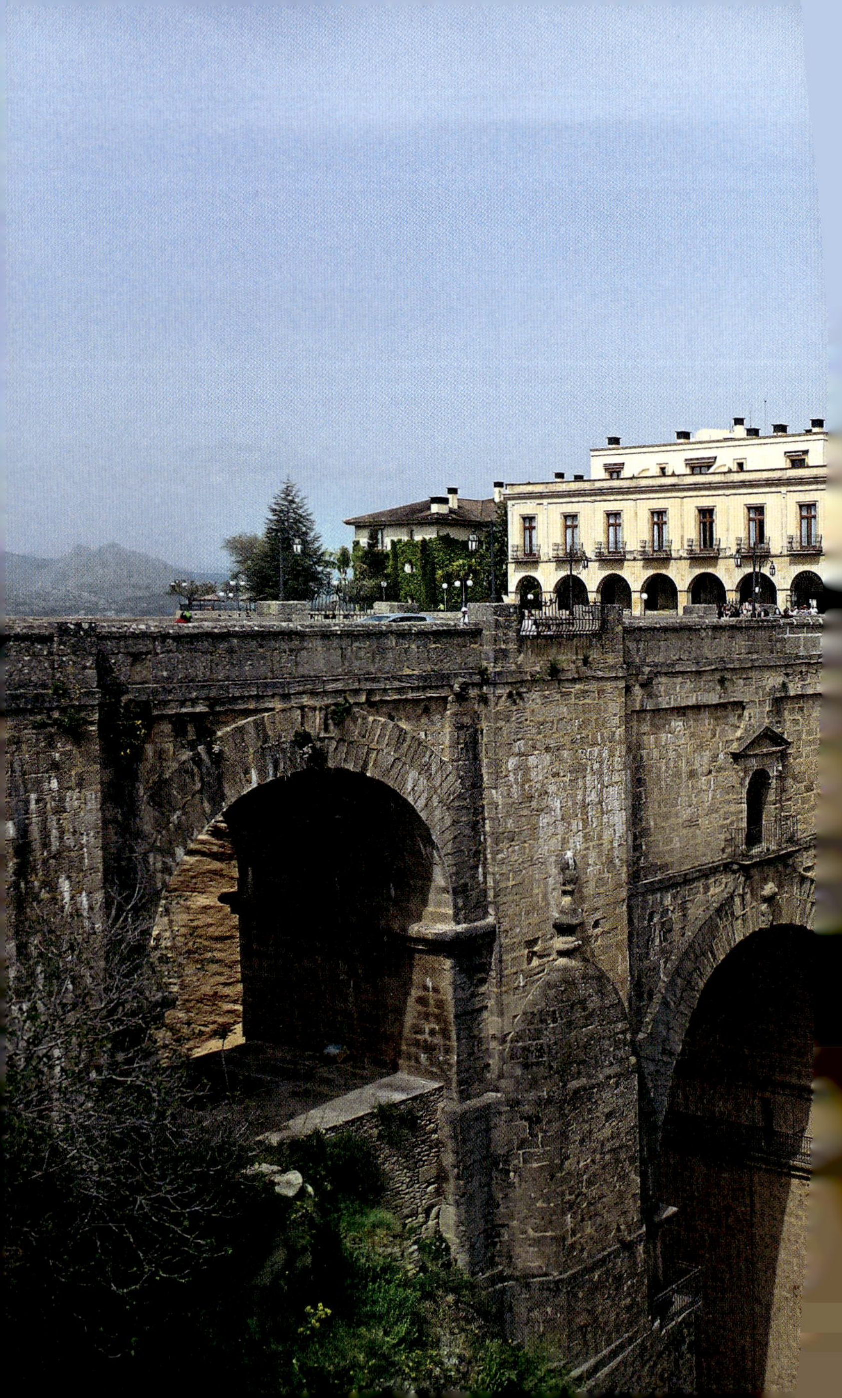

Der WanderUrlaubsführer

ANDALUSIEN

Andreas Friedrich
Michael Ahrens

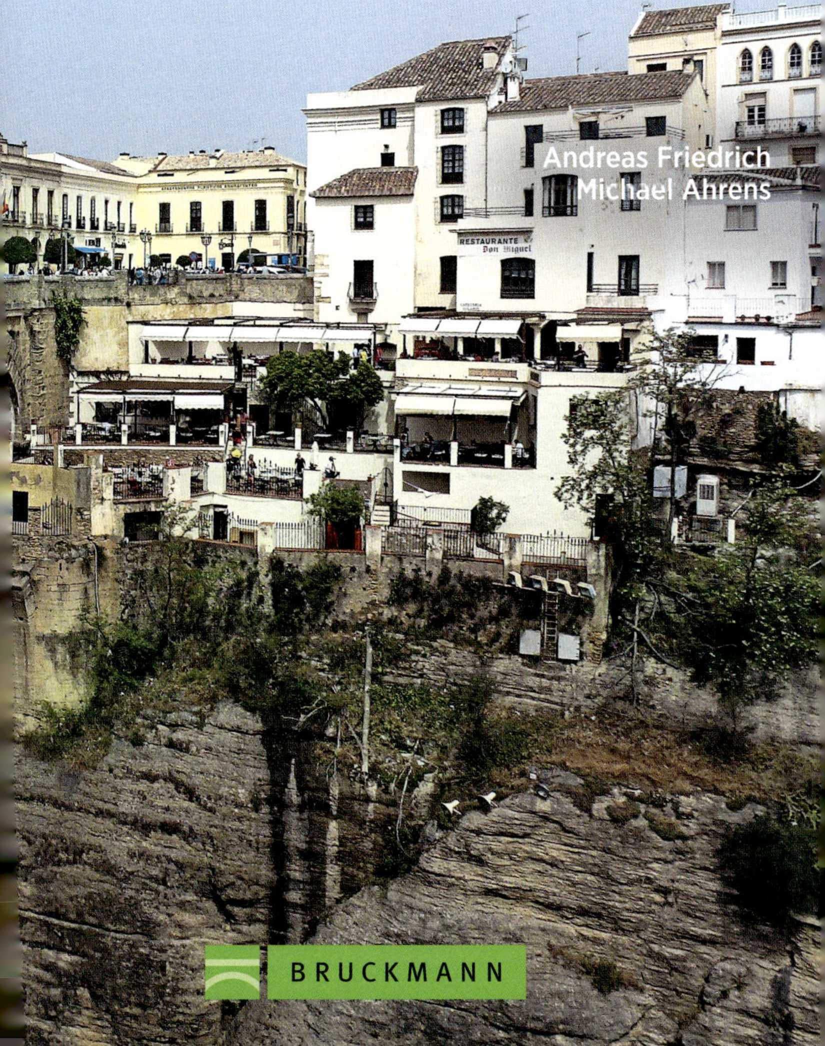

BRUCKMANN

INHALT

Das nordwestliche Andalusien

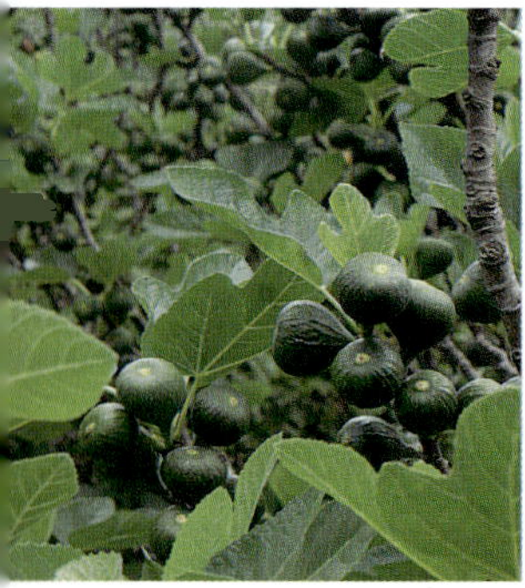

Feigen am Río Bosque

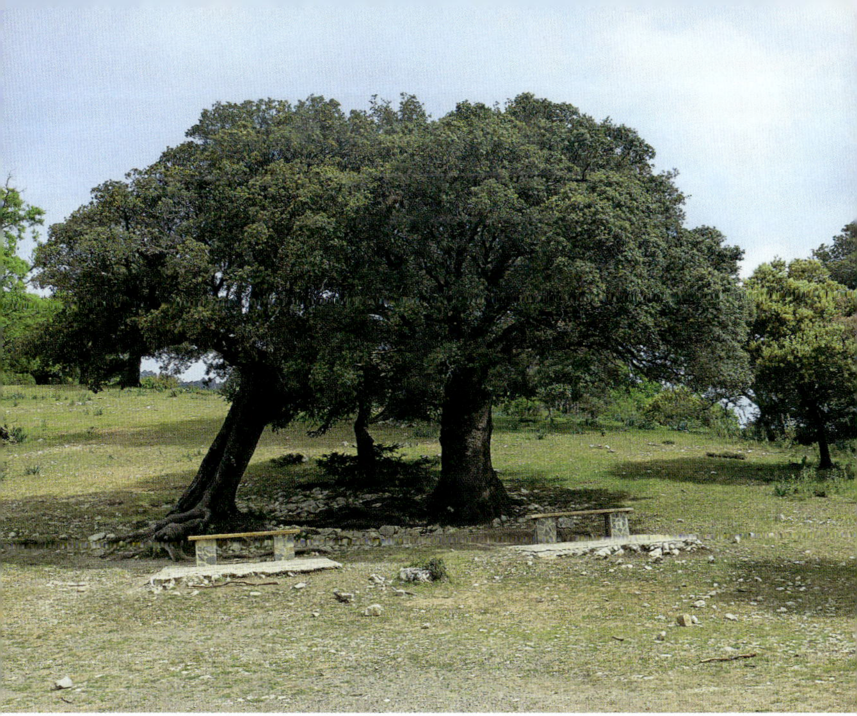

Mächtige Kanareneichen in der Sierra de Grazalema

Das südwestliche Andalusien

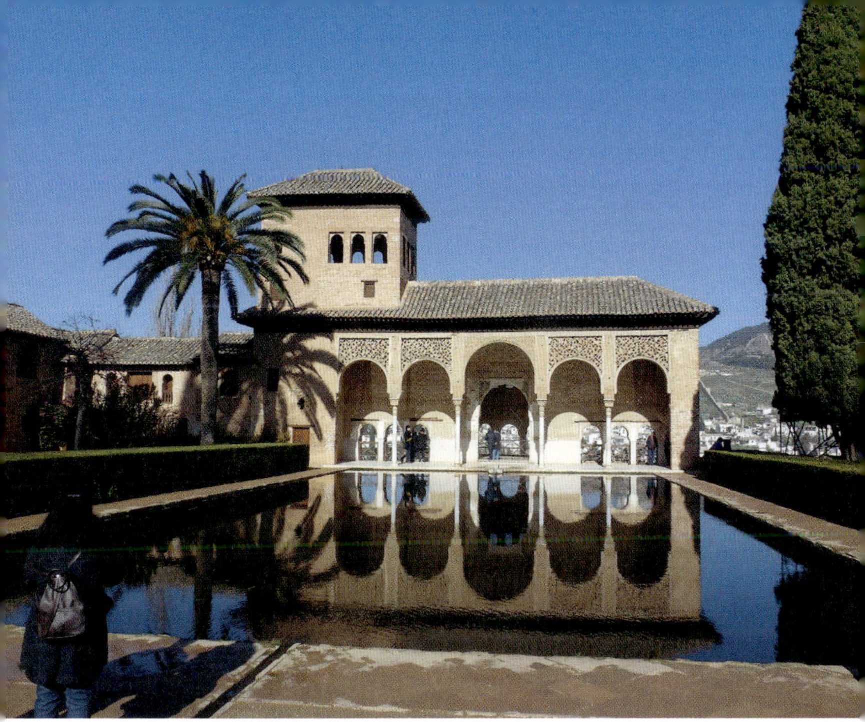

Maurische Leichtigkeit – der Partal-Palast in der Alhambra

Zentralandalusien

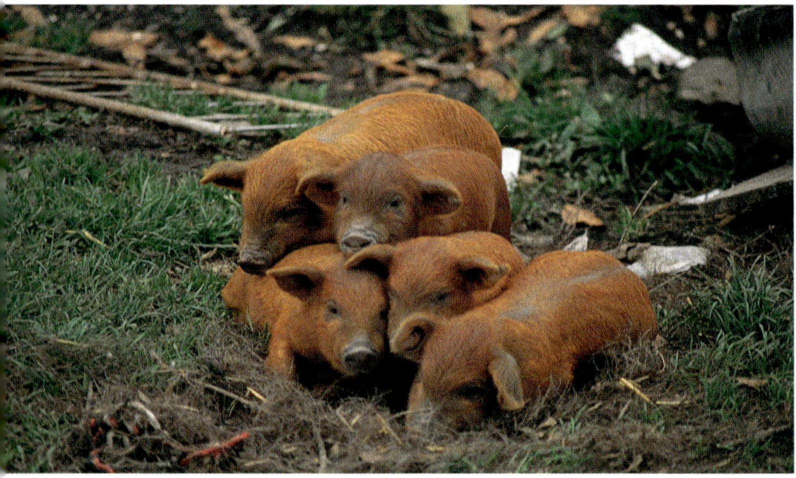

Munteres Schweinequintett im Korkeichenwald

Das östliche Andalusien

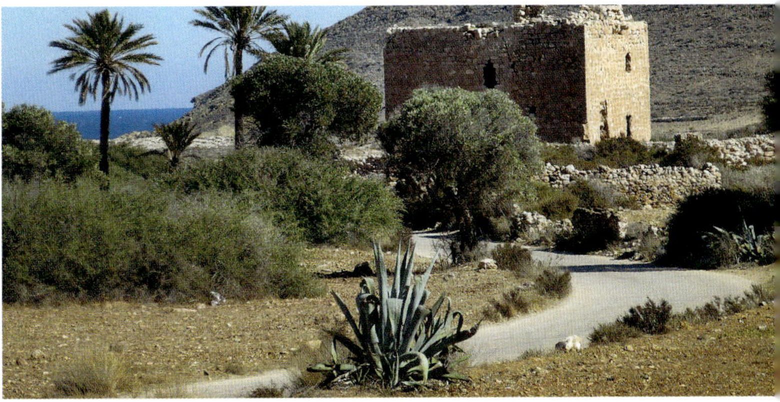

Halbwüste am Cabo de Gata

UNTERWEGS IN ANDALUSIEN

Das »Land des Lichts«, so Andalusien in einer gängigen Übersetzung, bietet vielfältige Wandermöglichkeiten in sehr unterschiedlichen Landschaften. Man kann mediterrane Wälder mit riesigen Korkeichen durchstreifen, das Hochgebirge der Sierra Nevada erkunden oder von einem meeresnahen Gipfel die nächste Badebucht auswählen. Die reiche Historie der Region und Naturbeobachtungen gehen eine reizvolle Verbindung ein.

Wandern in Andalusien

Die landschaftliche Vielfalt macht Andalusien für einen Wanderurlaub sehr attraktiv. Verschiedenste Landschaftstypen sind hier vertreten und widersprechen dem Klischee eines staubtrockenen Südspaniens, welches man freilich auch antreffen kann. Die Sierra de Grazalema im Südwesten weist sogar die höchste Niederschlagsmenge Spaniens auf. In den flachen Küstenregionen am Atlantik findet man riesige Vogelbrutgebiete zwischen Dünen und Marismas. Ein großer Anteil an der Fläche Andalusiens, das etwas größer ist als Österreich, hat Mittelgebirgscharakter: Hier gibt es ausgedehnte Steineichenwälder und kleine, teils pittoreske Ortschaften wie die »pueblos blancos«. Im Regenschatten der Gebirge befindet sich im östlichen Andalusien die einzige natürliche Wüste Europas und im Hinterland des Cabo de Gata mit Tabernas der trockenste Ort des Kontinents. Groß sind auch die Kontraste in der Höhenstufung: In der Provinz Granada steigt man von Meereshöhe an über etwa 3000 Höhenmeter durch mehrere Klimaregionen, somit durch völlig unterschiedliche Vegetationszonen. Wir haben versucht, dieser landschaftlichen Vielfalt bei der Auswahl unserer Touren gerecht zu werden. Vertreten sind beinahe schon »klassische« Touren wie die Wanderungen in den Alpujarras, neben solchen mit Geheimtippcharakter wie in der Sierra Mágina. Es gibt mehrere Schwerpunkte, so den Naturpark Subbéticas Cordobesas, die Sierra Nevada oder das Cabo de Gata, wo sich als »Wanderstützpunkt« eine Ferienwohnung oder ein »cortijo«,

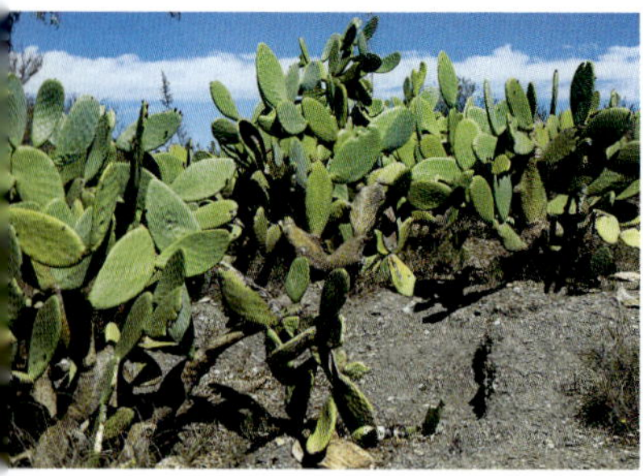

Kakteen als Zeichen großer Trockenheit

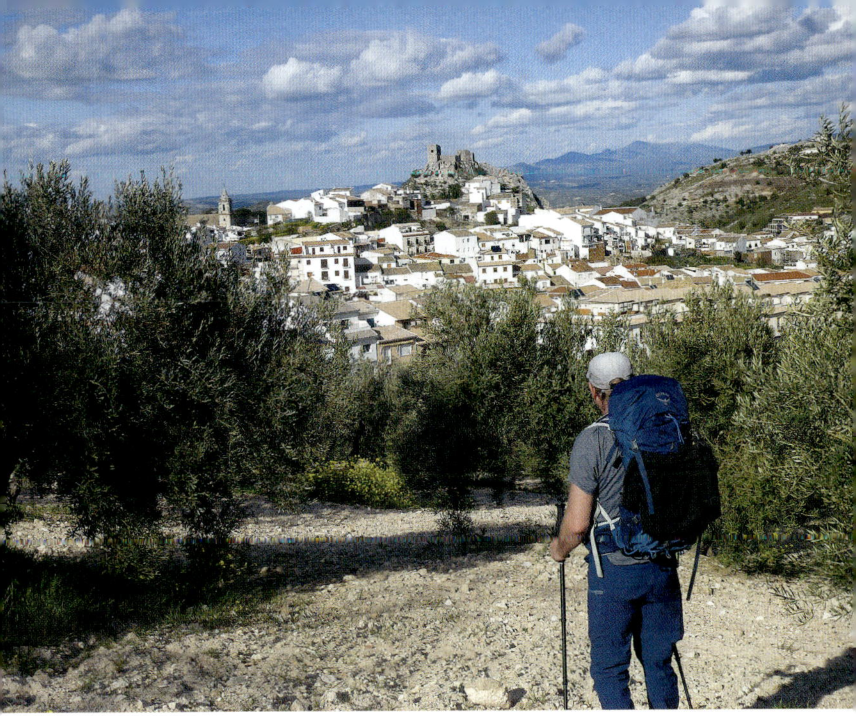

Blick auf Luque in der Provinz Córdoba

ein kleines Landhaus, anbietet. Der überwiegende Teil der Touren hat Genusscharakter, viele sind familienfreundlich. Gipfelstürmer kommen ebenfalls auf ihre Kosten, so bei der Besteigung des Mulhacén, des höchsten Gipfels der Iberischen Halbinsel, oder des Gilillo in der Sierra de Cazorla. Manche Wanderungen sind in Stadtnähe angesiedelt und eignen sich gut zum Ausgleich nach einem vormittäglichen Sprachkurs oder Alhambra-Besuch. Andere wiederum sind entlegener und bieten Natur pur, führen durch spektakuläre Schluchten und entlang wilder Bäche, vor allem im Sommer eine wohltuende Erfrischung.

Die meisten Touren liegen in »Parques Naturales«, von denen es über zwanzig in Andalusien gibt. Mit dem Coto de Doñana und der Gipfelregion der Sierra Nevada sind auch die zwei Nationalparks repräsentiert. In den jeweiligen Infozentren gibt es interessante Ausstellungen, Informationsmaterial und Produkte aus der Region. Hier kann man auch geführte Touren buchen.

Die Touren in diesem Buch erfordern weder alpinistische Kenntnisse noch Ultrakondition. Sogar die »schwarzen« Wanderungen sind für jeden halbwegs trainierten Wanderer gut zu schaffen. Auch wer zu

Hause nicht wandert, kommt vielleicht mit »blauen« oder »roten« Touren auf den Geschmack oder findet eine Abwechslung zur Kulturreise oder zum Strandaufenthalt. Dennoch sollte man gewisse Vorsichtsmaßnahmen treffen, um keine unliebsamen Überraschungen zu erleben. Vorsicht vor Starkregen: Gerade im Mittelmeerraum prasseln punktuell enorme Wassermassen vom Himmel, sodass kleine Bäche zu reißenden Gewässern werden können oder Wege über- oder sogar unterspült werden. Insbesondere in den Sommermonaten kann es extrem heiß werden – nicht umsonst gibt es hier die Siesta. Daher eignen sich in den Sommermonaten der Morgen und der Spätnachmittag zum Wandern, oder man wählt entsprechend schattige Touren aus. Die Mehrzahl der Wanderungen im Buch ist mit öffentlichen Verkehrsmitteln zu erreichen.

Manche Touren sind erweiterbar zu größeren Unternehmungen. Fernwanderer finden in Andalusien ebenfalls attraktive Strecken: Der Camino Sulayr umrundet die Sierra Nevada, der GR 7 und der GR 142 durchziehen das südliche Andalusien, der GR 41 und 48 den Norden. Die »Vías Verdes« sind stillgelegte Bahnstrecken, die man zu Fuß oder mit dem Fahrrad erkunden kann. Im Netz: www.fedamon.com; www.ventanadelvisitante.es; www.viasverdes.com.

UNSERE 5 WANDER-HIGHLIGHTS

- Im Korkeichenwald Baumriesen umarmen (Tour 21)
- Von der Aussichtskanzel bei Marbella nach Afrika greifen (Tour 30)
- Durch die Schlucht des Río Bailón und anschließend in Zuheros bei Don Rafael typische Tapas probieren (Tour 40)
- Auf Hängebrücken die Schlucht von Monachil durchqueren (Tour 57)
- Auf den Spuren von »Indiana Jones« Traumstrände am Cabo de Gata erkunden (Tour 47)

Das Wetter

Vor allem Frühling und Herbst eignen sich bestens zum Wandern. Juli, August und September scheiden für die Wandersaison nahezu aus, außer bei Gipfeltouren in der Sierra Nevada. Die sommerheißeste und die winterwärmste Landschaft ist das westliche Andalusien, also

Sevilla und das Guadalquivírbecken bis zum Atlantik. In den Gebirgen des Binnenlands herrscht kontinentales Mittelmeerklima vor, was große Unterschiede bei den Tagestemperaturen mit sich bringt. Mittags können in Trevélez sogar im Dezember über 20 °C erreicht werden, während nachmittags im Schatten die Temperatur schnell sinkt und nachts sogar Minusgrade herrschen. Hier ist dringend die Tageslänge zu beachten, denn die Wärme zur Mittagszeit täuscht – die Sonne ist im Winter um 18 Uhr verschwunden. Niederschläge regnen sich meist bereits an den großen Gebirgszügen im Westen ab: Während in Grazalema 1800 mm Niederschlag im Jahr gemessen werden, liegt dieser Wert am Cabo de Gata bei nur 200 mm. Ab März und April erleben Wanderer oft ein Blütenspektakel, ab Mai wird es schon sehr warm. Im Herbst bieten die Laubwälder eine wahre Farbenpracht, was im warmen Licht seinen besonderen Reiz hat. Zwischen Dezember und März kann es in der Sierra Nevada schneien, wobei die Skiweltmeisterschaft mangels Schnee 1995 ausfallen musste.

Land und Leute

Generell stehen die Einheimischen Wanderern freundlich gegenüber. Sie geben, wenn auch manchmal etwas wortkarg, Wegauskünfte oder wissen, wo die nächste Einkehrmöglichkeit ist. Freilich sollte man sich als Wanderer entsprechend respektvoll verhalten, freundlich grüßen und Grundstücksrechte beachten. Dann bleiben Tore und Privatwege weiterhin geöffnet – Wegsperrungen sind lästig, sowohl für Wanderurlauber als auch für Autoren. Fremdsprachenkenntnisse sind insbesondere bei älteren Spaniern selten, von daher empfehlen sich zumindest ein paar Begriffe oder Sätze in Spanisch.

Unterwegs darf man sich nicht darauf verlassen, viele Menschen zu treffen. Obwohl Andalusien eine attraktive Wanderregion ist, konzentriert sich der Wandertourismus bisher auf wenige, bekannte Touren.

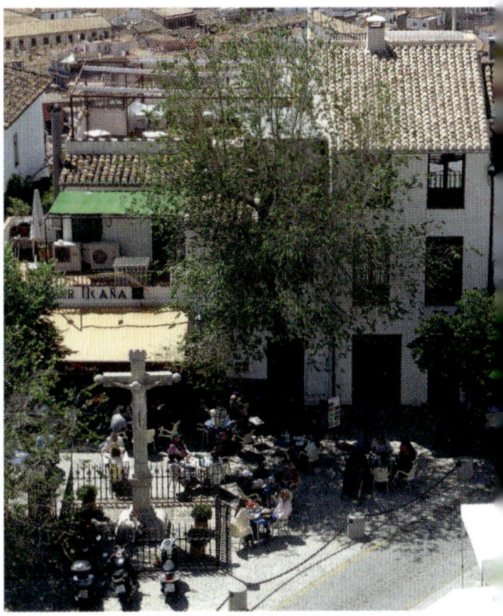

Die Plaza San Miguel Bajo im Albaicín Granadas

Essen und Trinken

Die andalusische Küche gilt zwar nicht als raffiniert, hat aber dennoch einige Köstlichkeiten zu bieten. Man kocht eher leicht als schwer und eher einfach als aufwendig. Kräftige Frühstücke (el desayuno) gibt es so gut wie gar nicht: Meist startet man in den Tag mit einem café con leche (Milchkaffee) und einem tostado, einem gerösteten Baguette, das es mit Marmelade oder auch mit geriebener Tomate gibt. Wer etwas Solideres möchte, bestellt ein bocadillo (belegtes Brötchen), das je nach Wirt gigantische Ausmaße annehmen kann. Das Mittagessen (el almuerzo) gibt es frühestens ab 13 Uhr, das Abendessen (la cena) ab 20 Uhr. Recht beliebt ist es auch, sich mit Tapas zu verpflegen, die im östlichen Andalusien tendenziell kostenlos zum Bier serviert werden, während man sie in Sevilla extra bezahlt. Im Sommer schmeckt gazpacho, eine kalte Gemüsesuppe. An der Küste findet man oft leckeren pescado (Fisch) auf den Speisekarten. In den Gebirgsregionen sollte man unbedingt den guten Schinken probieren, als serrano oder in der Edelvariante als ibérico oder pata negra – Produkt der Steineichelmast. Ebenfalls lecker sind Forellen (trucha) oder Kaninchen (conejo), während Vegetarier Gemüseeintöpfe oder Tortilla genießen können. Die cerveza entspricht etwa einem hellen bayerischen Bier, während die Weine der Region, beispielsweise aus der Alpujarra, recht unterschiedliche Qualität aufweisen. Als Wanderproviant kann man im örtlichen Geschäft guten queso (Käse) oder chorizo (Paprikaspeckwurst) und ein Stück pan (Brot) kaufen.

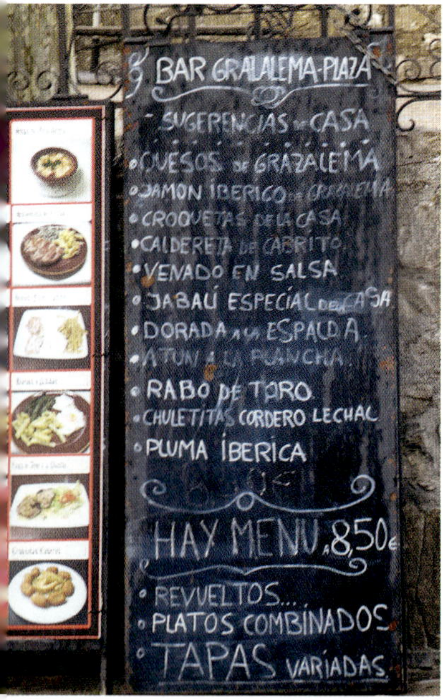

Authentische Speisekarte in Grazalema

Die schönsten Feste in Andalusien

Andalusien ist eine Region der Feste! Die Einheimischen feiern gerne, lang, oft und exzessiv. Für Reisende kann ein besonderer Reiz darin bestehen, die eigene Route auf bestimmte Festtage hin auszurichten und beispielsweise nach der Wanderung noch aufs Dorffest zu gehen. Die »ferias« präsentieren sich in regelrechten Farborgien, vor allem die »feria de abril« von Sevilla. Feierlich und manchmal geheimnisvoll wirken die Prozessionen während der »Semana Santa«, der Karwoche. Sie ziehen Zehntausende Menschen in ihren Bann, wie der Umzug »el silencio« (die Stille) in Granada, bei der die Stadt verdunkelt wird, oder die archaische Prozession der Gitanos im Sacromonte mit Flamencodarbietungen. Während der »Cruces de Mayo« sind auf Plätzen blumengeschmückte Kreuze aufgestellt, drum herum viele Freiluftbars. Die »romería« von Rocío ist die größte Wallfahrt Andalusiens und ein Riesenspektakel mit vielen Pferdegespannen und Musik unter freiem Himmel. Daneben gibt es noch eine Vielzahl örtlicher Festivitäten, von denen die »moros y cristianos« in der Alpujarra auf historische Hintergründe und die Zeit der Reconquista zurückgehen. Wer die Möglichkeit hat, zu einem Flamencofestival zu gehen, sollte dies wahrnehmen. Hier gibt es im Gegensatz zu den routinierten touristischen Flamencoshows die Chance, den »echten« Flamenco zu erleben.

DIE SCHÖNSTEN FESTE IN ANDALUSIEN

Januar Día de la Toma, Granada (Tag der Rückeroberung der spanischen Halbinsel)

Februar/März Karneval in Cádiz. Internationales Flamenco-Festival in Jerez de la Frontera

März/April Semana Santa, die Woche vor Ostern mit sehenswerten Prozessionen, vor allem in Sevilla und Málaga

April/Mai Feria de Abril, Sevilla (die schönste feria der gesamten Region). Feria del Caballo, Jerez de la Frontera (ein Muss für Pferdeliebhaber)

Mai Día del Nispero (Tag der Mispel; Sayalonga). Romeria El Rocío (größte Wallfahrt Andalusiens in El Rocío). Fiesta del Patio, Córdoba

Juni Fiesta de San Juan, ganz Andalusien (Sommersonnwendfeier)

Juli Virgen del Carmen (meistens in den Küstenstädten)

August Feria de Málaga und Feria de Almería

September Weinfest in Jerez de la Frontera

Oktober Schinkenfest in Aracena

Durch Andalusien mit Bus und Bahn

In Andalusien braucht man nicht zwingend einen Mietwagen. Auch mit öffentlichen Verkehrsmitteln erreicht man viele Wanderziele, zudem erleichtert das Internet die Planung – die Fahrpläne stehen im Netz.
Sie landen in Málaga, wo Sie vom Flughafen mit einem Zubringerbus zum großen Busbahnhof (estación de autobuses) Maria Zambrano fahren. Von hier geht es mit dem Regionalbus nach Ronda (mehrere Verbindungen tägl.), oder Sie nehmen den Zug (gleich gegenüber: die estación de tren) und fahren durch die berühmte Chorro-Schlucht. Vielleicht ist ja sogar noch Zeit für einen Stadtbummel in Málaga. In Ronda unternehmen Sie eine ausführliche Stadtbesichtigung, die Sie mit einer halbtägigen Wanderung rund um die weiße Stadt gut kombinieren können. Mit der Bahn können Sie von Ronda aus auch das Guadiaro-Tal erkunden. Richtig urig wird es, wenn Sie mit dem Bus weiterfahren nach Grazalema (zwei Busse tägl.). Direkt vom »pueblo blanco« aus gibt es attraktive Wandermöglichkeiten, oder Sie kombinieren geschickt Bus und Taxi für einen etwas größeren Aktionsradius. Von der Berglandschaft Rondas aus reisen Sie mit dem Bus nach Sevilla in das Tal des Guadalquivír und tauchen ein in die Atmosphäre der Hauptstadt Andalusiens mit ihren vielen Sehenswürdigkeiten und Lokalitäten. Nächster Bus-Stopp ist Córdoba, das in der Zeit der 3 Herrschaft eine der größten Städte der Welt war, mit einem blühenden Wissenschaftsbetrieb. Und ein Muss ist natürlich ein Aufenthalt in Granada mit einem Spaziergang durch den Albaicín, das alte arabische Viertel. Von der Plaza San Nicolas aus genießen Sie den faszinierenden Blick auf die Alhambra mit der Sierra Nevada im Hintergrund. Direkt hinter der Alhambra gibt es Wandermöglichkeiten, auch die Touren bei Monachil und Padul erreicht man rasch mit Landkreis-Bussen. Wer mehr Zeit hat, startet vom großen Busbahnhof Granadas aus noch in die Alpujarras und erkundet die weißen Dörfer im Poqueira-Tal oder die »Tahá de Pitres«. Bevor es wieder retour geht nach Málaga, gönnen Sie sich vielleicht noch einen Badeaufenthalt – Nerja und

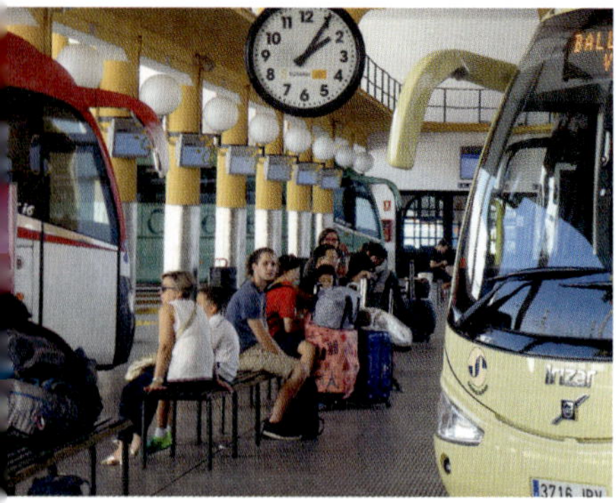

Der Busbahnhof in Sevilla

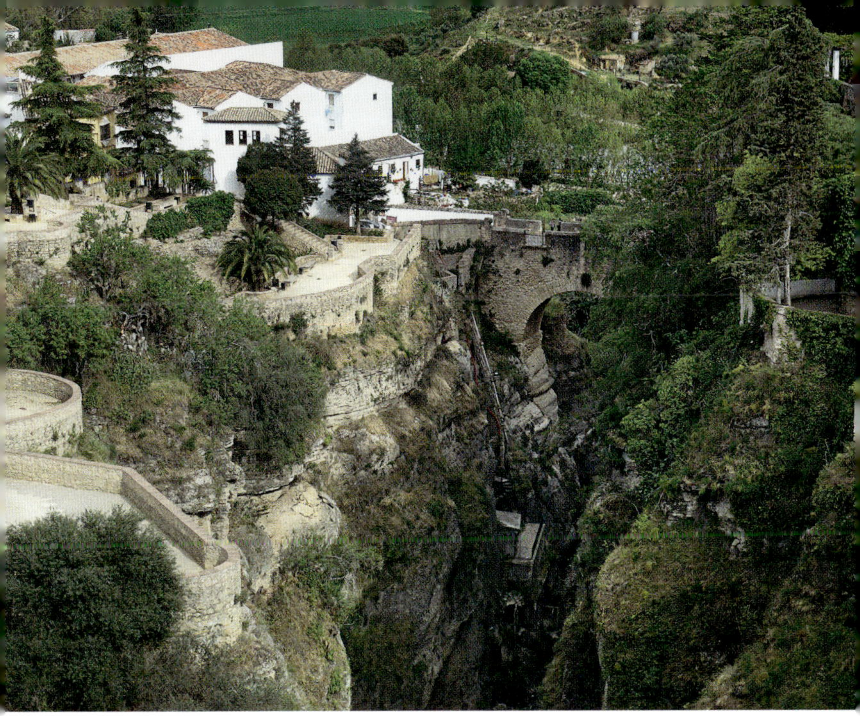

Der Tajo – spektakuläre »Stadtmitte« in Ronda

Almuñecar verfügen über gute Busverbindungen und bieten sowohl viele Unterkünfte als auch Ambiente.
Je nach »Reise-Baustein« und Anzahl der Wandertage wären Sie 7 bis 14 Tage unterwegs. Für eine Grobplanung empfiehlt sich ein Blick auf die Webseiten der Busfirmen www.alsa.es und »Amarillos« (auf www.samar.es) beziehungsweise der Bahn (www.renfe.es).

Unterkunft

Die Hotelinfrastruktur in Andalusien ist sehr gut, von einfach bis nobel ist alles vertreten. Viele Häuser in ländlichen Bereichen haben modernisiert und bieten guten Komfort, sodass man nicht mehr als 60 Euro für ein Doppelzimmer ausgeben muss. Manche Campingplätze bieten Bungalows an. Während der großen Feste kann es zu Engpässen kommen – in diesem Fall sollte man ausweichen oder frühzeitig reservieren! Ferienwohnungen können eine preisgünstige und urige Alternative sein, beispielsweise in einer »casa rural« in der Alpujarra. Tipps gibt es im Internet oder im Dorfladen.

TIPPS UND INFOS FÜR UNTERWEGS

Auskunft

Spanische Fremdenverkehrsämter:
Kurfürstendamm 63, 10707 Berlin, Tel. +49/30/7882 6661
Grafenberger Allée 100, 40237 Düsseldorf, Tel. +49/211/680398
Myliusstrasse 14, 60323 Frankfurt, Tel. +49/69/725038
Turespaña Deutschland, 80051 München, Postfach 151940, Tel. +49/89/5307460
Turespaña Österreich, Walfischgasse 8, 1010-1 Wien, Tel. +43/1/5129580, viena@tourspain.es
Turespaña Schweiz, Seefeldstrasse 19, 8008 Zürich, Tel. +41/44/2536050 und +41/44/2526 04, zurich@tourspain.es
Internet-Seiten über Andalusien:
www.andalucia.com; www.andalucia.org

Medizinische Hilfe und Notrufe

Vor Antritt der Reise sollte man sich unbedingt bei seinem Krankenversicherer über die Regelung der Kostenübernahme im Krankheitsfall informieren und gegebenenfalls eine zusätzliche Reisekrankenversicherung abschließen. Gesetzlich Versicherte sollten ihre Europäische Versicherungskarte mitführen.

Die europäische Notrufnummer erreicht man unter 112, die Policia Nacional unter 091, die Policia Local unter 092, den medizinischen Notruf (emergencias) unter 061, die Guardia Civil unter 062 und den ärztlichen ADAC-Notruf in Deutschland unter +49/89/767676.

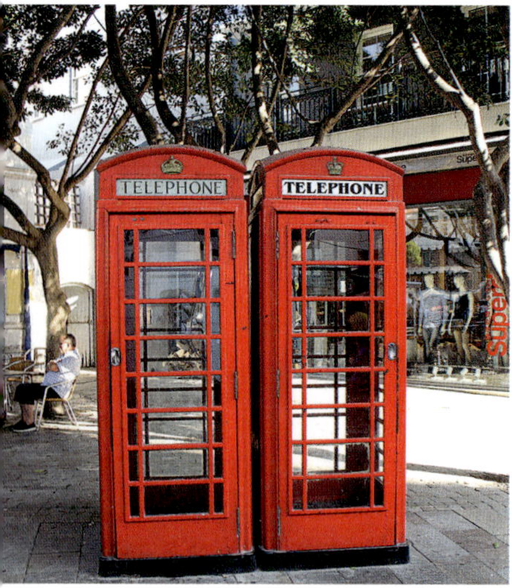

Britische Kommunikationszentralen in Gibraltar

Anreise

Typischerweise wird man mit dem Flugzeug anreisen. Generell ist der

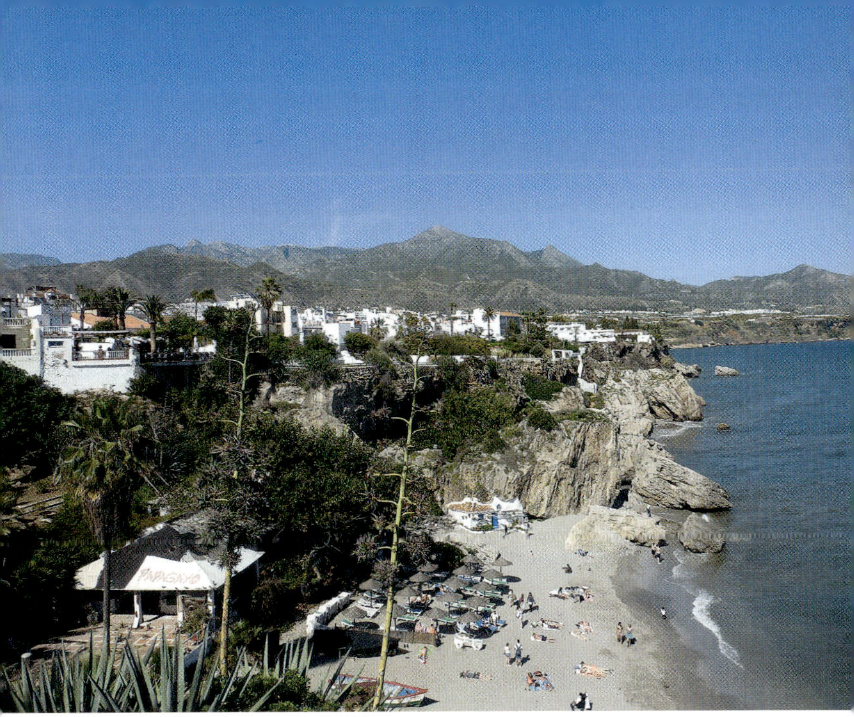

Einer der tollen Stadtstrände von Nerja

Flughafen von Málaga eine gute Anlaufstelle. Weitere internationale Flüge werden nach Sevilla, Jerez und Almería angeboten. Eine preisgünstige Alternative ist der Flug nach Madrid, weiter geht es mit dem Fernbus ab dem großen Busbahnhof Estación Sur (Metroanschluss). Zum Flugplatz Granada gelangt man nur mit Zwischenstopp. Die Anreise von Mitteleuropa aus mit dem Zug ist umweltfreundlich, dafür lang und unbequem, ebenso wie Fahrten mit Fernbussen.

Mietauto und Verkehr

Viele örtliche und internationale Autovermieter bieten in Andalusien ihre Dienste an. Bei den meisten Autovermietern wird ein Mindestalter von 21 Jahren verlangt sowie die Vorlage einer Kreditkarte als Garantie. Die Höchstgeschwindigkeit innerorts beträgt 50 km/h, auf Landstraßen 90 km/h und auf Autobahnen 120 km/h. Die Alkoholgrenze von 0,5 Promille wird streng überwacht. Gelb markierte Randsteine zeigen ein Parkverbot an, blau markierte eine gebührenpflichtige Parkzone. Wohnmobil-Tourer finden attraktive Campings und Stellplätze vor.

Öffentliche Verkehrsmittel

Das Busnetz in Andalusien ist recht gut ausgebaut und die Fahrpreise sind niedrig. Zwischen den Großstädten gibt es in kurzer Frequenz Expressbusse, auch die Verbindungen zwischen Großstadt und Umlandgemeinden sind gut. Die Gebirgsregionen werden weniger häufig angefahren. Inzwischen hat sich die Informationslage stark verbessert, und Fahrpläne findet man außer in der Zeitung oder der Touristeninformation im Internet (wichtig: www.alsa.es). Mit Smartphone oder Tablet kann man daher ohne vertiefte Spanischkenntnisse in den zahlreichen WLAN-Bereichen von Gemeinden und Hotels die Weiterfahrt organisieren. Das Bahnnetz ist dünn, es gibt keine Küstenlinie. Allerdings sind manche Strecken landschaftlich reizvoll, so der Abschnitt Bobadilla-Algeciras oder wie in Westernfilmen die Strecke Granada-Guadix-Almería. Fahrpläne und Tarife unter www.renfe.es

Feiertage

In Andalusien gelten folgende gesetzliche Feiertage:
1. Januar: Neujahr
6. Januar: Heilige Drei Könige
28. Februar: Andalusien-Tag
Karfreitag (Karwoche von Montag bis Sonntag)
1. Mai: Tag der Arbeit
15. August: Mariä Himmelfahrt
12. Oktober: Spanischer Nationalfeiertag
1. November: Allerheiligen
6. Dezember: Tag der Verfassung
8. Dezember: Maria Empfängnis
25. Dezember: Weihnachten
Fällt ein Feiertag auf einen Sonntag, wird er am Montag nachgeholt. Außer den allgemein gültigen Feiertagen gibt es pro Stadt noch etwa ein bis zwei zusätzliche lokale Feiertage.

Unterkunft

Diese Hotels liegen in den Wandergebieten und verfügen über das »gewisse Etwas«.
Hostal Rural Molino Del Bombo, www.molinodelbombo.com
Calle Ancha, 4, 21200 Aracena

info@molinodelbombo.com, Tel. +34/689/47 16 75, Schönes Landhotel mit wanderfreudiger Inhaberin

Pension Casa de las Piedras, www.casadelaspiedras.net (mit E-Mail-Kontaktmaske), C/ Las Piedras, 32, Grazalema (Cadiz), 11610 Spanien, Tel. +34/956/13 20 14, mitten in Grazalema gelegene Traditionsherberge mit authentischer Speisekarte

Hostal La Ninfa, www.hostallaninfa.net, Campo del Principe, Granada Tel. +34/958/22 79 85, im Szeneviertel Realejo, unterhalb der Alhambra und günstig zu Bushaltestellen (Touren Monachil, Padul) gelegen, mit individuellem Charme. Deutschsprachige Inhaberin.

Hotel Estrella de las Nieves, C/ Real y Huertos, 21, Tel. +34/ 958/76 39 81, Pampaneira, Drei-Sterne-Komfort im Wanderzentrum Pampaneira, Massageduschen und reichhaltiges, regionales Frühstücksbuffet

Hotel La Fragua II. C/ Posadas s/n, Tel. +34/958/85 85 73, Trevélez, Der »Platzhirsch« ziemlich oben im steilen Ort, mit tollem regionaltypischem Restaurant. Hervorragende »trucha con jamón« und »plato alpujarreño«.

Wanderregeln

Die Hinweisschilder »Propiedad particular«, »Propiedad privada« oder »Prohibido el paso« verbieten das Überqueren privaten Grundbesitzes. Schilder »Cierren la puerta« oder »Cierren la cancela« fordern zum Schließen von Gattern auf, damit das Vieh nicht ausbüxen kann.

Ausrüstung

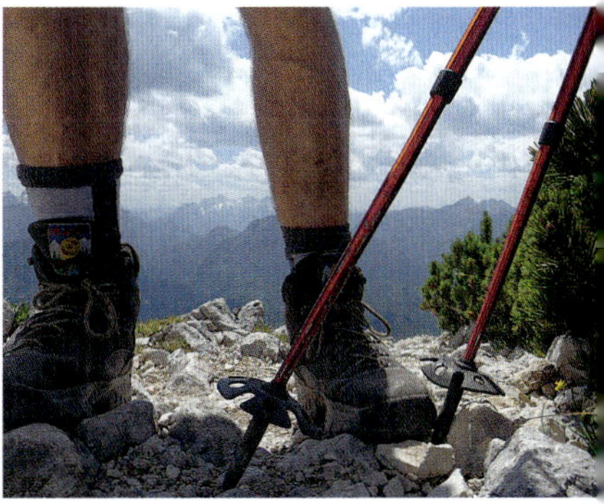
Basisausrüstung beim Wandern

Bei den meisten Wanderungen empfiehlt sich solides Schuhwerk – ideal sind leichte Berg- oder Trekkingstiefel, die die Knöchel stützen. Vorsicht: Länger nicht getragene Schuhe neigen zu bröseliger Sohle! Wanderstöcke nehmen beim Abstieg den Druck von den Knien und bieten eine Stütze auf unebenem oder steinigem Untergrund. Luftige, langärmlige Kleidung, Sonnencreme und leichte Kopfbedeckung schützen vor Sonnenbrand und sollten immer dabei sein. Bei einigen Touren schützen lange Hosenbeine vor stachliger Vegetation, Tipp: Zip-Hosen. Selbstverständlich sollte man ausreichend Wasser mitführen, ebenso wie eine Notration an Proviant gegen aufkommenden Unterzucker. Es gibt keine Berggasthöfe oder Ausflugshütten wie in den Alpen. Einkehrmöglichkeiten existieren durchweg nur in den Ortschaften.

Markierung

Wanderwege sind sehr unterschiedlich gekennzeichnet: Manchmal gar nicht, manchmal überraschend gut. Dies ist oft abhängig von Zuschüssen für die Region und die jeweilige Naturparkverwaltung. Sofern wir auf farbige Wegmarkierungen treffen, kennzeichnen die gelb-weißen Markierungen lokale Wanderwege und die rot-weißen Markierungen Fernwanderwege (meist mit GR abgekürzt). Viele Wanderungen im Buch sind neu von der Umweltbehörde in Sevilla angelegt und grünweiß markiert. Gekreuzte Balken signalisieren: »Hier nicht weiter!«, während ein Knick einen Richtungswechsel ankündigt.

Karten

Wanderkarten gibt es in Buchhandlungen und Sportgeschäften, in den Infozentren der Natur- und Nationalparks und manchmal an Kiosken. Die besten Karten sind die Naturparkkarten der privaten Verlage Everest, Alpina und Penibética. Sie enthalten Wanderwege, im Gegensatz zu den amtlichen Karten (Ausnahme: Sierra Nevada 1:25 000). Eine gute Fundgrube ist das Internet, viele Touren kann man in erstaunlicher Qualität aus den Websites der Umweltämter ausdrucken. Wer sich vor der Reise Kartenmaterial besorgen will, wendet sich am besten an Outdoorausrüster wie »Globetrotter« oder spezialisierte Kartengeschäfte wie www.landundkarte.de oder den Onlinehändler Mapfox.

Telefon

Bei Telefonaten aus Andalusien nach Deutschland muss die Landesvorwahl +49 gewählt werden. Analog gilt für Österreich die Landesvorwahl +43, für die Schweiz +41. Für Gespräche nach Andalusien wählt man die spanische Landesvorwahl +34 und dann die dreistellige Regionalvorwahl, beginnend mit »9« und die gewünschte Rufnummer. Mobilfunknummern beginnen in der Regel mit der Nummer »6«.

DIE SCHWIERIGKEITSGRADE DER TOUREN

● Leicht: Technisch und konditionell einfache Wanderungen auf meist guten Wegen und Pfaden mit kleineren Anstiegen

● Mittel: Technisch und/oder konditionell mittelschwere Wanderungen, die einen sicheren Tritt und abschnittsweise Schwindelfreiheit erfordern.

● Schwer: Technisch und/oder konditionell anspruchsvolle Bergwanderungen mit z. T. alpinem Charakter, die aufgrund ihrer Länge oder Wegbeschaffenheit Trittsicherheit, Schwindelfreiheit und gute Kondition erfordern. Bisweilen ausgesetzte Passagen, teilweise auch raue Wege und Steige, die entsprechender Bergwandererfahrung bedürfen.

Zum Weiterlesen und Vertiefen

Andreas Friedrich, »Die Alhambra«, Book on Demand. Einziger in Deutschland erhältlicher Führer zur Alhambra, mit einem Abriss der Geschichte Andalusiens und Granadas und der Kunstgeschichte des weltberühmten Bauwerks. Ideal zur Ergänzung eines Alhambrabesuchs.

Lion Feuchtwanger, »Die Jüdin von Toledo«. Gesellschaftsporträt über das Zusammenleben von Juden, Christen und Mauren im mittelalterlichen Toledo – ein Klassiker.

Antonio Gala, »Die Handschrift von Granada«. Historischer Roman über die letzten Tage der maurischen Herrschaft in Granada.

Salman Rushdie, »Des Mauren letzter Seufzer«. Historischer Roman über die letzten Tage der maurischen Herrschaft in Granada.

Tariq Ali, »Im Schatten des Granatapfelbaums«. Ein Familien- und Sittengemälde über die nach der Übergabe Granadas in die Alpujarras geflohenen Mauren.

Gerald Brenan, »Südlich von Granada«. Ein volkskundlich geprägter, biografischer Bericht über die Erlebnisse des Autors in Yegen, einem Nest in der östlichen Alpujarra.

Washington Irving, »Erzählungen von der Alhambra«. Ein Klassiker, mit dem sich in die Geschichte eintauchen lässt, voller Legenden aus der maurischen Epoche Andalusiens.

Antonio Muñoz Molina, »Die Augen eines Mörders«. Ein Tipp für Freunde starker, psychologisch raffinierter Krimis – einer der stärksten Kriminalromane überhaupt.

ANDALUSIEN MIT KINDERN

Kinder buddeln gerne an Stränden, beobachten und streicheln Tiere, klettern auf Felsen oder spielen Ritter und Burgfräulein. Mit gotischen Kirchen und Renaissancefassaden haben die Kids nicht ganz so viel Spaß. Doch mit allem, was Kinder anspricht und begeistert, ist Andalusien reichlich gesegnet, man muss nur ein wenig abseits der Hauptsehenswürdigkeiten schauen. Zur Not haben auch die Bettenburgen an der Costa del Sol ein gutes Maß an Stränden zu bieten, aber es geht schöner und abenteuerlicher.

Strände

Tolle Strände mit viel Wind und lockerer VW-Bus-Atmosphäre findet man in der »Surferszene« nördlich von Tarifa. Dort können die Youngster ihre ersten Erfahrungen mit den Wellen und dem Bodyboard machen. Weiter nördlich hat sich Isla Cristina als ein ruhiges und naturnahes Ziel mit langen Stränden entwickelt. Östlich von Nerja gibt es einige schöne Ecken mit kleineren Badebuchten, die nur mit einer steilen Zufahrt oder zu Fuß von der Küstenstraße aus erreichbar sind, der Streifen östlich von Motril wirkt hingegen unattraktiv wegen der zwischen Berg und Meer arg eingeengten Orte, durch die auch noch die Straße führt. Ganz im Osten, am Cabo de Gata und nördlich davon, wird es wieder familiengerechter: Schöne Strände und im Hinterland Halbwüste mit Westerndörfern und einer alten Mine – das hat schon was.

Tiere

Schweinderl begegnen Familien mit Kindern auf ihren Trips eher im Westen Andalusiens, während sie im Osten Andalusiens bevorzugt in Lagerhäusern als Schinken auftauchen. Echte Hotspots für bleibende Erinnerungen an urwüchsige Natur mit Tierbeobachtungen sind der Coto de Doñana und die Gebirgsregionen. Im Nationalpark gibt es eine Fülle von Wasservögeln wie Pelikanen und Kormoranen, dazu halbwilde Pferde, Rehe und wer weiß, vielleicht begegnet man ja wirklich einem Luchs oder zumindest dessen Hinterlassenschaften. Greifvögel lassen sich in vielen Gebirgen beobachten, darunter der riesige Mönchsgeier, Gänsegeier und verschiedene Adlerarten. Steinböcke und Bergziegen sind oft ohne Scheu und nähern sich auch Wanderern, wie im Gipfelbereich der Sierra Nevada. Reiturlaube und geführte Touren gibt es an vielen Orten über spezialisierte Veranstalter. Hüten muss man sich hingegen vor Stierweiden: Auf keinen Fall das Terrain »zur Abkürzung« durchqueren, auch wenn ein Gatter mal nicht mit einem Schloss gesichert sein sollte.

Burgen

Auch viele kleinere Orte in der Region sind stolz auf »ihr« castillo und können auf eine geschichtsträchtige Vergangenheit verweisen. Freilich ist die Alhambra die Vorzeige-Festung, doch auch Almeria, Jaen und viele weitere Orte laden zur Burgbesichtigung ein, manchmal mit Mittelalter-Events.

Klettern

El Chorro nördlich von Málaga ist eine der beliebtesten Kletterregionen Europas und ein angesagtes Winterziel der Climberszene. Durch die Chorroschlucht führt der »Caminito del Rey« eine beeindruckende Kurzwanderung, die man über örtliche Veranstalter buchen kann. Ein weiteres, großstadtnahes Revier ist bei Monachil in den »cahorros« zu finden, während im Torcal die Klettersteigfreunde einige Routen finden. Über spezielle Agenturen kommt man auch zum Abenteuer Canyoning, das vor allem in der Region um Ronda angesagt ist, mit der Garganta Verde oder dem Río Genal.

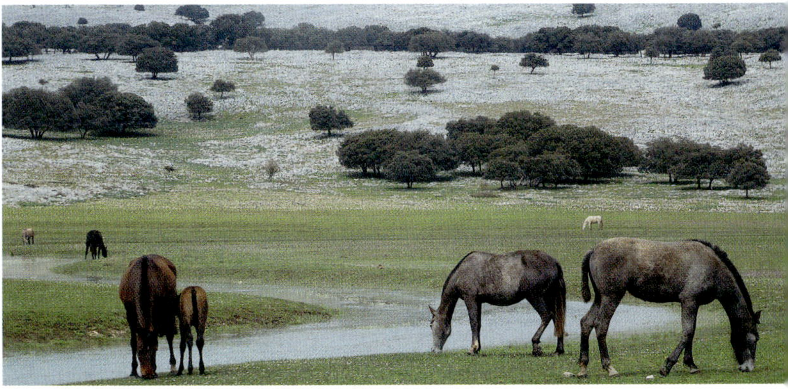

Pferde in der Polje de Nava bei Cabra

FLAMENCO

Die Seele Andalusiens

Durchdringender Gesang, Tanz, Gitarre und je nach Anlass und Formation Begleitinstrumente wie die Cajón – der Flamenco ist die charakteristische Musik Andalusiens und die Seele der Region. In intensiven Momenten, die man am besten in kleinen Clubs und in Festivals erlebt, kann man den Geist des Flamenco, den »duende« erspüren – in energiegeladener Atmosphäre.

Die Ursprünge des Flamenco sind unklar: Man vermutet, dass gegen Ende des 19. Jahrhunderts in bestimmten Lokalen aufgespielt wurde, die Wiege der neuen Musikrichtung lag wohl zwischen Sevilla, Jerez de la Frontera und Cádiz. Musikwissenschaftlich bildeten sich Rhythmen, Melodien und Themen aus einer Fusion von Liedern und Versen des islamischen Mittelalters und Kirchengesängen der westgotischen Tradition. Der »cante jondo«, der »tiefe Gesang«, ist das Grundelement. Ein sich in seinen Gesang immer stärker hineinsteigernder Sänger (oder eine Sängerin) steht im Mittelpunkt und wird von einem Gitarristen begleitet. Die Gitarre kam ebenfalls aus dem arabischen Kulturkreis als fünfsaitiges Instrument, geschaffen von dem Musiker Ziryab im 9. Jahrhundert in Córdoba. Erst um 1790 kam die sechste Saite hinzu und um 1870 schuf der Instrumentenbauer Antonio de Torres aus Almeria die heutige Form der Gitarre. Viele verschiedene Stile prägen den Flamenco, und die Palette an Stimmungen reicht von einer verzweifelten »Siguiriya« bis zu einer fröhlichen »Bulería« im Verlauf einer Darbietung.

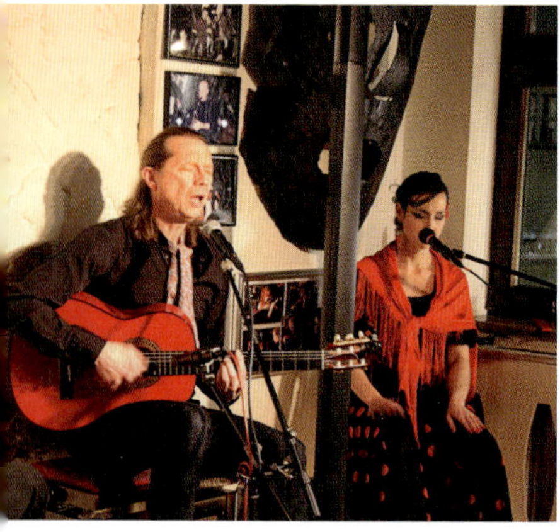

Ricardo Volkert und Carmen López

Sänger, Gitarristen, Tänzer

Der »Cantaor« oder die »Cantaora« können auch von einer Tänzerin oder einem Tänzer begleitet werden, die ihrerseits dem Konzert eine Note aufdrücken können, mit

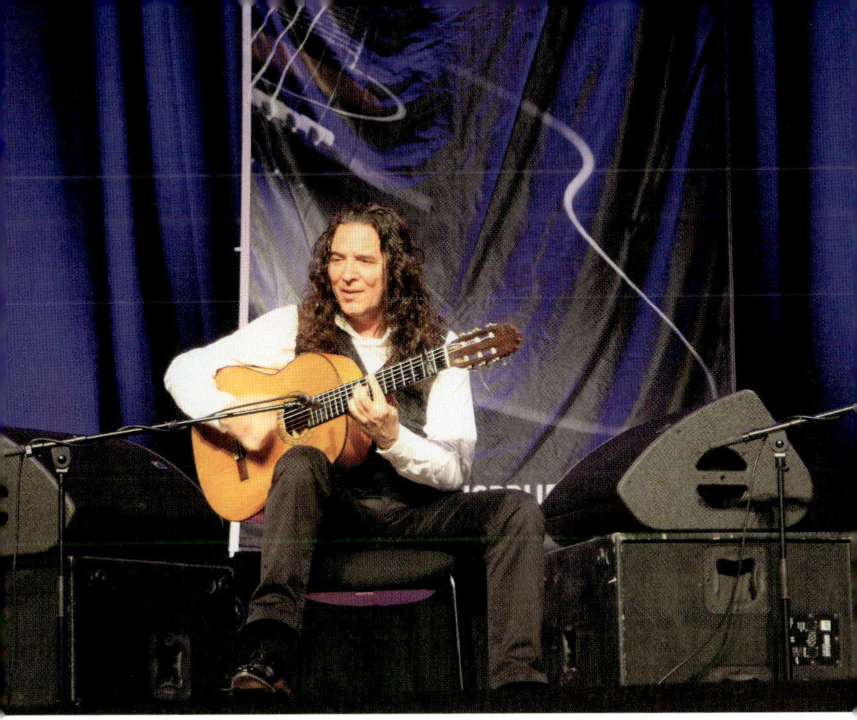

Gitarrist Tomatito – eine Legende des Flamenco

geschmeidigen Drehbewegungen und rhythmischem Aufstampfen mit den »Tacos«, den Absätzen.

Die größte Flamencotänzerin aller Zeiten war Carmen Amaya aus Barcelona. Gesangslegenden wie Enrique Morente und vor allem Camarón de la Isla aus San Fernando erneuerten ab den 1970er-Jahren die Stile des Flamenco und begeisterten auch ein jugendliches Publikum für die sich variabel zeigende Musikform. Camarón ist der Jimi Hendrix des Flamenco: Viel zu früh an Lungenkrebs gestorben, gilt er als musikalischer Volksheld, und seine Hits wie »Soy Gitano« werden auch gern mal nachts bei der »Juerga«, beim abendlichen Ausgehen auf der Straße gesungen. Die inzwischen verstorbenen Paco de Lucía und Tomatito begleiteten ihn auf seinen Tourneen und sorgten ihrerseits für Furore auf Gitarrensaiten. Paco de Lucía spielte mit »Friday Night in San Francisco« einen Meilenstein der Musik ein. Tomatito aus Almería gilt aktuell als der beste Flamencogitarrist weltweit, er unternimmt auch gern Ausflüge in die Klassik. Beliebt ist der »Flamenco-Pop«: Hits von Interpreten wie Kiko Veneno stürmen die Charts und erklingen über die Lautsprecher von Stadtbussen – Flamenco ist überall!

GESCHICHTE ANDALUSIENS IN GRUNDZÜGEN

Der Süden der Iberischen Halbinsel ist eine Grenzregion zwischen Europa und Afrika, zwischen zwei Kontinenten und zudem zwischen den großen Kulturräumen des christlich geprägten Westeuropa und des maurisch-arabischen Maghreb. Die wechselvolle Geschichte der Region hat ihre Spuren hinterlassen sowohl in Architektur und Kunst als auch in vielen weiteren Bereichen von Landschaft, Sprache und Alltag.

Die ältesten Zeugnisse einer andalusischen Urbevölkerung sind Höhlenmalereien wie beispielsweise in der Cueva de la Pileta bei Benaojan in der Nähe von Ronda, aus der Zeit von 20000 bis 15000 vor Christus. Die Megalithkultur (4000 bis 2000 v. Chr.) kann man als heutiger Besucher noch bei den bronzezeitlichen Fundstätten von Los Millares bei Almería und an den Dolmen, den mächtigen Ganggräbern bei Antequera, nachvollziehen. Die älteste Stadt Spaniens ist das heutige Cádiz, eine Gründung der Phönizier aus der Zeit um 1100 v. Chr. Die Karthager als Folgekultur der Phönizier oder Punier gründeten weitere Siedlungen entlang der Mittelmeerküste, die durch Zuzug von Händlern und Handwerkern aus Griechenland weiteren Aufschwung erfuhren. In den Punischen Kriegen siegte die römische Armee unter Scipio gegen die Karthager, Rom herrschte 600 Jahre lang und dominierte seine Provinz Baetica von Córdoba aus, wo mitten im Stadtzentrum römische Ruinen zu sehen sind. Itálica bei Sevilla und viele Relikte wie Aquädukte zeugen noch heute von der römischen Epoche.

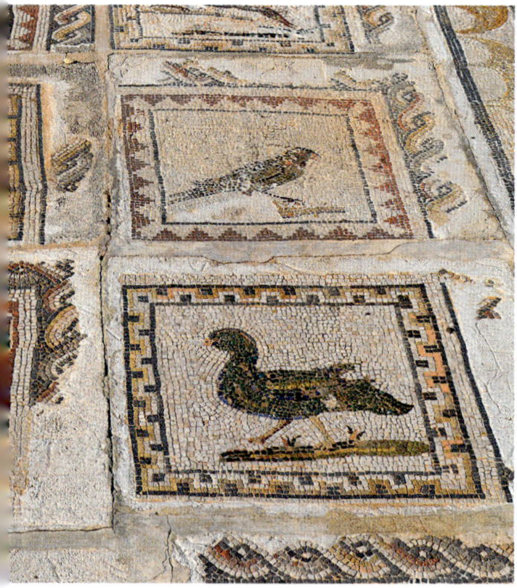

Mosaiken in Itálica

Im Zuge der Völkerwanderung ab dem 5. Jahrhundert zerfiel das Römische Weltreich und die Westgoten setzten sich auf der Iberischen Halbinsel durch, deren Reich wie-

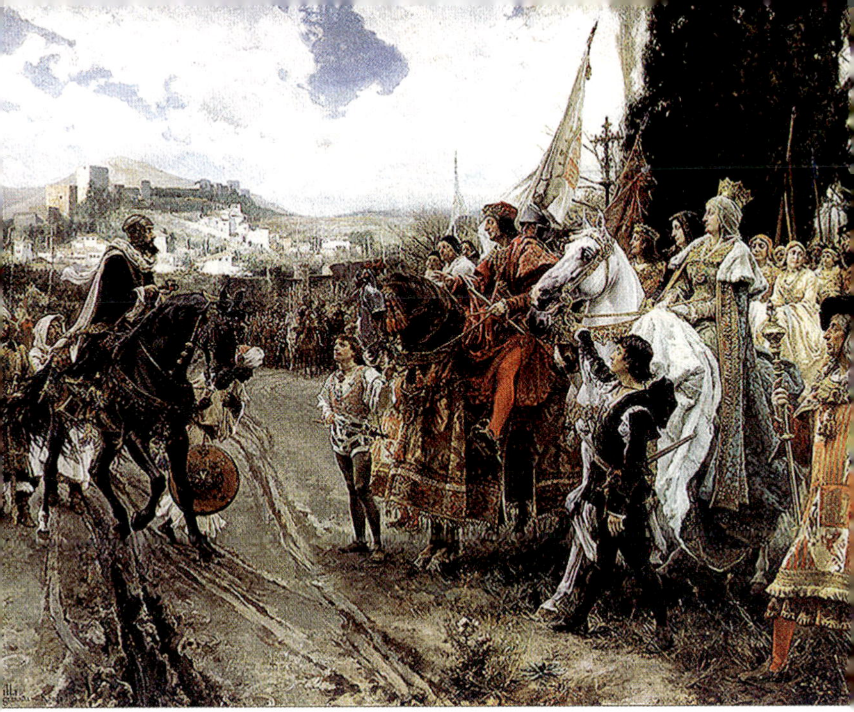

Die Übergabe von Granada an die Christen im Jahr 1492

derum ebenfalls unter Zerfallserscheinungen litt. Im Jahr 711 setzte ein Heer aus Mauren, Berbern und Arabern über die Meerenge von Gibraltar und nahm die Region »Al-Andalus« ohne größere Mühen ein. Der Begriff »Mauren« bezieht sich auf die damalige römische Provinz Mauretanien, das aktuelle Marokko. Im Jahr 756 begründete der Omaijade Ar-Rahman das Emirat von Córdoba und begann mit dem Bau der großen Moschee. Córdoba entwickelte sich zur größten und modernsten Stadt der damaligen Welt und überstrahlte komplett Europa, sogar Bagdad als die vorherige Hauptstadt des arabischen Weltreiches. Die Wissenschaften und die Landwirtschaft erlebten eine Zeit des Aufschwungs, der Innovation und der Blüte. Die Mauren entwickelten Systeme der künstlichen Bewässerung, die heute noch als »acequias« vielerorts intakt sind und exportierten Edelprodukte wie die Seide aus Kulturen von Maulbeerbäumen. Eine weitgehende Toleranz gegenüber Andersgäubigen war förderlich für Frieden und Wohlstand im Emirat und Kalifat von Córdoba, das zeitweilig über die gesamte Iberische Halbinsel reichte. Ab dem Ende des 11. Jahrhunderts kam es zu inneren Streitigkeiten, was den Vormarsch der christlichen »Reconquista« (Wiedereroberung) von Nordspanien aus begünstigte. Über zwei Jahrhunderte lang halten sich noch die Nasriden in Granada, doch schließlich müssen sie im Jahr 1492 die Stadt mit der Alhambra an die Christen übergeben. In den folgenden hundert Jahren vertreiben die Christen zuerst die Juden aus der Region, dann auch die letzten Mauren, die sich in die Alpujarra geflüchtet hatten. Die Entdeckung der »Neuen Welt« durch Christoph Kolumbus ist der Startschuss für den kolonialen Reichtum Spaniens und das »Siglo de Oro«, das »Goldene Zeitalter«. Sevilla ist Ausgangspunkt für die Eroberungszüge der Spanier in Mittel- und Südamerika, und unter Karl V. erreicht das spanische Reich seine größte Ausdehnung. Doch durch Misswirtschaft und die Konkurrenz der Engländer wird Spanien geschwächt – der Tiefpunkt ist die Niederlage in der Seeschlacht von Trafalgar im Jahr 1805. Zusätzlich marschiert Napoleon in Spanien ein. Streitigkeiten um die Thronfolge lassen Spanien nicht zur Ruhe kommen: Das Land gerät industriell ins Hintertreffen und die Landbevölkerung verarmt immer stärker, was zu einem Aufschwung von Sozialismus und Anarchismus in Andalusien führt. Es beginnt die Zeit der Diktaturen von Primo de Rivera und von General Franco, dem Sieger im Spanischen Bürgerkrieg (1936–1939). Die Wirtschaftshilfe der USA und der aufkommende Tourismus bringen Spanien wirtschaftlich nach vorn. Im Jahr 1975 stirbt

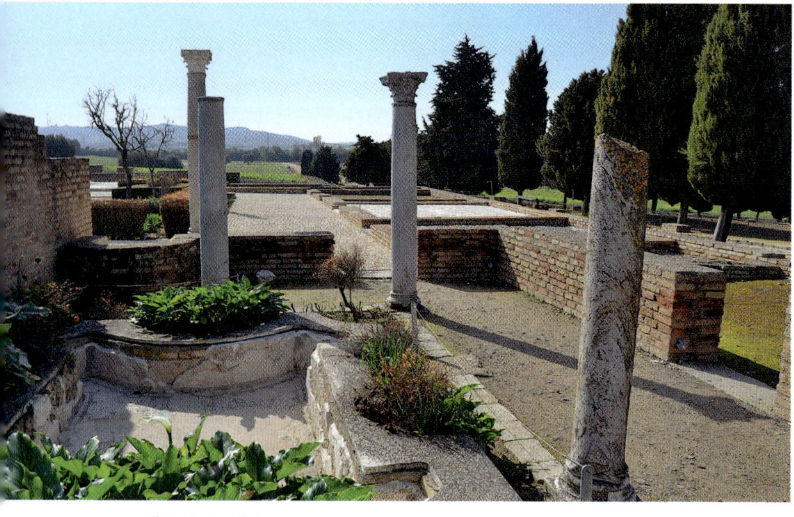

Römische Ruinen von Itálica

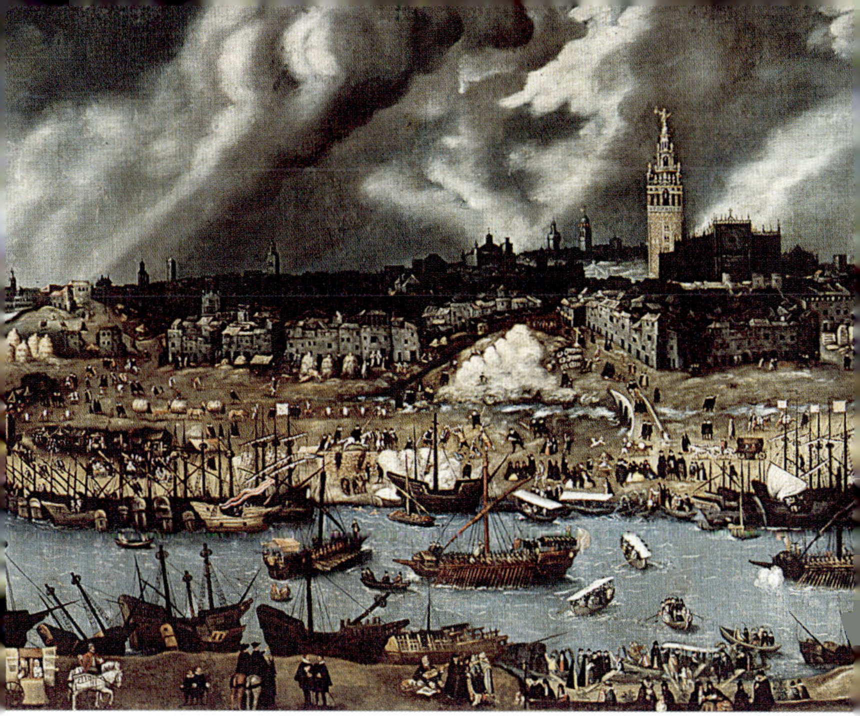

In Sevilla kamen die Silberschiffe mit den Reichtümern aus der »Neuen Welt« an.

Franco, 1977 finden erstmals demokratische Wahlen statt. Populär wird Felipe González aus Sevilla, der erste aus Andalusien stammende Ministerpräsident. 1992 richtet die Welt ihren Blick auf Sevilla als Ort der Weltausstellung auf der Insel Cartuja, doch ein nachhaltiger Technologie- und Wachstumsschub bleibt aus. Zwar setzte ein Bauboom ein, vor allem an der Costa del Sol und an den Rändern der großen Städte, doch durch die Wirtschaftskrise ab 2008 stürzte die Verschuldung viele Familien in die ökonomische Katastrophe. Nach wie vor ist Andalusien eine Region mit einer hohen Arbeitslosenquote, die von der Europäischen Union stark bezuschusst wird. Die sozialen Probleme sind groß, und viele junge Berufs- und Hochschulabsolventen wandern zum einen vom Land in die Stadt, vom Süden in den Norden und von Spanien in andere europäische Länder ab. Lediglich der Tourismus floriert, bedingt durch die Krisen im östlichen Mittelmeerraum, was zu einem rasanten Anwachsen der Hotelübernachtungen geführt hat. In den letzten Jahren hat sich die Parteienlandschaft stark gewandelt und die neuen Gruppierungen »Ciudadanos« und »Podemos« sind in die Parlamente eingezogen.

87.268 Quadratkilometer Fläche hat Andalusien.

836 km ist die andalusische Küste lang.

251 km Ausdehnung in Nord-Süd-Richtung

535 km Ausdehnung in West-Ost-Richtung

8,4 Millionen Menschen leben in Andalusien, das entspricht rund 18 % der Bevölkerung Gesamtspaniens.

Größte Städte nach Einwohnerzahlen:

704.000 Sevilla
570.000 Málaga
328.000 Córdoba
240.000 Granada
212.000 Jerez de la Frontera
189.000 Almería
145.000 Huelva
141.000 Marbella
120.000 Cádiz
114.000 Jaén

Ca. 80 % der Küste Andalusiens sind verbaut.

Höchster Berg: der Mulhacén in der Sierra Nevada, 3482 Meter hoch. Er ist der höchste Berg Festlandeuropas außerhalb der Alpen und des Kaukasus und der zweithöchste Berg Spaniens nach dem Teide auf Teneriffa (3718 m).

Die imposante Felsenküste überragt einen Strandabschnitt an der Cala de los Basaltos.

ANDALUSIEN

in Zahlen

Größter Flughafen: Aeropuerto de Málaga mit rund **13** Millionen Passagieren im Jahr, gefolgt von Sevilla mit rund **3,7** Mio. Passagieren/Jahr

---

Der Tourismus ist der stärkste Wirtschaftssektor in Andalusien: Im Jahr 2017 zählte die Region über **52** Millionen Übernachtungen in Hotels und Pensionen.

Längster Fluss: Guadalquivír. Er ist **657** Kilometer lang, entspringt in der Sierra de Segura und mündet in den Atlantik. Er ist der fünftlängste Fluss Spaniens. Zwischen Sevilla und der Mündung ist er schiffbar.

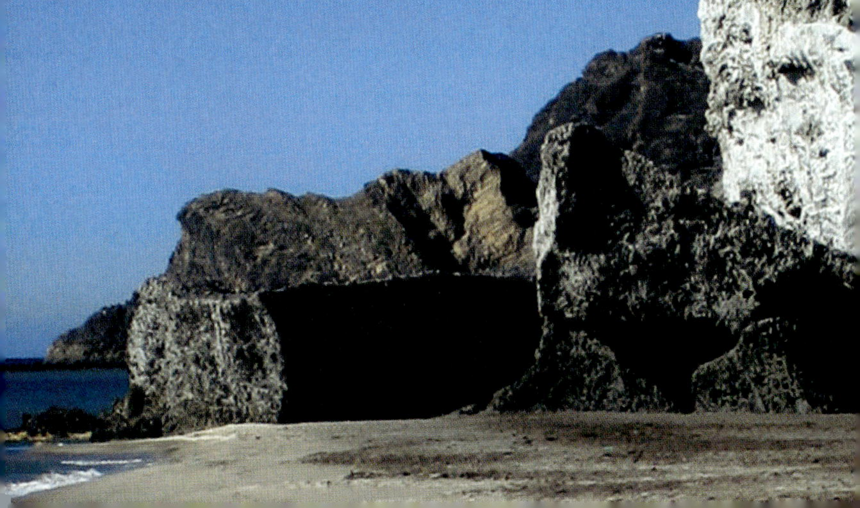

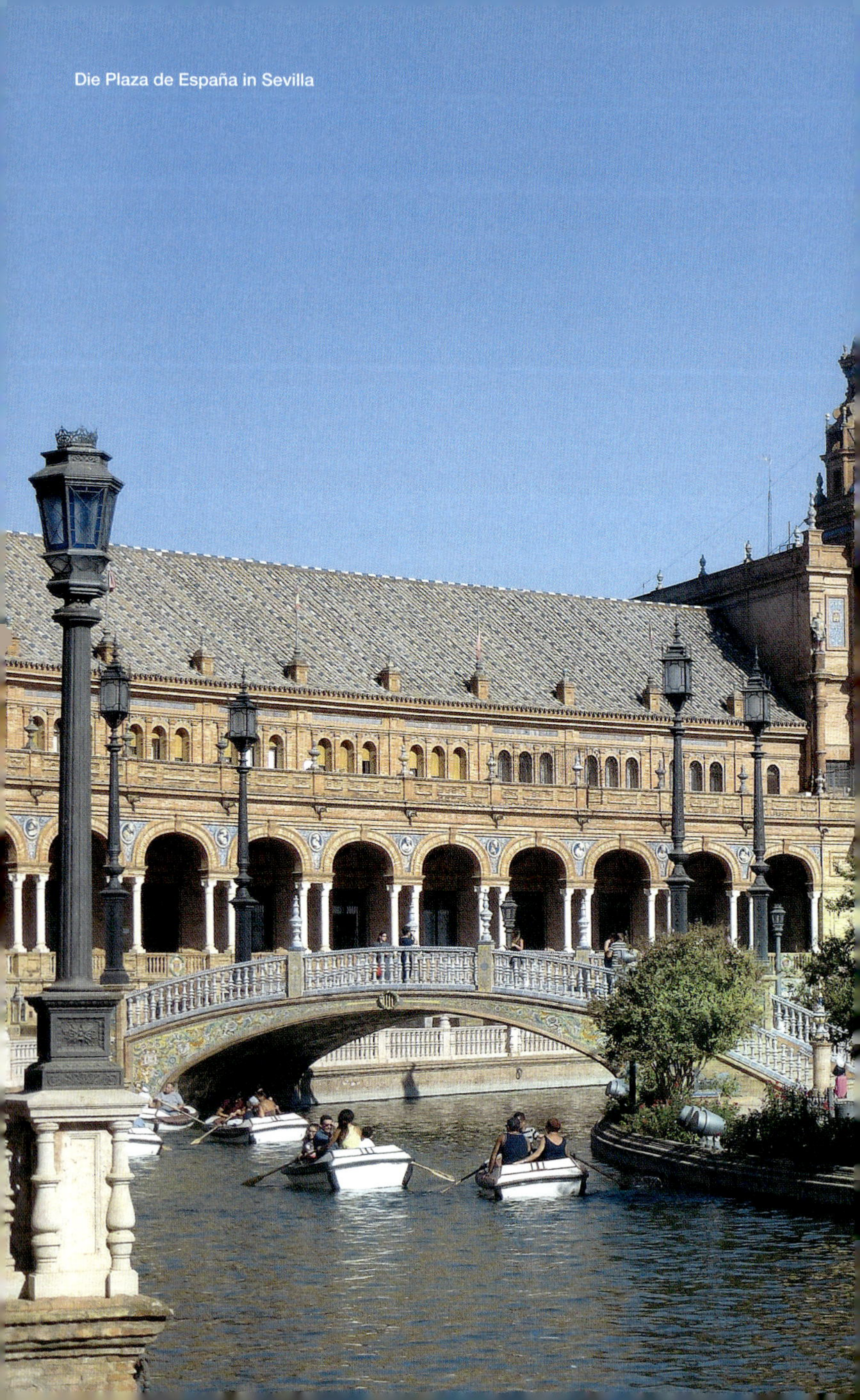
Die Plaza de España in Sevilla

NORDWESTLICHES ANDALUSIEN

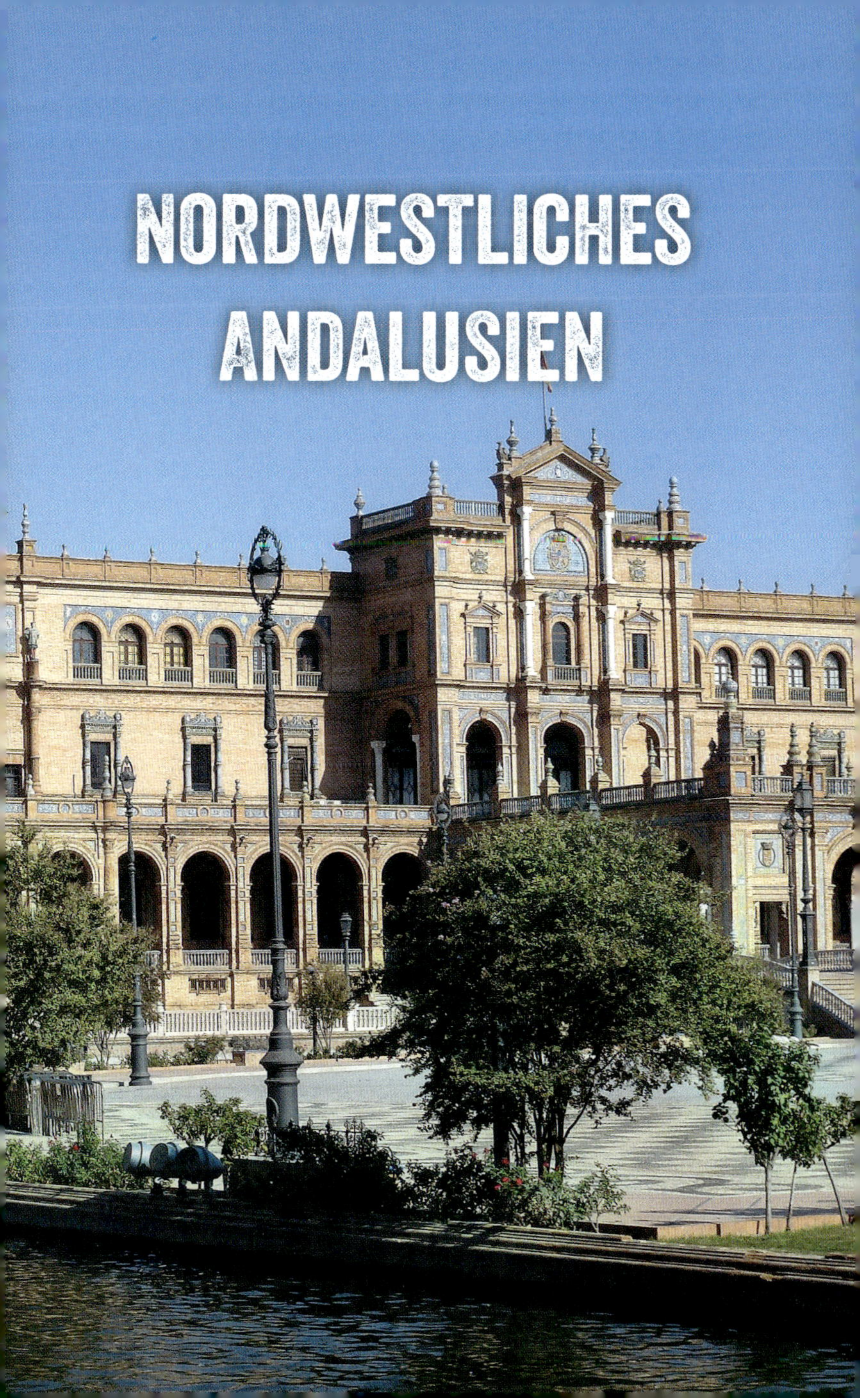

DAS NORDWESTLICHE ANDALUSIEN

Atlantik, Sevilla und Sierra Morena

Der Nordwesten Andalusiens ist – mit Ausnahme der Metropole Sevilla – die ruhigste und am wenigsten touristische Teilregion. Sie besteht aus einem großen Anteil an Niederandalusien, das im Prinzip die Senke des Guadalquivír bezeichnet. Sevilla und der Nationalpark Coto de Doñana sind die beiden Pole zwischen Kultur und Natur und bilden einen reizvollen Kontrast.

Im Norden begrenzt die Sierra Morena das Gebiet und bildet eine natürliche Grenze zur Extremadura und zu Kastilien. Im Süden erhebt sich die innere Kette der andalusischen Gebirge, von der Sierra de Grazalema im Westen über die Serranía de Ronda und dem Torcal de Antequera zur Sierra Subbética Cordobesa. Zwischen den Gebirgszügen wird das Landschaftsbild bestimmt durch die Atlantikküste im Westen mit ihren breiten Stränden und ausgedehnten »marismas«, den Marschlandschaften, mit einer Mischung aus Salz- und Süßwasser. Von den Flussmündungen bei Huelva bis zum Coto de Doñana mit dem Nationalpark erstrecken sich diese großen, weitgehend siedlungsfreien Gebiete – quasi das nasse Gegenstück zur Wüste im Südosten. Östlich der andalusischen Metropole Sevilla mit ihren über 700 000 Einwohnern breitet sich auf beiden Seiten des Flusstals die »campiña« aus, ein welliges Hügelland mit landwirtschaftlicher Nutzung. Die Region weist wenig Vegetation auf, sie ist eine der heißesten Zonen in Europa und wird nicht umsonst als »Bratpfanne Andalusiens« bezeichnet, mit Temperaturen über 40 Grad. Hier gibt es große Fincas, auf denen Kampfstiere und Pferde gezüchtet werden, aber auch ausgedehnte Anbauflächen für Getreide, Gemüse, Wein und Zitrusfrüchte. Die Region rund um Huelva weist große Umweltprobleme auf: Die riesigen Erdbeeren gehen auf Kosten

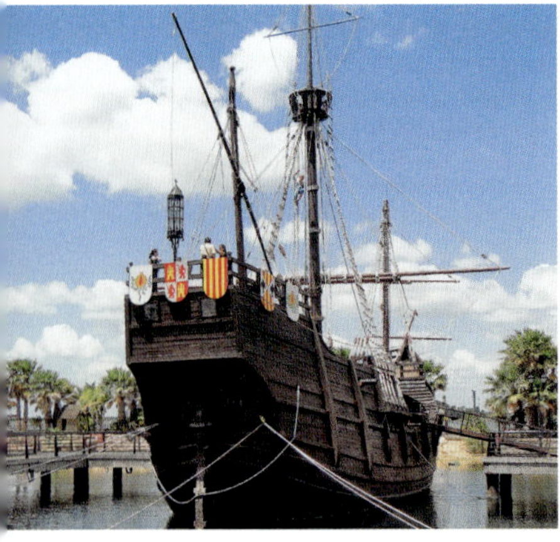

Nachbauten der Columbus-Schiffe in Palos

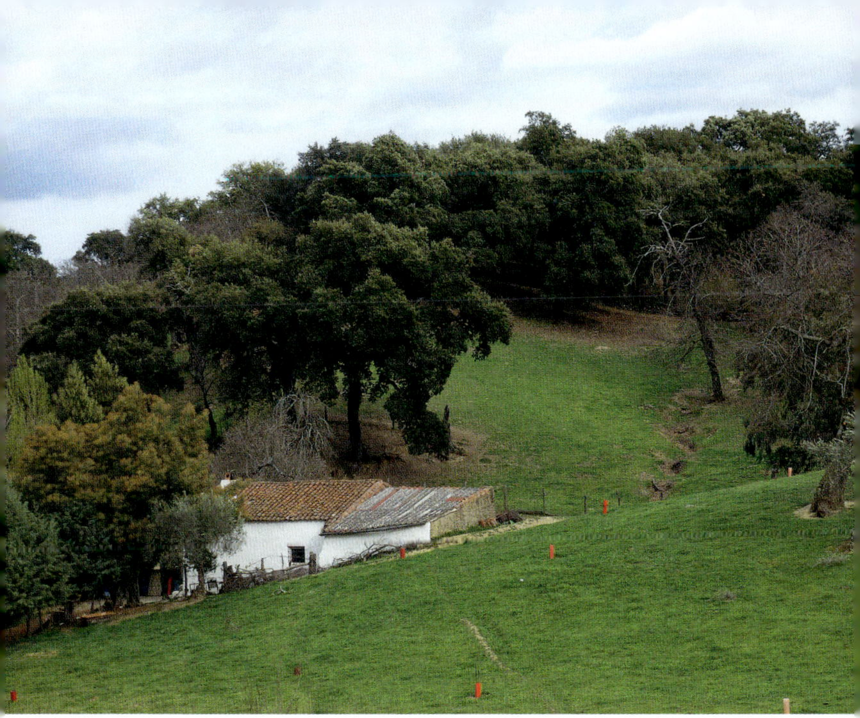

Typisches Landschaftsbild in der Sierra Morena

des Grundwassers, welches für die Bewässerung genutzt wird. In der Folge führt dies zu verstärkter Versalzung der Böden. Die Sierra Morena im Norden ist der Übergang und die Grenze zur Hochebene Kastiliens, der Meseta. Das lang gestreckte Mittelgebirge ist eines der »alten« und »variskischen« Gebirge Europas und mit dem Bayerischen Wald zu vergleichen, während die Sierra Nevada ein junges Faltengebirge im Zuge der alpidischen Gebirgsbildung darstellt. Höchster Punkt der Sierra Morena ist der 1332 Meter hohe Bañuela, an Gesteinen herrschen Schiefer und Gneis vor. Die Sierra Morena besteht aus Teilgebirgen wie der Sierra de Andújar und der Sierra de Cardeña und ist dünn besiedelt, die Vegetation besteht aus Kork- und Steineichenwäldern. In der Historie begann schon unter den Römern der Abbau mineralischer Vorkommen, vor allem von Zinn, Silber und Quecksilber, welches man in der Kolonialzeit in den Minen Boliviens zur maximalen Ausbeutung der Ressourcen einsetzen konnte. In der Landwirtschaft herrscht eine extensive Nutzung vor, das heißt, eine Mixtur aus Viehwirtschaft und Holznutzung in den lichten »Dehesas«, dem typischen Landschaftsbild der Region.

ENTDECKERTOUR

Pulsierende Metropole und Stille: von Sevilla zum Atlantik

Unsere Tour beginnt in Sevilla, der würdigen Hauptstadt Andalusiens, mit einem reinen Kulturtrip.

Wer gut zu Fuß ist, kann in Sevilla tolle Stadtrundgänge unternehmen und die wichtigsten Sehenswürdigkeiten per pedes erkunden. Doch auch das Fahrrad wird in Sevilla immer beliebter, ein ausgedehntes Verleihsystem macht es möglich. Der Fluss Guadalquivír mit der Torre del Oro, die riesige Kathedrale mit der Giralda und das Barrio Santa Cruz sind nur einige der Plätze mit internationaler Ausstrahlung. Historische Paläste wie die Casa de Pilatos und innovative Architektur wie die »Harfe«, eine Brücke des Architekten Calatrava, stehen hier im reizvollen Kontrast. Die Parks und Anlagen wie die Plaza de España laden ein zum Flanieren, und eine Fülle historischer Monumente wartet auf Besucher. Und wie wäre es mit einem Besuch einer Flamencovorführung? Meist sind es zwar routinierte »Shows«, doch sind dort Profis aktiv, die durchaus begeistern können. Ein unvergessliches Erlebnis sind die Feste in Sevilla. Die Feria de Sevilla mit ihrem bunten Bild und den vielen »Casetas«, den kleinen und großen Zelten, in denen getanzt wird, ist eines der schönsten und farbenprächtigsten traditionellen Feste weltweit. Tiefer Katholizismus und Marienverehrung zeigen sich in der Semana Santa, der Karwoche. Bruderschaften mit geheimnisvoller Bekleidung und durch Kapuzen verhüllten Gesichtern sind für die Prozessionen durch die Stadt verantwortlich, die

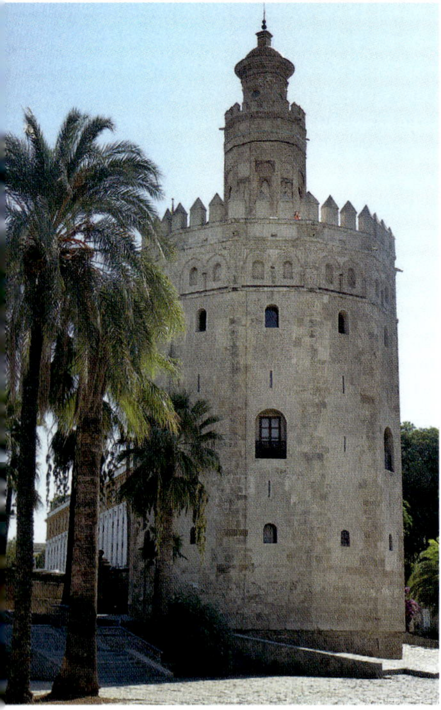

Der Torre del Oro in Sevilla

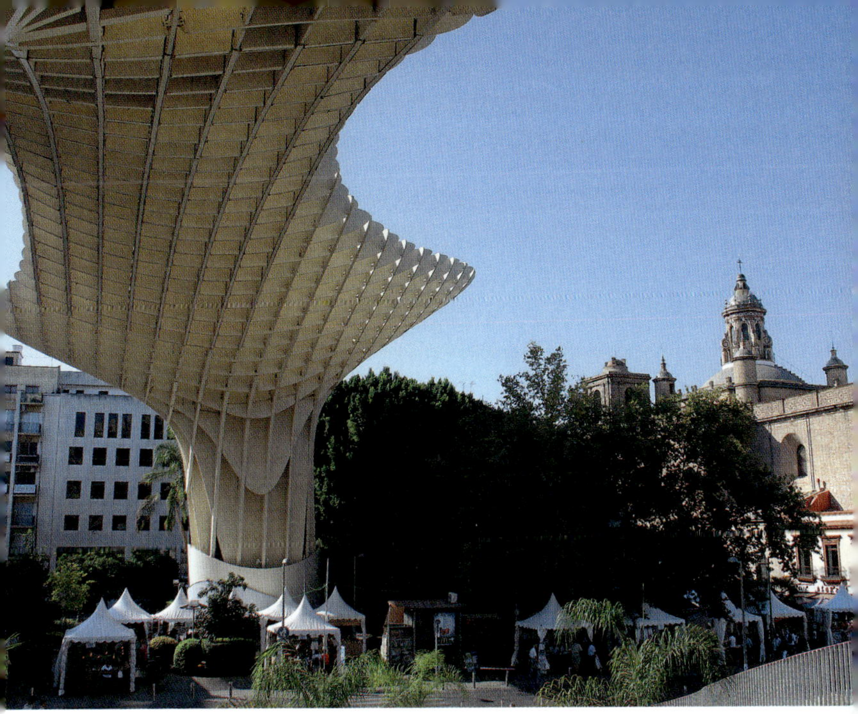

Innovative Architektur: Der Metropol Parasol in Sevilla

teils von Hunderttausenden besucht werden, wenn beispielsweise die »Virgen de Macarena« im Mittelpunkt steht.

Römische Ausgrabungen

Eine denkmalschützerische Perle erwartet uns östlich von Sevilla: Die Altstadt von Carmona beeindruckt durch ein geschlossenes historisches Ensemble, begrüßt wird man bereits durch die wuchtige Puerta de Sevilla, die zu den Festungsanlagen gehört. Einen Spaziergang entfernt von der Innenstadt liegen die berühmten archäologischen Ausgrabungen der »Necrópolis Romana«, einer römischen Totenstadt mit teils kuriosen und interessanten Funden. Auf gleicher Autostraße zurück, umfahren wir Sevilla nördlich und können eine weitere römische Ausgrabung besuchen: Itálica gehört neben Mérida in der Extremadura zu den bedeutendsten Hinterlassenschaften der römischen Herrscher auf der Iberischen Halbinsel. Hier erkennt man die Grundzüge römischer Stadtanlage und ein Amphitheater. »Morituri te salutant« (»Die dem Tod Geweihten grüßen Dich«) hieß es auch hier seitens der Gladiatoren.

Riesige Minen

Aktuelle Ausgrabungen hingegen kann man ein Stück weiter nördlich besichtigen: Die Minas de Riotinto sind eine der größten Tagebauanlagen der Welt mit sämtlichen negativen Begleiterscheinungen bezüglich der Umweltbeeinträchtigungen und gehen auf historische Zeiten zurück. Der Name »Tinto« rührt von der Rotfärbung des Wassers durch den Kupferabbau her. Die riesige Mine ist auf Besucher eingestellt, die das Gelände mit einem historischen Zug erkunden können. Hier sind wir schon mitten in der Landschaft der Sierra Morena mit ihrer Ruhe, ausgedehnten Waldflächen aus Steineichen und Korkeichen und geringer Siedlungsdichte. Im Frühjahr zeigt sich die Landschaft von einer besonders schönen Seite, denn dann blühen in den Ebenen Kastanien und Kirschbäume. Vom hübschen Landstädtchen Aracena aus können wir Wanderungen unternehmen, Schinken kosten und die beeindruckende »Gruta de Maravillas« mit ihren Tropfsteinformationen begehen. Hier sind überwiegend spanische Besuchergruppen in Form des »ländlichen Tourismus« unterwegs: Mit dem Reisebus erkunden spanische Pensionäre ihre Heimat und kehren gerne nach kürzeren Spaziergängen zu umso ausgedehnteren Mahlzeiten ein. Eine längere Fahrt bringt uns zur spanischen Atlantikküste, wo wir ganz in der Nähe zur Grenze zu Portugal viele Bademöglichkeiten und tolle Strände vorfinden können. Die Provinzhauptstadt Huelva selbst ist industriell geprägt und verfügt über einen der größten spanischen Exporthäfen, hier wird beispielsweise Thunfisch eingedost und abgebautes Erz von Río Tinto verladen.

Auf Kolumbus' Spuren

Im Hafen von Palos de la Frontera liegen Nachbildungen der Schiffe von Christoph Kolumbus, und im Kloster Monasterio de la Rabida zeigen historische Fresken seine Entdeckungsreisen, die der Startschuss zur blutigen Eroberung der »Neuen Welt« waren. Sevilla war der Hauptort der großen spanischen Flotten, die mit ihren Galeonen nach Mittel- und Südamerika aufbrachen und mit riesigen Mengen an Silber den Guadalquivír aufwärts wieder zurückkehrten. Ein reizvolles Kleinstädtchen ist Moguer, wo der Dichter Juan Ramón Jiménez lebte. Entlang des langen, kaum bebauten Küstenstreifens fahren wir nach Süden zum Badeort Matalascañas und lassen uns von der Dünenlandschaft des Coto de Doñana beeindrucken.Unterwegs finden wir viele stille Ecken, die zum Glück noch nicht von der Tourismusindustrie entdeckt wurden. Einen kleinen Eindruck des ältesten Nationalparks Spaniens mit seinen vielfältigen Ökosystemen gewinnen wir bei einer Stippvisite zum Besucherzentrum von Acebuche. Hier brüten viele Wasservögel, die wir von kleinen Holzhütten aus beobachten können. Im Rahmen von geführten Touren gewinnt man einen guten Eindruck des faszinierenden Gebiets im Übergangsbereich zwischen Atlantik und Festland. Über El Rocío, den berühmten Wallfahrtsort der Gitano-Bevölkerung Andalusiens und ein Landstädtchen wie im Wilden Westen, gelangen wir wieder retour zur Metropole Sevilla, einem der touristischen Dreh- und Angelpunkte Spaniens.

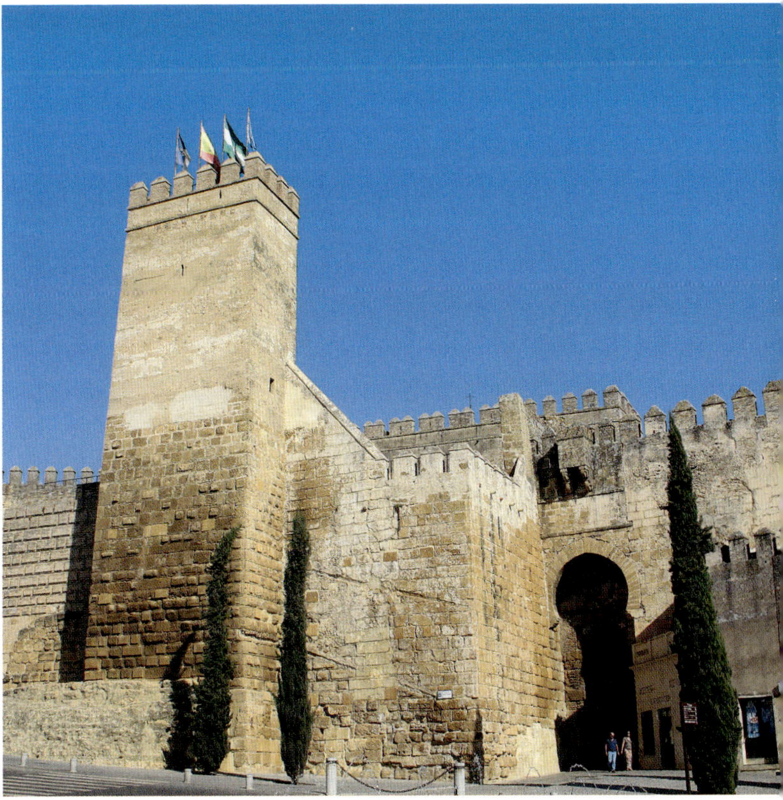

Die Puerta de Sevilla – Wahrzeichen von Carmona

HILFREICHE ADRESSEN

Touristeninformation Sevilla: Plaza del Triunfo, 41004 Sevilla, Tel. +34/954/787578 und am Paseo de las Delicias, 9, 41012 Sevilla, Tel. +34/954/234465, www.visitasevilla.es undwww.sevilla.org

Archivo General de Indias (Tour 1): Mo–Sa 10–16 Uhr sowie an Sonn- und Feiertagen 10–14 Uhr geöffnet. Der Eintritt ist frei. Edificio de la Lonja, Avenida de la Constitución, 3, 41071 Sevilla

Museo de las Bellas Artes Sevilla (Tour 1): Di–Sa 9–20.30 Uhr sowie an Sonn- und Feiertagen 9–14.30 Uhr geöffnet. Mo geschlossen. Für EU-Bürger ist der Eintritt frei, Plaza Museo, 9, 41001 Sevilla, Tel. +34/954/220790, Reservierungen für Gruppen 12–14 Uhr, Tel. +34/954/786491, museobellasartessevilla.ccul@juntadeandalucia.es

Fahrradverleih (Tour 1): Es gibt Fahrradvermietungen, die unterschiedliche Touren durch die Stadt anbieten. Eine davon ist »Sevilla Guia«, die einen Audioguide mitliefert. 3 Std. für Erwachsene, am einfachsten bucht man online. Deneb viajes, turismo y ocio, Calle Japón, 8, Edificio Giralda Este 12-F, oficina 6, 41020 Sevilla, Tel. +34/954/475605, www.sevillaguia.com

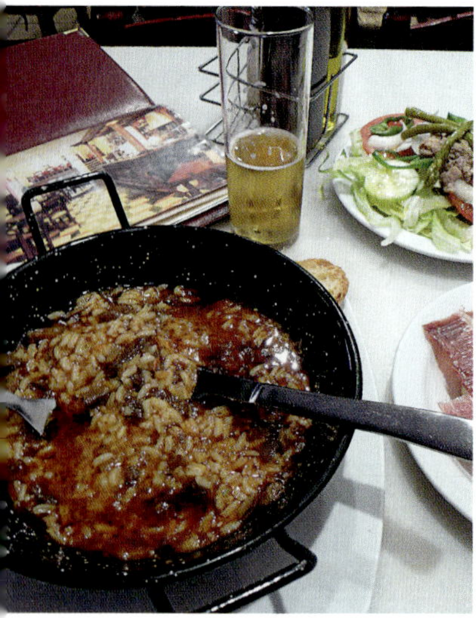

Deftige ländliche Küche

Casa de Pilatos (Tour 1): Plaza de Pilatos 1, 41003 Sevilla, geöffnet tägl. 9–19 Uhr

Hospital de la Caridad (Tour 1): Calle Temprado 3, 41001 Sevilla, geöffnet Mo – Sa 9–13 und 15.30–17 Uhr, So nur vormittags

Plaza de Toros (Tour 1): Paseo de Cristóbal Colón 12, 41001 Sevilla, geöffnet tägl. 9–20 Uhr

Oficina de Turismo Carmona (Tour 2): Das Touristenbüro ist Mo–Fr 10–18 Uhr und an Sonn- und Feiertagen 10–15 Uhr geöffnet. Im Juli und August Siesta 15–16.30 Uhr. Alcázar de la Puerta de Sevilla, s/n, 41410 Carmona, Tel. +34/954/190080, turismo@carmona.org, www.carmona.org

Itálica-Ausgrabungen (Tour 3): Das Grabungsfeld ist von April bis September Di–Sa 9–20.30 Uhr und an Sonn- und Feiertagen 9–15 Uhr geöffnet. Von Oktober bis März Di–Sa 9–10.30 Uhr und an Sonn- und Feiertagen 10–16 Uhr. Im Sommer 9–15.30 Uhr, Mo ist Ruhetag. Avenida Extremadura, 2, 41970 Santiponce

Touristeninformation Aracena (Tour 5): Calle Pozo de la Nieve, ohne Hausnummer, 21200 Aracena, Tel. +34/663/937877, www.aracena.es, geöffnet tägl. 10–14 Uhr und 16–18 Uhr. Wer sich für Radtouren in der Sierra de Aracena interessiert, sollte hier nachfragen, es gibt einige Veranstalter, die auch Mountainbiking anbieten.

Tropfsteinhöhle (Tour 5): Öffnungszeiten tägl. 10–13.30 Uhr und 15–18 Uhr. Calle Pozo de la Nieve, s/n, 21200 Aracena, Tel. +34/663/937876, www.aracena.es

Schinkenmuseum (Tour 4): Öffnungszeiten Mo–So 10–19 Uhr, Mittagspause 14.30–15.30 Uhr. Mehrmals täglich finden Führungen statt. Jedes Jahr am 3. Wochenende im Oktober findet in Aracena das Fest des Schinkens statt. Calle Gran Vía, s/n, 21200 Aracena, Tel. +34/663/937870, www.aracena.es

Parque Minero de Río Tinto (Tour 7, 11, 12): Öffnungszeiten ganzjährig 10.30–19.30 Uhr, Kinder und Senioren zahlen 10 Euro, Erwachsene 11 Euro für das Museum und die Mine. Die Zugfahrt kostet extra. Plaza Ernest Lluch, 21660 Minas de Río Tinto, Tel. +34/959/590025, www.parquemineroderiotinto.es

Centro El Acebuche (Tour 7, 11, 12): Carretera A-483, Km 37,5 nahe des Badeortes Matalascañas. Startpunkt für abenteuerliche Jeep-Safaris mit dem Unimog. Reservieren unter Tel. +34/959/430432. Sehr schöne Strandwanderungen ab Matalascañas in Richtung Mazagón.

Centro La Rocina und Palacio del Acébron (Tour 7, 11, 12): In der Nähe des Dorfes El Rocío. Beste Startpunkte für Wanderer und Naturliebhaber. Von den Besucherzentren aus führen markierte Wanderrouten durch den Nationalpark, wie der Charco de la Boca (14 km) bei La Rocina.

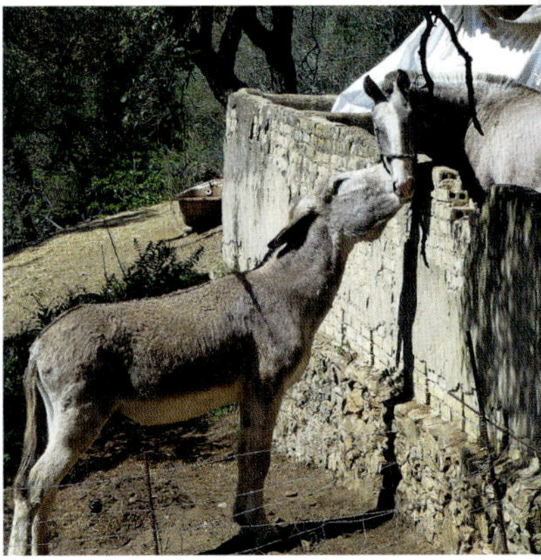

Mancherorts sind Esel noch beliebte Nutztiere.

1 SEVILLA

Die goldene Stadt am Guadalquivír

Sevilla ist mit über 700 000 Einwohnern die größte Stadt Andalusiens und die viertgrößte von ganz Spanien. Zwei Universitäten haben hier ihren Sitz. In Sevilla steht eine der größten Kathedralen der Welt, und noch heute strahlt die Stadt durch ihre großzügigen Flaniermeilen und prächtigen Bauwerke Reichtum aus. Sevilla geht in den Ursprüngen auf die Phönizier zurück, unter den Römern war sie die Hauptstadt der Provinz Baetica.

Lage Sevilla liegt ca. 50 km entfernt vom Atlantik im Becken des Guadalquivír

Anfahrt Flughafen, Schnellzugverbindung mit dem AVE, Autobahnen A-66, A-49, A-4, A-52, zahlreiche Fernbuslinien

Einkehr Espacio Azahar, Calle Jesús del Gran Poder, 28 (hinter Plaza del Duque), 41002 Sevilla, www.espacioazahar.es;
Taberna Coloniales, Plaza Cristo De Burgos, 19, 41003 Sevilla, www.tabernacoloniales.es; Bar Restaurante Eslava, Calle Eslava, 3–5, 41002 Sevilla
Imbissstände im Mercado Municipal neben der Stierkampfarena

Geschichtliches

Die Almohaden machten Sevilla ab 1147 zur wichtigsten Stadt des maurischen Andalusiens, doch rund hundert Jahre später, im Jahr 1248, wurde sie von den Christen zurückerobert. Zur wirtschaftlichen Blüte gelangte Sevilla im 16. und 17. Jahrhundert. Die Silberschiffe aus der »Neuen Welt« Amerika kamen mit geraubten Reichtümern den Fluss hinauf und Sevilla wurde zum Hauptumschlagplatz des spanischen Seehandels, bis das transatlantische Handelsmonopol 1717 an Cádiz ging. 1929 fand in Sevilla die Iberoamerikanische Ausstellung statt. Neue Plätze und Gebäude wurden zwischen 1911 und 1928 errichtet, darunter auch die berühmte Plaza España. 1992 fand die Weltausstellung Expo in Sevilla statt. Sie hinterließ enorme Schulden, aber auch moderne repräsentative Bauten und eine hervorragende

Verkehrsinfrastruktur. Von der kolonialen Vergangenheit zeugen heute noch viele Bauten wie besispielsweise der Torre del Oro, der »Goldturm« am Ufer des Guadalquivír. Rechts des Stroms liegt die Vorstadt Triana, das Stadtviertel der Seefahrer und der einfachen Leute. Berühmt ist Sevilla für seine riesigen Feste: Die größten Prozessionen Spaniens finden in der Semana Santa statt, der österlichen Karwoche. Im Frühling wird die Feria de Abril gefeiert, die Aprilmesse. Sie ist eines der größten Volksfeste Europas und dauert sechs Tage, dann werfen sich die Einwohner in Tracht und tanzen auf dem Festgelände in bunten Zelten »Sevillanas«.

Stadtrundgang

Sevilla hat nicht nur sehenswerte Architektur, sondern auch wunderschöne Plätze und Parkanlagen wie den Parque María Luisa zu bieten. Im Barrio Santa Cruz hingegen lässt man sich in einem malerischen Labyrinth aus engen Gassen treiben. Unser Rundgang startet am Ufer des Río Guadalquivír, wo wir den Torre del Oro, den Goldturm, besuchen. Er stammt aus dem Jahr 1222 und ist eines der letzten Gebäude aus maurischer Zeit, im Inneren kann man das Seefahrtmuseum Museo Naval besichtigen. Über die Calle Almirante Lobo und die Avenida de Roma spazieren wir zu den Reales Alcázares, dem Königspalast, der zum Weltkulturerbe der UNESCO gehört und noch aus dem Jahr 913 stammt. Der Palast ist ein Schatzkästlein und reizvoll für Anhänger auf-

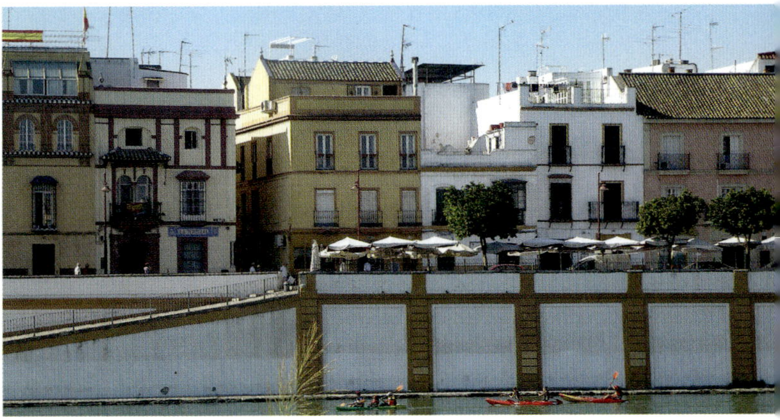

Am Ufer des Guadalquivír

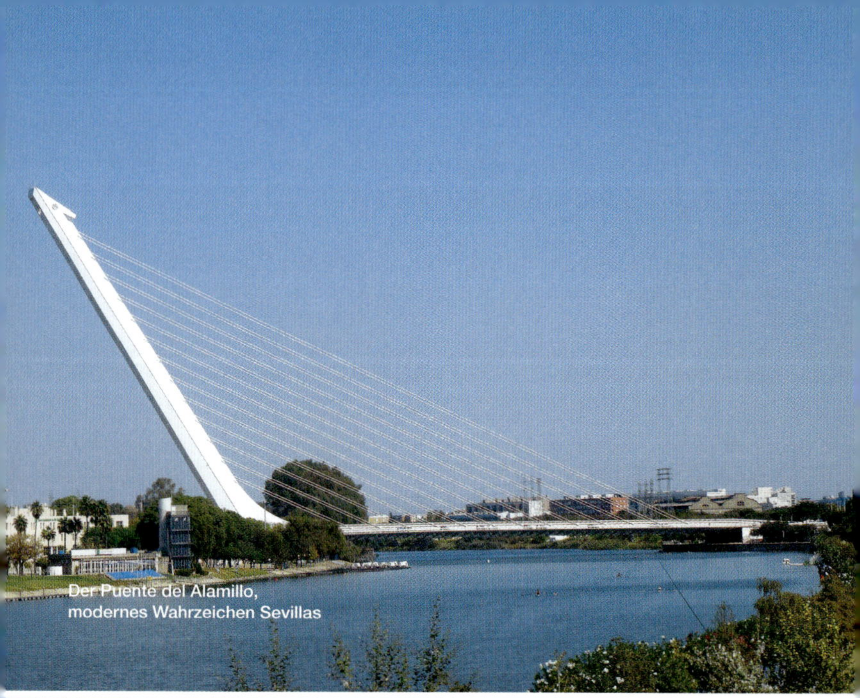
Der Puente del Alamillo, modernes Wahrzeichen Sevillas

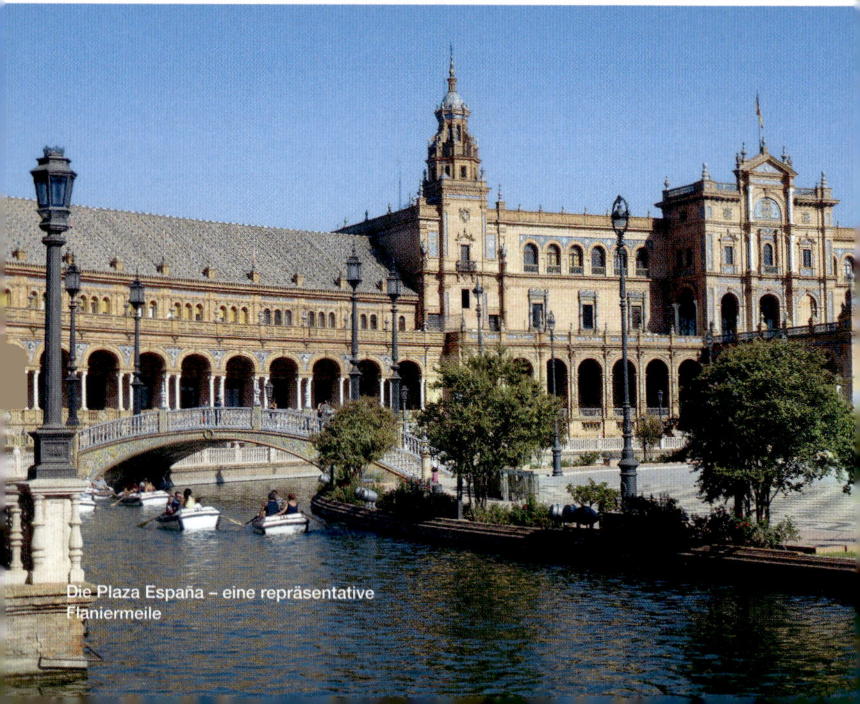
Die Plaza España – eine repräsentative Flaniermeile

wendiger Dekorationen im vorherrschenden Mudéjar-Stil, den Peter I. Mitte des 14. Jahrhunderts hier anwenden ließ. Die Gärten des Alcázar sind ebenfalls sehr attraktiv. Ganz in der Nähe, an der Avenida de la Constitución, steht das Archivo de las Indias. Das Gebäude aus dem 16. Jahrhundert war in der Kolonialzeit ein Warenumschlagplatz und gehört ebenfalls zum Weltkulturerbe der UNESCO.

Besuch der Kathedrale – mit bester Aussicht

Wichtigste Sehenswürdigkeit Sevillas ist jedoch die riesige Kathedrale María de la Sede, eine der größten gotischen Kirchen der Welt. Sie wurde im 15. und 16. Jahrhundert auf den Resten einer Moschee erbaut, deren Grundriss übernommen wurde. Die fünfschiffige Basilika hat eine Länge von 126 Metern, zusammen mit den Kapellen ergibt sich eine Breite von 82 Metern. Der sehenswerte Chor befindet sich exakt in der Mitte, ihm gegenüber befindet sich die Capilla Mayor, die Große Kapelle. Zu den Kostbarkeiten der Kathedrale gehören Gemälde von Murillo, Velázquez, Zurbarán und anderen bekannten Malern, außerdem befindet sich hier die Grabstätte von Christoph Kolumbus. Gegenüber steht die Giralda E, das Minarett der ehemaligen Moschee aus dem 12. Jahrhundert, mit einer Höhe von 97 Metern, heute der Glockenturm der Kathedrale. Eine Rampe führt nach oben auf eine Aussichtsplattform – ein luftiges Vergnügen mit tollen Blicken auf die Hauptstadt Andalusiens! Über die Avenida de Roma und die Calle Palos de Frontera kommen wir zur Antigua Fábrica de Tabacos, die aus der Oper Carmen bekannt ist.

Im Park die Seele baumeln lassen

Weiter geht es über die Calle Palos de Frontera und die Avenida de Isabel la Católica zur farbenfrohen Plaza España. Der Platz wurde für die Iberoamerikanische Ausstellung 1929 angelegt und in den Parque de María Luisa integriert. Die Plaza wird dominiert von dem riesigen Palacio Español. In Sitznischen findet man auf Kacheln historische Szenen der spanischen Geschichte, die einzelnen Orten zugeordnet sind. Ein Kanal mit hübschen Brücken ist eine beliebte Anlaufstelle für Besucher und Verliebte, die sich ein Ruderboot mieten können, auch Pferdekutschen warten auf Passagiere für eine romantische Fahrt durch die Gärten oder durch Teile Sevillas.

2 CARMONA

Perle im Hinterland

Carmona ist einer der ältesten Orte Andalusiens. Die Lage des Ortes war schon in prähistorischer Zeit strategisch günstig. Heute hat Carmona etwa 28 600 Einwohner und lebt vor allem von Tourismus und Landwirtschaft.

Lage Carmona liegt 30 km östlich von Sevilla an der A-4

Anfahrt Über die A-4, Regionalbus von Sevilla

Einkehr Carmona: Meson La Cueva, Calle Barbacana Baja 2, in der Nähe der Puerta de Sevilla

Die gigantische Toranlage der Puerta de Sevilla aus dem 3. Jh. v. Chr. ist ein Blickfang und markiert den Übergang zwischen der reizvollen Alt- und der Neustadt. Den Mittelteil bildet ein rechteckiger Turm, zu dessen beiden Seiten Tore in die Stadtmauer eingelassen sind. Die hügelige Altstadt Carmonas ist ein großes denkmalgeschütztes Ensemble mit vielen repräsentativen Bauten und dem Parador, dem staatlichen Hotel am höchsten Punkt. Auf dem Weg von der Puerta de Sevilla zu den römischen Ausgrabungen kommt man zur Iglesia San Pedro aus dem 15. Jahrhundert. Die Necropolis wurde im Jahr 1868 entdeckt, sie ist eine der wichtigsten archäologischen Stätten Spaniens. Die Grabkammern sind unterirdisch in den Fels gehauen und enthalten Nischen für die Urnen. Links vom Eingang befindet sich ein Grab, das mit einem fast 60 Zentimeter hohen steinernen Elefanten geschmückt ist, daher der Name Tumba del Elefante. Ein Rundgang mit Infotafeln führt zu Gräbern wie der Tumba de Servilia, dem größten Grabbezirk, der den reichen Familien der Stadt reserviert war.

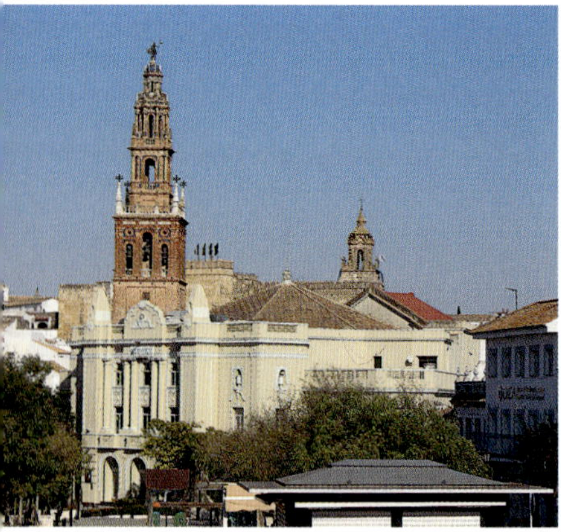

Ortsansicht von Carmona

3 ITÁLICA

Die Römer in Spanien

Die heutige Ruinenstätte war die erste Siedlung der Römer auf spanischem Boden und geht auf Scipio Africanus aus der Zeit um 200 v. Chr. zurück, der Veteranen aus dem Krieg gegen Karthago hier ansiedelte.

Lage 10 km Richtung Nordwesten von Sevilla bei Santiponce

Anfahrt Über die N-633, Busse ab Plaza de Armas

Es handelt sich um eine typisch römische Ruinenstadt mit dem charakteristischen Muster, das man auch heute noch gut nachvollziehen kann: Hauptstraße, Säulengänge und ein Amphitheater sowie Mosaiken von Stadthäusern wie in der »Casa de los Pájaros«, dem »Haus der Vögel«.

4 MINAS DE RIOTINTO

Geschichte des Bergbaus

Bergbau gab es hier schon in historischer Zeit. Doch erst ab 1875 betrieb ein englisches Konsortium die Anlage industriell und exportierte nach Bau einer Bahnlinie die Erze.

Lage 40 km nordwestlich von Sevilla

Anfahrt Mit dem Pkw über Nerva

Öffnungszeiten Ganzjährig 10:30–19:30

Umwelt- und Arbeitsbedingungen waren miserabel, und 1888 erschossen Soldaten über 100 protestierende Arbeiter. Interessant ist der Besuch der Anlagen mit einem Museumszug oder ein Blick in das Museum allemal. Kurioserweise ist hier die Wiege des Fußballs in Spanien, denn die Engländer kickten in ihrer Freizeit auf dem Betriebsgelände.

5 ARACENA

Hauptstadt der Berge

Die Kleinstadt mit ihren 8000 Einwohnern ist ein Hort der Ruhe inmitten der Sierra Morena. Hier ist Essen und Bummeln angesagt.

Lage Ca.80 km nordwestlich von Sevilla

Anfahrt Am besten mit Pkw über N-433, Bus siehe Wanderungen

Neben der Schauhöhle »Gruta de Maravillas« ist die Kirche Iglesia Prioral de Nuestra Señora del Mayor Dolor die Hauptsehenswürdigkeit. Die Kirche wurde zwischen dem 12. und 15. Jahrhundert mit vielen gotischen Elementen auf den Ruinen der maurischen Burg errichtet. Freunde nachhaltig erzeugter Lebensmittel können sich im Schinkenmuseum über den »jamón« informieren.

6 PALOS DE LA FRONTERA

Auf den Spuren von Kolumbus

In Palos kann man an der Muelle de las Carabelas Nachbauten der drei Schiffe von Christoph Columbus besichtigen, mit denen der aus Genua stammende Entdecker zunächst Inseln in der Karibik entdeckt hatte.

Lage Gegenüber von Huelva

Anfahrt Von Sevilla aus auf der A-49, dann H-624

Öffnungszeiten Juni–Sept.10–21 Uhr, Sept–Juni 9:30–19:30 Uhr, montags geschlossen

In der Nähe liegt das Monasterio la Rábida, wo Kolumbus sich auf seine Reisen vorbereitet und gebetet hatte. Auf Vermittlung von Pater Juan Pèrez kam es schließlich zur Unterstützung von Königin Isabel für die Reisen von Kolumbus im Jahr 1492.

7 PARQUE NACIONAL COTO DE DOÑANA

Natur pur

Im ältesten spanischen Nationalpark leben heute etwa noch 40 Exemplare des streng geschützten Iberischen Luchses sowie eine Vielzahl von Wasservögeln wie Pelikane und Kormorane.

Lage Ca. 50 km südwestlich von Sevilla

Anfahrt Von Sevilla aus über Almonte, dann über H-312, Bus siehe Wanderungen

Infos www.donanareservas.com

Das faszinierende Gebiet am Atlantik kann man an den Rändern mit kurzen Wanderungen selbst erkunden, oder man nimmt vom Infozentrum aus an geführten Touren mit Allradfahrzeugen teil und erkundet Marschland und Dünen.

8 EL ROCÍO

Wallfahrt und wilde Stuten

Die andalusische Kleinstadt ist ein Nest wie aus dem Wilden Westen mit lediglich einer Handvoll Einwohner und der Kirche Ermita del Rocío im Zentrum.

Lage Ca.40 km südwestlich von Sevilla

Anfahrt Über Almonte auf der H-612

Infos Centro de Visitantes La Rocina, Carretera de El Rocío a Matalascañas, Km 22, 21750 El Rocío, Almonte, Tel. +34/959/442340

Einmal im Jahr pilgern über eine Million Menschen hierher, zu Ehren der Heiligen Jungfrau, die hier »paloma blanca« genannt wird. Aus ganz Spanien machen sich Menschen auf den Weg, oft traditionell mit dem geschmückten Pferdefuhrwerk und in Tracht.

9 DURCH DIE SIERRA DE ARACENA

Steineichen und Pata Negra

Die Rundtour führt uns zunächst durch die »Huertas« von Aracena mit vielen Nutztieren und Obstbäumen. An Korkeichen und schwarzen Schweinen vorbei statten wir dem Nachbarort Corteconcepción einen Besuch ab und wandern durch einen Wald mit Zerreichen zurück.

leicht | **2:45 Std.** | **10,5 Km** | ↑ 280 m ↓ 280 m

Tourencharakter Teils geteerte Zufahrtswege; alte, von Bruchsteinmauern gesäumte Wirtschaftswege

Ausgangspunkt Aracena, Ermita de San Roque, nordöstlicher Ortsausgang; GPS 37.8964-6.558370

Anfahrt Auto: Über die N-433 von Sevilla aus. Bus: Zwei- bis dreimal täglich von/nach Sevilla, Plaza de las Armas, Tel. +34/902/45 05 50, www.damas-sa.es

Karte Sierra de Aracena 1:40 000 von Discovery Walking

Einkehr Aracena: Restaurante José Vicente, Avenida Andalucía 53 – der »Klassiker« in Aracena mit entsprechend viel Schinkenkost

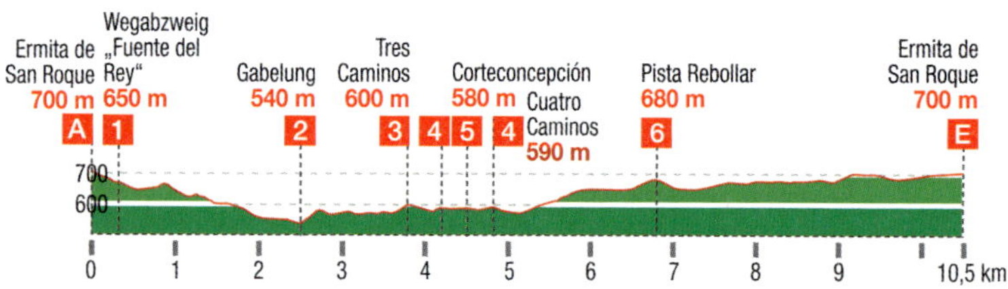

Die Sierra Morena, übersetzt mit »dunkles Gebirge«, formt die natürliche Grenze zwischen Kastilien und Andalusien. Sie ist ein relativ altes Gebirge und entstand im Paläozoikum vor 420 bis 360 Millionen Jahren, sodass die Erosion lange wirken konnte. Die Formen sind daher eher abgerundet und die Region hat Mittelgebirgscharakter, der höchste Gipfel erreicht 1323 Meter. Im Parque Natural Sierra de Aracena gibt es ein Netz von teils gut ausgeschilderten Wanderwegen, den Mittelpunkt bilden die Orte zwischen Cortegana im Westen und

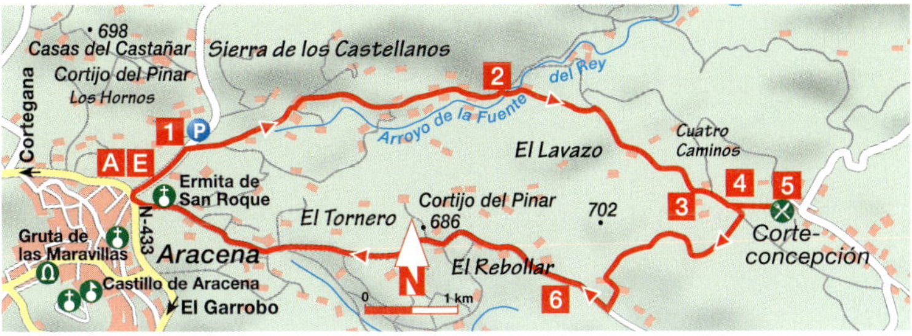

Aracena selbst. Aracena ist ein günstiger Standort mit angenehmer touristischer Infrastruktur und ein Zentrum der Region mit einigen Sehenswürdigkeiten. Den Ort überragt eine Burgruine aus maurischer Zeit und man kann eine Templerkirche besichtigen. Viele Besucher kommen wegen der Gruta de las Maravillas in das beschauliche Städtchen.

Schinkenspezialität Pata Negra

Da die Böden karg sind, ist Landwirtschaft im großen Stil schwierig. Die Landnutzung ist daher auf eine Beweidung durch Schafe und Rinder ausgerichtet. Die große Besonderheit und »das« kulinarische Exportgut hingegen ist der Pata Negra, der gerne in der Region verkostet und dann als Präsent mitgenommen wird. In der Sierra Morena produziert man mittels Steineichelmast den »jamón ibérico de bellota«, der als absolute Schinkendelikatesse gilt. Die halbwilden schwarzen Schweine der Region leben in einer gesunden Umgebung und fressen Eicheln, die »bellotas«. Nach der Schlachtung wandert die Keule zunächst für eine gute Woche in grobes Salz. Zwei Monate lang lagert der Schinken in Klimakammern, dann reift er in den »secaderos« noch ein Jahr lang, bis er in den Verkauf gelangt. Gekonntes Abschneiden und Servieren von Schinken ist eine Art Kunsthandwerk: In Ronda gibt es einen jährlichen Wettbewerb dafür. Der Schinken prägt hier die Kulturlandschaft, die wir beim Wandern in der Sierra de Aracena, dem westlichsten der Naturparks in der Sierra Morena, erkunden können.

Der Wegverlauf

Unsere auch bei Einheimischen beliebte Rundtour mit nur mäßigen Steigungen beginnt an der kleinen Kapelle **Ermita de San Roque** A, die am nordöstlichen oberen Ortsende von Aracena zu finden ist (von

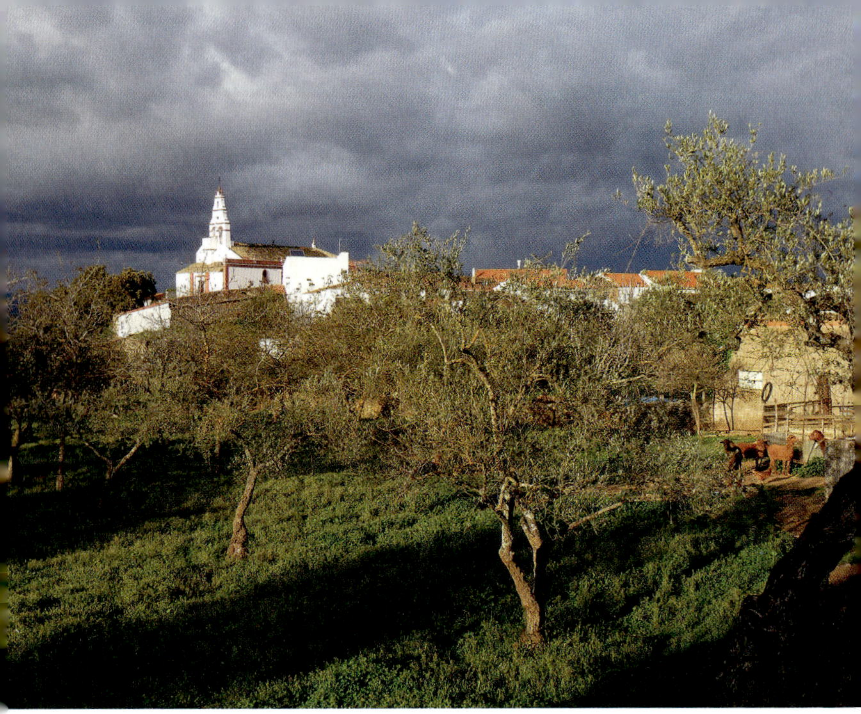

In warmem Licht der Abendsonne: Corteconcepción in der Sierra de Aracena

der Plaza del Marqués aus zu Fuß durch die Calle Mesones, dann rechts und wieder links die Calle San Roque hangaufwärts). Von hier gehen wir unter der Umgehungsstraße durch und ein Stück die Landstraße Richtung Carboneras geradeaus. Nach 300 Metern zweigt nach rechts der Weg **»Fuente del Rey«** **1** (0:05 Std.) ab (Beschilderung) und an einem Bildstock gehen wir links weiter. Links des Wegs befindet sich eine Quelle. Wir kommen durch die »huertas«, eine Landschaft mit vielen Gartengrundstücken. Hier gibt es Obstbäume, und es werden Ziegen, Hühner und Schweine gehalten. Die Vegetation besteht aus Stein-, Kanaren- und teils mächtigen Korkeichen, deren Schälung man hier gut sehen kann. Das Unterholz wird von dichtem Matorral aus Gewürzpflanzen und Zistrosen gebildet. Nach anderthalb Kilometern kommen wir zu einer **Gabelung** **2** (0:30 Std.). Hier gehen wir nach rechts in die kleine Senke und überqueren auf Steinen den Bach mit dem Namen Fuente del Rey, wo es Frösche und andere Amphibien gibt. Ab hier wird der Weg enger: Teils gepflastert und von alten Bruchsteinmauern begleitet, führt der Weg unter Korkeichen leicht bergauf. An Kastanien und Oliven vorbei gehen wir an der Wegkreuzung **»tres**

caminos« 3 (1:00 Std.) geradeaus (links geht es nach Carboneras). An der nächsten Kreuzung **»cuatro caminos«** 4 (1:10 Std.) nur zehn Minuten weiter zweigen wir nach links ab und kommen zur gepflegten Plaza des kleinen Ortes **Corteconcepción** 5 (1:15 Std.), wo sich ein Besuch in der Bar anbietet.

Auf dem gleichen Weg gehen wir zur Wegkreuzung **»cuatro caminos«** 4 (1:20 Std.) zurück. Diesmal laufen wir aber geradeaus weiter und leicht bergan. Es handelt sich um den alten Verbindungsweg »camino de rebollar«, der wegen der hier vorkommenden reichhaltigen Zerreichenbestände den Namen trägt. Nach einer knappen halben Stunde haben wir die Kuppe erreicht, und von hier aus haben wir einen weiten Blick, der bis zum Stausee von Aracena und in die Extremadura reicht. Nach andorthalb Kilomctcrn führt der Weg leicht bergab und trifft auf eine quer verlaufende Zufahrtstraße, die **»pista de El Rebollar«** 6 (2:00 Std.). Hier gehen wir nach rechts. Nach einer dreiviertel Stunde, vorbei an Gehöften mit Pferdehaltung und einigen »pata negra«, erreichen wir Aracena und die Unterführung an der **Ermita de San Roque** E (2:45 Std.).

KARSTHÖHLE GRUTA DE LAS MARAVILLAS

Die größte Tropfsteinhöhle der Iberischen Halbinsel ist die Hauptattraktion im Ort. Bei dem einen Kilometer langen Weg kommt man auf einer Führung durch zwölf Kammern und an sechs Seen vorbei, die von bunten Lampen beleuchtet und von Orgelmusik beschallt werden. Die Grotte mit ihren vielen skurrilen Stalaktiten und Stalagmiten ist ein beliebter Drehort für Filme wie »Reise zum Mittelpunkt der Erde«.

Variante Eine reizvolle Verlängerung der Tour wäre eine zusätzliche Schleife, die von Corteconcepción über La Umbría führt. Hierzu verlässt man Corteconcepción östlich im Ortsteil Puerto Gil und wandert an der Ermita de Nuestra Señora del Amparo zum östlichen Nachbarort La Umbría. Von hier geht es zwischen den Hügeln Parralejo und Cerro hindurch und über die Huerta de los Naranjos zurück nach Corteconcepción.

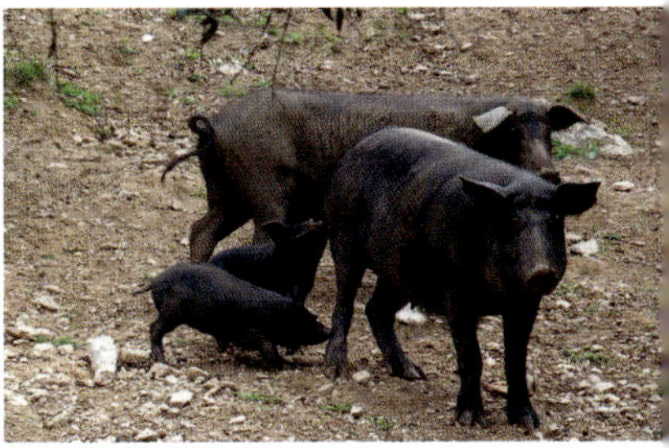

Neugierig auf Besucher: Pata-Negra-Schweine

10 VON ARACENA NACH LINARES DE LA SIERRA

Durch ursprünglichen mediterranen Wald

Von Aracena aus durchstreifen wir auf einem alten Verbindungsweg die Dehesas von Linares de la Sierra. Im kleinen Nachbarort lädt der gepflegte Brunnenplatz zu einer Rast ein.

leicht | 2:30 Std. | 9,5 Km | ↑ 200 m ↓ 200 m

Tourencharakter Wechsel aus Wanderweg mit Zufahrtswegen

Ausgangspunkt Plaza del Marqués, Ortsmitte von Aracena; GPS 37.894224-6.56423

Anfahrt Auto: Über die N-433 von Sevilla aus. Bus: Zwei- bis dreimal täglich von/nach Sevilla, Plaza de las Armas, Tel. +34/902/45 05 50, www.damas-sa.es

Karte Sierra de Aracena 1:40 000 von Discovery Walking

Einkehr Aracena: Restaurante José Vicente, Avenida Andalucía 53 – der »Klassiker« in Aracena mit entsprechend viel Schinkenkost

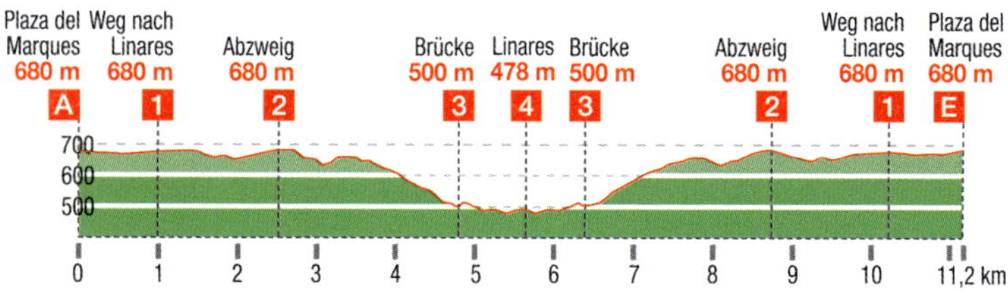

Der Wegverlauf

Für unsere Tour starten wir mitten in Aracena an der **Plaza del Marqués** A. Wir gehen in Richtung westlicher Ortsausgang auf der Avenida Reina de los Ángeles am Schwimmbad vorbei. Kurz danach kommen wir zu einem Kreisverkehr. Dort wenden wir uns nach links und finden nach 100 Metern rechts den Einstieg zum **alten Verbindungsweg** 1 (0:15 Std.) nach Linares de la Sierra. Hier ist der »of-

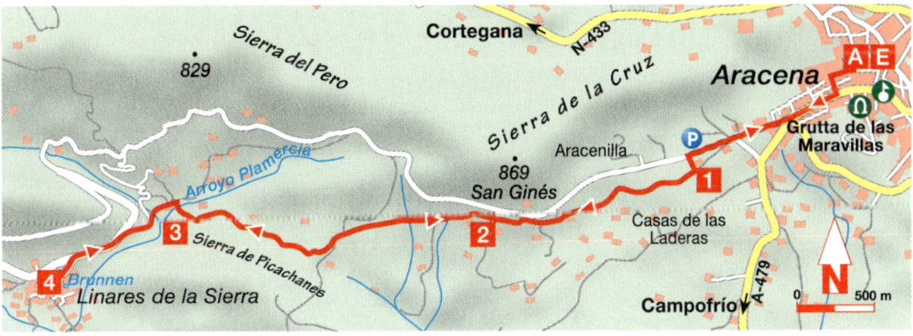

fizielle« Start der Wanderung und der Wegverlauf ist eindeutig mit Schildern und Pfeilen markiert. Die landwirtschaftliche Nutzung der Grundstücke entlang des Wegs entspricht dem Typ der »Dehesa«. Hier ist noch der ursprüngliche mediterrane Wald in Form von Steineichen, Kastanien und Korkeichen erhalten, und dieser wird weitgehend nachhaltig genutzt. Dies kommt nicht zuletzt der Eichelmast und somit der Produktion von »jamón ibérico« zugute.

An einer Kuppe erkennen wir die großflächige Bedeutung dieser Landnutzung – die Dehesas mit ihren Steineichenwäldern reichen bis zum Horizont. An einem **Abzweig** 2 (0:30 Std.) gehen wir nach rechts. Wo der Weg erneut ansteigt, sind wir schon auf der Gemarkung von Linares. Der Wald ist hier sehr artenreich an Sing- und Greifvögeln, unter anderem nisten hier Uhus. Auch Säugetiere sind zahlreich vertreten: Dachse, Füchse und Ginsterkatzen durchstreifen den dichten Unterwuchs. Wir gelangen nun zu einem Bach, dem Plamencia, in dessen Bereich Salamander und Frösche vorkommen, überqueren ihn auf einer **kleinen Brücke** 3 (1:00 Std.) und erreichen **Linares** 4 (1:15 Std.). Das Schmuckstück des Ortes ist der Brunnenplatz mit seinen »llanos«, den gepflasterten Dekorationen an den Hauseingängen. Diese haben nicht nur dekorativen Charakter – die Mosaike heizen sich nicht so auf wie ebene Platten. Auf gleichem Weg gehen wir zurück zur **Plaza del Marqués** E (2:30 Std.). Von Linares aus wäre eine Verlängerung am Bach entlang nach Alájar möglich (ca. 1,5 Stunden einfach).

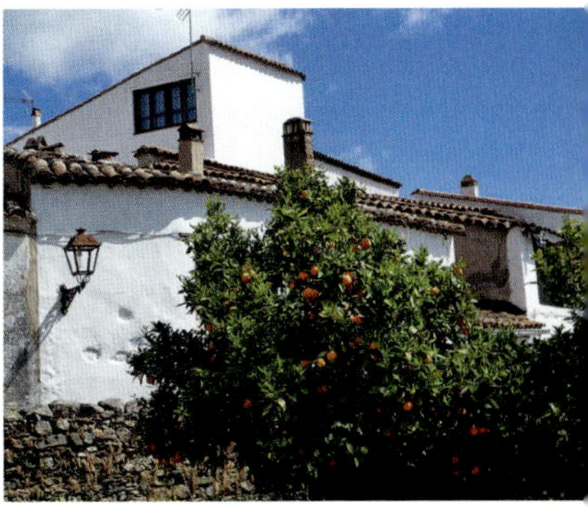

Linares zeigt sich als schmucker Ort mit gepflegten Gärten.

11 RUNDGANG IM NATIONALPARK

Die Marismas von Doñana

Im Nationalpark Coto de Doñana unternehmen wir einen Rundgang entlang einer Zone von Marismas. Vom Besucherzentrum aus ergeben sich gute Beobachtungsmöglichkeiten der artenreichen Vogelwelt und der Ökosysteme.

leicht 1:30 Std. 6 Km ↑0 m ↓0 m

Tourencharakter Überwiegend auf Holzbohlen angelegte Wege, für Rollstuhlfahrer geeignet

Ausgangspunkt Besucherzentrum El Acebuche; GPS 37.045852-6.5664651

Anfahrt Auto: H-612 nach Matalascañas, Abzweig El Acebuche. Bus: Sevilla (Pl. Armas)–Matalascañas, Haltestelle Acebuche, www.damas-sa.es; Rückfahrt über Matalascañas, da gegenüber keine Haltestelle

Karte Parque Nacional Coto de Doñana 1:25 000 von CNIG (für Spezialisten)

Einkehr Acebuche: Restaurant mit empfehlenswerter Küche im Besucherzentrum

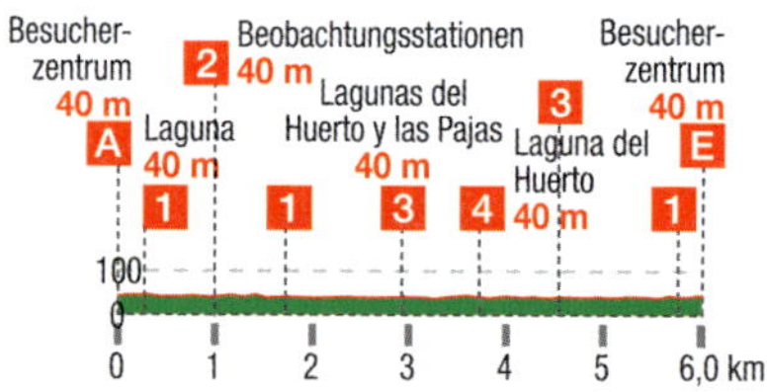

Der Nationalpark Coto de Doñana (auch Parque Nacional de Doñana) an der Costa de la Luz ist der größte und bekannteste spanische Nationalpark. Die Fläche umfasst 54 252 Hektar, dazu kommen noch einmal 26 540 Hektar als Pufferzone. Die ausgedehnten Flächen an Marismas, flache, periodisch überschwemmte Zonen, machen den Nationalpark auch zu Spaniens wichtigstem Feuchtgebiet. Die Region besteht aus den riesigen Sedimentmengen, die der Guadalquivír in seinem Delta ablagerte. Wir finden hier gigantische Umverlagerungen von Naturma-

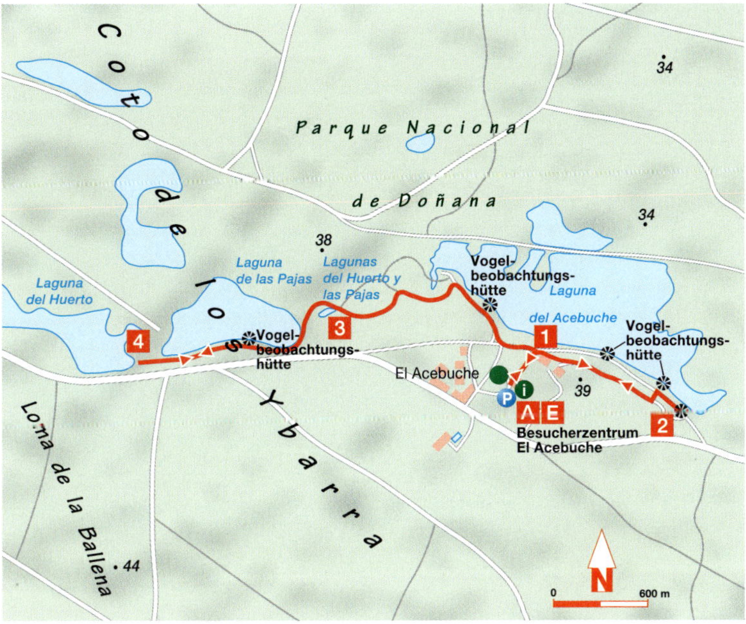

terialien, Ablagerungs- und Erosionsprozesse. Ursprüngliche Flusssande werden vom Meer wieder an Land abgelagert und bilden die riesigen Dünen, die die Marismas vom Meer trennen (siehe Tour 12). Die Dünen erstrecken sich von Matalascañas bis zur Mündung des Guadalquivír. Sie können mehrere Reihen ausbilden, die von Dünentälern, den Corrales, getrennt werden.

Artenreiches Naturparadies

In diesen Tälern wächst ein Schirmkiefernwald, der beim Vorrücken der Wanderdünen begraben wird. Erst Jahrzehnte später werden die toten Stümpfe dieser Wälder wieder freigegeben. An den windabgewandten Seiten der Dünen siedeln sich mediterrane Sträucher an. Im Nationalpark kann man auch große Korkeichengruppierungen antreffen, ebenso wie uralte wilde Ölbäume. Im Park nisten enorme Kolonien von Löfflern und Reihern auf Korkeichen. Diese »pajareros« genannten Stellen sieht man auf den organisierten Land-Rover-Touren. Der Nationalpark liegt an der Vogelzugstraße nach Afrika: Dadurch nutzen zur

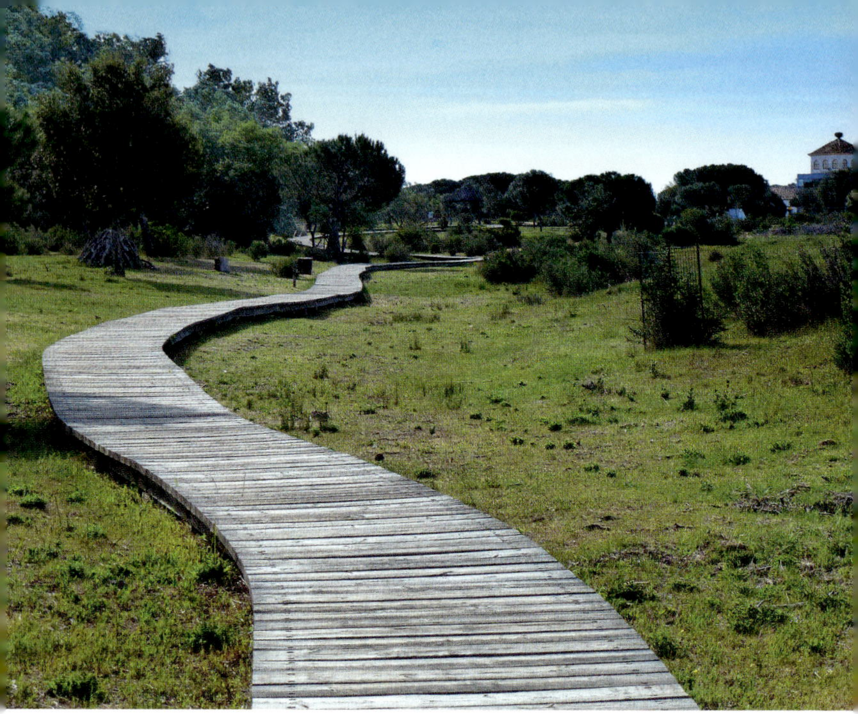

Auf Bohlenwegen rund um die Lagunen bei Acebuche

Zugzeit Hunderttausende von Vögeln das Gebiet als Rastplatz oder zur Überwinterung. Symboltier des Coto de Doñana ist jedoch der Pardelluchs.

Der Wegverlauf

Bei der hier vorgestellten Tour handelt es sich weniger um eine Wanderung, vielmehr um einen Naturspaziergang, der wegen der Beobachtungsmöglichkeiten sicher länger ausfällt als die reine Gehzeit. Ausgangspunkt ist das Besucherzentrum **El Acebuche** **A**, wo wir das Auto abstellen können, falls wir nicht mit dem Bus gekommen sind. Hier finden wir Informationen zum Nationalpark und können an geführten Touren teilnehmen (vorherige telefonische Anmeldung empfehlenswert), es gibt auch ein Café. Direkt an der Gastronomiezone fällt ein etwa 400 Jahre alter Ölbaum mit beachtlichem Umfang auf – wir haben es mit dem Namensgeber des Ortes zu tun, denn »acebuche« bedeutet »wilder Ölbaum«. Wir folgen nun einfach der Ausschilderung des auf Holzbohlen angelegten Rundgangs Sendero del Acebuche, der direkt zur gleichnamigen **Laguna** 1 (0:05 Std.) führt, einem Brackwassersee. Er gehört zu den Marismas, einem Gebiet, wo sich Lagunen, Bachläufe und kleine inselartige Erhöhungen abwechseln. Je nach Abstand vom Meer und damit vom Salzwasseranteil sind die Pflanzengesellschaften in den Marismas mal mehr, mal weniger an Salz angepasst.

Am See gehen wir nach rechts. Hier befinden sich **fünf Beobachtungsstationen** 2 (0:20 Std.). Mit Geduld und Glück kann man hier Graugänse, Königs- und Kolbenenten, Seiden- und Edelreiher sehen. Auch bunte Exoten wie der Bienenfresser und Raubvogelarten wie Milane und Lagunen-Zwergadler lassen sich hier blicken. Frühjahr und Herbst ziehen jeweils andere Vogelarten an. Wir gehen auf gleichem Weg zurück und am **Abzweig** 1 (0:35 Std.) diesmal geradeaus. Der westliche Teil der Lagune wurde renaturiert, nachdem der See in den 1950er-Jahren ausgetrocknet war. Jetzt beginnt der Anschlussweg **Lagunas del Huerto y las Pajas** 3 (0:45 Std.). Diese kleineren Seen werden durch unterirdische Zuflüsse sowie über Bachgräben bewässert, die wir mehrfach über kleine Brücken queren. Die Vegetation wird von Pinien gebildet, das untere Stockwerk bildet Matorral, der hier auch als »monte negro« bezeichnet wird. Wenn im Park wenig los ist, kann man hier Rehe oder Hirsche sehen. An einer Stelle ist eine Holzpyramide aufgeschichtet. Sie steht für die menschliche Nutzung des Pinienwaldes, hier wurde lange Zeit Holzköhlerei betrieben. An der **Laguna del Huerto** 4 (1:00 Std.) endet der offiziell ausgeschilderte Weg, und von hier aus geht es wieder zurück zum **Besucherzentrum** E (1:30 Std.).

PARQUE NACIONAL COTO DE DOÑANA

Der Nationalpark ist das größte Vogelschutzgebiet Europas. Der Name stammt noch von der Gräfin Doña Ana aus dem 16. Jahrhundert, während »Coto« Jagdgebiet bedeutet. Um 1900 erkannten erstmals britische Naturkundler den immensen ökologischen Wert des Gebiets. 1964 kaufte der spanische Forschungsrat mit Finanzhilfen des WWF die Kernparzelle, seit 1969 ist Doñana Nationalpark. Hier leben unter strengem Naturschutz noch etwa 40 Pardelluchse und Kaiseradler. Eine Dauergefahr ist der Entzug von Grundwasser durch Massentourismus wie in Matalascañas sowie die künstliche Bewässerung von Obstplantagen, insbesondere der Riesenerdbeeren aus der Provinz Huelva.

12 KÜSTENWANDERUNG IM NATIONAL-PARK

Die Dünen von Doñana

Die mächtigen Dünen des Nationalparks Doñana laden uns zur Küstenwanderung mit Wind, Sonne und Wellen ein. Von den Dünen aus schauen wir auf ein Meer aus Pinien und beobachten den Wellengang des Atlantiks. Geübte Kletterer können hinunter zum Strand.

leicht 2:00 Std. 5,20 Km ↑ 100 m ↓ 100 m

Tourencharakter Sandwege – barfußgeeignet

Ausgangspunkt Parkplatz an der A-494, nach 7 km von Matalascañas aus Richtung Mazagón; GPS 37.053388-6.623090

Anfahrt Auto: Von Sevilla über El Rocio nach Matalascañas, am Ortseingang nach Nordwesten auf der A-494

Karte Parque Nacional Coto de Doñana 1:25 000 von CNIG (für Spezialisten)

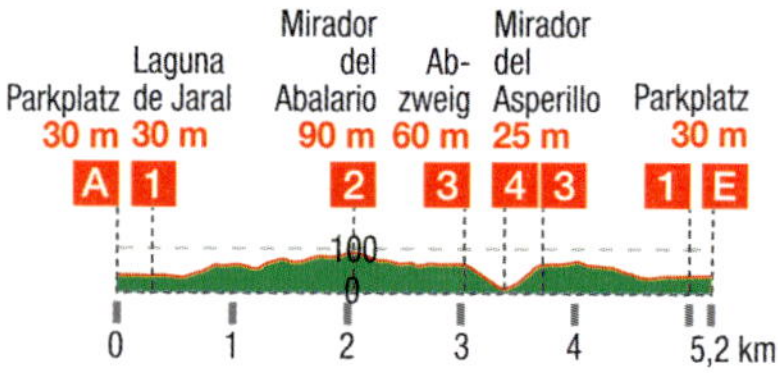

Der Nationalpark Coto de Doñana weist nicht nur Feuchtgebiete auf, sondern auch große Zonen mit Dünen. Die Tour zur Lagune von Jaral bietet Ausblicke auf die Wellen des Atlantiks und auf ein Meer von Pinien.

Der Wegverlauf

Der Einstieg mit **Parkplatz** **A** befindet sich etwa sieben Kilometer von Matalascañas aus Richtung Mazagón links der A-494 (Hinweisschilder). Wir gehen bereits ab Beginn auf weichem Sandboden, der

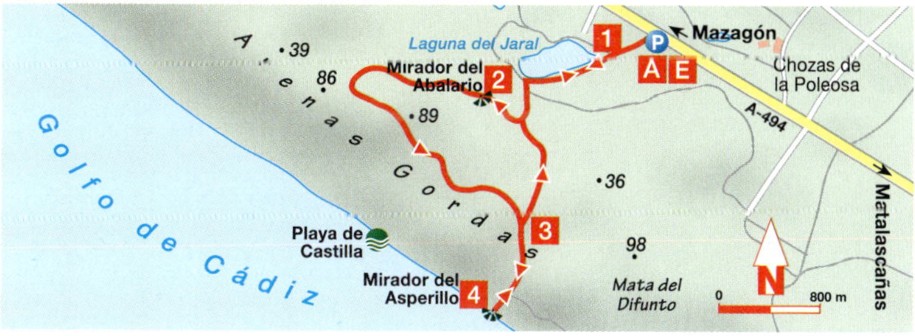

zu einer Barfußwanderung mit leichten Wüstengefühlen einlädt. Die Meeresdünen sind dynamisch: Bedingt durch den Wind wandern sie an manchen Stellen und überdecken nach und nach Sträucher und Bäume, die später als »Skelett« wieder zum Vorschein kommen.

Nach dreihundert Metern kommen wir an der meist trockenen **Laguna de Jaral** 1 (0:10 Std.) vorbei, in deren Senke sich viele feuchtliebende Pflanzen angesiedelt haben. Dichte Pinienwälder ringsum bieten Schutz für seltene Tierarten wie den Algerischen Sandläufer, eine Eidechsenart, oder die Ginsterkatze. Rund 300 Meter nach der Lagune folgen wir dem Rundweg nach rechts und steigen die Düne empor. Hier wächst ein artenreicher mediterraner Matorral mit Arten wie Rosmarin, Schopflavendel und Zistrosen. Vom 90 Meter hoch liegenden **Mirador del Abalario** 2 (0:45 Std.) sehen wir die riesigen Flächen des Pinienwaldes. Wir gehen weiter in nordwestlicher Richtung, dann wendet sich der Weg nach Südosten und wir wandern parallel zum Meer durch die Dünen. **Ein Abzweig** 3 (1:00 Std.) führt nach rechts zum Aussichtspunkt **Mirador del Asperillo** 4 (1:15 Std.) über der Klippe, die auf einem Stück eingebrochen ist. Die erodierenden Kräfte von Wind und Meer kann man an stürmischen Tagen mit höherem Wellengang am eigenen Körper spüren. Klettererfahrene können am Aussichtspunkt an einem Seil hinunter zu einem Strandabstecher. Vom Mirador aus gehen wir einfach geradeaus zurück zum **Ausgangspunkt** E (2:00 Std.).

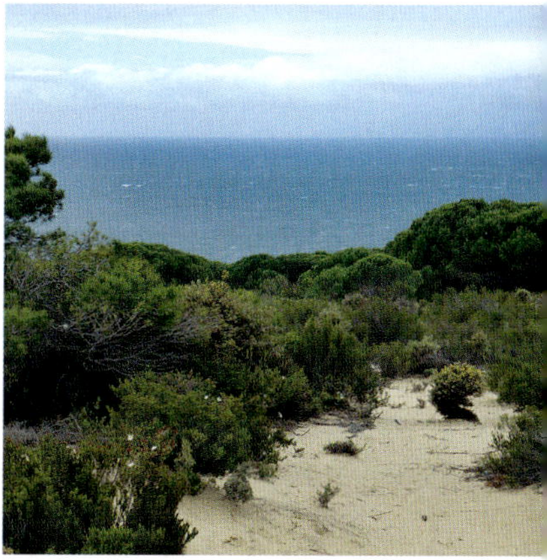

Sand, Wind und Wellen auf dem Weg zur Atlantikküste

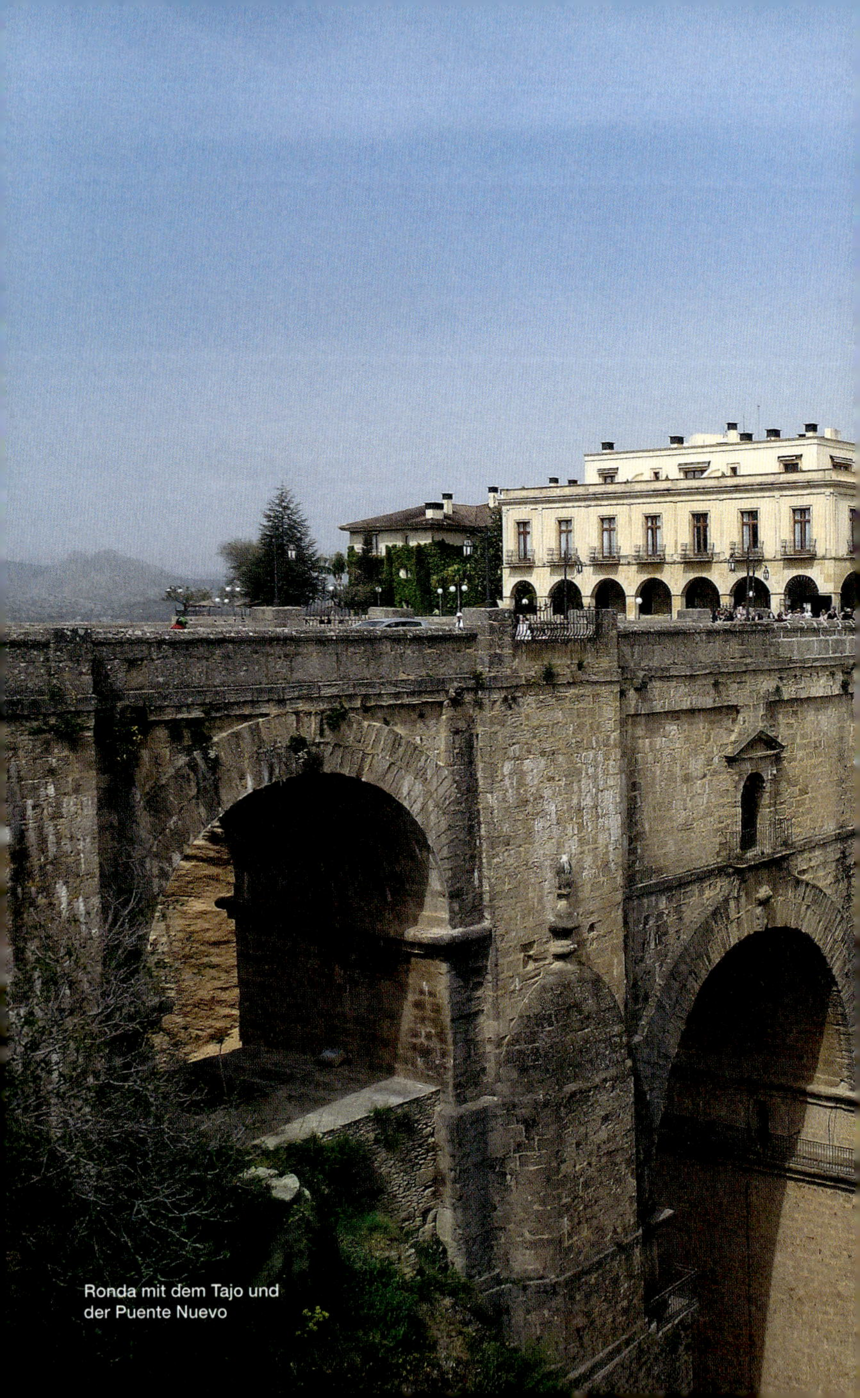

Ronda mit dem Tajo und der Puente Nuevo

SÜDWESTLICHES ANDALUSIEN

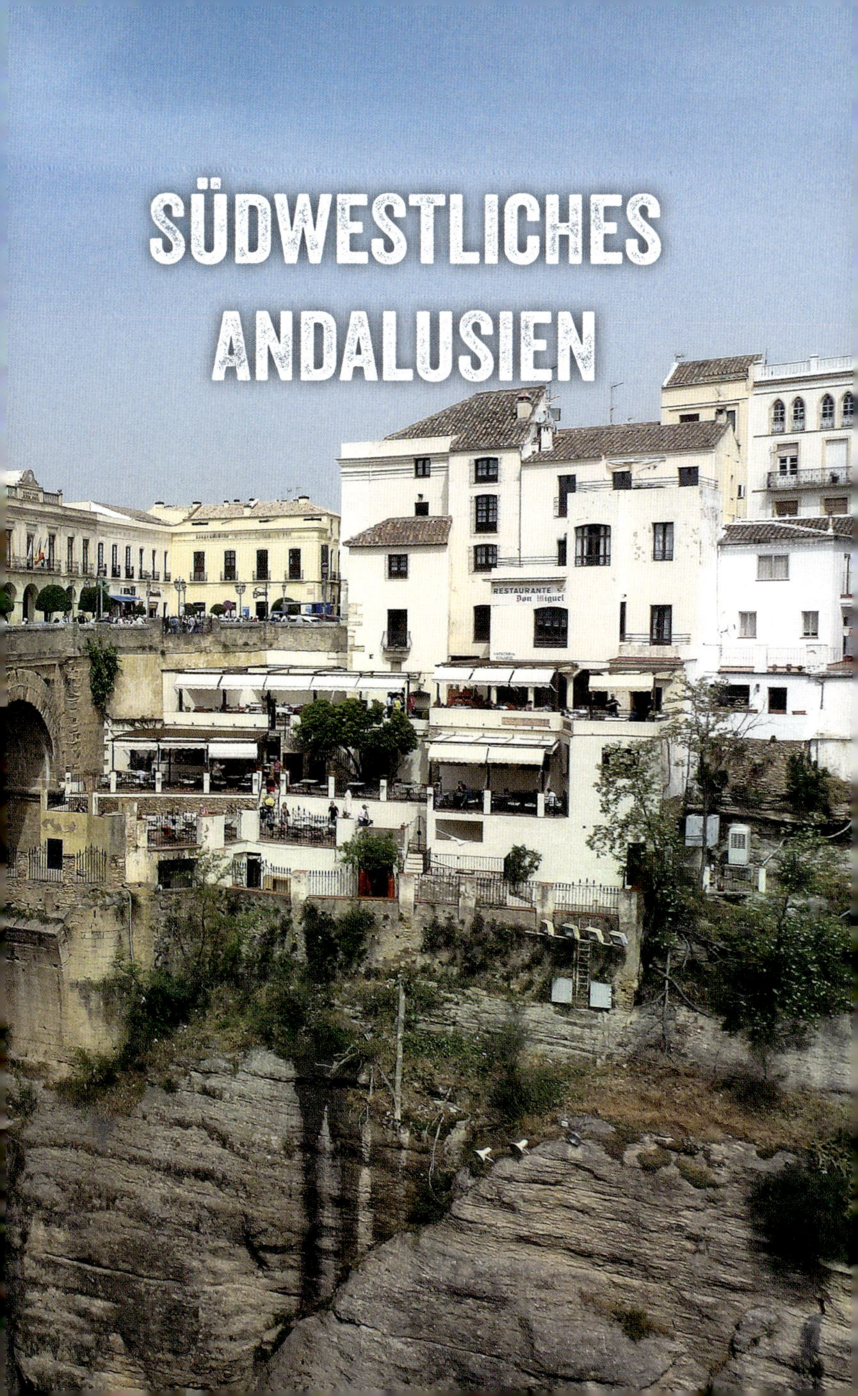

DAS SÜDWESTLICHE ANDALUSIEN

Weiße Dörfer und Korkeichenwälder

Im Südwesten Andalusiens dominiert auf den ersten Blick der Massentourismus mit vielen großen Hotels an der stark verbauten Costa del Sol, in dem Küstenstreifen zwischen Gibraltar bis Málaga. Doch im Hinterland lassen sich viele Entdeckungen machen, Wanderer und Landschaftsgenießer kommen hier auf ihre Kosten.

Drei Landschaftseinheiten prägen die Region: die Atlantikküste, das Bergland und die Mittelmeerküste. Am Atlantik befinden sich ausgedehnte, ruhige Strände neben sympathischen kleineren Ortschaften wie Conil de la Frontera, Barbate oder dem Surferparadies Tarifa. Die alte Seefahrerstadt Cádiz lädt ein zum Bummel durch die Altstadt, Jeréz bittet zur Kostprobe in seinen vielen Sherry-Bodegas. Die Mittelmeerküste hingegen setzt auf Pauschaltourismus und meist klotzige Hotelarchitektur. Orte wie Marbella und Torremolinos stehen synonym für Immobilenspekulation, Verbauung und einen hohen Grad an Korruption – unter dem berüchtigten Ex-Bürgermeister Jesús Gil wurde in Marbella ungeniert in Naturschutzgebiete gebaut. Einen Tick ruhiger wird es östlich von Málaga, wo sich Badeorte wie Nerja oder Almuñecar einen Rest von Tradition bewahrt haben. Am spannendsten ist jedoch das Bergland: Ganz im Süden der Iberischen Halbinsel, zwischen dem pittoresken Arcos de la Frontera und Algeciras, breiten sich majestätische Korkeichenwälder aus, die im Parque Natural los Alcornocales Schutzstatus genießen. Hier herrscht eine weitgehend nachhaltige Holznutzung vor, die Korkeichen werden in einem bestimmten Turnus geschält und der

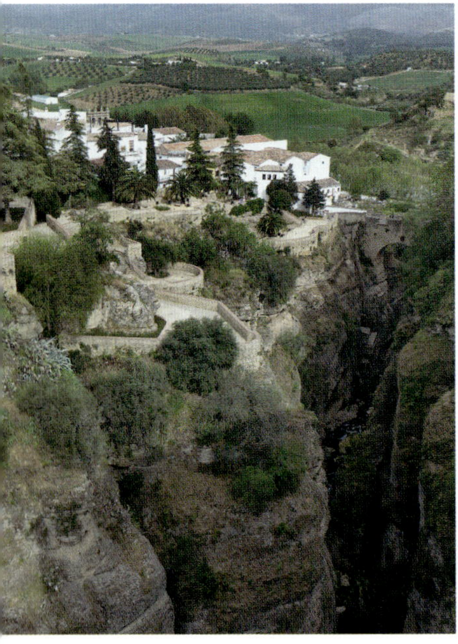

Der Tajo durchschneidet Ronda.

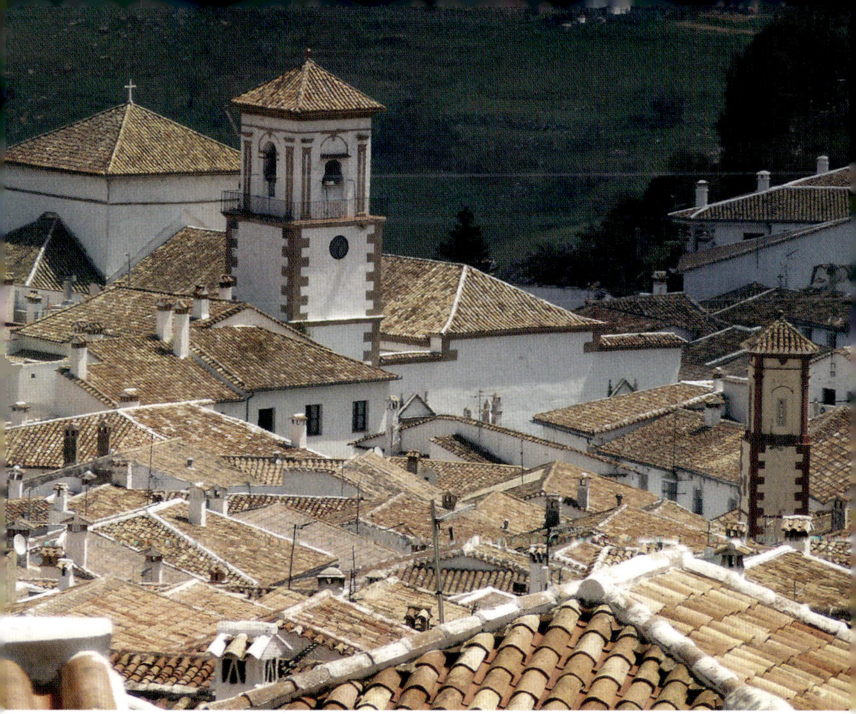

Ortsansicht von Grazalema

Kork als Naturprodukt genutzt. Die Eicheln wiederum sind das Lieblingsgericht der schwarzen Schweine, die ihrerseits wieder als Delikatesse in Form des »pata negra« enden. Nördlich und östlich schließen sich an die Korkeichenwälder die Sierra de Grazalema und die Serranía de Ronda an, beides hervorragende Wanderreviere und daher auch ausführlich in diesem Buch vertreten. In den Gebirgsregionen sind die »pueblos blancos«, die »weißen Dörfer«, besondere Anziehungspunkte. Viele Orte gehen auf die maurische Vergangenheit zurück und tragen den Namenszusatz »de la frontera« (»an der Grenze«), was auf die Kriege zwischen Christen und Mauren verweist und auf lange Grenzkonflikte. Hier können Sie landschaftlich überwältigende Rundtouren unternehmen und hervorragende traditionelle Wildgerichte probieren. Am stärksten besucht ist Ronda, wo sich viele Busgruppen durch die Altstadt bewegen. Doch in den Bergen ringsum ist viel Platz für Wanderer und Mountainbiker. Die Kletterer hingegen finden in der spektakulären Chorro-Schlucht ihr Revier, wo inzwischen auch der »caminito del rey«, der Weg durch die Schlucht, restauriert ist und als Klamm-Tour mit Eventcharakter vermarktet wird.

ENTDECKERTOUR

Im Land der Pueblos Blancos: Kalkfelsen und Korkeichenwälder

Unsere Rundtour durch den Südwesten Andalusiens startet in Málaga, der nach Sevilla zweitgrößten Stadt der autonomen Region. Málaga präsentiert sich mit seinen fast 600 000 Einwohnern und dem stark frequentierten Flughafen als lebhafte und moderne Einkaufsstadt.

Während Urlauber von hier aus zu kleineren Orten weiterreisen, bleiben Sprachschüler gerne länger in der Stadt mit ihrem gepflegten Altstadtkern. Wir lassen uns durch die Einkaufsstraßen rund um die Calle Marqués de Larios treiben, statten der kleinen Markthalle einen Besuch ab und lassen uns am Café Central an der Plaza de la Constitución auf einen café con leche nieder. Museale Anziehungspunkte sind unter anderem das Picassomuseum, die Kathedrale mit ihrem »fehlenden« zweiten Turm und das innovative Musikinstrumentenmuseum »MIMME«, welches Instrumente aus der ganzen Welt zeigt, die man teils auch selber spielen darf und soll. Überragt wird die Altstadt von dem riesigen Festungsbereich mit der maurischen Burg, der Alcazaba, und dem Gibralfaro, von dem aus wir schöne Blicke über den Hafen genießen.

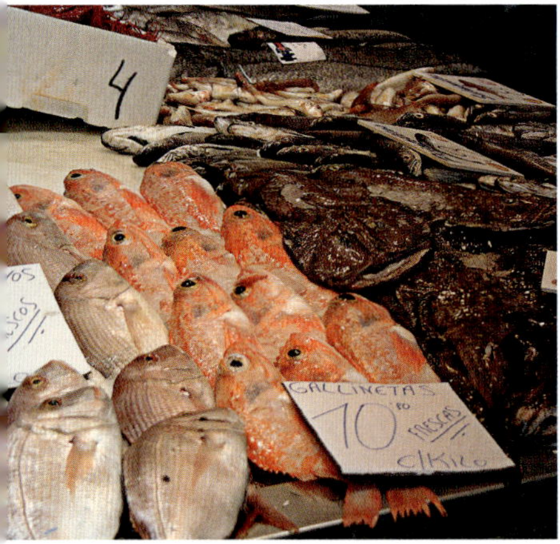

In der Markthalle von Málaga

Ab in die Berge

Nach so viel Großstadt zieht es uns in ruhigere Gefilde und wir kurven hinauf in die Berge des Hinterlands. Zunächst über den Fluss Guadalhorce, dann bergan über Alhaurín el Grande gelangen wir zum hübschen Coín. Von Yunquera aus haben wir Gelegenheit, einen Wald mit seltenen Igeltannen zu erkunden. Das kurvige Bergsträßchen mit atemberaubenden Aussichten in die Sierra de las Nieves geleitet uns über den »Bienenpass« Puerto de las Abejas schließlich in die

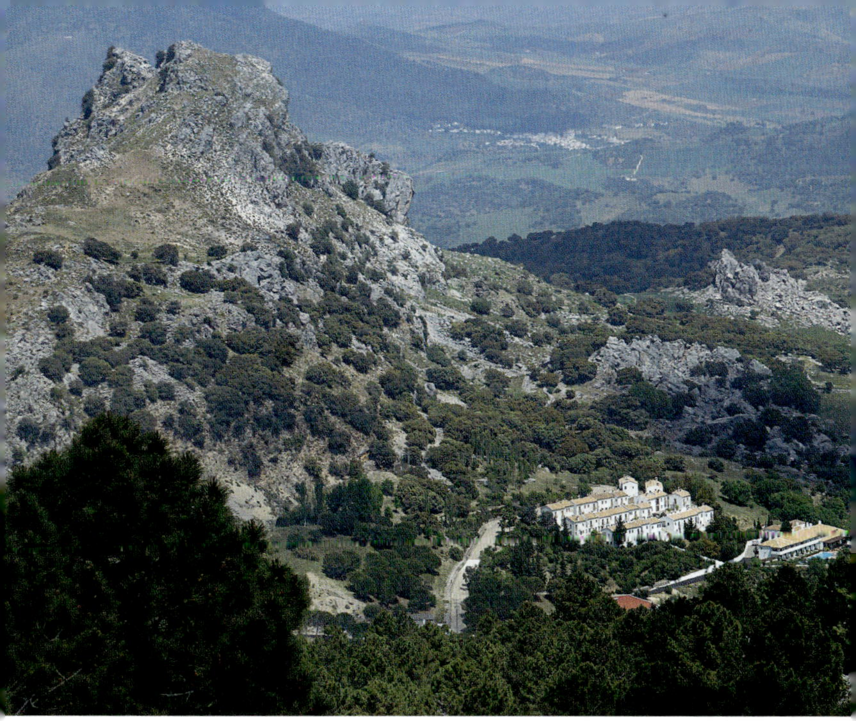

Schroffe Felsen, weiße Häuser: Typisch Grazalema

»weiße Stadt« Ronda, das Zentrum des Berglands der Costa del Sol. Schon allein wegen der Lage über dem Tajo ist Ronda den Besuch wert. Wir erkunden hier die historische Stierkampfarena und schauen vom Mirador aus in die Gebirgslandschaft. Einige spezielle Museen wie das »Museo del Bandolero« (Bandolero für »Räuber«, aber auch »Rebell«) sind weitere Attraktionen der sehenswerten Stadt, die auch ein guter Standort für mehrtägige Aufenthalte ist. Richtig urig wird es weiter westlich auf der Route der »pueblos blancos«: Wir fahren nach Grazalema, Hauptort des gleichnamigen Gebirges, und erreichen über den Pass Puerto de Boyar das lauschige El Bosque mit dem Infozentrum des Naturparks. Arcos de la Frontera besticht mit seiner Lage auf einem Bergsporn, wo sich auch der Parador befindet. Durch die Calle Corredera gelangen wir in die Altstadt und peilen den Balcón de Arcos an, einen tollen Aussichtspunkt. Wir verlassen wieder die Berge und wenden uns dem Atlantik zu, vorher gönnen wir uns aber einen Stopp in Jerez de la Frontera. Hier ist die Hauptstadt des Sherry und der andalusischen Reitkunst. Bodegas bieten Führungen an durch ihre Kellereien, eine noch größere Attraktion sind die Vorführungen der Kö-

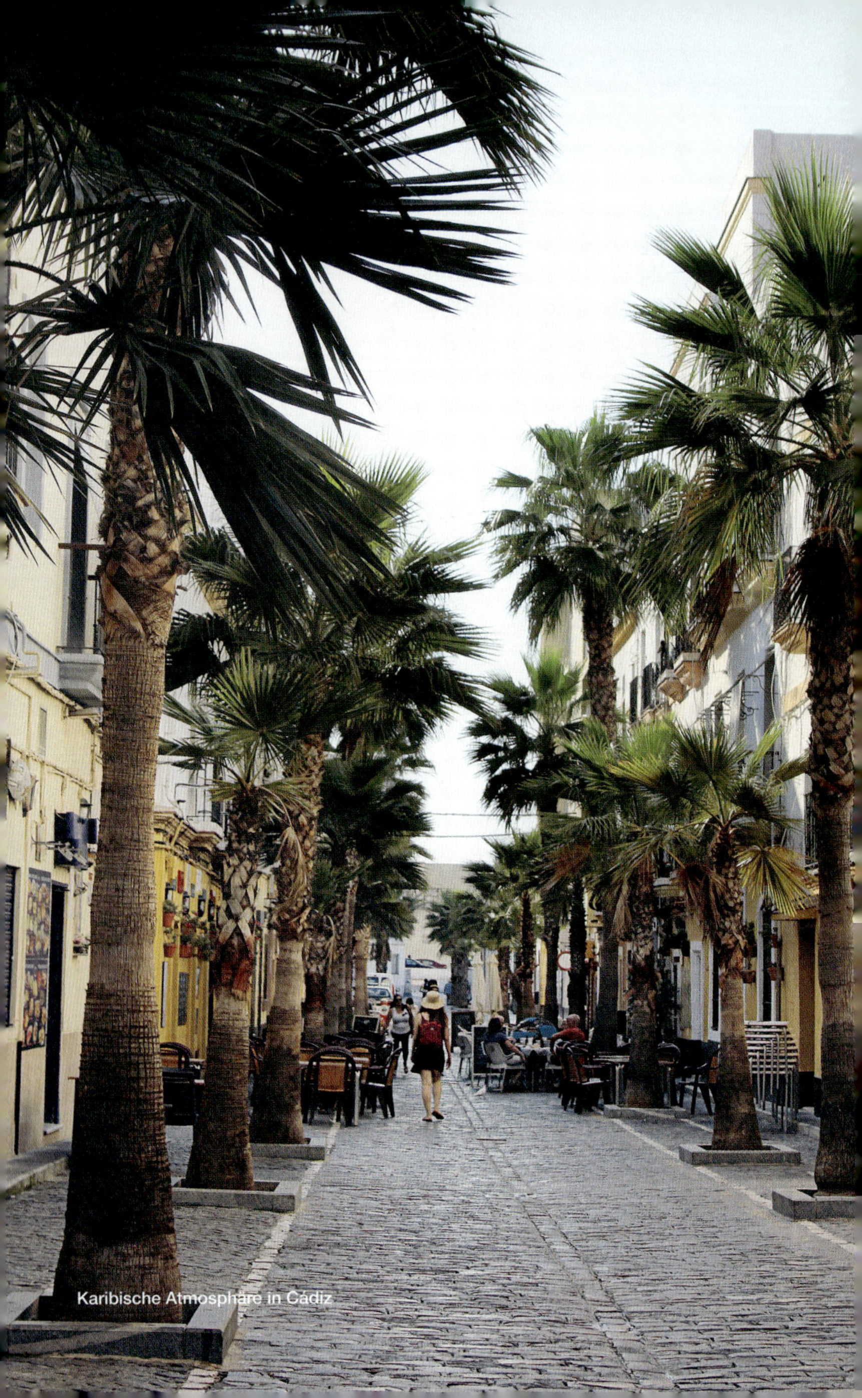

Karibische Atmosphäre in Cádiz

niglichen Hofreitschule. Und etwas für alle ist der renommierte Zoo von Jerez.

An der Atlantikküste

Einen ganz anderen Charakter weist das am Atlantik gelegene Cádiz auf: Einmal außenrum auf der Promenade und am Stadtstrand vorbei, und dann wieder mittenrein in das Gassengeflecht mit dem schachbrettartigen Grundriss lernen wir diese nach wie vor authentische Großstadt mit einer auffallenden Vielfalt an kleinen und kuriosen Geschäften kennen. Es geht jetzt zur Südspitze der Iberischen Halbinsel: Über San Fernando, die Geburtsstadt des legendären Flamencosängers Camarón de la Isla, fahren wir über Vejer de la Frontera nach Tarifa.

Fischerorte und Surferparadiese

Unterwegs gibt es einige attraktive Abstecher zu Orten, die direkt am Atlantik liegen. In Coníl gibt es beliebte Sprachschulen und bei Barbate tolle Strände, während Zahara bekannt ist für traditionelle Meeresfischerei. Weiter Richtung Tarifa findet man die römischen Ruinen von Baelo Claudia. Die Gegend von Tarifa ist einer der europäischen Hotspots für die Surferszene. Tarifa selbst betreten wir durch ein historisches Stadttor und sind kurz darauf an der Hafenzeile. Unterhalb der Festung tummelt sich das Leben in kleinen Cafés, die Boutiquen dagegen führen überwiegend Mode und Funktionskleidung für Surfer.

Gibraltar – britische Enklave

Nächste Station ist Gibraltar »The Rock«. Hier ist das Pfund die Währung, und auf der zentralen Einkaufsmeile patrouillieren englische Bobbys zwischen roten Telefonzellen. Ein Blick in das Museum von Gibraltar und ein Rundgang durch den Botanischen Garten genügen für die Stippvisite. Wer länger Zeit hat, fährt mit der Seilbahn auf den Upper Rock und läuft mit bester Aussicht zurück zur Innenstadt. Für den Rückweg nach Málaga lassen wir uns Zeit und durchqueren die ausgedehnten Korkeichenwälder. Nach San Roque folgen wir der Bahnlinie von Algeciras nach Ronda und kommen in das hübsche Jimena. Dann kurven wir weiter nach Gaucín, von wo aus wir auf der MA 539 und einem optionalen Abstecher zum pittoresken weißen Dorf Casares doch die Küstenautobahn Richtung Málaga erreichen.

HILFREICHE ADRESSEN

Oficina Municipal de Turismo – Central (Tour 13): Vom 1. Oktober bis 28. Februar ist das zentrale Touristenbüro tägl. 9–18 Uhr geöffnet. Vom 1. März bis 30. September tägl. 9–20 Uhr. Plaza de la Marina, 11, 29001 Málaga, Tel. +34/951/926020, info@malagaturismo.com

Museo Picasso Málaga (Tour 13): Calle San Augustín 8, tägl. 10–19 Uhr, www.museopicassomalaga.org

Museo Casa Natal Picasso (Tour 13): Plaza de la Merced 15, tägl. 9.30–20 Uhr

Carmen Thyssen Museum Málaga (Tour 21): Plaza Carmen Thyssen, Di–So 10–20 Uhr, www.carmenthyssenmalaga.org

MIMA (Tour 14): Calle Beatas 15, 7. Sept bis 24. Juni, Mo 10–16 Uhr, Di–So 10–19 Uhr, www.mimma.es

Punto de Información Los Alcornocales (Tour 22): Das Informationszentrum ist für Cádiz und Málaga zuständig. Hier gibt es auch Wandergenehmigungen. Plaza San Jorge 1, Casa Cabildo, 11180 Alcalá de los Gazules (Cádiz), Tel. +34/956/420277, +34/956/413307 und +34/956/413308, pn.alcornocales.cma@juntadeandalucia.es, www.cadiz-turismo.com

Turismo de Ronda S.A. (Tour 18): Ayuntamiento de Ronda, Palacio de Mondragón, Plaza de Mondragón, s/n, 29400 Ronda, Tel. +34/902/104660, informacion@turismoderonda.es, www.turismoderonda.es

Oficina de Turismo Jimena. Iglesia de la Misericordia, s/n, 11330 Jimena de la Frontera, Tel. +34/956/640569, ayto.jimena@teleline.es, www.jimenadelafrontera.es

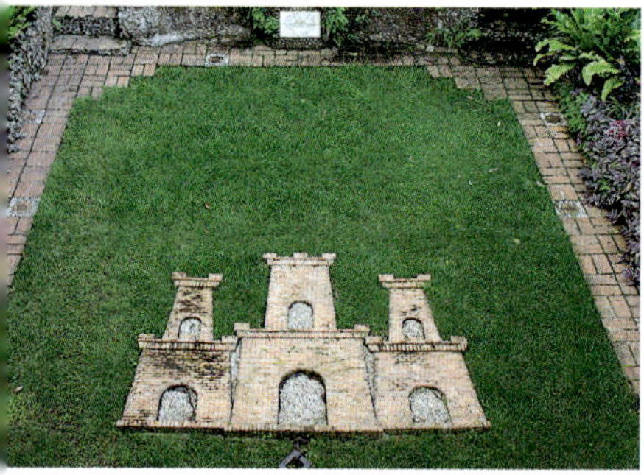

Botanischer Garten in Gibraltar

Oficina de Turismo Cádiz (Tour 17): Paseo de Canalejas, s/n (gegenüber vom Hafen), 11010 Cádiz, Tel. +34/956/241001, info.turismo@cadiz.es, http://turismo.cadiz.es

Oficina de Turismo Jerez (Tour 17): Plaza del Arenal, 11403 Jerez de la Frontera, Tel. +34/956/338874, www.turismojerez.com

Real Escuela Andaluza del Arte Ecuestre (Königliche Reitschule) (Tour 17): Geöffnet tägl. 10–14 Uhr bzw. 15 Uhr, So geschlossen. Die Zeiten der Vorführungen sind saisonbedingt und auf der Website zu finden. Unbedingt Tickets im Vorverkauf über die Website kaufen! Avenida Duque de Abrantes, 11407 Jerez de la Frontera, Tel. +34/956/31 80 08, www.realescuela.org

Yeguada la Cartuja, Kartäusergestüt (Tour 17): Besichtigung und Show finden jeden Samstag um 11 Uhr statt. Telefonisch reservieren! Crta. Medina – El Portal, Km 6,5, 11480 Jerez de la Frontera, Tel. +34/956/16 28 09, www.yeguadacartuja.com

Centro Andaluz de Flamenco (Tour 17): Öffnungszeiten Mo–Fr 9–14 Uhr, Palacio Pemartín, Plaza San Juan, 1, 11403 Jerez de la Frontera, Tel. +34/856/81 41 32, www.centroandaluzdeflamenco.es

Centro de Visitantes de El Bosque (Tour 15, 23, 24): Das Besucherzentrum für den Naturpark Sierra de Grazalema. Ave. de la Diputación, s/n, 11670 El Bosque, Tel. +34/954/54 44 38

Artesanía Textil de Grazalema, S.A. (Tour 15, 23, 24): Eine Spinnerei, die sich auf die Herstellung von Decken und Wollstoffen spezialisiert hat. Carretera De Ronda, s/n, 11610 Grazalema, Tel. +34/956/13 20 08, www.mantasdegrazalema.com

Oficina de Turismo Arcos (Tour 16): Wer nicht allein auf Entdeckungsreise gehen will, kann an einer geführten Tour teilnehmen. Nach Anmeldung gibt es die Rundgänge auch auf Deutsch. Stadtrundgänge Mo–Fr 11 Uhr (außer an Feiertagen), Info und Reservierungen: Tel. +34/956/70 22 64, Cuesta de Belén, 5, 11630 Arcos de la Frontera

Oficina de Turismo Tarifa (Tour 19): Zwischen Barbate und Tarifa gibt es sonst keine Touristeninformation. Paseo la Alameda, s/n, 11380 Tarifa, Tel. +34/956/68 09 93

Römische Siedlung Baelo Claudia (Tour 19): Für EU-Bürger ist der Eintritt frei. Öffnungszeiten im Winter Di–Sa 9–18 und So 9–14 Uhr. Im Frühling und im Oktober Di–Sa 9–19 und So 9–14 Uhr. Im Sommer Di–Sa 9–20 und So 9–14 Uhr. Mo Ruhetag. An Feiertagen geschlossen. Ensenada de Bolonia, s/n, 11380 Tarifa, Tel. +34/956/68 85 30 und +34/956/68 85 40

Main Tourist Administration Office (Tour 20): Duke of Kent House, Cathedral Square, Tel. +350/200/749 50, information@tourism.gov.gi, www.visitgibraltar.gi

13 MÁLAGA

Pulsierende Metropole

Die meisten Andalusienurlauber kommen hier an, denn Málagas Flughafen ist der am stärksten frequentierte in Andalusien. Als Ausgangsort für Wanderungen ist die Stadt nicht unbedingt geeignet, doch eine Besichtigung der Innenstadt kann man sich durchaus gönnen, auch der Palmeral de las Sorpresas, der Park am Hafen, lädt ein zum ausgedehnten Spaziergang.

Lage Hauptort an der Costa del Sol

Anfahrt Internationaler Flughafen, Fernbusverbindungen, Bahnhof der RENFE, Autobahnen A-7, A-45

Einkehr Bar La Campana, Calle Granada, 35, in der Nähe der Plaza de la Merced, 29015 Málaga, Tel. +34/952/227566; Taberna El Quitapenas, Calle Sánchez Pastor, 2, 29015 Málaga, Tel. +34/952/224518; Bodega Bar El Pimpi, Calle Granada, 68, 29015 Málaga, Tel. +34/952/225403, www.elpimpi.com; Tapeo de Cervantes, Calle de Cárcer, 8, in der Altstadt, 29012 Málaga, Tel. +34/952/609458; Malaga: Taberna Mitjana, Calderería 7, typisch spanische Küche mit exzellentem Preis-Leistungs-Verhältnis in der Fußgängerzone

Die Stadt mit 600000 Einwohnern hat den nach Barcelona größten Hafen Spaniens, eine Uni und ist ein wichtiges Verkehrs- und Handelsdrehkreuz. Von der Plaza de la Marina gelangt man über die Einkaufsstraße Marqués de Larios in die Innenstadt. Rechter Hand der Einkaufsmeile reckt sich der Turm der Kathedrale in die Höhe, der zweite Turm wurde nie fertiggestellt, daher heißt das Gotteshaus auch »La Manquita«, die »Einarmige«. An der Plaza de la Constitución bietet sich ein Kaffeestopp an im ehrwürdigen »Café Central« mit seinem lebhaften Treiben und den routinierten »camareros«, den Kellnern. In einer kleinen Seitenstraße dahinter finden Kunstfreunde das Museum Carmen Thyssen, eines der kulturellen Aushängeschilder der Stadt. In diesem Altstadtviertel mit vielen kleinen Läden kann man sich gut treiben lassen, auch die Markthalle Mercado de las Atarazanas ist nur ein paar Gehminuten weiter. Hier gibt es die »chirimoyas«, exotische

Früchte aus dem Valle Trópical. Biegt man von der Plaza jedoch nach rechts ab in die Calle Granada, gelangt man zum Picassomuseum, welches weltweit als das drittwichtigste Museum zum Wirken des berühmten Künstlers gilt und 140 Werke aus verschiedenen Phasen beherbergt. Hinter der Plaza de Merced steht das Geburtshaus Picassos. Die maurische Burg Alcazaba entstand ab dem 11. Jahrhundert. Sie besteht aus mehreren mächtigen Mauerringen, und in ihrem Kern fungieren die Säle des Nasriden-Palastes als Museum. Vom Castillo de Gibralfaro aus bietet sich ein toller Blick auf den Hafen und auf die Stierkampfarena. Etwas außerhalb finden Pflanzenfreunde und Spaziergänger im Botanischen Garten Jardín de la Concepción einen angenehmen Hort der Ruhe im Kontrast zur Großstadthektik.

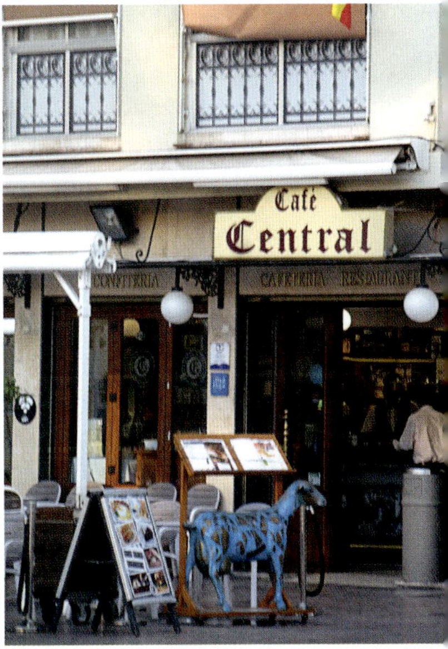

Traditionsreicher Koffein-Treff in Málaga

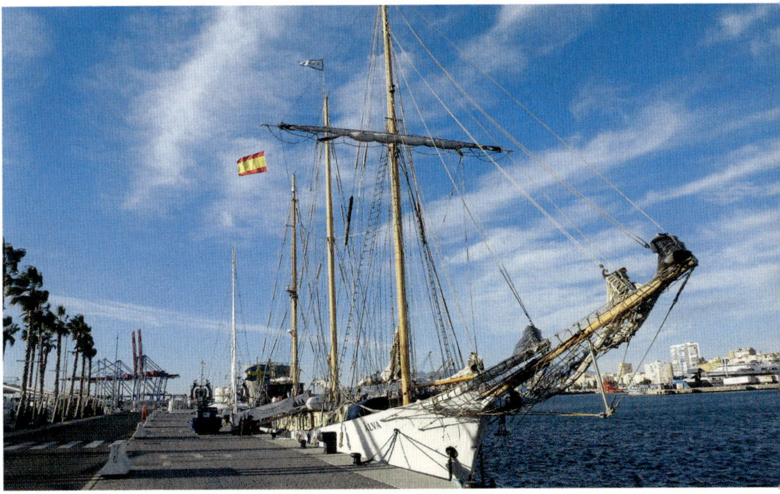

Der Yachthafen von Málaga bietet viele tolle Motive.

14 RONDA

Weißes Dorf über der Tajo-Schlucht

Das bekannteste der »pueblos blancos« im andalusischen Bergland ist vielmehr eine Stadt mit moderner Infrastruktur und vielen Besuchern aus aller Welt. Ronda ist einer der touristischen Dreh- und Angelpunkte Andalusiens und wegen der guten Anbindung auch ein geeigneter Wander- und Bikerstandort für mehrere Tage.

Lage Ca. 100km nordwestlich von Málaga

Anfahrt Mit Pkw auf C-339 oder C-344, zahlreiche Busverbindungen, z.B. von Sevilla und Málaga, Regionalbahnhof der Linie Granada–Algeciras

Öffnungszeiten Plaza de Toros und Museo Taurino, geöffnet tägl. 10–20 Uhr, im Frühling und Herbst bis 19 Uhr, 29400 Ronda, www.rmcr.org

Einkehr In Ronda reichhaltige Gastronomie. Tipp: Eisdiele mit selbstproduziertem »helado« in der Carrera Espinal

Große Gruppen schieben sich durch die Gassen und staunen über die spektakuläre Lage der Häuser über dem Tajo, der tiefen Schlucht innerhalb der Stadt. Die Siedlung mit ihren rund 40000 Einwohnern ist durchaus attraktiv und spricht nicht nur Tagesbesucher an, sondern mit ihren Immobilienangeboten auch Dauergäste, vor allem Engländer. Kernstück des Gesamtkunstwerks ist die Puente Nuevo: Die 100 Meter hohe Konstruktion aus dem 18. Jahrhundert trennt Altstadt und Neustadt voneinander und bietet schwindelerregende Blicke auf kurios an Hängen gelegene Häuser unterhalb. Nördlich davon lädt die im Durchmesser größte Stierkampfarena Spaniens inklusive Museum zum Besuch. Die Arena ist gleichzeitig die älteste Spaniens, als »Erfinder« des Stierkampfs gilt Francisco Romero aus Ronda. Ein paar Schritte weiter gelangt man zur Abbruchkante über dem Mühlental und zu einem Aussichtspunkt für den Genuss von Bergpanoramen – halbrechts erstreckt sich die Sierra de Pinar in der Region Grazalema. Im Park auf der anderen Seite der Plaza de Toros, der Alameda del Tajo, stehen Büsten von Ernest Hemingway und Orson Welles – berühmte Besucher der weißen Stadt. Gegenüber erstreckt sich das Einkaufszentrum mit der Carrera Espinel als Achse und der Plaza de Socorro als zentralem Platz der Einheimischen. In der Altstadt südlich des Tajo befinden sich die historischen Sehenswürdigkeiten Rondas: Die Kathedrale Santa Maria la Mayor hat ein ehemaliges Minarett als Glockenturm – eine gern bestaunte Kuriosität. Der Palacio Mondragón als ehemaliger Adelspalast maurischer Herrscher und Sitz auch christlicher Könige beherbergt das Stadtmuseum. Die Casa del Rey Moro und der Palacio del Marqués de Salvatierra mit Indianerskulpturen in der Fassade sind nur zwei von vielen Monumenten, die man in einer Stadtbesichtigung auch individuell erkunden kann. Die Baños Árabes, unterhalb der Altstadt gelegen, gelten als die am besten restaurierten arabischen Bäder der Iberischen Halbinsel. Über Volkskundliches informiert die riesige Sammlung des Lara-Museums mit einer Vielzahl von Gegenständen wie Kutschen, Uhren und antiken Waffen.

RÄUBERMUSEUM

Sehr kurios ist ein Besuch im Museo del Bandolero (»Räubermuseum«), das einen Blick auf den speziellen Aspekt des Räuber- und Rebellenunwesens der Region wirft. Viele alte Zeitungsausschnitte und Spielfilme informieren über die widerspenstigen Bandoleros, die die Berge unsicher machten und von der Guardia Civil verfolgt wurden.

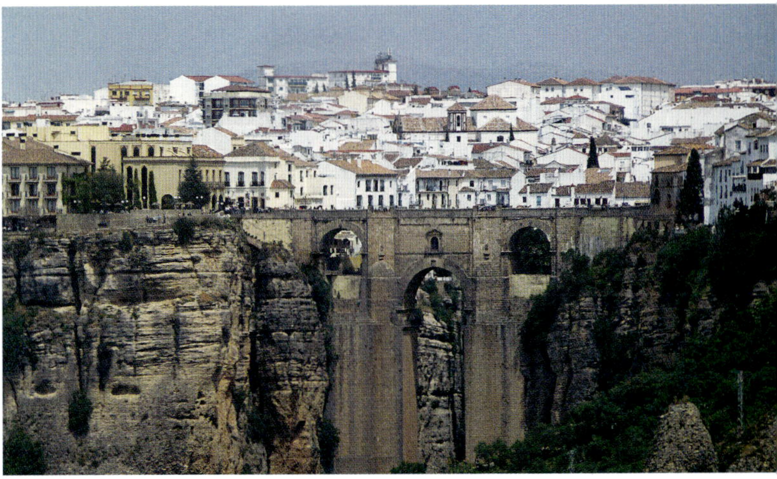

Die spektakuläre Lage Rondas von gegenüber gesehen

15 GRAZALEMA

Das Tor zur Sierra de Grazalema

Knapp 30 Kilometer westlich von Ronda ist das hübsche »pueblo blanco« das Tor zum Naturpark Sierra de Grazalema und ein hervorragender Ausgangsort für Wanderungen.

Lage Ca. 25 km westlich von Ronda

Anfahrt Mit Pkw auf C-344, Regionalbusse von Ronda aus

Einkehr Regionaltypische Küche in der Casa de las Piedras (s. a. Unterkunftstipps), am Kirchplatz und drumherum

Die Anlage des Ortes geht auf maurische Zeit zurück, die Entwicklung lässt sich auf Infotafeln von einem Aussichtspunkt am westlichen Ortsende aus nachvollziehen. Andenkenläden mit regionalen Produkten wie Decken und Korbwaren, ein zentraler Platz, ein Infozentrum und mehrere Restaurants und Bars mit einheimischer Küche machen einen mehrtägigen Aufenthalt angenehm. Nah am Ort kann man die Weberei »Fábrica de Mantas« besichtigen (siehe »Hilfreiche Adressen«).

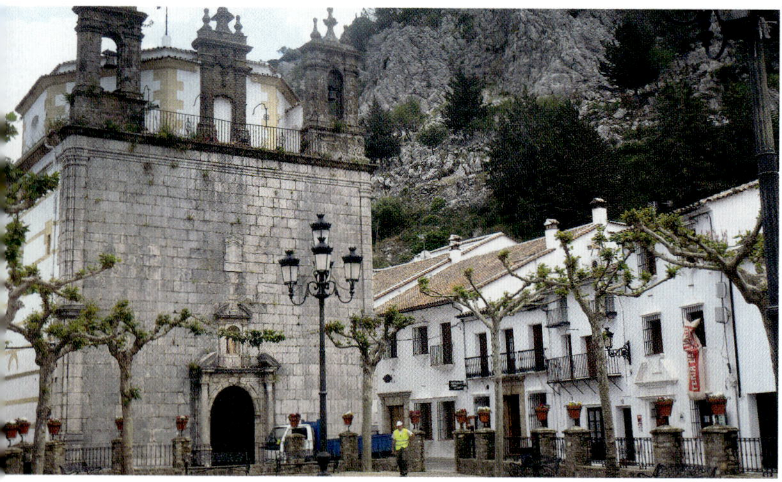

Grazalema – ein »pueblo blanco« wie aus dem Bilderbuch

16 ARCOS DE LA FRONTERA

Bezaubernder Touristenmagnet

Die weiße Kleinstadt mit rund 30 000 Einwohnern liegt pittoresk auf einem Felssporn und besticht durch ihre Lage über dem Río Guadalete. Der Grundriss des Ortes ist länglich und die Gassen sind steil und schmal.

Lage 30 km östlich von Jerez

Anfahrt Mit Pkw auf N-342, Regionalbusverbindungen

Arcos war in Zeiten der Reconquista als Grenzort (daher »la Frontera«) stark umkämpft. Hauptplatz ist die Plaza del Cabildo, von wo aus sich tolle Blicke in die Umgebung ergeben, wie auch nach kurzem Spaziergang vom Mirador de Abades. Aushängeschild der Hotellerie ist der Parador, doch auch viele weitere Hotels und Pensionen bieten Unterkunft in historischem Ambiente.

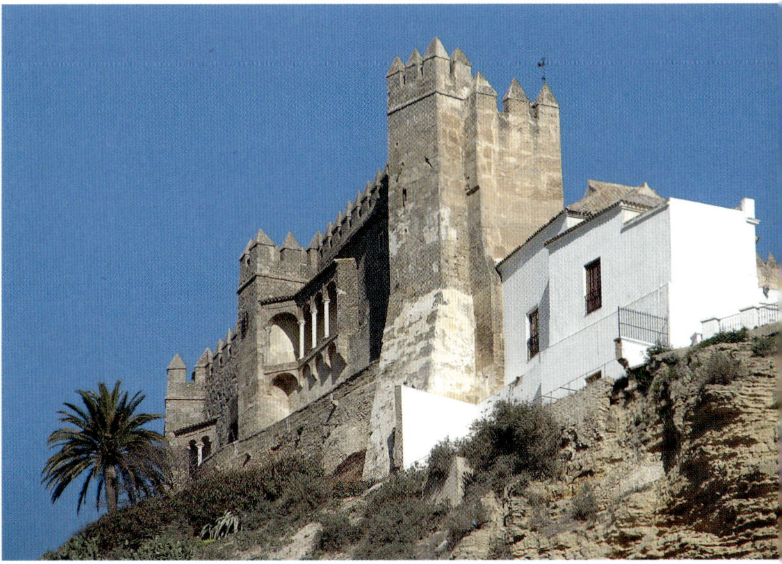

Das Castillo von Arcos in wehrhafter Position

17 JEREZ DE LA FRONTERA

Stadt der Pferde und des Sherry

Trotz seiner über 200000 Einwohner ähnelt Jerez von seiner Ausstrahlung her eher einer Kleinstadt als einer der größten Städte Andalusiens. Jerez ist die Hauptstadt der andalusischen Pferde und des Sherry sowie Standort eines sehenswerten Zoos.

Lage Fast am Atlantik zwischen Sevilla und Cádiz

Anfahrt Regionalflughafen, mit Pkw auf A-4 von Sevilla aus, Fern- und Regionalbusverbindungen, Bahnanschluss

Einkehr Bar Juanito an der Ruta Vino y Brandy, Pescadería Vieja, 8–10, Tel. +34/956/334838, www.bar-juanito.com; Restaurante El Gallo Azúl, Calle Larga, 2, Tel. +34/956/326148; Tapas Bar/Restaurente La Cruz Blanc, Calle Consistorio, 16, Tel. +34/956/324535; Cafeteria La Vega, Plaza Esteve, Tel. +34/956/337748; Restaurante La Carboná, Calle San Francisco de Paula, 2, Tel. +34/956/347475, www.lacarbona.com; Grillrestaurant Meson Del Asador, Calle Remedios, 2, Tel. +34/956/322658, www.mesondelasador.com; Restaurante La Alternativa, Calle San Pablo, 7, Tel. +34/956/343961

Die Innenstadt beherbergt zahlreiche historische Bauten: Der maurische Alcázar stammt aus der Epoche der Almohaden und steht auf einem Hügel im Südteil der Altstadt. Im Inneren der Burg gibt es Gartenanlagen, Reste arabischer Bäder und eine achteckige Moschee sowie einen Palast aus der Barockzeit des 18. Jahrhunderts. Die Kathedrale Nuestro Señor el Salvador, das Archäologische Museum und das Flamencomuseum sind weitere Anziehungspunkte auf einem möglichen Altstadtrundgang. Ein attraktiver Blickfang in den Sommermonaten ist das Karussell der Jugendliteratur vor der Casa del Cabildo: Die »Verkehrsmittel« auf dem Karussell sind beispielsweise das U-Boot von Kapitän Nemo oder das Flugzeug aus dem »Kleinen Prinzen«. Am Rand des Stadtzentrums liegen die großen Bodegas der Sherryproduzenten wie Domecq, González Byass oder Sandeman. Das milde Klima und die kalkreichen Böden begünstigen Jerez und die gesamte Region für die Produktion der süßlichen Weine. Je nach Bodega meldet

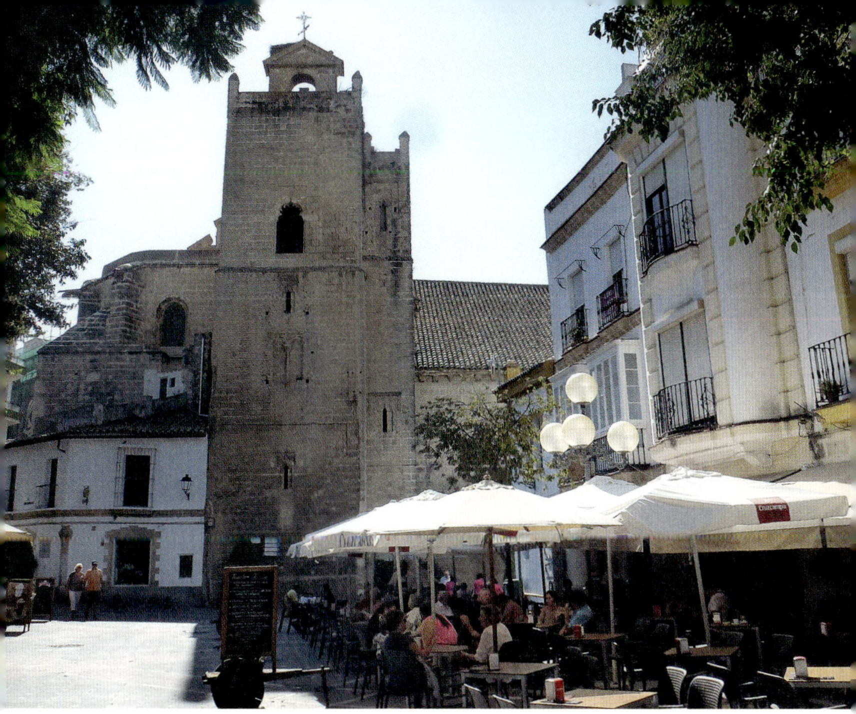

Jeréz bietet nicht nur Bodegas, sondern auch schöne Plätze.

man sich mit etwas Vorlauf an und erfährt bei einer Führung alles Wissenswerte über die Sherryproduktion der beliebten Sorten manzanilla und amontillado, freilich mit Kostproben der Getränke. Eine besondere Ästhetik vermitteln die Vorführungen der Real Escuela Andaluza del Arte Ecuestre: Die Dressur der weißen andalusischen Pferde ist nicht nur für ausgesprochene Pferdefreunde ein Vergnügen, ein Museum informiert über den Reitsport. Tier- und Pflanzenliebhaber finden vor den Toren der Stadt im »Zoobotánico« ein hervorragendes Areal vor, denn der Zoo von Jerez zählt zu den »Top 3« Spaniens. Der Zoo kümmert sich um die Wiederauswilderung von Pardelluchs und Waldrapp, außerdem gibt es botanische Rundgänge mit vielen exotischen Baumarten und Blumen.

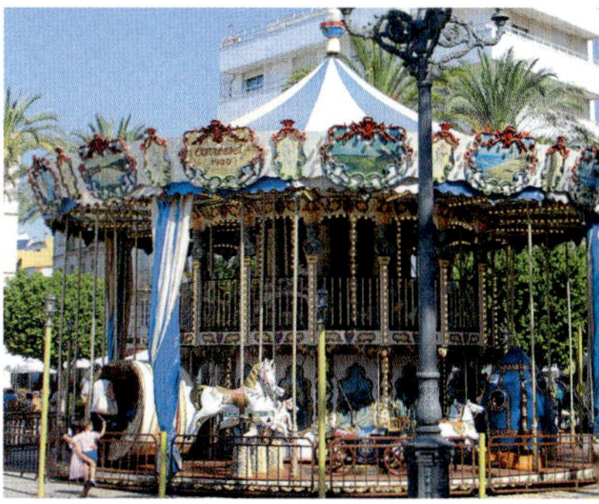

Das Karussell der Jugendliteratur

18 CÁDIZ

Mehr Südamerika als Europa

Die alte Hafenstadt Cádiz besticht weniger durch herausragende einzelne Sehenswürdigkeiten als vielmehr durch ihre Lage am Meer und ihr Ambiente. Sie war als phönizische Gründung die älteste Stadt Spaniens und ein bedeutender Seehafen unter den Römern, später eine Seefestung in den Kriegen gegen England. Ab dem 18. Jahrhundert wurden über Cádiz drei Viertel des spanischen Amerikahandels abgewickelt.

Lage Hauptort der südlichen Atlantikküste »Costa de la Luz«

Anfahrt Bahnanschluss (Schnellzug AVE von Madrid), mit Pkw auf A-4 von Sevilla, Fernbus

Einkehr Cafeteria La Marina, Plaza del Topete, 1, Tel. +34/956/22 23 97; Meson Cumbres Mayores, Calle Zorrilla, 4, Tel. +34/956/21 32 70, www.mesoncumbresmayores.com; Restaurante El Faro, Calle San Felix, 15, Tel. +34/956/21 10 68, www.elfarodecadiz.com; Restaurante La Despensa, Calle Escritor Ramón Solis, 9 u. 10, Tel. +34/956/26 53 20, www.ladespensacadiz.com; Taberna Tio de la Tiza, Plaza Tio de la Tiza; Restaurante Freiduría Cervecería Las Flores, Plaza Topete, 4, Tel. +34/956/22 61 12

Die Verzahnung mit dem Meer erinnert an Städte wie in den Niederlanden oder an La Valletta, die Hauptstadt Maltas. Ein Rundgang startet an der Plaza de España, wo ein Denkmal an die »Cortes« erinnert und an die erste Verfassung Spaniens. Rund um die Halbinsel mit der Altstadt führt unser Weg auf der Alameda Apodaca, wo riesige Drachenbäume für Schatten sorgen und ein Denkmal für den kubanischen Revolutionär José Martí steht. Entlang der Parkanlage des »Parque Genovés« gelangt man zum Castillo Santa Catalina und zum Stadtstrand Playa de la Caleta. Hier wurden »kubanische« Szenen für den James-Bond-Film »Stirb an einem anderen Tag« mit Halle Berry und Pierce Brosnan gedreht. Die lange Mole zum Castillo San Sebastian gehört den einheimischen Schwimmern und Tauchern. Hier lässt es sich bestens ausspannen. Im Barrio de la Viña kann man ein altes Fischerviertel entdecken, mit vielen kleinen Geschäften und sehr hübschen Gässchen mit karibischem Flair. Am besten lässt man sich einfach durch die vielen kleinen engen Gassen der Altstadt treiben und startet eigene Erkundungen. Es gibt Geschäfte mit Kuriositäten wie Verkleidungen für den nächsten Karneval, denn der von Cádiz ist in ganz Spanien berühmt. Schöne einzelne Punkte in der Altstadt sind der Mercado Central mit einem immensen Angebot an Fisch und Meeresfrüchten sowie die Plaza de las Flores mit ihren Blumengeschäften. Die reichhaltige Gastronomie und viele alte Cafés und Bodegas mit großen Sherryfässern sorgen für die eine oder andere zusätzliche Geschmacksentdeckung in dieser tollen Stadt mit viel Atmosphäre.

Tipp: Zum Stadtbummel am besten gleich die Badesachen mitnehmen und eintauchen in die Kombination aus Ambiente und Atlantik.

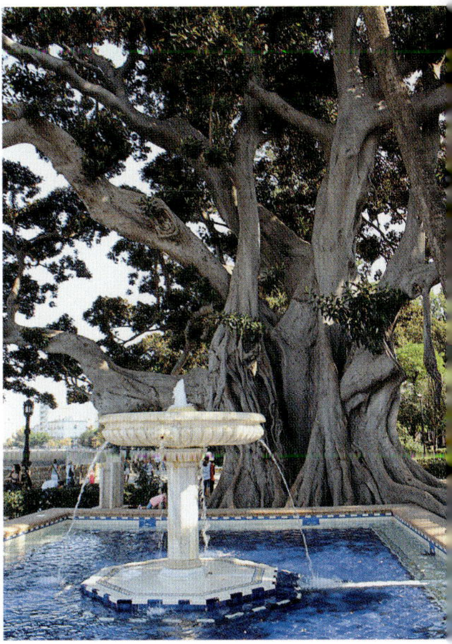

Drachenbäume an der Alameda

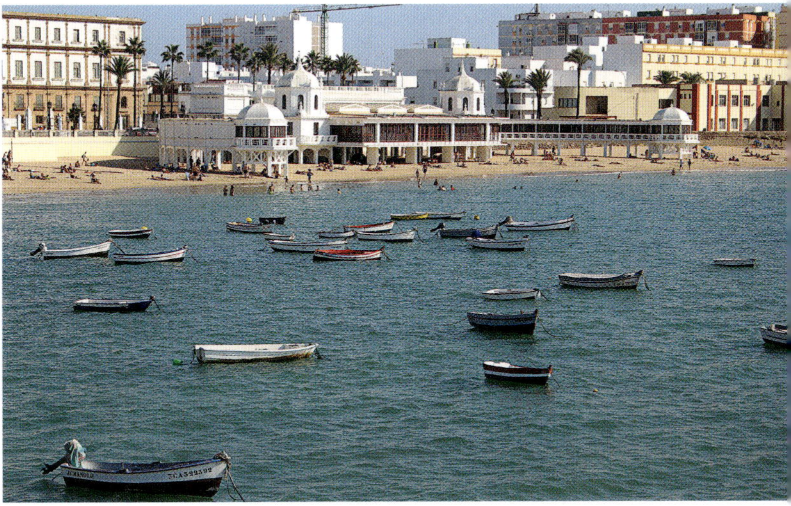

Hier stieg Halle Berry aus den Wellen des Atlantiks

19 TARIFA

Korkeichenwälder, Surfer und Fähren

Die sympathische Kleinstadt ganz im Südwesten Andalusiens verbreitet viel maritimes Ambiente. Der Ort ist ein Mekka für Surfer, die wegen der vorherrschenden starken Winde geeignete Wellen vorfinden. Eine ideale Kombination mit den tollen Stränden der Umgebung.

Lage Südlichster Ort der Costa de la Luz

Anfahrt Mit Pkw auf der A-48 von Cádiz, Regionalbusse von Cádiz und Algeciras

Einkehr Tribou, Calle Nuestra Señora de la Luz 7, Bar und Pizza, beliebt bei Surfern

In der übersichtlichen, kleinen Altstadt befinden sich einige Bars mit lässigem Surfer-Style und viele Modeläden mit Funktionskleidung für Wellenreiter und Kitesurfer. Die mächtige Festung und der Hafen mit bunten Fischerbooten und der Fähre nach Marokko sind weitere Besuchermagnete.

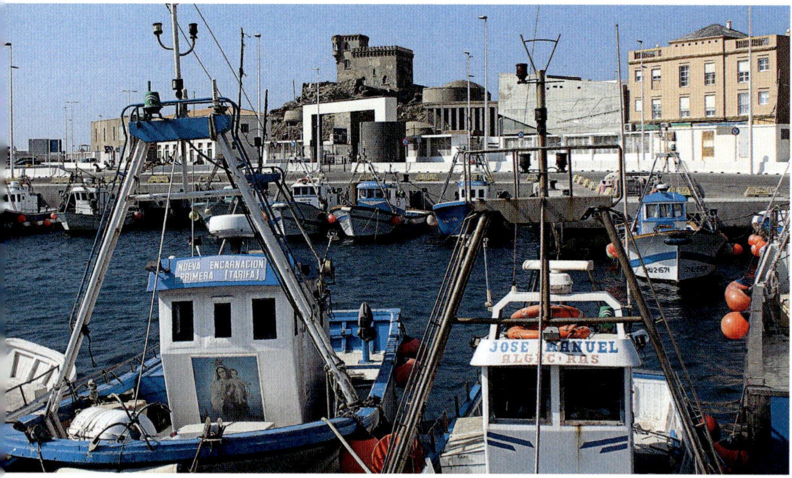

Tarifa – Tradition und Surferszene

20 GIBRALTAR

Very british!

»The Rock«, wie die britische Niederlassung auf dem Boden Spaniens auch genannt wird, ist durchaus einen Tagesbesuch wert. Von La Linea aus geht man zu Fuß rasch über den Grenzübergang und gönnt sich einen langen Spaziergang Richtung Geschäftszentrum oder springt in einen der vielen Busse.

Lage Knapp östlich der Straße von Gibraltar

Anfahrt Mit Pkw auf der A-7 von Málaga aus, eigener Flughafen, zu Fuß über die Grenze von La Linea

Einkehr Gibraltar: in der Main Street wilder Mix aus britischem à la »ham and eggs« und spanischer sowie internationaler Küche

Bis heute ist Gibraltar ein Streitobjekt zwischen Großbritannien und Spanien. Der Ort verwaltet sich selbst, nahezu alle Bewohner stimmten vermutlich wegen der finanziellen Vorzüge als Steueroase für den Verbleib bei Großbritannien. Entlang der Main Street findet das Einkaufsleben für die 30 000 Einwohner und die vielen Touristen statt, hier stehen englische Telefonzellen und patrouillieren Bobbys wie in London. Man spricht ein Mischmasch aus Englisch und Spanisch, zahlen kann man in Euro, erhält aber Pfund als Wechselgeld. Das Museum of Gibraltar erinnert an die wechselvolle Geschichte des eigenartigen Ortes und birgt als besondere Kostbarkeiten arabische Bäder im Keller sowie ein riesiges 3-D-Modell von Gibraltar. In den Botanic Gardens in Verlängerung der Main Street flaniert man zwischen exotischen Pflanzenarten. Örtliche Busse bringen Besucher zu abgelegeneren Teilen der Halbinsel wie dem »Europe Point«. Beliebtester Ausflug ist aber die Fahrt mit der Seilbahn hinauf zur Bergstation. Von hier aus kann man in einer Bergab-Wanderung die Upper Rock Nature Reserve erkunden, in der über 500 verschiedene Pflanzenarten vorkommen und von der aus man tolle Blicke über Gibraltar genießen kann.

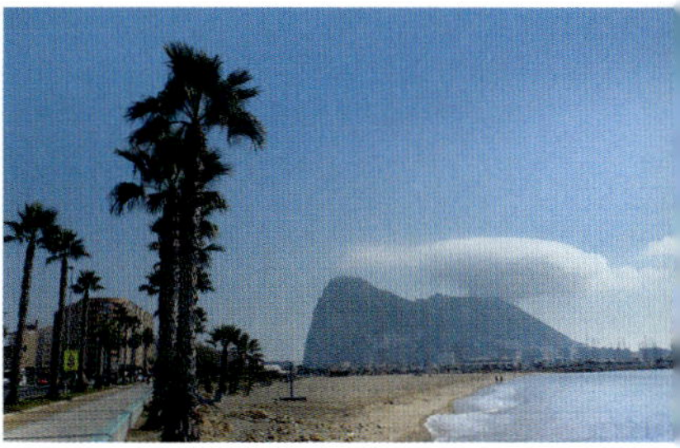

»The Rock« von Gibraltar

21 AUF DEN GIPFEL DES ALJÍBE

Im magischen Korkeichenwald

Diese Tour führt auf den höchsten Gipfel des Naturparks Los Alcornocales, dem größten Korkeichenwald Europas. Wir durchstreifen das Reich majestätischer Baumriesen, können bei der Korkernte zusehen und Greifvögel beobachten.

mittel 3:30 Std. 13,6 Km ↑ 704 m ↓ 704 m

Tourencharakter Wechsel aus Zufahrtsweg und Wanderweg; Wandergenehmigung (»permiso«) erforderlich, siehe Info-Kasten

Ausgangspunkt Rastplatz Área recreativa El Picacho; GPS 36.522271-5.650149

Anfahrt Auto: Über die A-2304 zwischen Alcalá de los Gazules und Ubrique, ca. 14 km von Alcalá entfernt

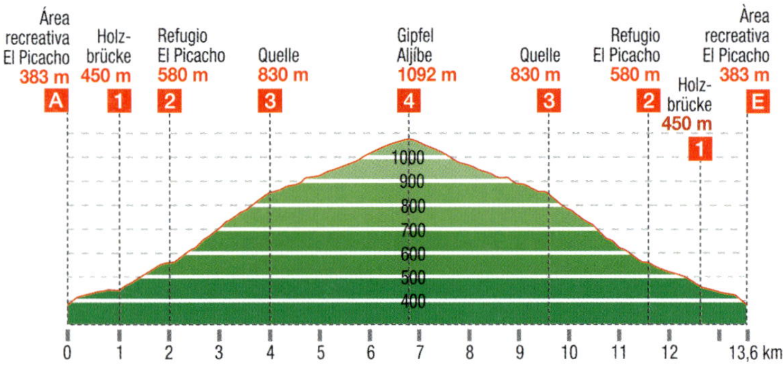

Der tropische Regenwald Andalusiens

Die Fans von »Herr der Ringe« kennen natürlich die magischen Ents aus dem Wald von Fangorn und ihren bekanntesten Vertreter, den riesigen Baumbart. Solche Baumriesen in bisweilen märchenhaft anmutendem Ambiente findet man im Parque Natural Los Alcornocales (alcornoque = Korkeiche). In dem 1989 als Naturpark deklarierten Gebiet im Hinterland des spanischen Südzipfels befindet sich einer

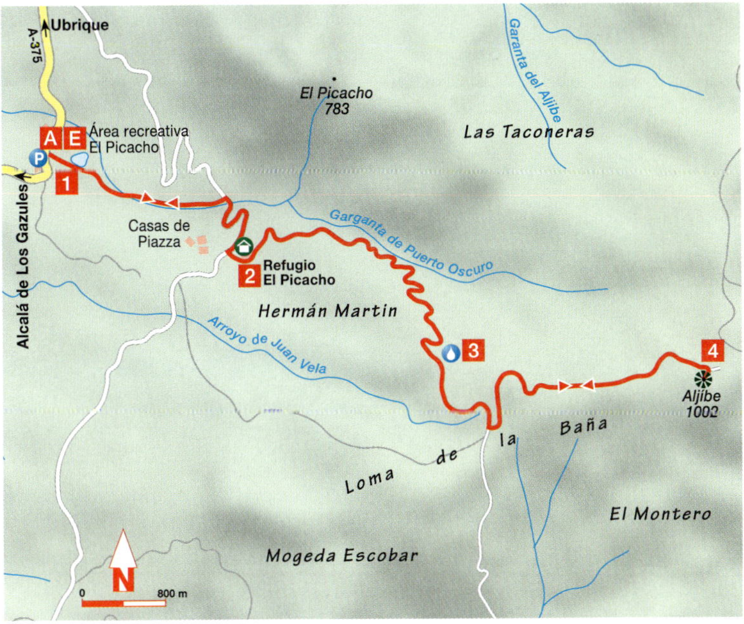

der größten Korkeichenwälder der Erde. Der Wald hat eine immense Ausdehnung, und spätestens jetzt dürften sich die Klischeebilder von Andalusien in alle Winde zerstreut haben. Bezüglich Artenvielfalt und Ökologie stellt die Region einen großen Reichtum dar, denn die hohen Niederschläge lassen hier sogar Rhododendren in den Bacheinschnitten, den »canutos«, in einem speziellen Mikroklima wachsen, und auf den Ästen gedeihen Epiphyten und viele Flechten. Das Ökosystem hat gewisse Ähnlichkeiten mit tropischem Regenwald. Höchster Punkt ist der Aljibe mit einer Höhe von 1092 Metern. Die traditionelle Nutzung der Wälder ist extensiv, sie basiert auf der Eichel- und Rindermast, der Imkerei und der Holzkohlegewinnung. Die Korkeichen an sich dienen der Gewinnung von Kork mittels Schälung. Im Alter von 20 Jahren wird eine Korkeiche erstmals geschält, dann in einem Turnus von acht bis zwölf Jahren. Mit jeder Schälung wird die Qualität der Rinde besser. Die »corcheros« verrichten diese Handarbeit mit speziellen Schälmessern und in kleinen Gruppen. Den Kork bringen die »arrieros« auf waldschonende Weise mit Maultieren zu den »patios«, Lichtungen mit Holzstapelplatz, wo er gewogen und abtransportiert wird. Manchmal

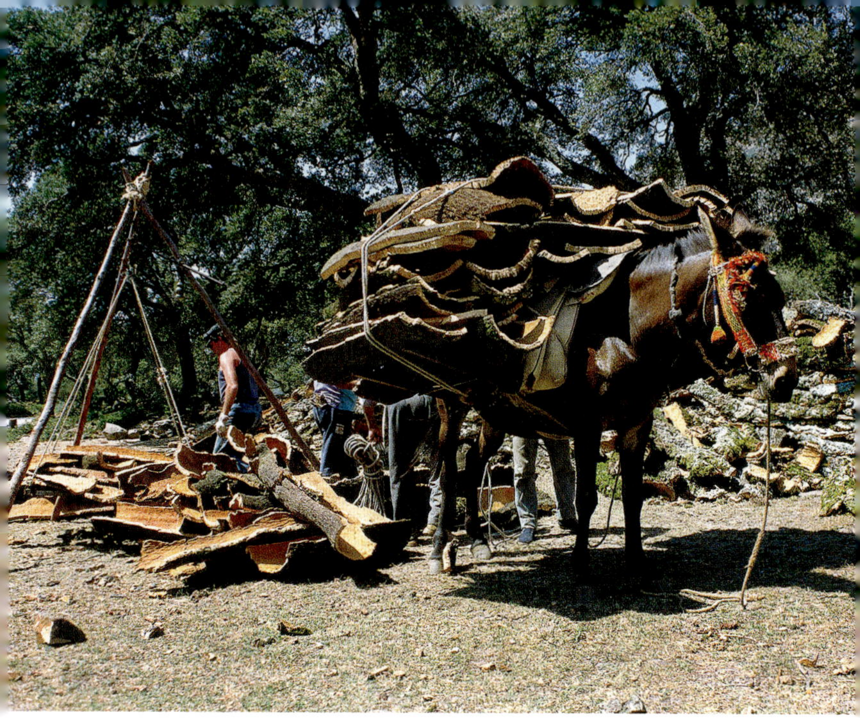

Traditionelle Korkernte mit Maultiertransport im Naturpark Los Alcornocales

sieht man auf den Straßen Lkws mit riesigen Korkladungen! Durch die hohe Nachfrage für Flaschenkork, aber auch für industrielle Zwecke entsteht wirtschaftlicher Druck auf die Korkproduktion, sodass man versucht, den Zyklus der Schälung zu verkürzen, was jedoch wiederum auf Kosten der Qualität geht.

Der Wegverlauf

Für unseren Aufstieg auf den Aljibe starten wir am Rastplatz **Área recreativa El Picacho** A, wo es einen kleinen Wanderparkplatz gibt. Der Weg wird auch traditionell von den Corcheros benutzt. Schon nach ein paar Schritten kommen wir an der Lagune des Picacho vorbei, einem wunderschönen kleinen See, der von Kork- und Kanareneichen umgeben ist. Im Hintergrund ist der Gipfel des Picacho zu sehen. Ein kurzes Stück weiter sehen wir einen ehemaligen Brotbackofen, ein Beweis für die langanhaltende menschliche Nutzung des Gebiets. Auf einer **Holzbrücke** 1 (0:15 Std.) überqueren wir den Bach Puerto Oscuro, einen Zufluss des Barbate. Der Bach wird gesäumt von typischem Galeriebewuchs, mit Oleander und Erlen als Leitpflanzen. Der gut markierte Weg tritt nun auf eine Forststraße mit einer Gabelung. Links geht es zum Picacho, wir gehen aber die Teerstraße weiter bis zur Schutzhütte **Refugio El Picacho** **2** (0:45 Std.), ein idealer Verschnaufplatz. Von hier aus sind es noch 550 Höhenmeter zum Gipfel. Mit etwas Glück sehen wir auf diesem Stück verstärkt den Korktransport auf Maultieren. Im Wald finden wir Wühlspuren von Wildschweinen; hier gibt es Füchse, Rehe und die Manguste, eine Art Mungo.

Hinter uns bleibt der Picacho zurück, zur Linken erkennen wir den Canuto, das eng eingeschnittene Bachtal des Puerto Oscuro. Wir treffen auf eine **Quelle** **3** (1:15 Std.), kurz darauf macht der Weg eine Linksbiegung. Die aus Büschen bestehende Vegetation weicht nun zunehmend dem niedrigeren Bewuchs des Matorral, der an dieses Terrain besser angepasst ist, vor allem an die teils starken Winde. Schließlich sind wir am **Gipfel des Aljíbe** **4** (2:00 Std.) angelangt, der uns mit großzügigen Blicken über das Meer aus Korkeichen belohnt. Auch die Meerenge von Gibraltar und die Bucht von Cádiz sind zu sehen. Eine Vielzahl von Greifvögeln kreist über der Sierra, hauptsächlich Gänsegeier, Zwergadler und Schlangenadler. In Gipfelnähe weckt eine Art »Naturbadewanne« unsere Aufmerksamkeit. Laut einer Geschichtslegende soll darin Königin Isabella gebadet haben, nachdem sie sich vom Gipfel aus einen Überblick über den Fortgang der Reconquista verschafft hatte. Auf gleichem Weg geht es zurück zum **Ausgangspunkt** **E** (3:30 Std.).

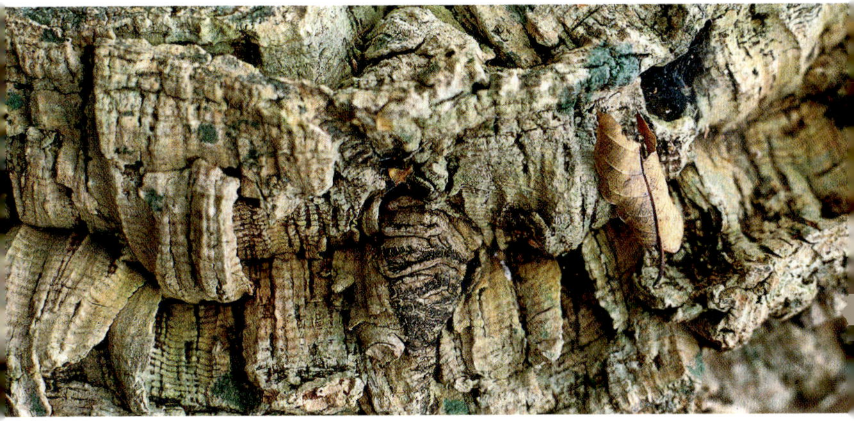

Korkeichen sind durch die spezielle Borke besonders feuerresistent.

22 AM RÍO HOZGARGANTA

Badegumpen im unverbauten Wildfluss

Wir erkunden den Wildfluss Río Hozgarganta mit seinen Galeriewäldern und Badegumpen. Am Fluss zeugen Mühlen und eine frühere Munitionsfabrik von der reichhaltigen Ortsgeschichte. Der botanische Garten und ein Blick vom Castillo von Jimena ergänzen die Genusswanderung.

leicht | 2:30 Std. | 8,5 Km | ↑ 200 m ↓ 200 m

Tourencharakter Wechsel aus Feld- und Wanderwegen, teils über Pflastersteine; im Ort Teerstraße

Ausgangspunkt Bahnhof in Jimena de la Frontera; GPS 36.424712-5.433948

Anfahrt Auto: Von Ronda Richtung Algeciras auf der C-341; von Algeciras auf der C-333. Bahn: Drei- bis viermal täglich Regionalbahn Strecke Ronda – Algeciras, www.renfe.es

Einkehr Jimena: Bar la Tasca an der Plaza de la Constitución, dort auch weitere regionaltypische Einkehrmöglichkeiten

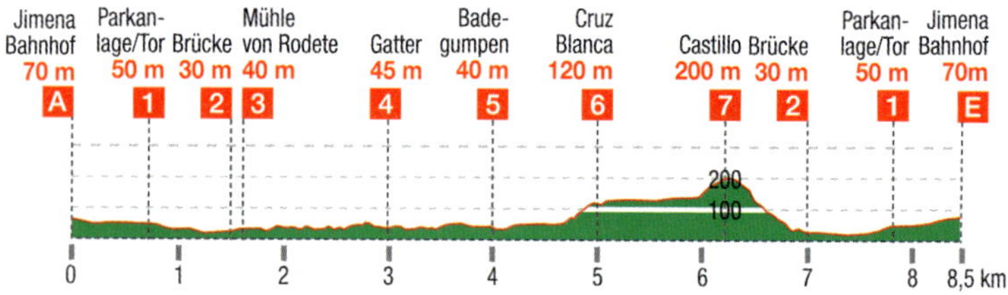

Der Río Hozgarganta gilt als südlichster unverbauter Wildfluss Spaniens. Er entspringt im Naturpark Los Alcornocales und streift das pittoreske Jimena de la Frontera, das von den Ruinen seiner alten Burg gekrönt wird.

Der Wegverlauf

Wir starten unsere **Tour am Bahnhof** A. Nach fünf Minuten leicht bergab Richtung Altstadt kommen wir zu einer kleinen Parkanlage, hinter der sich zeitweise ein Stapelplatz für Kork befindet. Gleich nach dem Park biegen wir nach links ab durch ein **Tor** **1** (0:05 Std.) und treffen auf den Río, den wir überqueren. Jetzt folgen wir dem Flusslauf und genießen dabei die Blicke auf das »pueblo blanco« Jimena. Bei den ersten Altstadthäusern überqueren wir den Hozgarganta auf einer **Brücke** **2** (0:15 Std.). 50 Meter leicht bergan beginnt links, an der **Mühle von Rodete** **3** (0:20 Std.) der offiziell ausgeschilderte Weg mit Infotafeln. Zu Beginn stoßen wir auf einen 650 Meter langen Kanal, der zur ehemaligen Munitionsfabrik gehörte. Der Río weist die für mediterrane Zonen typische Galerievegetation auf: Oleander, Schilf, Pappeln und Johannisbrotbäume begleiten den Fluss. Die Hänge saumen Kork- und Steineichen, Gewürzpflanzen und Riesenkakteen. An zwei Stellen gibt es Abzweige zu einem ethnobotanischen Rundweg mit Infotafeln.

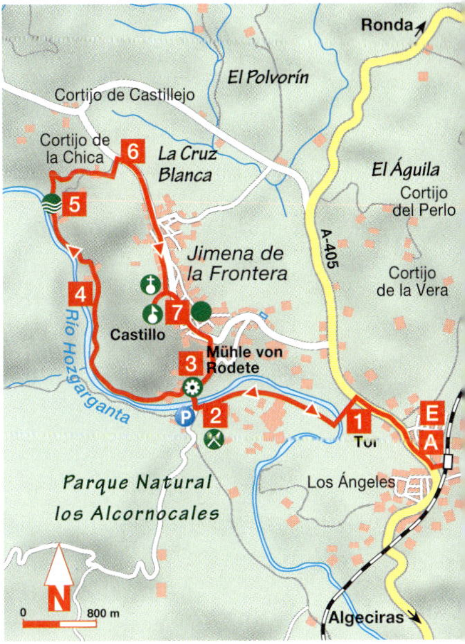

Wir laufen parallel zum Fluss weiter und durchqueren ein **Gatter** **4** (0:50 Std.). Ab hier wird der Weg steiniger und schmaler. Nach eineinviertel Stunden erreichen wir eine breite Stelle mit **Badegumpen** **5** (1:15 Std.), im Frühsommer eine ideale Erfrischung – Badesachen mitnehmen! Rechts aufwärts entfernen wir uns wieder vom Fluss und können nach Bewältigung der Steigung zum **Cruz Blanca** **6** (1:30 Std.) einen Ausflug zum **Castillo** **7** (1:55 Std.) unternehmen, Jimena war eine Grenzfestung. Durch die Altstadt geht es wieder Richtung **Brücke** **2** (2:15 Std.) und zurück zur **Bahnstation** **E** (2:30 Std.).

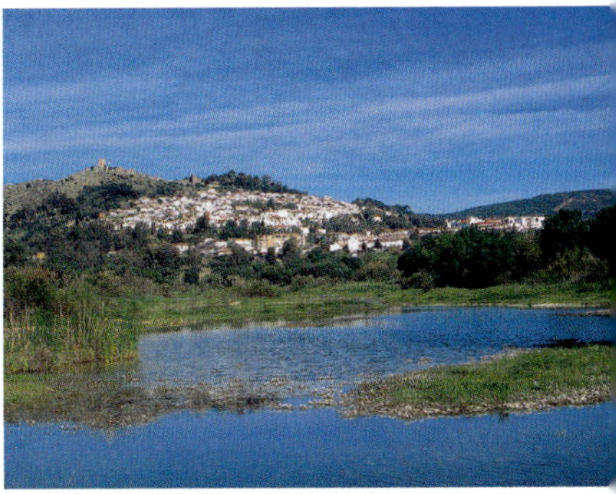

Der Río Hozgarganta und Jimena de la Frontera

23 DURCH DIE SIERRA DEL PINAR

Im Reich der Igeltanne

Die botanische Hauptbesonderheit der Sierra de Grazalema ist der an den Hängen der Sierra del Pinar vorkommende Igeltannenwald, der unter strengem Naturschutz steht. Wir durchqueren ihn auf einer an Ausblicken reichen Streckenwanderung nach Benamahoma.

mittel | 3:30 Std. | 10 Km | ↑ 300 m ↓ 800 m

Tourencharakter Gut begehbarer Bergwanderweg, dann Forstpiste; Wandergenehmigung (»permiso«) erforderlich, siehe auch Info-Kasten bei Tour 21

Ausgangspunkt Wanderparkplatz zwischen Grazalema und Zahara, von Grazalema aus ca. 2 km; GPS 36.768413-5.380955

Anfahrt Auto: Von Ronda über die C-339 und C-334 nach Grazalema. Bus: zweimal täglich von/nach Ronda, Tel. +34/952/36 30 24, www.losamarillos.es

Karte Parque Natural Sierra de Grazalema 1:25 000 von Editorial Alpina

Einkehr Mehrere Bars und Terrassenrestaurant mit guter Küche am Endpunkt der Wanderung in Benamahoma

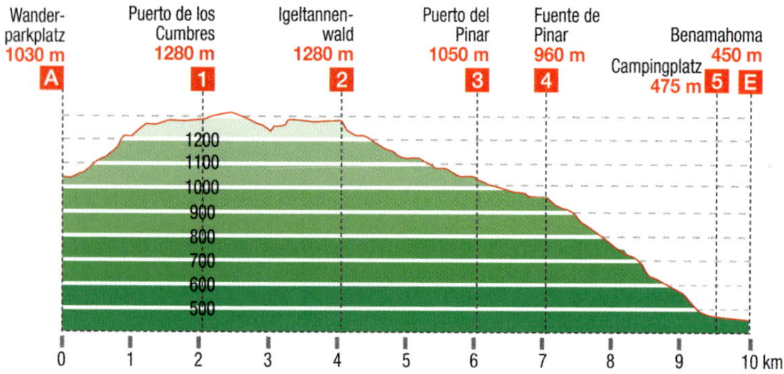

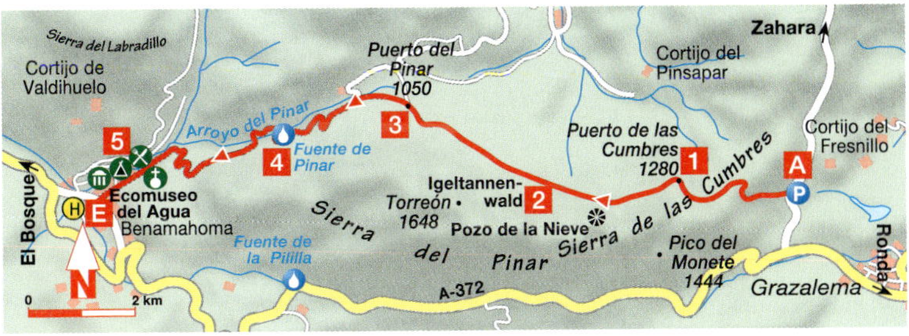

Am regenreichsten Ort Spaniens

Die Sierra de Grazalema ist eine der beliebtesten Wanderregionen Spaniens, schon 1977 erlangte der erste Parque Natural Andalusiens den Status als Biosphärenreservat der UNESCO. Bedingt durch vorherrschende Westwinde und die Exponiertheit als erste natürliche Wolkenbarriere auf dem Festland herrschen in den Gebirgszügen der Sierra hohe Niederschläge. Grazalema hält sogar den Rekord als regenreichster Ort der Iberischen Halbinsel. Die im Jahresmittel hohe Feuchtigkeit in Verbindung mit den aus Trias- und Jurakalken bestehenden Gebirgszügen führt zu einer starken Verkarstung des Gebiets durch Lösungsverwitterung. In der Sierra gibt es ausgedehnte Höhlensysteme, die wie die Cueva de Pileta teils steinzeitliche Malereien aufweisen und besichtigt werden können. Die reizvollen »pueblos blancos« wie Zahara, Grazalema oder El Bosque geben in Verbindung mit der Natur ein attraktives Bild ab. Die Tour an den Berghängen des Igeltannenwaldes ist eines der Aushängeschilder des Naturparks und entsprechend begehrt. Für diese Wanderung ist aus Naturschutzgründen ein »permiso«, eine kostenlose Erlaubnis, für den jeweiligen Tag erforderlich. Empfehlenswert ist daher eine frühzeitige Anmeldung; vor allem im Frühling und dann besonders an den Wochenenden kann es schon einmal »belegt« heißen. In den Monaten Juli, August und September ist, wenn überhaupt, die Begehung nur mit einer gebuchten Führung möglich. Das Permiso erhält man nur persönlich in der (nur spanischsprachigen) Parkverwaltung in El Bosque, Calle Federico Garcia Lorca 1, 11670 El Bosque/Cádiz Tel. +34/956/709733. Das Informationsbüro in Grazalema hat ebenfalls ein kleines Kontingent, bittet aber dringend um zeitlichen Vorlauf in der Wandersaison (mindestens ein bis zwei Tage für einen Besuch an einem Wochentag und mindestens zwei Wochen für einen Wochenendbesuch): Tel. +34/956/132052, www.grazalema.es.

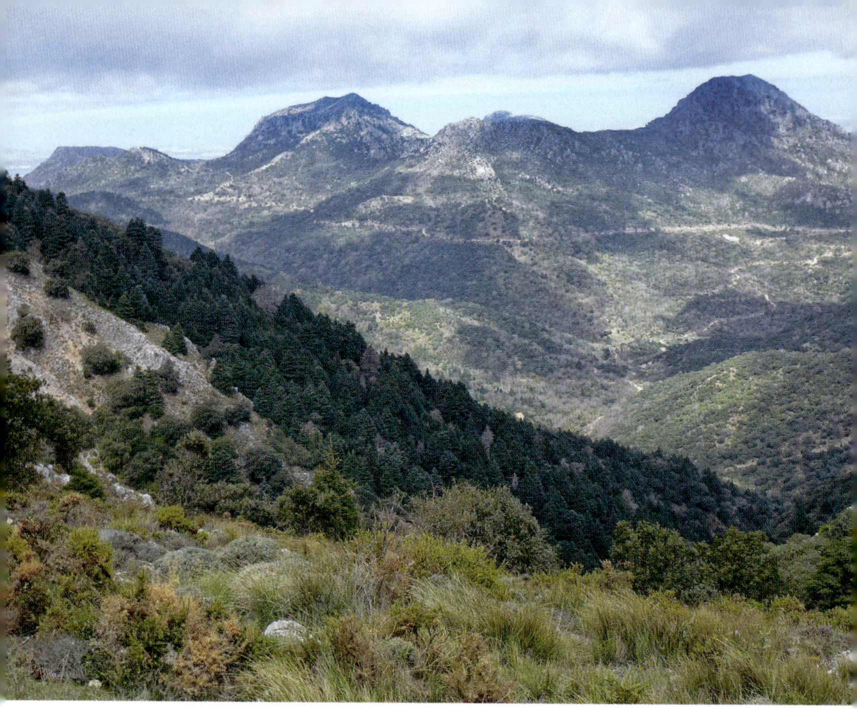

Die Nadeln der Pinsapos (Igeltannen) wachsen rundständig um die Zweige.

Der Wegverlauf

Die Wanderung zum und durch den Igeltannenwald beginnt einen knappen Kilometer nach dem Abzweig Richtung Zahara von Grazalema aus. Hier ist ein **Wanderparkplatz** **A** mit Brotzeitecken neu angelegt, Schilder weisen auf die Sierra del Pinar hin. Ein deutlich markierter Wanderweg führt in Serpentinen durch einen Wald aus jungen Kiefern und Steineichen stramm bergauf. Hier wird fleißig aufgeforstet, denn dies ist eine der niederschlagreichsten Zonen ganz Spaniens und die Bodenerosion an den Hängen entsprechend. Nach einem sportlichen Aufstieg über einige Kehren erreicht man den baumlosen **Puerto de las Cumbres** **1** (0:45 Std.). Einige aus hochgebirgstypischen »Igelpolstern« bestehenden Vegetationsbereiche zeigen, dass es hier trotz der noch niedrigen Höhe von 1280 Metern sehr frisch und windig werden kann. Mit etwas Glück erspähen wir Bergziegen. Vom Sattel aus sehen wir bereits, wie sich die Pinsapotannen über den Nordhang der Sierra erstrecken. Höhengleich laufen wir nun um den Berggipfel des San Cristobal herum, der mit 1556 Metern etwa 300 Meter links oberhalb liegt. Ein »Pozo de Nieve« liegt kurz nach dem Puerto de las Cumbres am Weg: Hier sammelte man früher Schnee in einem »Naturkühlschrank« für den Transport ins Tal. Wir bleiben auf unserem Weg, und nach und nach werden die Bestände der Igeltannen dichter, bis wir uns in einem richtigen Waldstück aus prächtigen, großen **Igeltannen** 2 (1:30 Std.) befinden. Allmählich verändert sich die Vegetation wieder, und wir treffen verstärkt Kanareneichen, Steineichen und Ahornbäume an. Auch der immer stärker abwärts verlaufende Weg wird breiter und schließlich zu einer Art Forstweg. Am **Puerto del Pinar** 3 (2:00 Std.) ist das Ende des Igeltannenwaldes erreicht. Der Weg wird nun zum Fahrweg und wir verlassen endgültig den Wald. An der Quelle **Fuente de Pinar** 4 (2:30 Std.) gelangen wir zu einem Sattel, wo wir links auf eine kleine Straße treffen. Diese führt 500 Höhenmeter hinunter durch eine Dehesa, einen artenreichen mediterranen Wald mit Kanareneichen und Steineichen, nach Benamahoma. Dort kommen wir zuerst am **Campingplatz** 5 (3:15 Std.) vorbei, dann an der Piscifactoría mit Forellenzucht und schließlich an der Quelle des Río Bosque. Von **Benamahoma** E (3:30 Std.) aus können wir den Bus zurück nach Grazalema nehmen. Eine schöne Verlängerungsmöglichkeit der Wanderung oder auch eine eigenständige Tour ist die Route am Bach entlang nach El Bosque (einfach 1:30 Std.). Der Weg führt durch die den Bach begleitenden Galeriewälder. Hier leben viele verschiedene Vogelarten und sogar Fischotter, die freilich sehr scheu sind. Am westlichen Ortsende beginnt der Weg am Gasthof Las Huertas, die Orientierung ist einfach. Zunächst kommt man an Landwirtschaftsterrassen vorbei, dann an einem kleinen Wasserkraftwerk und der nicht mehr betriebenen Mühle Molino de Arriba. Die Vegetation wird dichter und beim Hotel Las Truchas erreicht man den Ortsbereich von El Bosque. Hier gibt es noch eine weitere Mühle zu sehen, die Molino de Abajo, und eine kleine Stierkampfarena. Auch die Naturparkverwaltung befindet sich hier und informiert mit Ausstellungen und Material.

DIE IGELTANNE

Die auch als Spanische Tanne oder Pinsapo-Tanne bezeichnete Art wächst an nur wenigen Standorten und ist eine echte Rarität unter den Baumarten. Ihre Vorkommen liegen in der Sierra de las Nieves, in der Sierra de Grazalema und in kleinen Gebieten in Marokko. Wie bei einer Igelhaarbürste wachsen die Nadeln rundständig um den Zweig. Die Wuchshöhe der unter Schutz der UNESCO stehenden Pinsapos kann bis zu 30 Meter betragen.

24 IN DIE GARGANTA VERDE

Die Schlucht der Gänsegeier

Die »Grüne Schlucht«, so die Übersetzung von Garganta Verde, ist ein spektakulärer Cañon, der über 200 Meter tief in die Sierra eingeschnitten ist. Beim steilen Ab- und Aufstieg beobachten wir Gänsegeier in ihrem Revier und besuchen eine große Karsthöhle.

mittel | **2:20 Std.** | **6 Km** | ↑ 270 m ↓ 270 m

Tourencharakter Erst gut erkennbarer Wanderweg, dann gerölliger Bergpfad mit Treppencharakter; keine Busverbindung zwischen den Orten, kein Mobilnetz, Wandergenehmigung (»permiso«) erforderlich.

Ausgangspunkt Parkplatz Puerto de los Acebuches, etwa 4 km von Zahara und 10 km von Grazalema; GPS 36.801179-5.390050

Anfahrt Über die CA-9104, etwa 4 km von Zahara und 10 km von Grazalema entfernt

Karte Parque Natural Sierra de Grazalema 1:25 000 von Editorial Alpina oder Sierra de Grazalema 1:40 000 von Editorial Penibetica

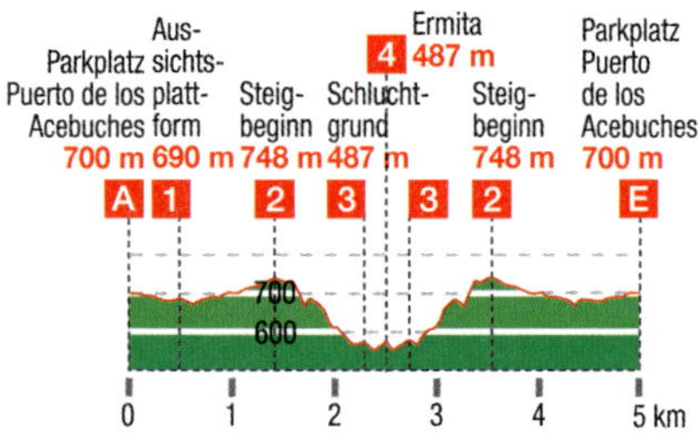

Steil bergab

Der Abstieg in die wilde Schlucht der Garganta Verde ist eine der Vorzeigetouren des Naturparks. Wegen der großen Gänsegeierkolonie, einer der bedeutenden Brutplätze der Iberischen Halbinsel, ist auch diese Route nur mit einer Genehmigung der Naturparkverwaltung begehbar – siehe hierzu die Erläuterungen bei Tour 22. Schon die Fahrt zum Ausgangspunkt auf der Straße zwischen Grazalema und Zahara de la Sierra ist etwas Besonderes: Auf der kurvenreichen Carretera lassen Autofirmen Werbefilme drehen und finden Rallyes und Radrennen statt. Von hier aus ergeben sich auch großartige Ausblicke auf den Stausee Zahara-El Gastor und das weiße Dorf Zahara mit seinem Burgberg. Auf der Tour sollte man ausreichend Wasser mitnehmen, denn der Talgrund ist meist ausgetrocknet. Am Wanderparkplatz befindet sich eine Wasserstelle, hier kann man noch einmal »auftanken«. Diese Tour ist zwar mit »mittel« bewertet wegen der »nur« knapp dreihundert Höhenmeter, doch diese haben es in sich – es geht steil hinunter und dementsprechend wieder nach oben. Daher braucht man eine gewisse Grundkondition für die Tour, auch auf geeignetes Schuhwerk sollte man achten wegen des Gerölls. Bei feuchten Verhältnissen sollte man diese abschüssige Tour lieber nicht machen, denn viele Steine haben eine sehr glatte Oberfläche, dann kann es gefährlich rutschig werden.

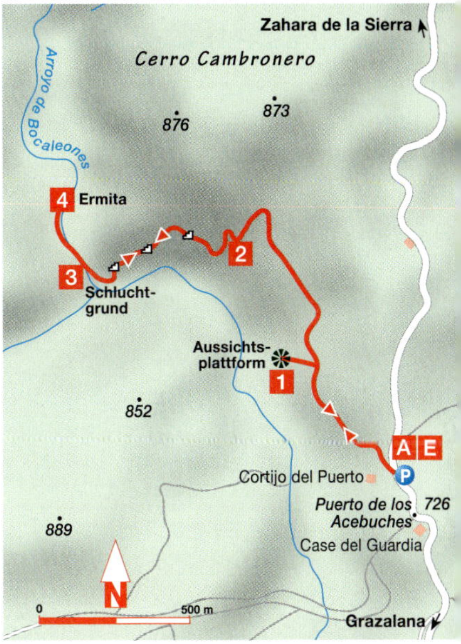

Der Wegverlauf

Am **Puerto de los Acebuches** A (700 m) beginnt unsere Wanderung, die vielmehr ein Ab- und Wiederaufstieg ist. Der deutlich ausgeschilderte und markierte Weg verläuft zunächst fast eben durch die mediterrane Vegetation mit Thymian, Rosmarin und Ginster. Hier wachsen wilde Ölbäume, Mastixsträucher und Zwergpalmen, die »palmitos«. Bereits zu Beginn der Tour erkennt man in der rechten Seite der Schlucht eine große, senkrechte Felswand. Sie ist Brutplatz einer der größten Gänsegeierkolonien Europas (siehe Tipp-Kasten), sodass man mit großer Wahrscheinlichkeit die majestätischen Gleiter zu sehen bekommt. Die Geier sind neugierig und kommen manchmal bis auf fünfzig Meter heran, um ihre Besucher zu beobachten, dann kann man sogar den

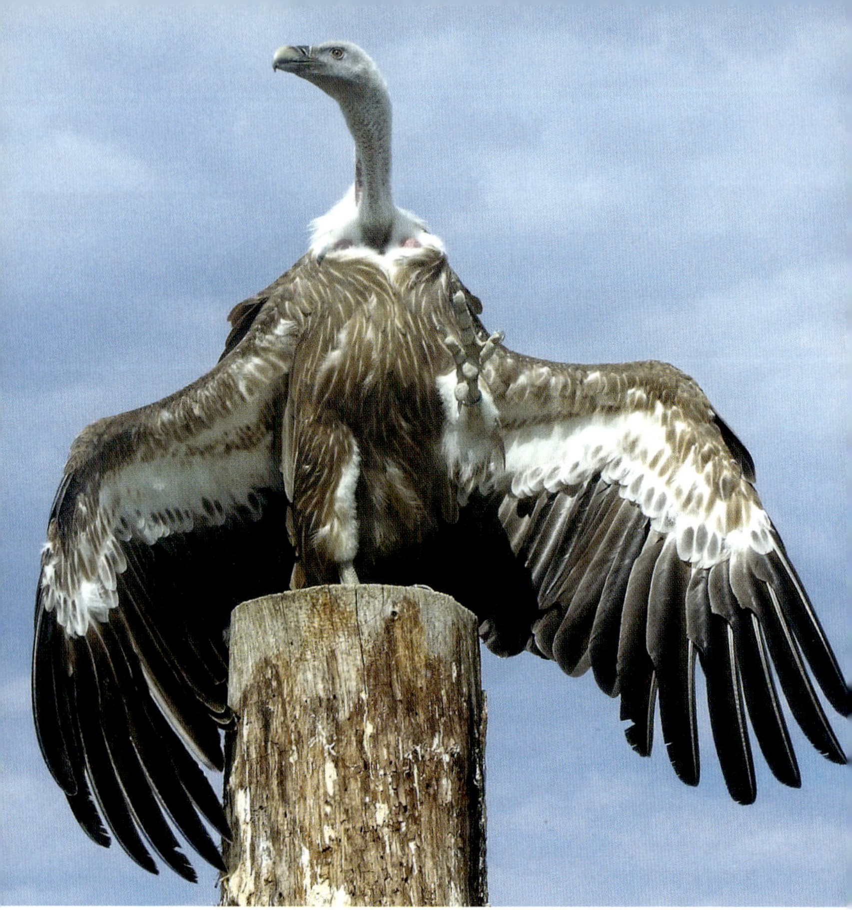

Gänsegeier: Bewohner der Garganta Verde

Flügelschlag hören. Nach wenigen Minuten Gehzeit zweigt links ein kurzer Abstecher zu einem Mirador ab, den man nutzen sollte. Von einer kleinen, vorgelagerten **Aussichtsplattform** **1** (0:05 Std.) aus hat man jetzt einen freien Blick in die Schlucht und auf die Buitreras, die Geierwände. Wieder zurück auf dem Weg, steigt dieser zunächst sachte an, verliert aber dann zunehmend an Höhe. Nach etwa 30 Minuten ab Beginn wird der Weg zu einem **Steig** **2** (0:30 Std.) in Form einer felsigen Treppe. Manche Stufen sind etwas höher und zudem ist das Ganze recht geröllig, sodass man sich auf seinen nächsten Schritt konzentrieren muss. Hier herrscht verstärkte Umknickgefahr. In einigen Abschnitten ist der Steig in die Felsen schmal eingeschnitten.

Mit jedem Schritt nach unten verändert sich die Vegetation. Waren es auf den ersten zwanzig Minuten trockenliebende Gewürzpflanzen am Weg, so sind es jetzt feuchtliebende »Anpassungsexperten«. Hier gedeihen Efeu, Oleander und Lorbeer, auch Johannisbrotbäume kann man erkennen. Auf der anderen Seite der Schlucht, noch über dem Abbruch, erstreckt sich ein riesiger, dichter Mittelmeerwald aus Steineichen und wilden Ölbäumen. Die extreme Unzugänglichkeit des eingeschnittenen Gebiets macht deutlich, dass man sich in einer Wildnisregion bewegt. Nach einigen Kehren, die teils mit Eisengeländern gesichert sind, erreicht man eine Stunde nach Beginn den **Grund der Schlucht** 3 (1:00 Std.). Das Bachbett ist eine typische »torrente«: Nur bei Starkniederschlägen führt der Bocaleones genügend Wasser für einen Bachlauf. Über eine Verblockung und einen Trampelpfad auf der gegenüberliegenden Seite im Gestäuch gelangt man nach 250 Metern zu einem weiteren geologischen Höhepunkt der Tour. Es ist die **Ermita** 4 (1:15 Std.) (Kapelle) genannte große Felshöhle, die bei entsprechend einfallendem Sonnenlicht förmlich in einem goldenen Glanz erleuchtet. In der Höhle sind Stalaktiten und Stalagmiten zu erkennen. Das Zusammenspiel des überirdisch fließenden Bocaleones-Baches mit einem im Fels unterirdisch aktiven Bachlauf hat diese mächtige Aushöhlung geschaffen. An den Wänden der Ermita wachsen grüne Algen, auch Tauben finden hier natürlichen Schutz. Unser Weg endet an dieser magischen Begrenzung, wo man auch sein eigenes Echo hören kann. Hier geht es nur für Spezialisten weiter, die über entsprechende Kletter- und Canyoningkenntnisse sowie die zugehörige Ausrüstung verfügen, denn im weiteren Verlauf gibt es tiefe Wasserbecken. Spezielle Veranstalter in der Region haben diese Tour im Programm. Auf dem gleichen Weg geht es zurück – man sollte sich für manchen landschaftlich attraktiven Blick zurück etwas Zeit lassen, bevor man wieder den **Ausgangspunkt** E (2:20 Std.) erreicht.

GÄNSEGEIER

In Spanien gibt es ca. 20 000 Gänsegeier-Paare. Der Bestand ist dank des konsequenten Schutzes stabil. Die eleganten Gleiter leben gesellig in Kolonien und ernähren sich überwiegend vom Aas toter Haustiere wie Ziegen oder Schafe. Gänsegeier haben eine Flügelspannweite von bis zu 2,50 Metern, was auf der Iberischen Halbinsel von dem selteneren Mönchsgeier und dem kaum noch vorhandenen Bartgeier noch übertroffen wird. Gänsegeier kreisen bis zu 60 km entfernt von ihren Nestern.

25 RUND UM RONDA

Ausblicke auf die »weiße Stadt«

Wir erwandern uns in einer auch kulturell interessanten Tour spektakuläre Blicke auf die »weiße Stadt« Ronda mit ihrer Lage oberhalb des Tajo. Einen wirkungsvollen Kontrastrahmen bilden die wilden Landschaften der Sierra de las Nieves und der Sierra de Grazalema.

leicht | **4:30 Std.** | **13,50 Km** | ↑ 320 m ↓ 350 m

Tourencharakter Ungeteerte und geteerte Zufahrtswege, kurze Abschnitte Wanderpfad, Gehsteige

Ausgangspunkt Plaza de Toros in Ronda; GPS 36.742544-5.166803

Anfahrt Auto: Von Málaga aus über Marbella und San Pedro auf der C-339. Bus: Verbindungen u. a. von Sevilla und Málaga, www.losamarillos.es. Bahn: Strecke Granada – Algeciras, www.renfe.es

Einkehr Mehrere preisgünstige und authentische Restaurants im Barrio San Francisco, in Ronda reichhaltige Auswahl

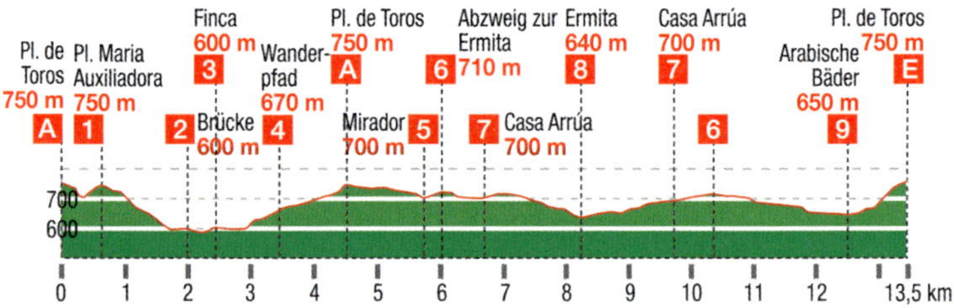

Der Wegverlauf

Wir starten zu unserer Tour von der **Plaza de Toros** A mitten in Ronda, der ältesten Stierkampfarena Spaniens und zudem jene mit dem größten Durchmesser. Hier, von den Aussichtsbalkonen der Alameda aus schweifen unsere Blicke auf die Sierra de Grazalema gegenüber, unter uns liegen die Fincas am Río Gaudalevín, denen wir auf der Tour einen Besuch abstatten. Wir überqueren zuerst die Puente Nuevo, das

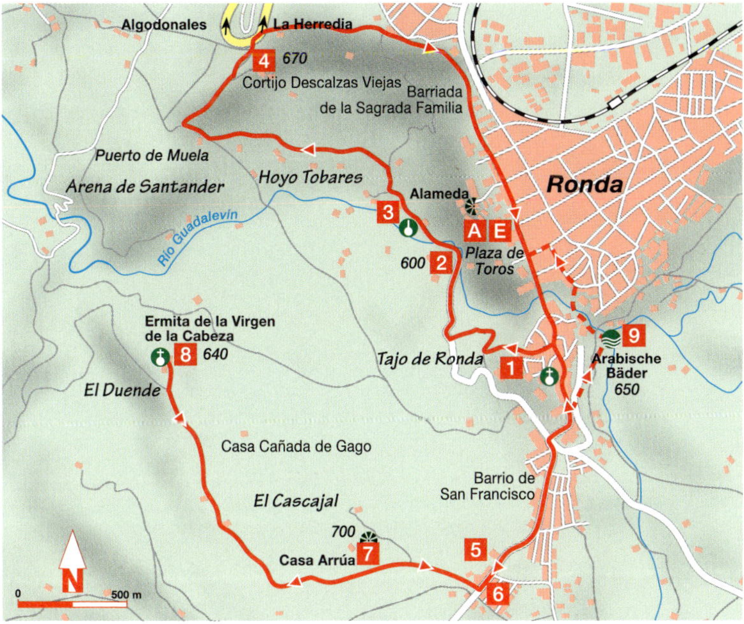

Brückenbaukunstwerk aus dem Jahr 1793 mit schwindelerregender Höhe, und halten uns rechts, bis wir zur **Plaza Maria Auxiliadora** 1 (0:15 Std.) – auch als Plaza de Campillo bekannt – kommen. Hier steht eine Pinsapotanne, die in weiteren Wanderungen gewürdigt wird. Auf einem breiten gepflasterten Weg steigen wir hinunter in Richtung Mühlbach. Es gibt kleine Trampelpfade als Abzweige hinein in die Schlucht, vor deren Begehung ausdrücklich gewarnt wird, denn diese Wege sind manchmal unterspült und somit stark brüchig. Wir passieren eine links von uns liegende turmförmige Felsformation marinen Ursprungs, rechts sehen wir Reste der mittelalterlichen Stadtmauer. Von hier aus ergeben sich tolle Blicke auf den Einschnitt zwischen Alt- und Neustadt Rondas – ein typischer Postkartenblick.

Im Tal angelangt, halten wir uns rechts, gehen über die kleine **Brücke** 2 (0:30 Std.) und kommen zu einer links am Weg liegenden, **rustikalen Finca** 3 (0:35 Std.) mit besonderer Bauweise: Das Gebäude besteht aus einem ursprünglich aus der Römerzeit datierenden Turm und einem Anbau. Von hier zieht der Weg leicht nach oben an, wir orientieren uns an den weiß-grünen Markierungen, andere Wege enden

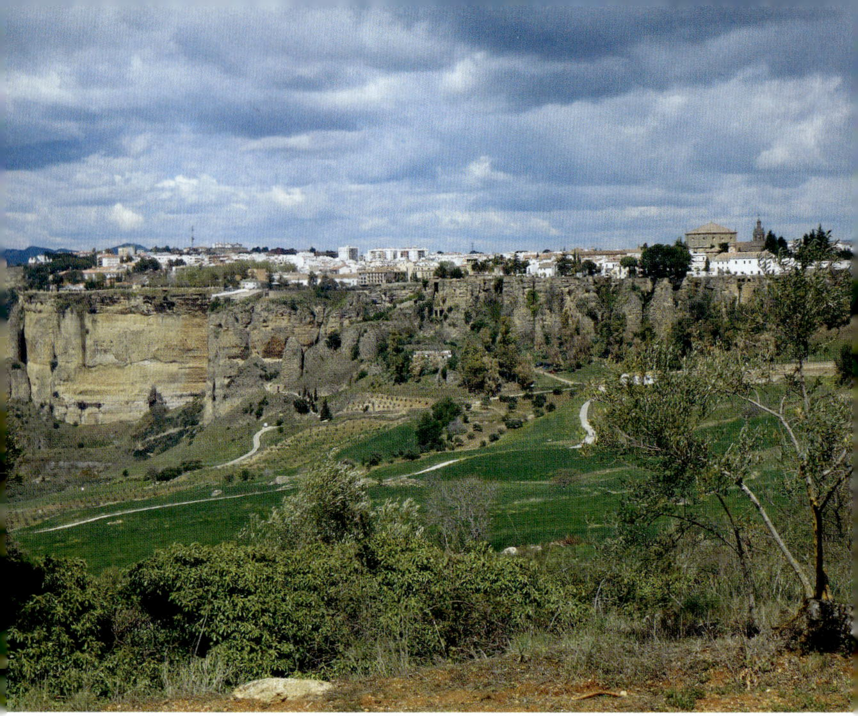

Die Lage Rondas inspirierte Schriftsteller wie Rilke und Hemingway.

an Privatgrundstücken. An einer hübschen Finca mit Reitschule verlassen wir nun den Talgrund. Von der Fahrstraße zweigt jetzt rechts ein **Wanderpfad** 4 (0:50 Std.) ab. Er führt knapp oberhalb des Steilabbruchs wieder Richtung Zentrum und zur Plaza de Toros. Weil der Weg so schön war, überqueren wir nun ein zweites Mal die Puente Nuevo, gelangen durch die Calle Armiñan zum Stadtviertel San Francisco. Ab dem kleinen Park folgen wir der Calle Torrejones für etwa 300 Meter, bis wir rechts einen kleinen Turm sehen. Von diesem **Mirador** 5 (1:45 Std.) (Panoramatafel) aus, der ein Rest eines römischen Viadukts ist, sehen wir jetzt Ronda aus einer weniger bekannten Perspektive. Wieder 300 Meter weiter zweigt rechts der Weg zur Kapelle **Ermita Virgen de la Cabeza** 6 (1:50 Std.) ab, der ab dem Abzweig ein geschotterter Fahrweg ist. Ab hier gehen wir praktisch höhengleich Ronda gegenüber – eine Wanderung mit Stadtpanorama.

Gut 20 Minuten nach dem Abzweig stoßen wir rechts auf die Ruinen der **Casa Arrúa** 7 (2:15 Std.). Sie war einst ein Treff der Reichen und Schönen von Ronda, wovon ein verfallenes Schwimmbecken und ein Tennisplatz zeugen. Von hier folgen wir weiter dem Schotterweg, der nach etwa 20 Minuten endet. Auf dem steilen, gepflasterten Wegstück gelangen wir zur **Ermita** 8 (2:45 Std.). Das Gebäude, das zur Hälfte aus einer Höhlenkirche besteht, liegt malerisch oberhalb des Talgrunds, ist allerdings Privatbesitz und nur zu kirchlichen Anlässen zugänglich. Wir haben nun den Tajo von Ronda in Form eines Hufeisens fast umrundet. Da die nächstliegenden Grundstücke in privater Hand sind, kehren wir auf dem gleichen Weg zurück. Wer noch Wanderenergie verspürt, kann nach dem Schotterweg, kurz vor der Calle Torrejones, noch den Weg in den Tajo de Abanico einschlagen, ebenfalls eine beliebte Tour (7 km hin und zurück).

Noch Lust auf einen Abstecher? Vom Barrio San Francisco aus durchqueren wir die alte Stadtmauer am Kreisverkehr und gehen etwa 100 Meter nach oben. Rechts der Straße folgen wir dem Fußweg nach unten, mit dem Hinweis »Baños Árabes«. Die **arabischen Bäder** 9 (4:15 Std.) erreichen wir nach wenigen Hundert Metern. Sie stammen aus dem späten 13. Jahrhundert und liegen an dem Zusammenfluss von Guadalevin und dem Bach Las Culebras. Von hier aus begehen wir nun alle drei Brücken der beiden Rondas: Die arabische liegt vor uns, die Puente Viejo erreichen wir mit einem kleinen Aufstieg, überqueren sie und können die Puente Nuevo aus immer neuen Perspektiven bestaunen. Nach einigen Höhenmetern auf Treppen schließen wir die Runde im Zentrum Rondas an der **Plaza de Toros** E (4:30 Std.).

RONDA

Das große »pueblo blanco« mit rund 40 000 Einwohnern ist ein uralter Siedlungsplatz und eine der schönsten Städte Spaniens. Ronda weist außer der Puente Nuevo, den Kirchen und seiner Lage zahlreiche weitere Sehenswürdigkeiten auf. Die Stierkampfarena ist die älteste Spaniens und berühmt durch die Stierkämpfer-Sippe der Romeros. Wiederentdeckt wurde Ronda durch die Romantiker des späten 19. Jahrhunderts. Viele Schriftsteller wie Rilke oder Hemingway (Gefährlicher Sommer) besuchten dic Stadt und ließen sich für ihre Dichtung inspirieren. Besonders reizvoll wirkt die Stadtansicht in der Abendsonne ohne Touristenrummel.

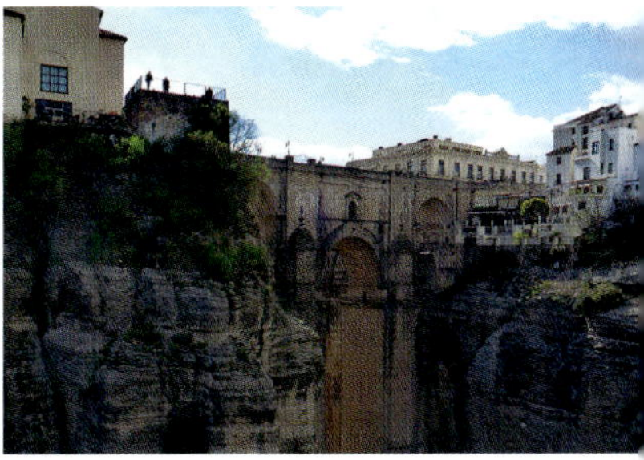

Die Puente Nuevo über dem Tajo – aus dem 18. Jahrhundert

26 VON RONDA NACH JIMERA

Abenteuerliche Bahntrasse im engen Bachtal

Zunächst führt die Strecke in leichtem Auf und Ab durch das Kulturland südlich von Ronda bis Benaoján. Daran schließt sich eine Genusstour durch die Schlucht des Río Guadiaro und entlang der abenteuerlichen Bahntrasse an. Von Jimera fahren wir mit der Bahn zurück nach Ronda.

leicht | 4:00 Std. | 16 Km | ↑ 300 m ↓ 500 m

Tourencharakter Zunächst teils geteerte Zufahrtswege, dann Wanderweg

Ausgangspunkt Plaza de Toros in Ronda; GPS 36.742751-5.166803

Anfahrt Auto: Von Málaga aus über Marbella und San Pedro auf der C-339. Bus: Verbindungen u.a. von Sevilla und Málaga, www.losamarillos.es. Bahn: Strecke Granada Algeciras, www.renfe.es

Karte Sierra de Grazalema 1:40000 von Editorial Penibetica

Einkehr Restaurants in Benaojan und nette Bar direkt im Bahnhof von Jimera

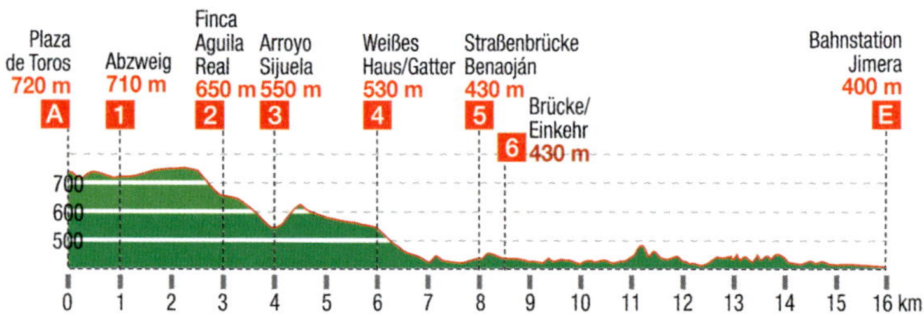

Diese Tour hat zwei recht unterschiedliche Bestandteile. Zunächst wandern wir durch landwirtschaftliches Gebiet an hübsch gelegenen Fincas vorbei. Die zweite Hälfte besteht aus einer Tour am Fluss entlang, wobei wir zu zwei »pueblos blancos« kommen. Wer nur den Wegabschnitt am Fluss wandern möchte, fährt mit der Bahn nach Benaoján und startet dort. Wem dann die Tour zu kurz sein sollte, der kann am

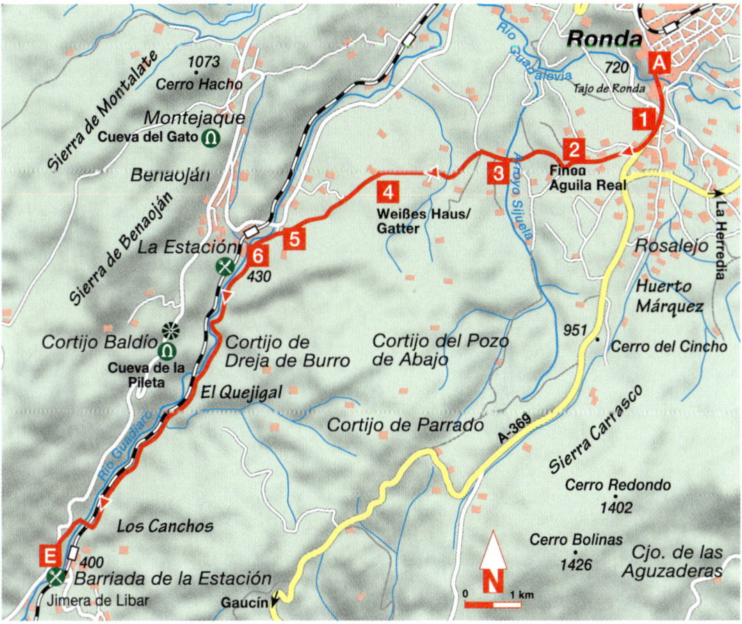

Fluss bis Castellar weiterwandern, wo die nächste Bahnstation wäre. Zudem bietet sich in Benaoján ein Abstecher zur Cueva del Gato an.

Der Wegverlauf

Von Ronda aus beginnen wir wieder klassisch an der **Plaza de Toros** A und überqueren zunächst die Puente Nuevo über den Tajo. Immer geradeaus und an der Plaza des Barrio San Francisco vorbei, nehmen wir wieder den **Abzweig** 1 (0:30 Std.) zur Ermita (siehe hierzu Tour 26), gehen aber diesmal links Richtung Tajo del Abanico. Etwa 20 Minuten nach dem Abzweig, am Ende eines geteerten, steil bergab führenden Stücks, teilt sich der Weg. Hier gehen wir rechts und kommen nach 200 Metern an der **Finca Aguila Real** 2 (0:50 Std.) vorbei. Eine Viertelstunde später überqueren wir in der Senke den Bach **Arroyo de Sijuela** 3 (1:05 Std.). Jetzt geht es hoch zu einer Kuppe, dann hinunter zur nächsten Senke. Auf halber Höhe des Gegenanstiegs umlaufen wir eine Finca rechts. Jetzt geht es auf einem lehmigen Weg leicht bergab, und das »weiße Dorf« Benaoján kommt in unser Blickfeld. Wir

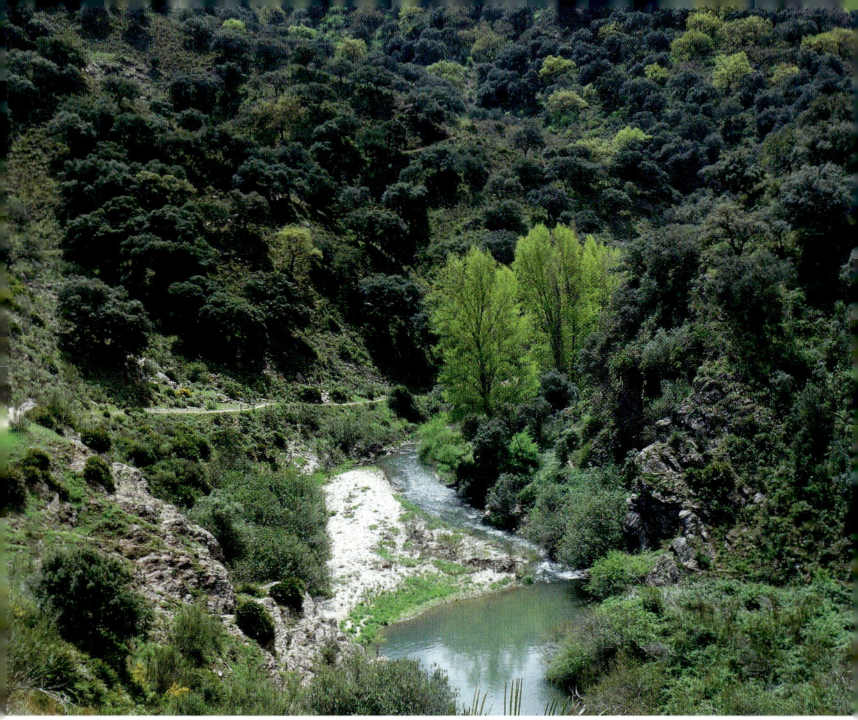

Am Río Guadiaro wächst ein Mix aus Galeriewald, Matorral und Zwergpalmen.

stoßen bei einem **verfallenen weißen Haus** 4 (1:30 Std.) auf einen Zaun, der den Weg zu versperren scheint. Links des Wegs ist aber ein etwas unscheinbares Gatter, das wir mit einer Kordel öffnen. Jetzt hat der Weg Trampelpfadcharakter. Wir halten von hier auf einen großen Eukalyptusbaum zu, der etwa 100 Meter links unterhalb von uns steht, und überqueren dort das meist ausgetrocknete Bachbett. In Richtung Waldrand ein paar Meter weiter geht es durch das nächste Gatter. Ab hier spazieren wir oberhalb von Benaoján immer links entlang eines Zauns am Waldrand, wo beeindruckende Kanaren- und Steineichen wachsen.

Schließlich haben wir die Talsohle erreicht und befinden uns gegenüber von Benaoján am nördlichen Ortsende bei der **Straßenbrücke** 5 (2:00 Std.). Hier wäre ein Abstecher zur Höhle Cueva de Gato möglich: Man erreicht sie beim gleichnamigen Hotel. Die Höhle an sich ist nur mit Führungen begehbar, der Eingangsbereich mit einem Wasserfall und Teich ergibt aber auch ein hübsches Bild. Am Bachufer des Río Guadiaro halten wir uns jetzt links, nach 500 Metern können wir den Guadiaro auf einer kleineren **Brücke** 6 (2:10 Std.) queren. Zur Halbzeit der

Wanderung bietet sich in Benaoján ein Einkehrschwung an. Nach links geht es zum exquisiten Hotel Molino de Santo mit Terrasse am Bach, rechts kommt man zu einer Dorfbar. Wieder zurück über die Brücke, begleitet unser Weg im leichten Auf und Ab den Guadiaro. Parallel zu uns fährt die Bahn nach Algeciras. Der Schienenstrang folgt einer abenteuerlichen Trasse im engen Bachtal, das bisweilen Schluchtcharakter annimmt. Viele Tunnel erschließen die Strecke, die einen großen Höhenunterschied zwischen Ronda und Algeciras überwindet.

In der Nähe der Tour liegt auch die steinzeitliche Cueva de la Pileta. Diese kann man ebenfalls im Rahmen von Führungen besichtigen. Kurios ist die Entwicklung der Siedlungsachse im Tal: Während die historischen Ortskerne an den Hängen liegen, haben sich entlang der Bahnstationen größere Bahnhofsviertel gebildet. In einem interessanten Vegetationsmix aus Matorral und Galeriewald eröffnen sich uns immer wieder tolle Blicke auf den Fluss, auf dem bei entsprechendem Wasserstand auch Kajaksport möglich ist. Die Orientierung ist denkbar einfach. Bei einem Landwirtschaftsbetrieb überqueren wir die Gleise, können am Fluss eine Pause einlegen und sind kurz darauf an der **Bahnstation von Jimera** E (4:00 Std.) angekommen, wo es mehrere Bars gibt. Am Guadiaro weisen Schilder auf den Weiterweg nach Castellar hin. Von Jimera erfolgt die Rückfahrt nach Ronda, und wir sehen von der Bahn aus nochmals unsere Wanderstrecke.

BAHNLINIEN IN ANDALUSIEN

Das Zugnetz in der Region ist wie überall auf der Iberischen Halbinsel recht dünn, dafür sind die Preise moderat und die Bahnhöfe und Züge gepflegt. Zudem gibt es landschaftlich reizvolle Abschnitte wie die Strecke Ronda–Algeciras. Eisenbahnfans finden sicher Gefallen an der Durchquerung der tunnelreichen Chorroschlucht (Linie Málaga–Bobadilla) und am »Westernzug« von Granada aus durch die wüstenähnliche, menschenleere Landschaft zwischen Guadix und Almería.

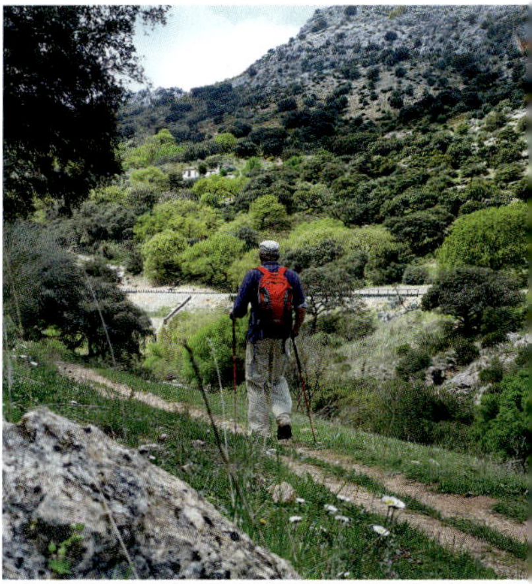

Am Río Guadiaro, die Gleise der Bahnlinie

27 AUF DEN GIPFEL DES TORRECILLAS

Baumriesen und Gipfelpanorama

Diese moderate Wanderung führt uns durch einen der ältesten Igeltannenwälder Andalusiens und vorbei an imposanten Portugiesischen Eichen. Vom Torrecillas-Gipfel erblicken wir die umliegenden Sierren, die Küste, den Felsen von Gibraltar und das nordafrikanische Festland.

mittel | **5:45 Std.** | **14,2 Km** | ↑ 820 m ↓ 820 m

Tourencharakter Größtenteils gut begehbare Pfade mit einigen steinigen und steileren Abschnitten

Ausgangspunkt Cortijo de los Quejigales im Naturpark Sierra de las Nieves; GPS 36.690191-5046149

Anfahrt Auf der A-397, ca. 13 km ab Ronda oder 31,5 km ab San Pedro de Alcántara (A-7/N-340), dann ca. 8 km Piste zu einer Abzweigung, dort links und 700 m bis zum Cortijo de los Quejigales

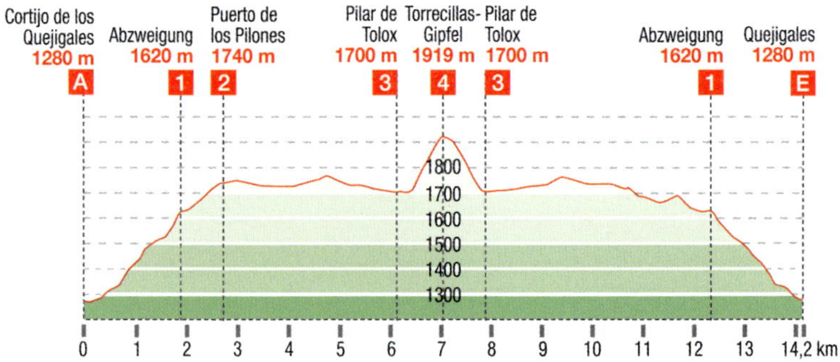

Der Wegverlauf

Wir beginnen die Wanderung am **Cortijo de los Quejigales** A und gehen auf der Piste nach Nordosten in Richtung Puerto de los Quejigales. Nach ca. 250 Metern biegen wir an einem Schild rechts in einen Pfad zum Torrecillas-Gipfel ab. Der Pfad führt in einem Taleinschnitt kontinuierlich bergauf, der Cañada del Cuerno. Zunächst geht es durch Kiefernwald, aber nach knapp einem Kilometer und auf einer Höhe

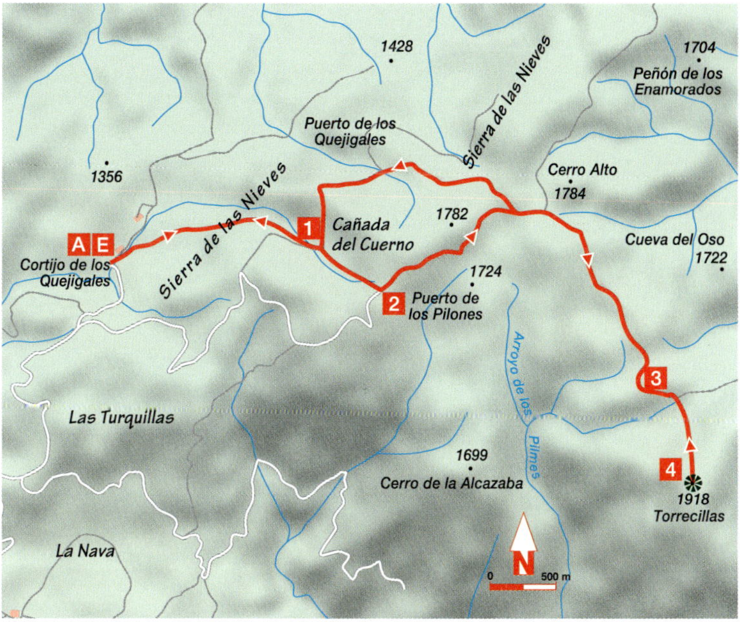

von 1350 Metern erreichen wir die ersten Exemplare von Igeltannen, gleichzeitig ist dies einer der schönsten Flecken im Naturpark Sierra de las Nieves. Wir treffen hier auf einige uralte Exemplare, deren verschlungene Wuchsformen bisweilen gespenstisch anmuten. Es ist wahrlich ein wunderschöner Wald, der Boden ist von Moosen bedeckt. Einen interessanten Kontrast bilden die abgestorbenen Stämme ohne Rinde, die entweder noch aufrecht stehen oder bereits umgekippt sind. Nachdem wir ungefähr 340 Höhenmeter bewältigt und eine Höhe von 1620 Metern erreicht haben, führt der Pfad in Kehren weiter bergauf. Links befindet sich eine **Abzweigung** 1 (0:50 Std.), an die wir auf dem Rückweg auf anderer Strecke zurückkommen. Wir folgen jedoch dem Hauptweg durch die Cañada del Cuerno, bis wir nach weiteren 20 Minuten und 120 Höhenmetern auf eine Piste stoßen, in die wir links einbiegen. Wenig später erreichen wir den Pass **Puerto de los Pilones** 2 (1:15 Std.). Von hier aus haben wir freie Sicht auf den Torrecillas (in südöstlicher Richtung) und weiter südlich auf die Mittelmeerküste. In diesem Teil der Sierra stehen einige mächtige Exemplare der Portugiesischen Eiche (Quercus faginea), auf Spanisch: quejigos. Sie sind das

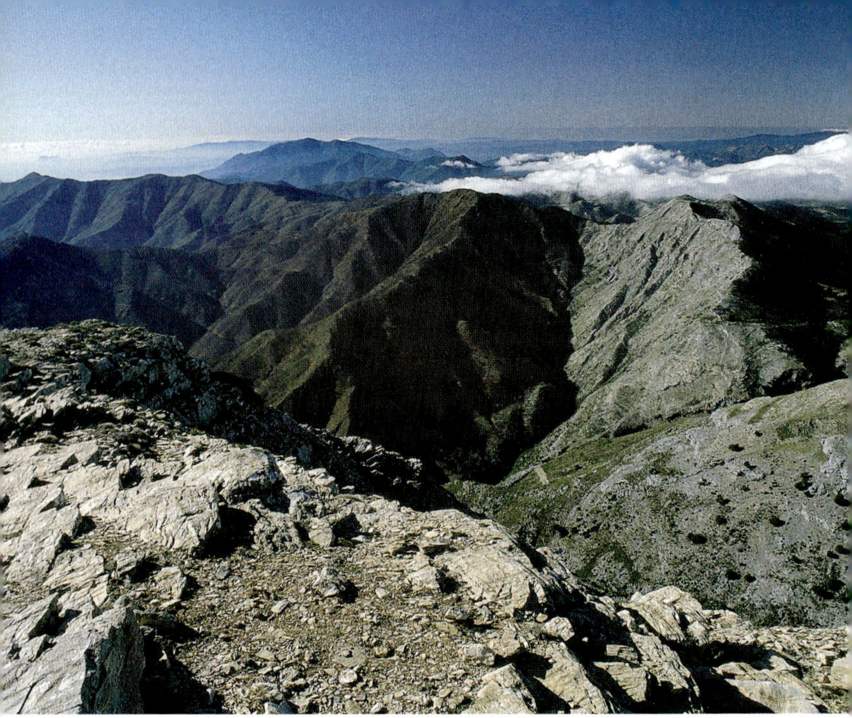

Gipfelpanorama mit Blick zur Sierra del Pinar und auf die Meerenge von Gibraltar

Relikt ganzer Eichenwälder, die über Jahrhunderte intensiv zur Holzkohlegewinnung genutzt wurden, sodass heute nur noch einige wenige uralte Exemplare übrig sind.

Nach knapp 200 Metern verlassen wir die Piste wieder und biegen rechts in einen Pfad ein, der uns nach einem weiteren Kilometer links zu einem Pozo de Nieve (Schneebrunnen) bringt. Hier befindet sich eine Abzweigung, die wir auf dem Rückweg nehmen. Wir bleiben jedoch zunächst auf dem Hauptweg und halten uns rechts. Kurz nach dem Pozo de Nieve durchqueren wir eine Senke, gehen anschließend um einen Hügel herum (zu unserer Rechten) und gelangen danach auf einen flachen Höhenrücken. In dieser Gegend befindet sich ein Höhlensystem, welches in den 1970er-Jahren wiederentdeckt und nachfolgend genau vermessen wurde. Man hat dabei festgestellt, dass diese Höhle eine der tiefsten in Andalusien ist und bis 1100 Meter in die Erde hinunterreicht.

Unser Weg verlässt den erwähnten Rücken, führt rechts an zwei Hügeln vorbei und durchquert – kurz vor dem letzten Gipfelanstieg – eine Mulde, wo wir auf einen restaurierten Brunnen treffen, der unter dem

Namen **Pilar de Tolox** 3 (2:30 Std.) bekannt ist. Von hier aus folgen wir dem Pfad und nach weiteren 220 Höhenmetern haben wir den **Gipfel des Torrecillas** 4 (3:10 Std.) erreicht. Dort bietet sich uns ein grandioses Panorama, welches alle unsere Erwartungen übertrifft. Im Westen sehen wir die Gebirge der Provinzen Cádiz und Sevilla, so z. B. die Sierra del Pinar in Grazalema (Tour 24), im Osten die Sierra Nevada mit dem Mulhacén (Tour 63) und südlich von uns die Mittelmeerküste mit der Meerenge von Gibraltar sowie der nordafrikanischen Küste.

Nachdem wir den Ausblick genossen und uns gegebenenfalls in das Gipfelbuch eingetragen haben, gehen wir auf dem gleichen Weg wieder zurück, bis zu dem bereits erwähnten Schneebrunnen, den wir nach circa einer Stunde erreicht haben. Dort biegen wir nun rechts in einen Pfad ein, der nach 150 Metern zunächst über einen flachen Sattel und anschließend leicht links um den Hügel herumführt. Knapp 20 Minuten nach dem Pozo de Nieve kommen wir an eine Weggabelung, an der wir uns links halten (rechts geht es hinunter in die Cañada de las Ánimas). Wir folgen den Steinmännchen und queren ein mit Igeltannen bewachsenes kleines Tal. Anschließend gehen wir an einem Hang leicht bergauf – unter uns liegt ein weiterer Igeltannenwald – und kurz darauf erreichen wir einen kleinen Bergrücken. Hier befinden wir uns auf einem Feuerschutzstreifen, dem wir für etwa 120 Meter bergab folgen. Anschließend folgen wir dem nun wieder sehr gut erkennbaren Pfad nach links, der uns wieder zu der **Abzweigung** 1 (5:00 Std.) in der Cañada del Cuerno führt. Von hier gehen wir auf bekanntem Weg zurück zum **Cortijo de los Quejigales** E (5:45 Std.).

POZOS DE NIEVE – SCHNEEBRUNNEN

Pozos de Nieve sind künstlich angelegte flache Erdhöhlen, deren Wände mit Steinen befestigt wurden. Die Arbeit der Nevereos, das waren diejenigen Ortsanwohner, die sich der Herstellung von – und dem Handel mit – Eis widmeten, begann Ende des Winters. Sie trugen den Schnee aus der Umgebung in die Pozos zusammen und traten ihn fest, um ihn in Eis zu verwandeln. Anschließend wurden die Pozos mit Pflanzen und Erde abgedeckt, um so Schnee und Eis vor dem Schmelzen zu bewahren. Dann wurde das Eis in Stücke geschnitten und auf dem Eselsrükken bis nach Ronda, Málaga oder in andere Orte, die noch weiter entfernt waren, transportiert, wo es verkauft wurde.

28 INS FELSLABYRINTH LOS RISCOS

Vom Schlumpfdorf zu den Steinböcken

Diese Rundwanderung startet in dem berühmten Schlumpfdorf, auf Spanisch »pueblo pitufo«, wo einst ein Werbespot für die Premiere zum Film »Die Schlümpfe in 3D« gedreht wurde. Die Wanderung führt uns vom Dorf in ein imposantes Felsenlabyrith aus Kalkgestein. Mit etwas Glück können wir hier Steinböcke und Gänsegeier sichten.

leicht | 3:30 Std. | 7,4Km | ↑ 568 m ↓ 522 m

Tourencharakter Wanderpfade, Teilstück mit Seilsicherung, Wirtschaftsweg

Ausgangspunkt Bar Torrichelli im Dorfzentrum von Júzcar; GPS 36.625623-5.165623

Anfahrt Auto: Von der Costa del Sol über die A-397, MA-7306 und MA-7303 oder von Ronda über die A-369, MA-7307, MA-7302 und MA-7301. Bus: Dreimal wöchentlich von/nach Ronda, www.autocareslara.com

Einkehr Hotel und Restaurant La Casa Grande, Calle Barranco 76, Alpandeire, charmantes Hotel mit regionaltypischer Speisekarte (Pilzgerichte!)

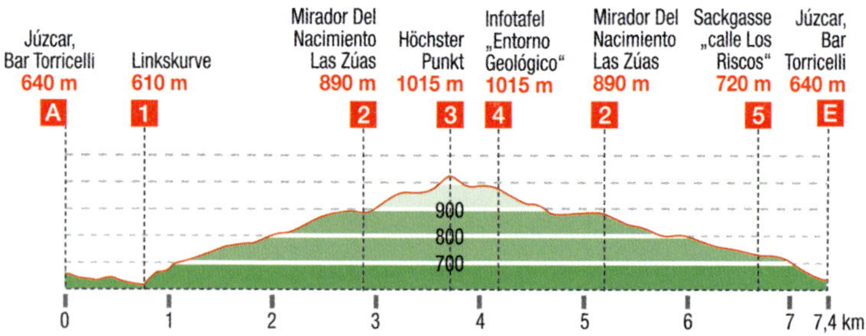

Der Wegverlauf

Die Wanderung startet im Zentrum des Dorfes Júzcar, an der **Bar Torrichelli** A. Wir gehen die ersten rund 700 Meter der Wanderung auf der Landstraße MA-7301 gen Norden in Richtung der Dörfer Faraján und Alpandeire. In einer Linkskurve stoßen wir auf den Rastplatz »Arroyo Majales«. Gegenüber dem Rastplatz befindet sich auf der rechten Straßenseite der **Einstieg 1** (0:15 Std.) für unsere weitere Wanderung. Der Pfad ist zum Teil recht felsig und führt im ersten Abschnitt recht steil bergauf, sodass man an manchen Stellen die Hände zu Hilfe nehmen muss, um sich an den Felsen festzuhalten. An den vermeintlich kniffligsten Passagen sind Seile angebracht, die gerade dann nützlich sind, wenn die Steine und Felsen nach dem letzten Regen rutschig sind, was durch das Kalkgestein im Untergrund durchaus nicht zu unterschätzen ist.

Nach einer Dreiviertelstunde folgen wir dem Pfad hinein in ein Dickicht aus Oleandersträuchern und überqueren einen kleinen Bach. Vorsicht, Rutschgefahr! Das Dschungelerlebnis dauert leider nur kurz, an sonnigen und warmen Tagen bietet der kurze Moment im Schatten eine angenehme Abkühlung nach dem schweißtreibenden Anstieg. Anschließend führt der Pfad weiter leicht bergauf, und es eröffnet sich mit jeder Minute ein immer weiteres Panorama der kargen Hügellandschaft.

Der Pfad mündet in einen Parkplatz mit Schotterpiste, den Aussichtspunkt Mirador **Del Nacimiento Las Zúas 2** (1:20 Std.). In Gehrichtung gegenüber dem Parkplatz passieren wir eine fadenscheinige Pforte, gleichzeitig Beginn des grün-weiß markierten Rundweges SL-A 176, der uns im nächsten Wegab-

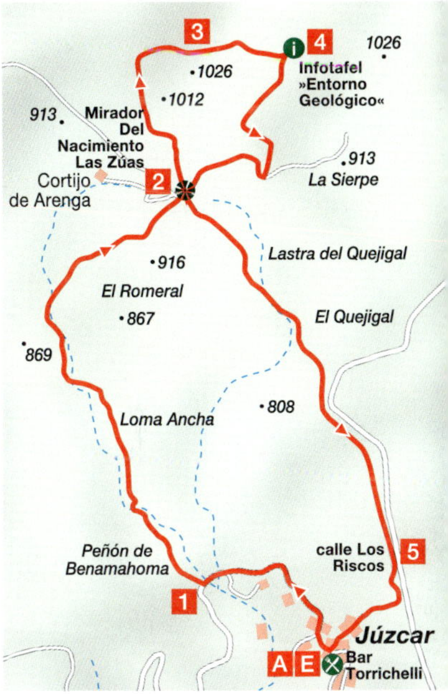

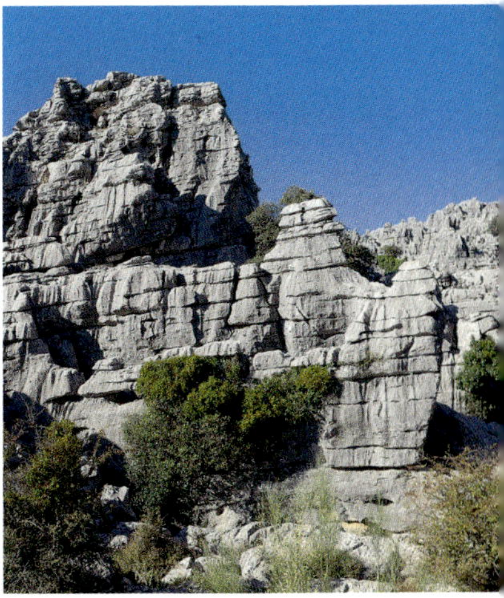

Bizarre Kalksteinformationen

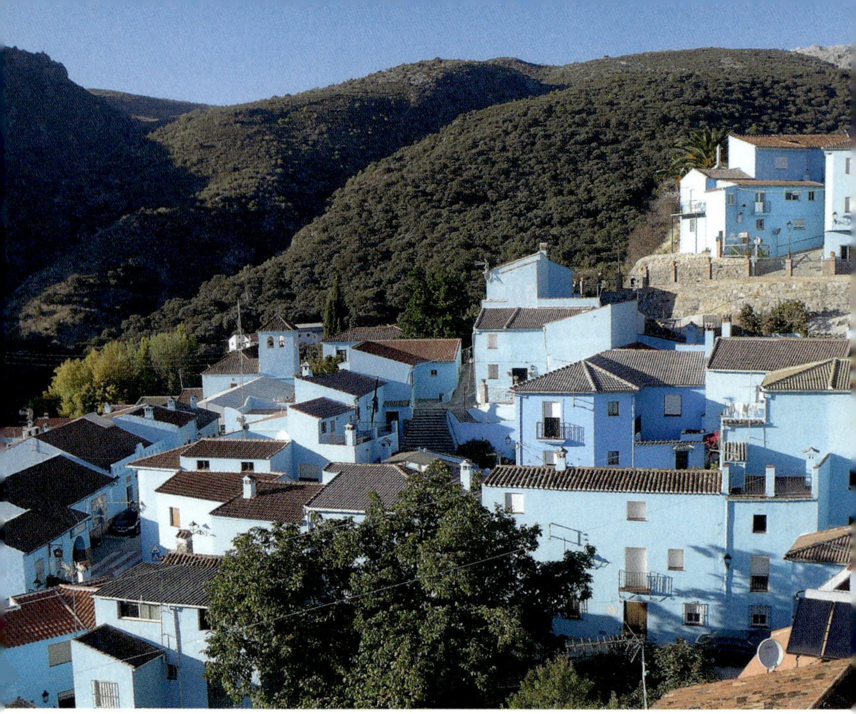

Kein Photoshop-Einsatz: das Schlumpfdorf Júzcar

schnitt durch das imposante Labyrinth aus Kalksteinfelsen führt. Ab hier heißt es: Augen auf! Denn wir haben gute Chancen sowohl Iberische Steinböcke zu sichten als auch die am Himmel kreisenden imposanten Gänsegeier (siehe auch Tour 25).
Zunächst geht es weiter sanft bergan, der Pfad ist aber recht steinig, sodass wir gut auf unsere Schritte achtgeben müssen, um nicht zu stolpern.
15 Minuten nachdem wir die Pforte am Mirador passiert haben, führt der Weg rechts bergauf, zu beiden Seiten erheben sich geschichtete Kalksteinfelsen – ein wunderbares Beispiel für das Phänomen, das die Geowissenschaftler »Karst« nennen. Bald erreichen wir den **höchsten Punkt** **3** (2:00 Std.) unserer Wanderung. Kurz darauf kommen wir an einem alten Dreschplatz (span. era) vorbei. Kaum vorstellbar, dass die Bewohner früher die Mühen auf sich genommen haben, in diesem Felsenlabyrinth Getreide anzubauen bzw. kleine Fleckchen urbaren Bodens gefunden haben.
Ein kurzes Wegstück später befindet sich eine **Infotafel** **4** (2:10 Std.), die die örtliche Geologie thematisiert, allerdings leider nur auf Spanisch.

Die Felsformationen der Riscos und auch des Torcal sehen oft aus wie Stapel verschieden großer Kekse. Dies hat seine Ursache in der unterschiedlichen chemischen Konsistenz der Gesteinsschichten: Manche sind besser löslich, manche »härter« – dies führt zum Herauslösen von mal mehr und mal weniger Gestein und zur verschiedenartigen Schichtung.

Nachdem wir die Tafel bestaunt haben, halten wir uns scharf rechts und gehen weiter bergab. 15 Minuten später kommen wir an einer weiteren Infotafel vorbei, die das Thema der Dreschplätze (»las eras«) aufgreift.

Hier mündet der Pfad in einen alten, kaum genutzten Wirtschaftsweg, dem wir nach rechts folgen. Wir gehen durch ein Gattertor und treffen wieder auf die Piste unweit des **Miradors** 2 (2:35 Std.). Anschließend gehen wir links auf dem Hauptweg leicht bergab in südöstlicher Richtung.

Bald kommen wir an zahlreichen Esskastanienbäumen vorbei, die in dieser Gegend so zahlreich sind. Besonders farbenprächtig sind die Kastanienwälder hier in den Monaten November und Dezember, wenn die Temperaturen sinken und das Laub in ein üppiges orange-rotes Farbenspiel eingetaucht wird.

Kurz bevor wir auf die Landstraße treffen, liegt zu unserer Rechten eine große Lagerhalle. Wenige Meter danach gehen wir weiter geradeaus und biegen an einem Einbahnstraßenschild in die **»Calle Los Riscos«** 5 (3:15 Std.), die uns nach einem kurzen Stückchen bergab wieder in das **Schlumpfdorf Júzcar** E (3:30 Std.) bringt.

Tipp: Am Río Genal ganz in der Nähe bieten Agenturen Canyoning-Touren an.

DIE ROUTE DER PUEBLOS BLANCOS

Bis Ende des Jahres 2011 war das Dorf Júzcar im Hochtal des Río Genal ein weitgehend normales andalusisches Dorf mit seinen weiß getünchten Fassaden, wie es so typisch ist für das Landschaftsbild dieser Region. Das änderte sich jedoch, als Sony Pictures anlässlich der Filmpremiere zu dem Film »Die Schlümpfe in 3D« hier einen Werbespot drehte – freilich erst, nachdem das ganze Dorf schlumpfblau angemalt wurde. Die Einwohner haben danach dafür gestimmt, das Schlumpfblau beizubehalten; eine weise Entscheidung, denn seitdem kamen rund 85 000 Besucher, um sich das erste Schlumpfdorf der Welt anzusehen.

29 IM BERGLAND VON MARBELLA

Aussichtsreiche Rundwanderung

Auf dieser einfachen Rundwanderung lernen wir einen besonders schönen Teil der Sierra Blanca kennen. Sowohl Streckenführung als auch Vegetation sind sehr abwechslungsreich. Der Gipfel des Castillejos (1242 m) kann optional erklommen werden und bietet ein fantastisches Panorama.

leicht | 3:45 Std. | 7,5 Km | ↑ 525 m ↓ 525 m

Tourencharakter Gute Bergpfade und Pisten; steiler, steiniger Anstieg (Dornengestrüpp) zum Castillejos-Gipfel

Ausgangspunkt Hotel Refugio de Juanar; GPS 36.580318-4.885117

Anfahrt Von Marbella auf der A-335 Richtung Ojén/Monda. Am Puerto de Ojén links auf die MA-5300 zum Refugio de Juanar

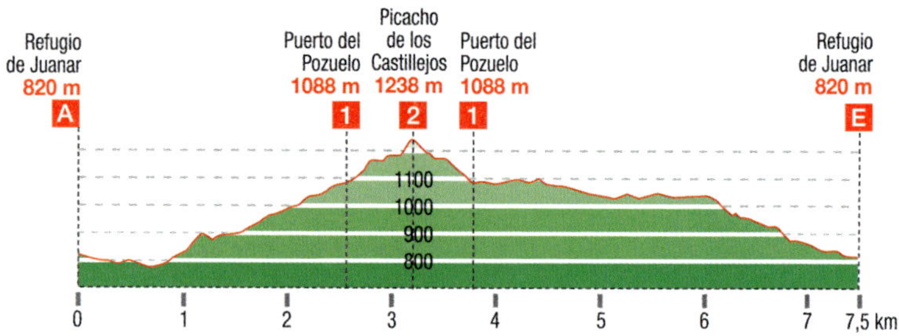

Der Wegverlauf

Am Hotel **Refugio de Juanar** A, unweit vom Puerto de Ojén, beginnen wir diese einfache Rundwanderung, lediglich die Besteigung des Castillejos-Gipfels ist technisch anspruchsvoll. Der Hotelparkplatz am Refugio de Juanar ist in der Regel Gästen vorbehalten. Alternativ können wir aber an der Straße Richtung Mirador parken. Wir gehen vom Refugio ein Stück auf der Straße zurück, bis wir nach ein paar Kurven zu unserer Linken zu einer Abzweigung mit einem Schild kommen. Hier ist der Weg als Senda de José Lima gekennzeichnet (der Namenszug

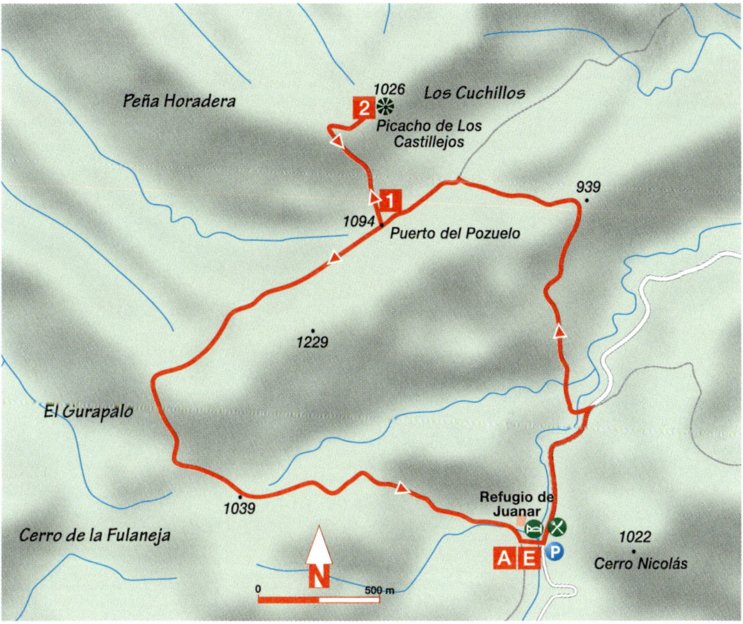

wurde jedoch jüngst zerstört). Namensgeber war ein Förster, der lange Jahre in dieser Sierra tätig war. Bei dem Weg an sich handelte es sich ursprünglich um einen alten Jägerpfad. Wir überqueren das Bachbett des Arroyo de Juanar und beginnen den Aufstieg. Der Weg führt uns zunächst durch lichten Kiefernwald sowie durch Buschland oder Macchie. Nach gut einem Kilometer macht der Weg eine leichte Kurve nach links um einen flachen Sporn herum. Uns eröffnet sich ein wunderbares Panorama, und wir sehen vor uns die Gipfelkette der Sierra Canucha. Ganz links zu sehen der Pichacho de Castillejos – mit 1238 Metern der höchste von ihnen – und weiter rechts davon Los Cuchillos (die Messer), der seinem Namen alle Ehre macht; ganz rechts schließlich der Alto de Canucha. Wir sollten unseren Blick schärfen, denn dieser Höhenzug ist Heimat von Steinböcken, die hier ebenso wie verschiedene Greifvögel häufig gesichtet werden.

Der Weg führt auf der anderen Seite des Sporns in ein kleines Tal, dem wir auf der linken Seite des Bachbettes bergauf folgen. Wenig später treffen wir auf eine Quelle bzw. eine Wasserstelle, die fast ganzjährig Wasser führt: el Pozuelo. Von hier aus sind es auf relativ gerader

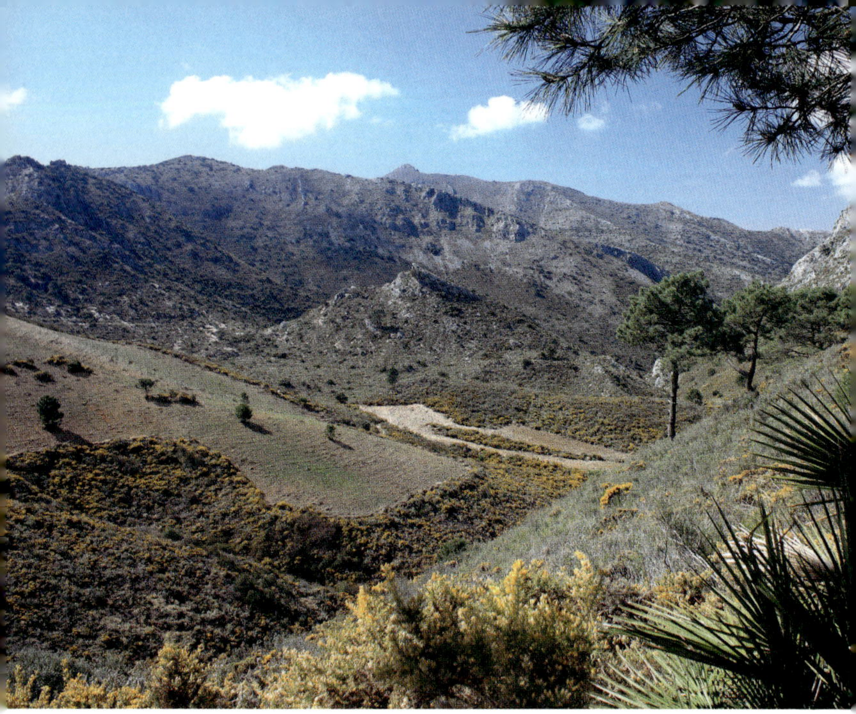

Im Bergland von Marbella: Blick zur Sierra Blanca und zum Cerro del Lastonar

Strecke noch einmal 350 Meter bis zum Pass **Puerto del Pozuelo** **1** (1:30 Std.). Oben angekommen, haben wir eine prächtige Aussicht: rechts von uns Picacho de los Castillejos, direkt vor uns der Peña Horadada (1044 m) und das Tal von Istán sowie die Sierra de las Nieves im Hintergrund. Hier am Pass beginnt auch der optionale Aufstieg zum Picacho de los Castillejos, der im oberen Abschnitt Trittsicherheit und Schwindelfreiheit erfordert. Der Pfad führt auf dem rechts von uns liegenden Sporn durch z. T. dichtes Dornengestrüpp direkt auf den Gipfel zu. Wir sollten hierfür lange Hosen tragen, denn besonders die Dornen des Stechginsters (Ulex europaeus) können unangenehm schmerzhaft sein. Unterhalb des Gipfels halten wir uns links und gehen die Westflanke bergauf bis zu einem Sattel, von dem aus wir auf der Nordseite der Sierra Canucha einen wunderschönen Igeltannenwald erblicken können (siehe auch Tour 23, »Sierra del Pinar«). Von hier aus setzen wir den Aufstieg auf direktem Weg über Steine und Felsen bis zum Gipfel **Picacho de Los Castillejos** **2** (2:00 Std.) fort, wobei wir gelegentlich die Hände zu Hilfe nehmen müssen, um den einen oder anderen Felsen zu überwinden.

Vom Gipfel aus haben wir einen fantastischen Ausblick auf die Sierra de las Nieves mit ihrem höchsten Gipfel, dem Torrecillas (Tour 28), dem Tal von Istán, dem Stausee Embalse de la Concepción sowie den südlichen Gipfeln der Sierra Blanca, dem Cruz de Juanar und dem Cerro del Lastonar (1279 m). Der Abstieg vom Gipfel erfolgt auf der gleichen Route bis zum **Puerto del Pozuelo** **1** (2:15 Std.). Dabei achten wir ganz besonders auf lose Steine, die sich beim Abstieg leicht lösen und den Untermann gefährden könnten. Vom Puerto del Pozuelo aus gehen wir auf der Nordwestseite der Sierra Blanca weiter und kommen nach wenigen Schritten durch einen lichten Igeltannenwald mit einigen wunderschönen Exemplaren. Igeltannen wachsen nur in bestimmten Regionen in Andalusien und in Marokko – eine seltene Art! Der Pfad verläuft zunächst nahezu hangparallel, um dann um einen flachen Sporn herumzuführen. Der rechts von uns liegende Hügel ist der Cerro Gurapalo. Auf diesem Abschnitt zeigen sich häufig, insbesondere am späten Nachmittag, kleine Steinbockfamilien der Art Capra pyrenaica (siehe Kasten). In südlicher Richtung erblicken wir zudem den Cerro de la Fulaneja (1162 m), der sich über eine tiefe Schlucht zu unserer Rechten erhebt. Sobald wir auf dem gegenüberliegenden Hang eine Piste erkennen, rückt ein weiterer Gipfel ins Blickfeld, der Puerto de La Viborilla (1149 m).

Nachdem wir die Piste erreicht haben, haben wir einen tollen Ausblick auf die Küste und können an klaren Tagen bis nach Málaga sehen. Wir folgen der Piste, die uns nach ca. 1,5 km zum **Refugio de Juanar** **E** (3:45 Std.) bringt, wo wir uns im Schatten der Kastanienbäume entspannen können.

IBERISCHER STEINBOCK

Im Gegensatz zum Alpensteinbock ist der Iberische Steinbock (Capra pyrenaica) kleiner und schmächtiger. Beide Arten sind sich dennoch sehr ähnlich und dürften nach neuesten Studien sogar derselben Art angehören. Beim Iberischen Steinbock lassen sich vier Unterarten unterscheiden: Der Portugiesische Steinbock ist aufgrund von Überjagung bereits Ende des 20. Jahrhunderts ausgestorben, den Pyrenäensteinbock ereilte im Jahr 2000 dasselbe Schicksal. Die Tiere, die wir auf unseren Wanderungen in Andalusien zu Gesicht bekommen, gehören der Unterart Capra pyrenaica hispanica an. Eine weitere Unterart (Capra pyrenaica victoriae) ist in ihrer Verbreitung auf Zentralspanien beschränkt.

30 AUF DEN GIPFEL VON LA CONCHA

Logenplatz an der Sonnenküste

Dies ist der Klassiker aller Wanderungen an der Costa del Sol. Sie führt uns durch mediterranen Kiefernwald zum Gipfelkamm von La Concha, dem Hausberg von Marbella. Vom Gipfel haben wir einen grandiosen Ausblick auf die Küste und die Meerenge von Gibraltar.

● schwer | 4:30 Std. | 13 Km | ↑ 675 m ↓ 675 m

Tourencharakter Überwiegend steinige Bergpfade; Trittsicherheit und Schwindelfreiheit am Salto del Lobo

Ausgangspunkt Hotel Refugio de Juanar; GPS 36.580532-4.885117

Anfahrt Von Marbella auf der A-335 Richtung Ojén/Monda. Am Puerto de Ojén links auf die MA-5300 zum Refugio de Juanar

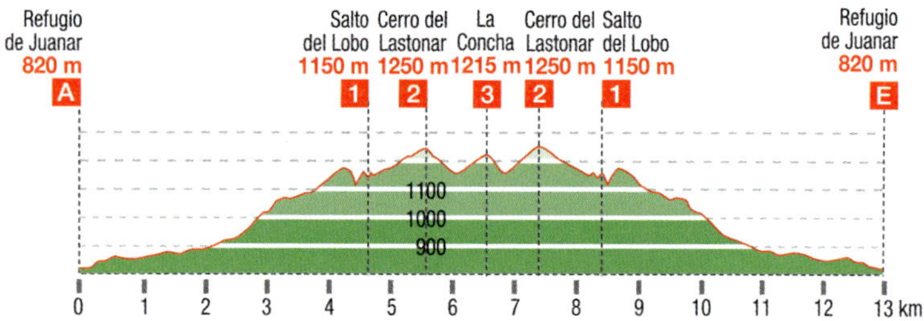

Der Wegverlauf

Am Hotel **Refugio de Juanar** A, unweit vom Puerto de Ojén, beginnen wir diese Gipfelwanderung. Der Hotelparkplatz am Refugio de Juanar ist in der Regel Gästen vorbehalten. Alternativ können wir aber 50 Meter vom Hotel entfernt parken. Die Route ist auf der gesamten Strecke gelegentlich mit Holzpflöcken markiert, die wiederum mit weißer und gelber Farbe gekennzeichnet sind.
Wir gehen vom Refugio auf der Piste weiter nach Süden, Richtung Mirador. Am Ende einer Doppelkurve verlassen wir den Kiefernwald und gehen auf der Piste durch einen Olivenhain. Nach weiteren 800 Metern

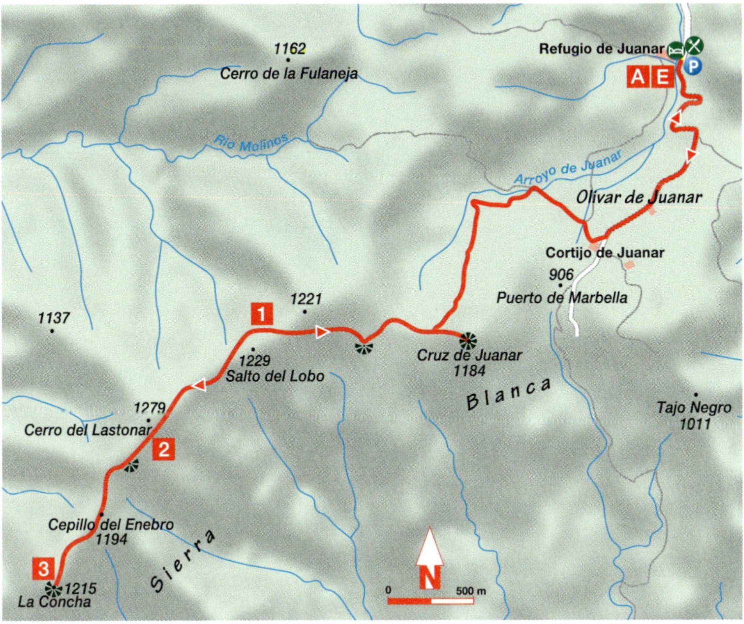

macht die Piste eine leichte Linkskurve, dort biegen wir rechts auf einen Weg ab, der uns direkt zum Cortijo de Juanar führt. Auf Höhe des Cortijos, welches als Forschungsstation für Wildschutz genutzt wird, biegen wir nach rechts ein, auf einen unscheinbaren Fahrweg, der – zunächst leicht bergab – durch den Olivenhain führt. Der Weg gabelt sich nach 80 Metern, wir gehen links und in nordwestlicher Richtung auf den Waldrand zu.

Kurz nachdem der Weg in den Wald hineinführt, kommen wir an eine Kreuzung, an der ein Wegweiser steht. Geradeaus geht es nach Istán, wir biegen hier jedoch links ab und während wir langsam an Höhe gewinnen, geht der Weg allmählich in einen Pfad über. Nachdem wir den Wald verlassen haben, gehen wir weiter durch mediterranes Buschland (Macchie) und direkt auf den vor uns liegenden Berg Cruz de Juanar (1184 m) zu. Dieser Gipfel ist der berühmteste und am häufigsten bestiegene Gipfel in der Sierra Blanca, denn einmal im Jahr findet eine Wallfahrt statt, bei der eine Marienstatue hier hochgetragen wird und deren Höhepunkt eine Messe ist, die direkt am Gipfelkreuz stattfindet. Vom Hauptweg zweigt ein Weg ab, der direkt auf den Gipfel führt. An-

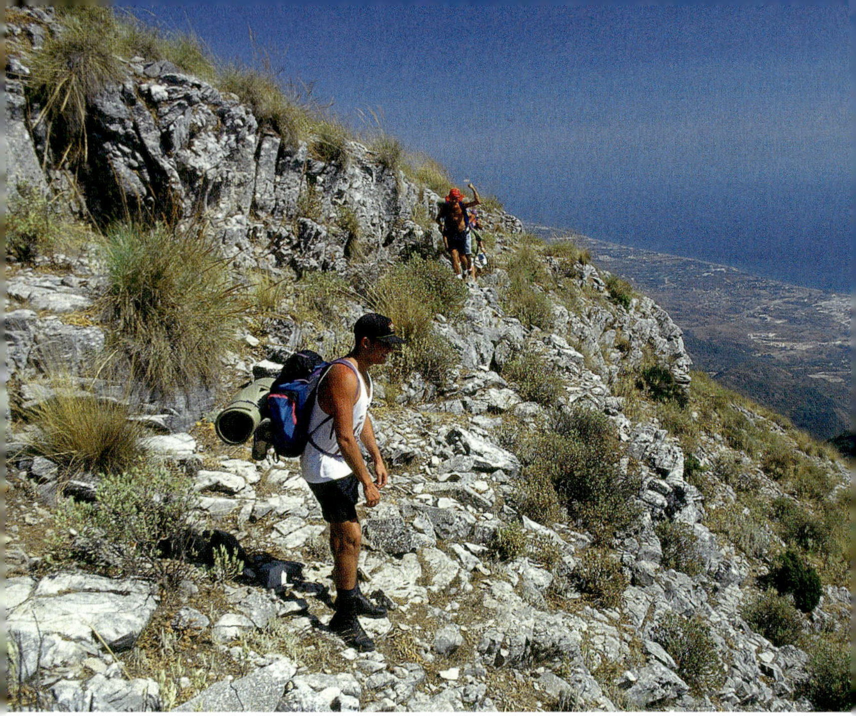

Auf dem Gipfelgrat unweit des Cerro del Lastonar (1279 m)

schließend gehen wir auf dem Hauptweg in westliche Richtung weiter, der vor uns sehr gut zu erkennen ist. Wir gehen auf der südlichen – also der Küste zugewandten – Seite des Kamms und haben einen grandiosen Ausblick in Richtung der Costa del Sol. Ungefähr 1300 Meter nach der Abzweigung zum Cruz de Juanar wechselt der Pfad auf die Nordseite des Kamms, um den nächsten Gipfel nördlich zu umgehen: den **Salto del Lobo** 1 (1:30 Std.). Hier kommen wir an einer Engstelle vorbei, die Trittsicherheit und Schwindelfreiheit erfordert, vielleicht daher der Name – Salto del Lobo bedeutet »Wolfssprung«. Direkt nach dieser Stelle wechselt der Pfad wieder auf die Südseite des Kamms und gewinnt weiter an Höhe. Wenig später kommen wir unterhalb des höchsten Gipfels (1279 m) der Sierra Blanca vorbei – **Cerro del Lastonar** 2 (2:00 Std.). Kurz darauf passieren wir eine weitere Engstelle, die Trittsicherheit und Schwindelfreiheit erfordert.

Nun kommt der schönste Teil der Wanderung: Auf dem letzten Abschnitt des Gipfelgrates gehen wir in luftigen Höhen und haben z. T. freie Sicht zu beiden Seiten des Kammes. Am Ende des Gipfelgrates erreichen wir einen Logenplatz über der Sonnenküste und einen der höchsten Gipfel der Sierra Blanca, **La Concha** 3 (2:20 Std.). Von hier aus haben wir ein spektakuläres Panorama. Zu unseren Füßen liegt der gesamte Küstenstreifen der Costa del Sol, im Osten sehen wir die Gebirgsstöcke mehrerer Hochgebierge Andalusiens: die Sierra de la Axarquía, dahinter die Sierra Nevada, im Norden die Sierra de las Nieves und im Südwesten den Felsen von Gibraltar, in einer Entfernung von nur 60 Kilometern Luftlinie. Das gegenüberliegende nordafrikanische Ufer, bzw. die spanische Enklave Ceuta, ist nur 80 km entfernt. Nachdem wir ausgiebig das Panorama genossen haben, gehen wir auf dem gleichen Weg wieder zurück zum Hotel **Refugio de Juanar** E (4:30 Std.), wo diese Wanderung endet.

Tipp: Vor allem an den Wochenenden ist die Tour sehr beliebt und ein »Klassiker« an der Costa del Sol. Daher früh starten oder auf einen Wochentag ausweichen.

GIBRALTAR

Der Felsen von Gibraltar hatte aufgrund seiner Lage an der Meerenge von Gibraltar und somit der kürzesten Entfernung zwischen Europa und Afrika schon immer eine besondere strategische Bedeutung. Das spiegelt sich nicht nur darin wider, dass Gibraltar seit 1830 britische Kronkolonie ist. Auch die Herkunft des Namens hat ihre Geschichte: Gibraltar ist die spanische Transkription des arabischen Ausdrucks Yabal Tãriq, was »Berg des Tarik« bedeutet und an die Ankunft der Omajaden unter ihrem Befehlshaber Tãriq ibn Ziyad erinnert, der hier mit seinen Truppen im Jahr 711 landete.

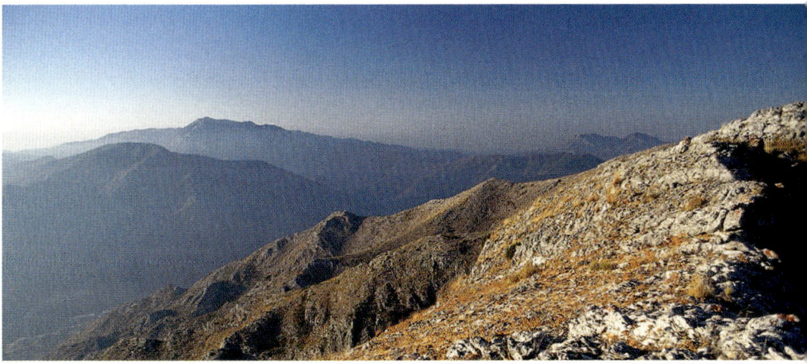

La Concha – Gipfelpanorama in der Spätnachmittagssonne

31 IN DER SIERRA DE LAS NIEVES

Durch den Igeltannenwald

Vom beschaulichen »weißen Dorf« Yunquera geht es hinauf zum weltweit größten Igeltannenwald. Wir durchwandern ein Barranco und lassen unsere Blicke über die Sierra de las Nieves und die Küstenregion schweifen.

mittel · **3:45 Std.** · **12 Km** · ↑ 530 m ↓ 530 m

Tourencharakter Wechsel aus Zufahrtswegen, Forststraße und Bergwanderweg

Ausgangspunkt Campingplatz »Pinsapo Azul« in Yunquera; GPS 36.742917-4.922365

Anfahrt Nach Yunquera auf der A-366 zwischen Coín und Ronda; der Campingplatz liegt nordwestlich des Ortes beim Fußballplatz. Bus: Verbindungen von/nach Ronda, www.grupopacopepe.com

Karte Parque Natural Sierra de las Nieves 1:50 000 der Junta de Andalucía

Einkehr Regionaltypische Bars und Restaurants in Yunquera, dort auch kleines Naturpark-Infozentrum

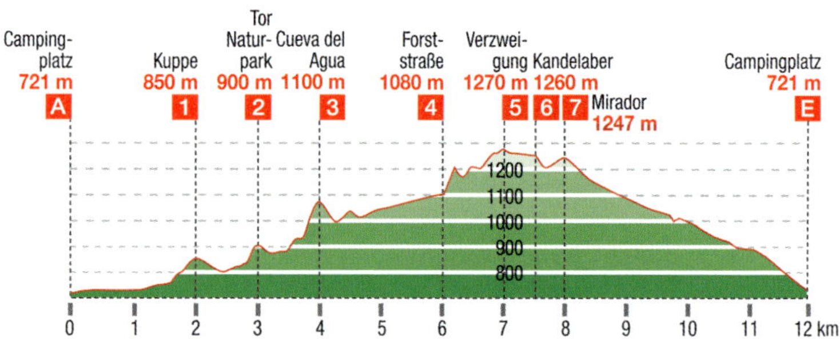

Das Biosphärenreservat und Parque Natural Sierra de las Nieves, zwischen Ronda im Westen und Yunquera und Tolox im Osten gelegen, ist ein typisch mediterranes Kalk- und Karstgebirge. Es beherbergt auf rund 16 500 Hektar in seiner ursprünglichen Bergwildnis viele Raubvogelarten wie den Uhu, Bergziegen und Wildkatzen. In der kargen,

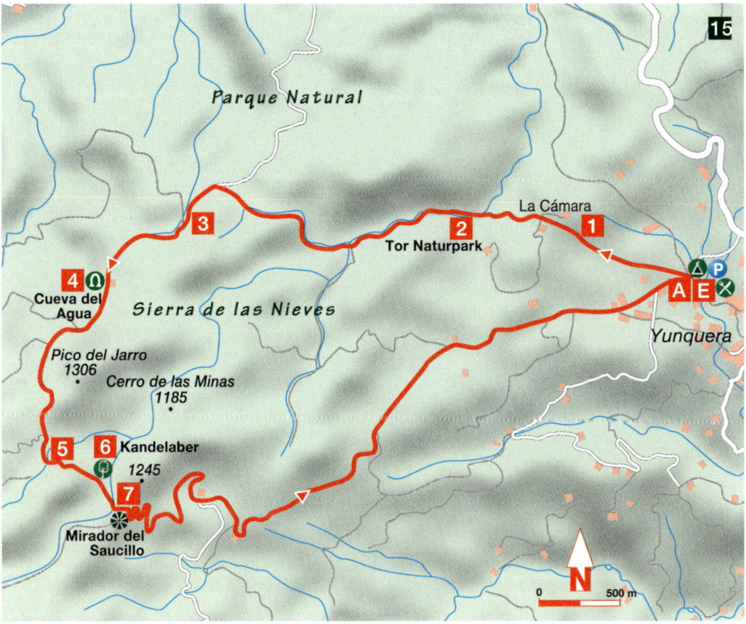

dünn besiedelten Landschaft gibt es viele steile Abbrüche, enge Täler und baumlose, felsige Hochebenen. Seine eigentliche Besonderheit ist botanischer Natur: Es sind die Igeltannenwälder, die mit 1400 Hektar Fläche den größten Bestand weltweit bilden. Für die hier vorgestellte Rundwanderung benötigt man keine spezielle Erlaubnis (permiso) der Naturparkverwaltung.

Der Wegverlauf

Von der Bushaltestelle aus orientieren wir uns in Richtung Altort, zweigen nach etwa 300 Metern rechts ab und erreichen in fünf bis zehn Minuten den Campingplatz **»Pinsapo Azul«** A. Hier kann man auch das Auto stehen lassen. Direkt nach dem Campingplatz rechts beginnt unsere Tour an einer Übersichtstafel und einem ersten weiß-grün markierten Pfosten (SL 141), der uns auf dem ersten Wegstück begleitet. Das erste Drittel unserer Route folgt der von der Umweltbehörde ausgeschilderten Tour »Los Sauces« (s. a. www.ventanadelvisitante.es). Dieser ist ein Zufahrtsweg zu Grundstücken, wird aber immer wie-

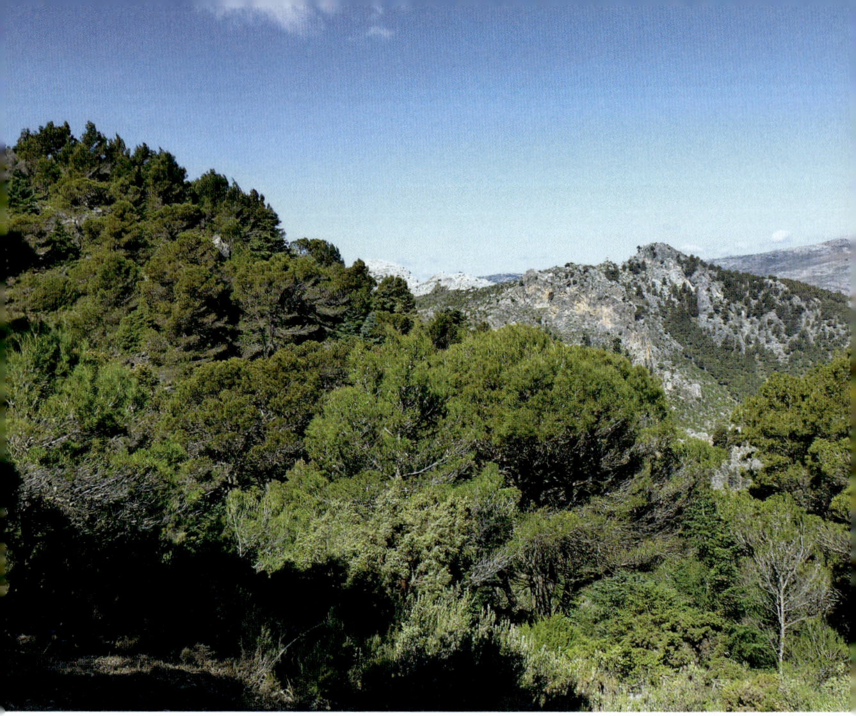

Vom Weg aus öffnen sich weite Blicke auf die karge Sierra de las Nieves.

der von schmalen Wanderwegabschnitten abgekürzt. Oliventerrassen wechseln mit Weinstöcken und Resten natürlicher Vegetation. Wir orientieren uns einfach an den Pfosten, kürzen auf einem schmalen Pfad mehrfach den Zufahrtsweg ab und gelangen nach 25 Minuten zu einer kleinen **Kuppe** **1** (0:30 Std.). Rechts des Wegs befindet sich ein rötliches Haus mit Windrad. Wir gehen geradeaus hinunter in die Senke, wo sich am Waldrand ein Wegweiser befindet. Ab hier bewegen wir uns in einem typisch mediterranen Wald, der im Unterwuchs aus Gräsern und Gewürzpflanzen des Matorral besteht, das höhere Stockwerk bilden Kiefern. Wühlspuren deuten auf Wildschweine hin, aber auch andere Säugetierarten wie die hier vorkommende Ginsterkatze sind schwer zu beobachten. Eher fällt die Vielfalt der Vogelwelt mit zahlreichen Singvogelarten auf.

In dem Kiefernwald wandern wir teilweise in einem Barranco, einem schluchtähnlichen Einschnitt, aufwärts (Senda de Guarte) und durchqueren unterwegs ein **Tor zum Naturpark** **2** (0:45 Std.). Eine Stunde nach Beginn der Tour stoßen wir auf eine geschotterte **Forststraße** **3** (1:00 Std.). Hier zweigen wir nach links ab und folgen höhengleich der

Forststraße, den Hinweis nach rechts Richtung Los Sauces lassen wir unbeachtet. Am Forstweg sehen wir nun die ersten Pinsapos, deren Vorkommen sich nach und nach verdichtet und die mit Kiefern und weiteren Baumarten einen reizvollen Mischwald darstellen. Nach etwa 20 Minuten erreichen wir eine Einrichtung der Forstbehörde und sehen 200 Meter weiter links oberhalb des Wegs eine große Höhlenöffnung, die **Cueva del Agua** 4 (1:30 Std.). Direkt an der Route liegt ein Brunnen. Wir wandern ab dieser Zone auf dem als GR 243 rot-weiß markierten Weitwanderweg zwischen El Burgo und Yunquera weiter. Ab hier wandelt sich die Forstpiste wieder zum Bergwanderpfad, nach Westen eröffnen sich Ausblicke auf die einsame Wildnis der Sierra de las Nieves. Der Pfad zieht wieder stärker nach oben und stößt auf eine **Verzweigung** 5 (2:00 Std.) (Wegweiser). Wir halten uns links und passieren kurz darauf eine Igeltanne mit eigenartiger Wuchsform. Zu Recht trägt sie den Beinamen **»Der Kandelaber«** 6 (2:05 Std.): Die Verzweigungen des Stamms könnten durch Bodenbewegungen und durch Schneelast entstanden sein, erklärt ein Schild. Ab dem Abzweig sind es noch 700 Meter bis zum Aussichtspunkt **Mirador del Saucillo** 7 (2:15 Std.). Der Blick von hier reicht bis zum Mittelmeer: Am Horizont sieht man Málaga. Von hier aus würde man in gut vier Stunden den höchsten Berg der Provinz erreichen, den Torrecilla (1918 m). Auch andere Gipfel wie der Peñon de los Enamorados werden von diesem Punkt aus gerne angesteuert. Vom Mirador del Saucillo aus erreicht man in knapp anderthalb Stunden bei bester Sicht ins Tal über den Zufahrtsweg den **Campingplatz** E (3:45 Std.) in Yunquera. Im Ort gibt es ein kleines Infozentrum für den Naturpark, Einkehrmöglichkeiten sowie einen »minimercado«.

GINSTERKATZE

Dieses nachtaktive, kleine Raubtier (lat. genetta) gehört zur Gattung der Schleichkatzen, die in Afrika stark verbreitet sind. In Spanien und Portugal kommt ausschließlich die Kleinfleck-Ginsterkatze vor. Sie wird etwa 50 Zentimeter groß, ist aber länger gestreckt als eine Hauskatze. Ihre Schnauze ist spitz und ihr Schwanz buschig. Die Ginsterkatze springt und klettert sehr gut und kann sich auch in Dornengestrüpp ohne Verletzung bewegen. Damit ist sie an mediterrane Lebensräume mit Steineichenhainen und dichtem Unterwuchs gut angepasst. Sie ist nachtaktiv und ernährt sich von Nagetieren, Vögeln, Fischen und Beeren.

32 IN DIE CHORRO-SCHLUCHT

Kletterfelsen und Ruinen

Der Rundweg bietet trotz der Kürze vielfältige Eindrücke im zerfurchten Gebirgsmassiv. Wir lassen uns von der Stauseenlandschaft beeindrucken und wandern zur Chorro-Schlucht, einem der beliebtesten Klettergebiete Europas.

leicht | **2:00 Std.** | **7 Km** | ↑ 120 m ↓ 120 m

Tourencharakter Zunächst breite Spazierwege, dann schmaler Wanderweg; neues Highlight der Region ist die gebührenpflichtige Begehung des »Caminito del Rey« durch die Chorro-Schlucht.

Ausgangspunkt Restaurant El Mirador am Stausee Guadalhorce; GPS 36.930158-4.800449

Anfahrt Attraktive Strecke: Von Málaga aus über Alora, El Chorro und Ruinen von Bobastro zum Stausee Guadalhorce, dann rechts zum Restaurant El Mirador

Einkehr Restaurant El Mirador, beliebtes Ausflugsrestaurant. Mehrere Restaurants in Ardales

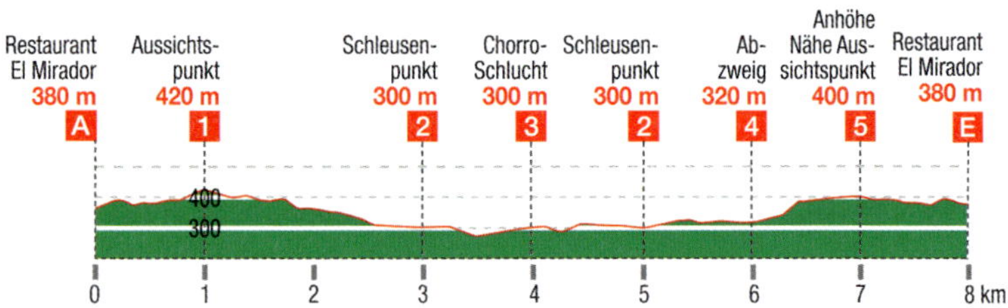

Der Wegverlauf

Wir beginnen unsere Tour beim Restaurant **El Mirador** A. In der Nähe sind Campingplätze mit Bootsverleih und kleine Badeplätze, es gibt Angellizenzen. Den Parkplatz an der Rückseite des Restaurants erreichen wir über ein Schottersträßchen (Hinweisschild »Desfiladero de los Gaitanes«). Nach etwa 300 Metern passieren wir eine Schranke. Hier geht es auch nach links auf einem kurzen Abstecher zu einem **Aussichtspunkt** 1 (0:15 Std.) mit besten Blicken über die künstliche Seenplatte mit Staumauern. Wir kehren zurück zur Schranke und spazieren auf einem breiten Weg leicht bergab. Durch einen Tunnel gelangen wir zum **Schleusenhaus** 2 (0:45 Std.) des benachbarten Stausees Gaitanejo. Ein kurzer Gang entlang des Zauns Richtung **Chorro-Schlucht** 3 (1:00 Std.) rentiert sich: Mit etwas Glück können wir an dieser Stelle Gänsegeier beobachten.

Zurück am **Schleusenhaus** 2 (1:15 Std.), führt unser Weg höhengleich als Wanderpfad am Wasser entlang. Hier wächst ein teils bizarr anmutender Wald aus Eukalypten, Johannisbrotbäumen und Tamarisken. Nach etwa 20 Minuten folgen wir dem **Abzweig** 4 (1:30 Std.) kurz und steil nach links den Berg hinauf, und wir kommen in der Nähe des ersten **Aussichtspunkts** 5 (1:45 Std.) an. Geht man am Abzweig geradeaus weiter, ist man eine halbe Stunde länger unterwegs. Schließlich sieht man die Staumauer des Embalse de Guadalhorce, und links geht es durch einen Tunnel zum Restaurant-Café El Kiosco. An der Landstraße entlang nach links kommt man wieder zum **Ausgangspunkt** E (2:00 Std.). Auf dem Weg nach Alora kann man die maurischen Ruinen der Felsenfestung von Bobastro besuchen und am südlichen Schluchtausgang am Bahnhof von El Chorro die internationale Kletterszene beobachten. Die Tour ist durchgängig schattig und verläuft durch Baumbestand – daher auch gut an heißen Tagen machbar.

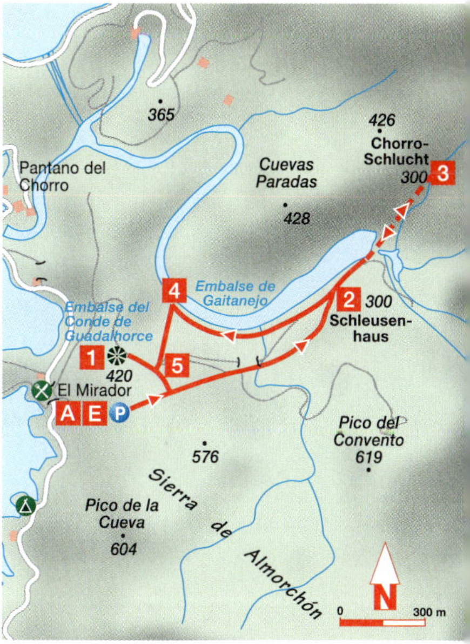

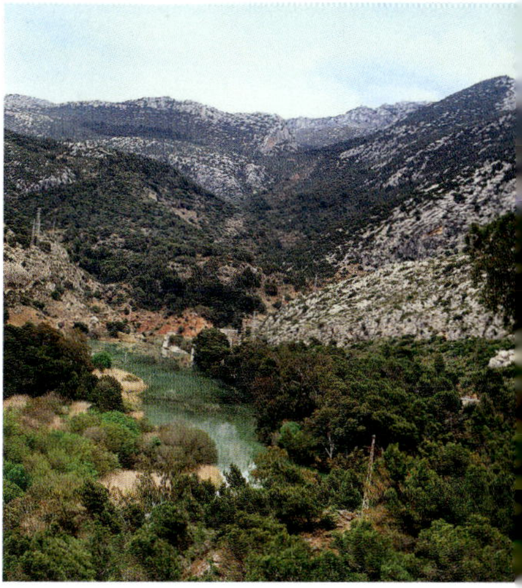

Der Embalse de Gaitanejo am Eingang der Chorro-Schlucht

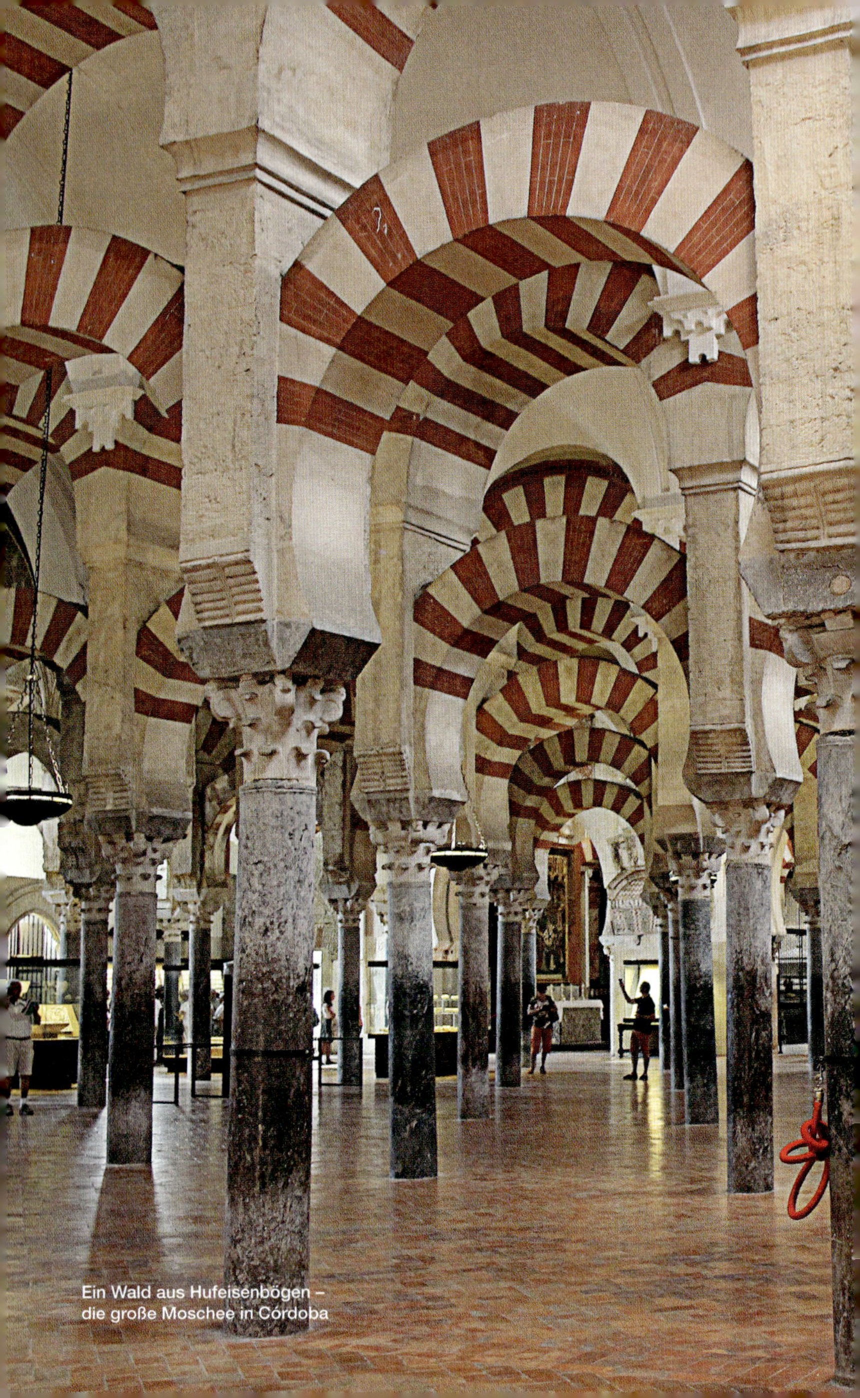

Ein Wald aus Hufeisenbögen –
die große Moschee in Córdoba

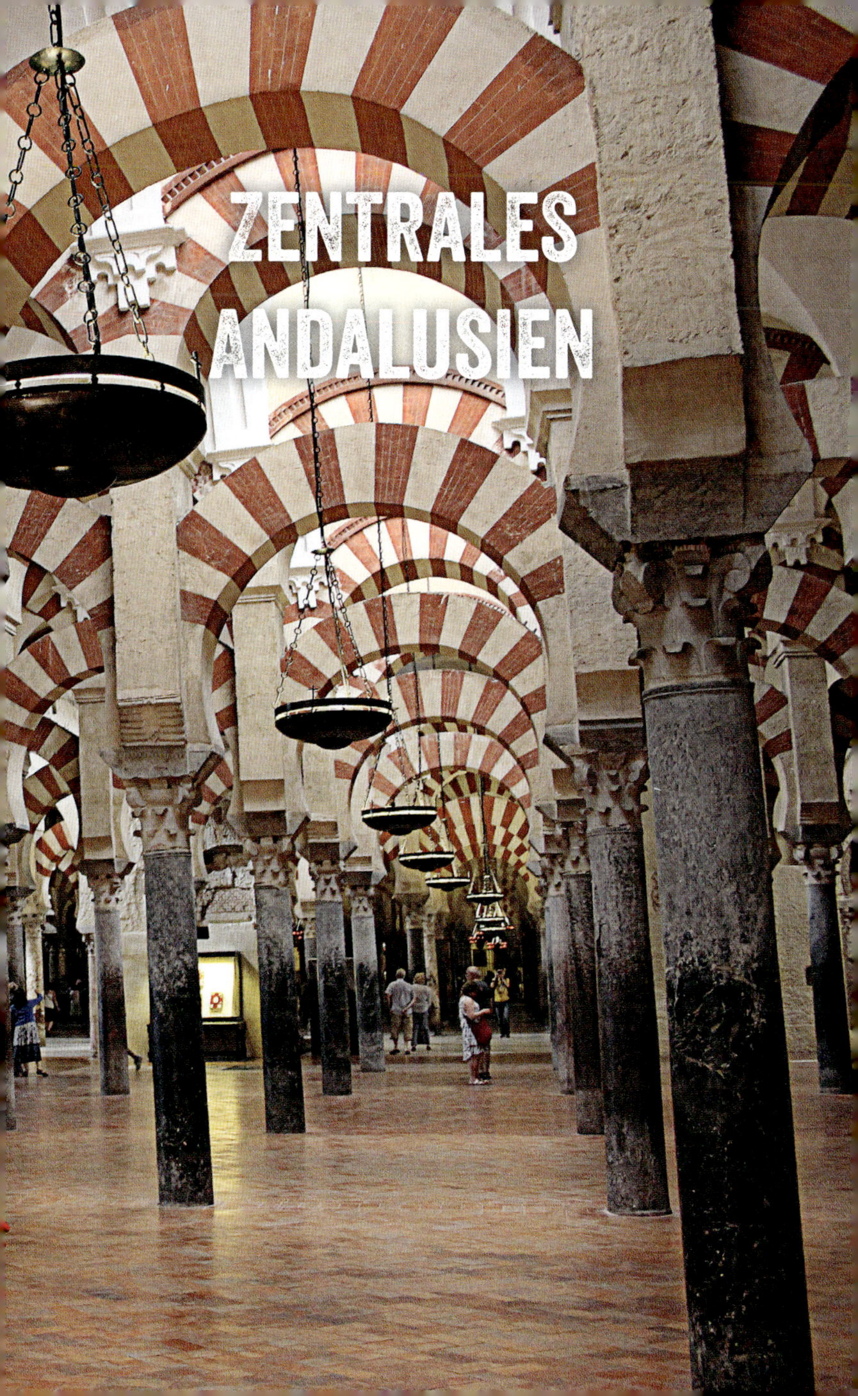
ZENTRALES
ANDALUSIEN

ZENTRALANDALUSIEN

Ruhige Ziele zwischen Córdoba und Antequera

Das atlantische Andalusien im Westen und die Hochgebirge im Osten – das zentrale Andalusien präsentiert sich als ein Querschnitt verschiedener Landschaftstypen zwischen Flussebene und Gebirge. Den größten Teil dieser Region nimmt die Provinz Córdoba ein, die abseits der stark besuchten Hauptstadt touristisch relativ gering frequentiert ist. Dadurch ergeben sich vor allem in den ländlichen Bereichen Chancen zur Ruhe, und gleichwohl gibt es an kulturellen Sehenswürdigkeiten, landschaftlichen Highlights und kulinarischen Genüssen so einiges zu entdecken. Ein Schnitt von Nord nach Süd beginnt mit den mittelgebirgigen und dünn besiedelten Hügeln der Sierra Morena mit ihren Naturschutzgebieten Parque Natural Sierra de Hornachuelos und Parque Natural Sierra de Andújar, exzellente Reviere für Greifvögel wie den Mönchsgeier und den seltenen Pardelluchs, auch Uhus werden hier beobachtet. Diese Teile der Sierra Morena sind vermutlich die größten zusammenhängenden Areale mit mediterranem Waldbestand auf der Iberischen Halbinsel, mit Stein- und Korkeichen und Erdbeerbäumen und Mastix in deren Schatten. Von den Hängen der Sierra Morena geht es durch das Weinanbaugebiet von Villaviciosa hinunter in das ausgedehnte Flusstal des Guadalquivír. Dieses auch als »Campiña« bezeichnete Schwemmland weist fruchtbare Böden auf und wird daher landwirtschaftlich seit langer Zeit intensiv genutzt. Getreideanbau, Olivenplantagen und Weinbau herrschen bereits seit der römischen Epoche vor. In strategischen Abständen liegen Ackerbürgerstädtchen als Kleinzentren, die Landwirtschafts-Fincas in der Region bewirtschaften teils enorme Areale. Das traditionelle Zentrum ist

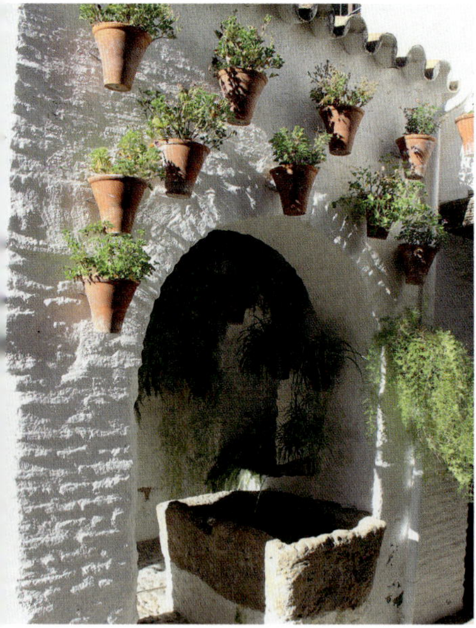

In der Posada del Potro

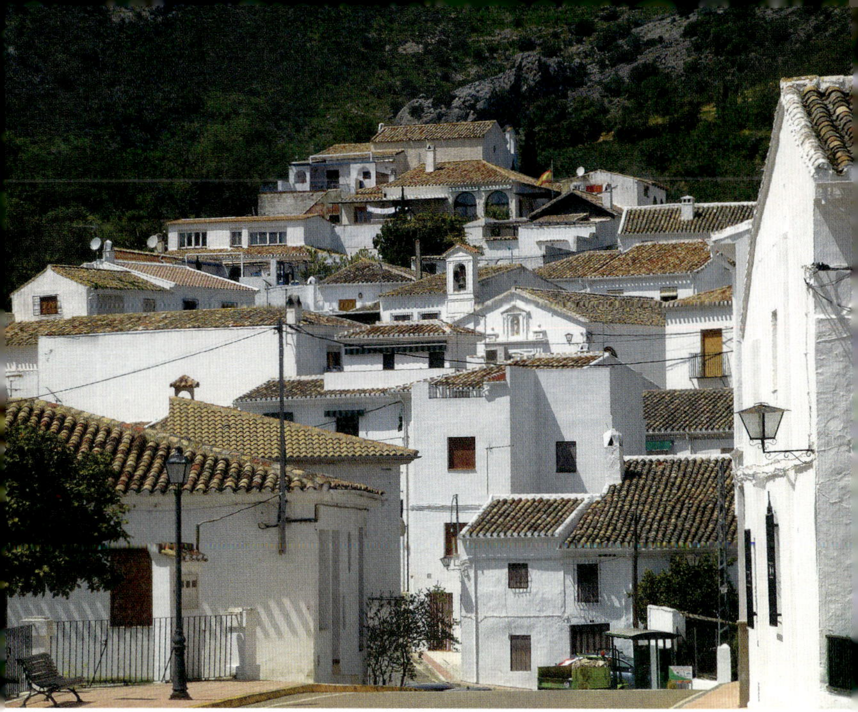

Zagrilla Alta in der Nähe von Priego (siehe Tour 39)

Córdoba, die im frühen Mittelalter mächtigste und strahlendste Stadt der bekannten Welt. Südlich der Tourismusmetropole Córdoba steigt das Relief wieder leicht an: Im zunächst welligen Gelände liegen reizvolle Kleinstädte, die ihren eigenen Charme bewahrt haben und auf einen nachhaltigen und ländlichen Tourismus setzen, mit der einen oder anderen Genuss-Attraktion. Im Parque Natural Sierra Subbética Cordobesa wird das Terrain schroffer. Das Kalkgebirge erreicht Höhen von fast 1600 Metern, höchster Berg ist der Tinosa (1570 m). Viele Karsterscheinungen wie Dolinen und Höhlen prägen das Gebiet, in dem 85 Prozent des Regenwassers in den zahlreichen Klüften versickern. Viele Greifvögel gibt es hier, beispielsweise den Schlangenadler und größere Kolonien Gänsegeier. Wildschweine, Steinböcke und Marderarten sind nur einige der vielen Säugetiere in dem UNESCO-Naturpark. Der Süden der Reiseregion fällt bereits in die Provinz Málaga. Südlich des Landkorridors zwischen Ronda im Westen und Granada im Osten erhebt sich der mächtige Torcal mit der Kleinstadt Antequera an dessen Fuß. Das Gebiet birgt auf wenigen Quadratkilometern eine Vielzahl an interessanten Natur- und Kulturzielen.

ENTDECKERTOUR

Olivenmeer und Landstädtchen: von Córdoba durch die Genussregion

Ausgangspunkt unserer Rundtour durch das zentrale Andalusien ist Córdoba. Die Stadt verfügt über einen Regionalflughafen und sehr gute weitere Verkehrsanbindungen. Ein guter Ausgangspunkt für einen Stadtrundgang ist die Brücke über den Guadalquivír. Im Torre de la Calhorra kann man sich über die Geschichte der langjährigen Hauptstadt Andalusiens informieren und mit Blick auf die Altstadt über die Brücke schlendern. Von hier aus gelangt man schnell zur großen Mezquita, der Hauptsehenswürdigkeit Córdobas und nach der Alhambra in Granada die Top-Attraktion in Andalusien. Hier können wir uns einer Führung anschließen, mit deren Erklärungen wir die verschiedenen Bauphasen des imposanten Gotteshauses besser nachvollziehen können. Die Abmessungen der Moschee sind enorm – bis zu 20 000 Gläubige verrichteten hier in der maurischen Herrschaftsepoche ihr Gebet. Die Ästhetik von Bögen und Gebetsnischen nimmt die Besucher gefangen, und man staunt über die Kunstfertigkeit von Architektur und Ornamentik. Ein Diskussionspunkt ist der Bau einer christlichen Kathedrale mitten hinein in die muslimische Moschee. Nach vielen Informationen über unterschiedliche Baustile und -phasen, Herrschaftsepochen und Materialien lassen wir im Innenhof der Moschee unter Orangenbäumchen ein wenig die Seele baumeln, bevor wir den Glockenturm erklimmen. Dessen Uhrwerk hatten wir bereits im Inneren der Moschee ausgestellt gesehen. Von oben aus bietet sich ein toller Blick auf die große weiße Stadt mit ihrer engen Altstadt und dem grünen Ring darum. Die vielen kleinen Gässchen in der historischen Altstadt laden uns ein zum Bummel, wir lassen uns treiben durch ein Ambiente aus hübschen, schlichten Fassaden und überbordendem Blumenschmuck wie im »callejón de las flores«, dem »Blumengässchen«. Dass unter der maurischen Herrschaft Religionsfreiheit und Toleranz gegenüber anderen Kulturen galt, erkennen wir an einem Rundgang durch das

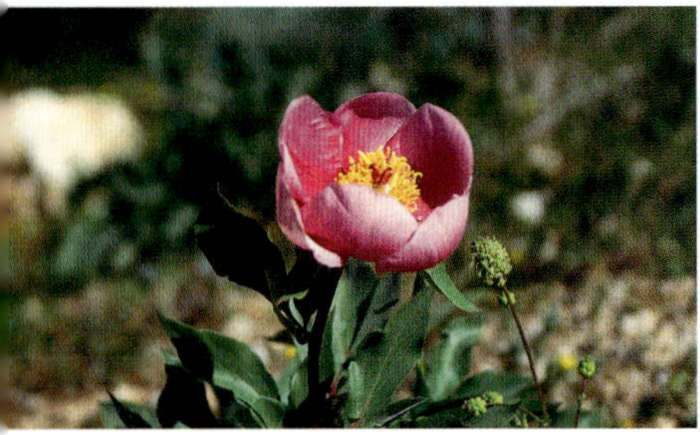

Im Mai blühen Paeonien unter Steineichen.

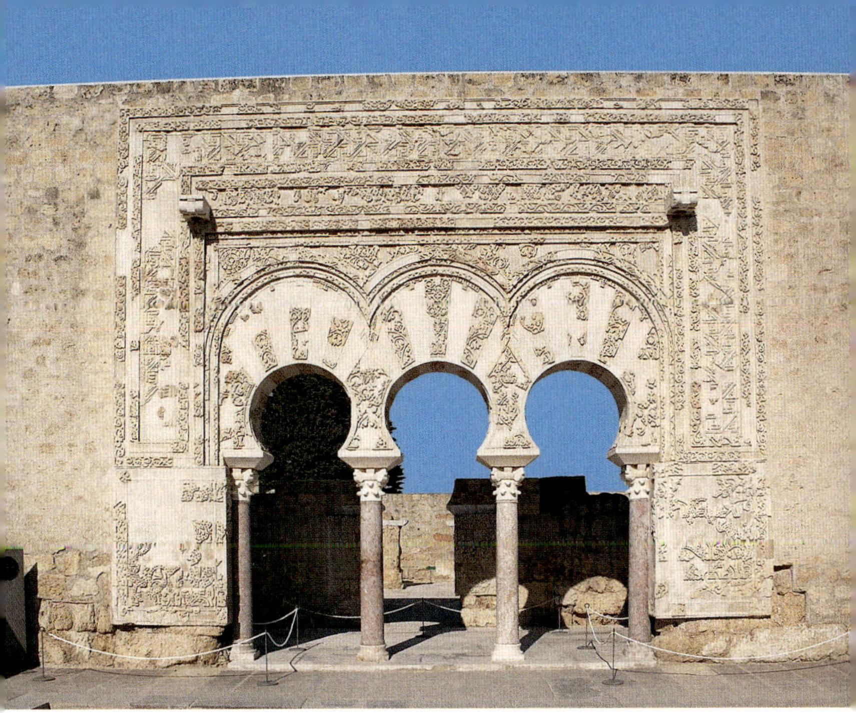

Maurische Hufeisenbögen in Medina Azahara

Jüdische Viertel mit der Synagoge und dem Denkmal des Maimonides. Von hier ist es auch nicht weit zum »Zoco«, dem Kunsthandwerkermarkt, und zum Stierkampfmuseum. Die Plaza del Potro war schon zu Zeiten des »Don Quijote« und dessen Dichters Cervantes bekannt und birgt mit einem Flamencomuseum ein Kleinod. Eine Besonderheit ist die Plaza de la Corredera mit ihrem gechlossenen historischen Gebäudeensemble: Hier wurden früher Stierkämpfe veranstaltet, heute ist der Platz vor allem abends ein beliebter Treff für die feierfreudige Jugend. Im Alcázar hingegen kommen Freunde gepflegter Gärten auf ihre Kosten, und auch die Anhänger von »Game of Thrones« werden sich gern daran erinnern, denn hier wurden die Szenen von den Gärten von Dorne gedreht.

Medina Azahara – Hauptstadt der Kalifen

Nach so viel städtischem Ambiente zieht es uns hinaus, ähnlich wie die Omaijadenherrscher. Diese hatten vor den Toren der quirligen Hauptstadt einen Regierungssitz errichten lassen: Die Ruinenstadt Medina

Azahara schmiegt sich an die Hänge der Sierra Morena und vermittelt durch die Ausmaße einen Eindruck der Dimensionen in maurischer Zeit – bis zu 25 000 Menschen sollten hier leben und arbeiten. Unsere Fahrt führt uns nun nach Süden in eine Genießerregion.

Die Provinz Córdoba – eine Genussregion

In Montilla haben wir in den riesigen Bodegas Alvear Gelegenheit zur Sherryverkostung der örtlich typischen Weine. Lucena als Ort der Keramikproduktion ist eine weitere Zwischenstation, die Kirche San Mateo weist eine reichhaltige Innenausstattung aus und im Torre de Moral wurde eine Zeit lang der letzte Nasridenherrscher Boabdil gefangengehalten. Weiter südlich machen wir einen Schwenk nach Westen und können mit etwas Glück die Flamingos in der Lagune von Fuente de Piedra beobachten.

Antequera steinige Entdeckung

Südlichster Punkt unserer Tour ist Antequera. Dieses lockt mit zahlreichen historischen Bauwerken, von denen das Castillo und die Plaza de Toros herausstechen. Aber die ältesten Monumente findet man vor den Toren der Stadt, nämlich die beeindruckenden Steingräber aus dem Neolithikum, die Dolmen. Drei große Gräber sind Zeugen der Vergangenheit und geben nach wie vor Rätsel auf über ihre Bedeutung. Ein Informationszentrum zeigt Filme über die Entstehung der mächtigen Gräber. Ähnlich steinig wird es auf dem Plateau des Torcal, wo wir im Steinlabyrinth wandern. Auf unserer Rückfahrt tangieren wir den Parque Natural Sierras Subbéticas Cordobesas mit seinen zahlreichen Wandermöglichkeiten. Kleine weiße Provinzstädtchen entfalten ihre Reize, wie das barocke Priego mit seinen berühmten Brunnen wie der »Fuente del Rey«. Große Kirchen, ein Castillo und das Barrio de la Villa mit seinen hübschen kleinen Gässchen sind weitere Anziehungspunkte des Städtchens. Das »pueblo blanco« Zuheros besticht mit seiner Lage und der maurischen Festung. Über Cabra gelangen wir nach Baena, wo wir im Olivenmuseum Gelegenheit zur Information haben, aber auch Kostproben verschiedener Öle probieren können. Wer die Region mit dem Rad erkunden möchte, kann auf einer »via verde«, einer stillgelegten Bahntrasse von Cabra bis zur Laguna del Conde radeln, wo man Wasservögel beobachten kann. Von Baena aus schließen wir die Runde und kehren zu unserem Ausgangsort Córdoba zurück.

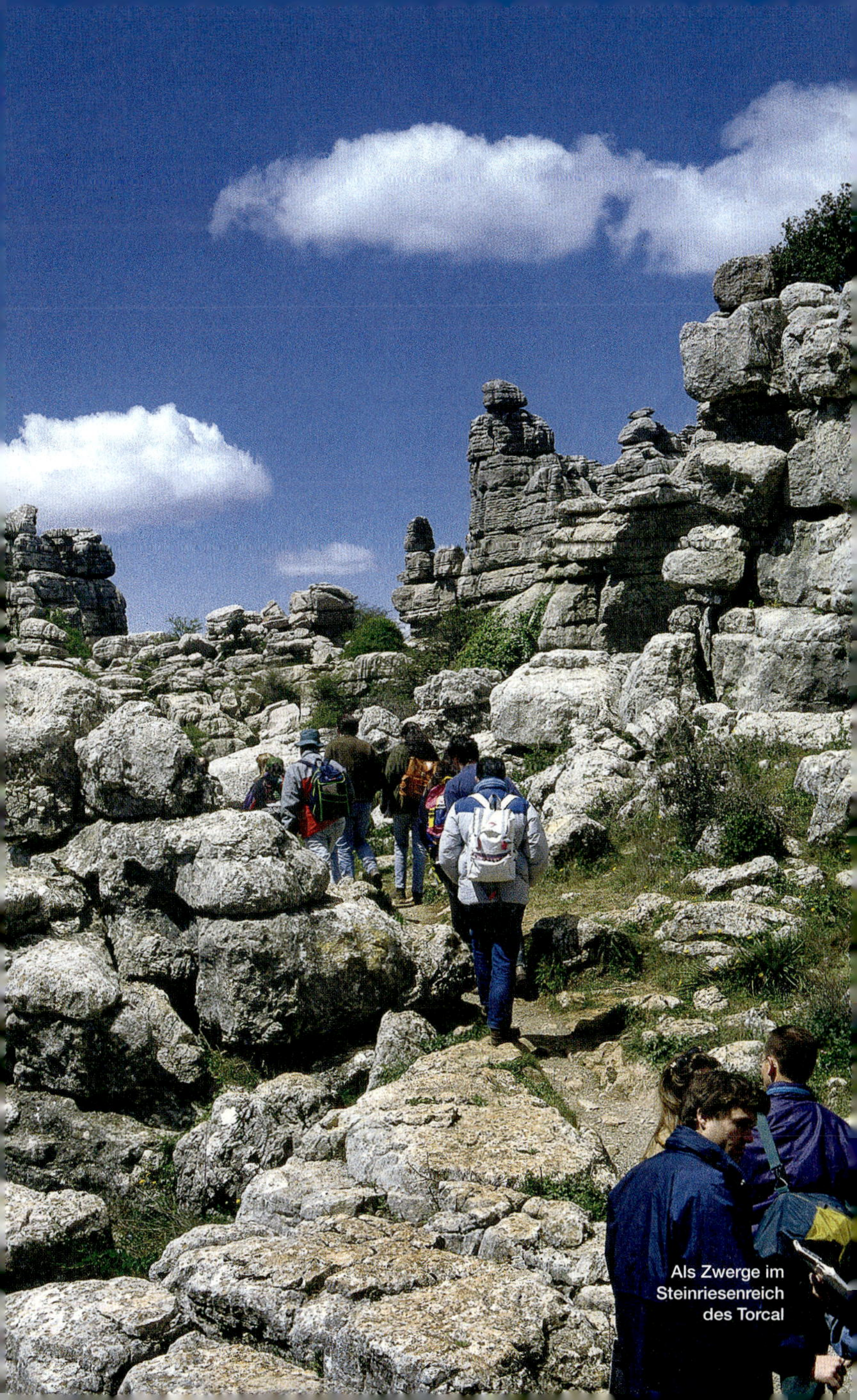

Als Zwerge im
Steinriesenreich
des Torcal

HILFREICHE ADRESSEN

Oficina Municipal de Turismo Antequera (Tour 36): Mo–Sa und an Feiertagen 10–18 Uhr geöffnet sowie So 10–14 Uhr. Plaza de San Sebastián, 7, 29200 Antequera, Tel. +34/952/70 25 05, oficina.turismo@antequera.es, www.antequera.es

Botanischer Garten Córdoba (Tour 33): Durch seine Nähe zum Fluss und wegen des großen Baumbestands herrscht hier ein erfrischendes Klima. Auf einer Fläche von 55 000 Quadratmetern gibt es acht verschiedene Themenschwerpunkte, darunter einen Rosengarten, Bäume, einen Geruchsgarten und eine botanische Schule. Im Botanischen Garten von Córdoba gibt es das einzige ethnobotanische Museum in Spanien. Es beschäftigt sich mit den Beziehungen des Menschen zu den Pflanzen. Der Garten ist Di–So geöffnet, Mo Ruhetag. Die Öffnungszeiten richten sich nach den Jahreszeiten. Avenida de Linneo (ohne Hausnummer), 14004 Córdoba, Tel. +34/957/20 00 77, www.jardinbotanicodecordoba.com

Palacio de Viana (Tour 33): Altehrwürdiger, konservativer Adelspalast. Plaza de Don Gome 2, 14001 Córdoba, geöffnet Di–Sa 10–19 Uhr, So bis 15 Uhr, Juli und August 9–15 Uhr, www.palaciodeviana.com

Casa de las Cabezas (Tour 33): Calle Cabezas, 18, 14003 Córdoba, geöffnet tägl. 10–20 Uhr, www.casadelascabezas.com

Fiesta de los Patios (Tour 33): Jährlich während der ersten Maiwochen feiert Córdoba das Fest der Patios. Dutzende Patios sind dann am Vormittag und am Abend geöffnet. Sehr populär, dementsprechend herrscht auch großer Andrang in den Gassen und Patios, www.patios.Córdoba.es

Mezquita (Tour 33): Öffnungszeiten März bis Oktober: Mo–Sa 10–19 Uhr, an Sonn- und Feiertagen 8.30 10.30 Uhr und 14–19 Uhr. Von November bis Februar schließt die Mezquita eine Stunde früher. Bitte fragen Sie vor Ihrem Besuch nach den Öffnungszeiten, sie können sich ändern. Calle Cardenal Herrero, 1, 14003 Córdoba. Tipp: Glockerturm besteigen!

Baños Árabes (Hamam) (Tour 33): Einlass ist 10 Uhr bis Mitternacht alle zwei Stunden, die Preise richten sich nach dem gewählten Angebot. Calle Luis de la Cerda, 51, 14003 Córdoba, Tel. +34/957/48 47 46 und +34/902/33 33 34, cordobareservas@hammam.es, http://cordoba.hammanalandalus.com

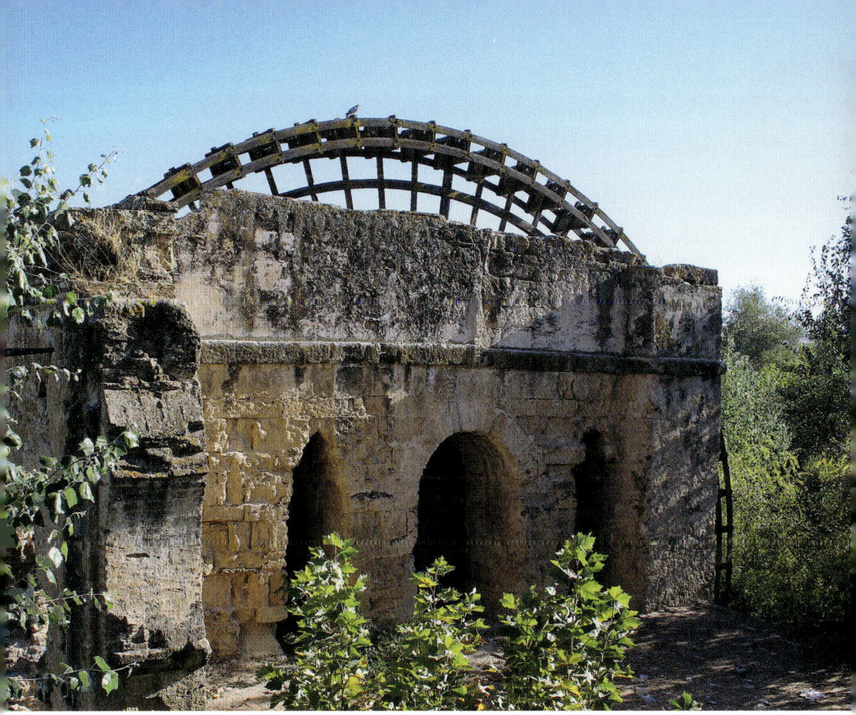

Das alte Mühlrad (Noria) am Ufer des Guadalquivír in Córdoba

Archäologiepark Medina Azahara (Tour 33): Öffnungszeiten von Mai bis 15. September Di–Sa 10–20.30 Uhr und So 10–14 Uhr. Vom 16. September bis zum 30. April wird der Archäologiepark Di–Sa um 18.30 Uhr geschlossen. Von Córdoba aus fährt ein Bus um 10 Uhr ab Glorietta Cruz Roja zum Medinat Al-Zahra. Rückfahrt um 13.45 Uhr. Tickets gibt es im Informationsbüro Campo Santo de los Martires, inklusive Eintritt. Carretera palma del Río, km 5,5, 14005 Córdoba, Tel. +34/957/35 28 60, www.museosdeandalucia.es/cultura/museos/CAMA

Cueva de los Murciélagos (Fledermaushöhle) (Tour 37): Gut mit Wanderung durch Bailón-Schlucht zu verbinden. Calle Nueva, 1, 14870 Zuheros, Tel. +34/957/69 45 45, www.zuheros.es

Olivenölfabrik Aceites Vizcántar (Tour 37): Hier können Sie bestes Ölivenöl einkaufen und an Führungen teilnehmen. Für Gruppen werden auch Verkostungen angeboten. Die Fabrik ist an Werktagen von 9–14 Uhr geöffnet. Carretera de Zagrilla, 14800 Priego de Córdoba, Tel. +34/957/54 02 66, www.aceitesvizcantar.com

33 CÓRDOBA

Geschichte zum Anfassen

Der Erzreichtum der Sierra Morena und der Guadalquivír als Transportweg ließen das frühe Corduba bereits unter den Römern zu einer Handelsstadt und einem Verwaltungszentrum anwachsen, wovon zahlreiche Bauwerke aus römischer Zeit noch heute zeugen.

Lage Im zentralen, nördlichen Andalusien am Guadalquivír

Anfahrt Regionalflughafen, Autobahnen A-4 und A-45, Bahnhof der RENFE, Fernbusse

Einkehr In Córdoba reichhaltige Gastroszene, empfehlenswert die Mittagsmenüs an der Plaza de la Corredera. Tipp: Die Markthalle am Paseo de la Victoria, bunter Mix und farbenfroh.

Unter dem maurischen Omaijadenherrscher Abd-ar-Rahman I. wuchs die Stadt enorm an und entwickelte sich in den folgenden Jahrzehnten zu einer florierenden Metropole. In der Regentschaft von Abd-ar-Rahman III. (912–961) gelangte die Stadt zu einer glanzvollen Blütezeit – die »Stadt der Kalifen« ermöglichte ein weitgehend harmonisches Miteinander von Mauren, Juden und Christen.
Córdoba wurde mit über einer Million Einwohnern zur größten Stadt der damaligen Welt und überstrahlte sogar die arabische Hauptstadt Bagdad. Der Wissenschaftsbetrieb florierte, aus dem ganzen Mittelmeerraum reisten gebildete Juden an, die wichtige öffentliche Funktionen wahrnahmen. Die Stadt hatte 50 Krankenhäuser, 1000 größere und kleinere Moscheen und 600 Bäder in ihren Mauern, die sanitären Systeme waren für eine Stadt dieser Größenordnung revolutionär und vorbildlich.
Zahlreiche berühmte Gelehrte waren in Córdoba ansässig, darunter der Dichter Ibn Hazm, der Mediziner und Jurist Ibn Rushd, auch als Averroes bekannt, sowie der Theologe und Philosoph Maimonides. Doch nach der Reconquista ließen die christlichen Eroberer die Bewässerungssysteme verfallen, die so erfolgreiche Landwirtschaft lag darnieder. Heute lebt die Stadt Córdoba vorrangig von Tourismus und Gewerbe.

Stadtrundgang

Der Hauptanziehungspunkt Córdobas ist die große Mezquita. Das bedeutendste Bauwerk der Stadt wurde ab 784 als Moschee errichtet und mehrfach erweitert. Seine immense Ausdehnung beträgt 23 000 Quadratmeter, damit wäre sie die drittgrößte Moschee der Welt. Besucher treten in eine besondere Welt: 860 Säulen aus Marmor in parallelen Reihen tragen jeweils zwei übereinanderliegende Bögen und bewirken so ein faszinierendes Spiel von Farben, Licht und Schatten. Das Gotteshaus birgt bedeutende Beispiele maurischer Kunst. Die kostbarste Gebetsnische maurischer Herkunft ist die ca. 960 von al-Hakam II. erbaute Mihrab, ein gewölbter Schrein mit byzantinischen Mosaiken. 1236, im Jahr der Rückeroberung durch die Christen, wurde die Moschee zur christlichen Kathedrale umgewidmet. In der Mitte der Moschee wurde ab 1523 über 234 Jahre hinweg ein gewaltiges Kirchenschiff im Stil der Renaissance errichtet, dessen Chorgestühl einen besonderen Blick lohnt. Die Judería ist die jüdisch geprägte Altstadt, in der früher Juden und Araber lebten. In ihren engen Gassen mit hübschem Blumenschmuck steht die einzige von ehemals 300 Synagogen Córdobas, die nach der christlichen Reconquista und der Vertreibung der Juden nicht zerstört wurde. Die im 14. Jahrhundert erbaute Sinagoga de Córdoba ist eine der wenigen auf der Iberischen Halbinsel aus dieser Zeit. Sie weist einen schlichten Innenraum auf, an dessen Wänden noch einige dekorative Details erhalten sind. Die Puente Romano (»Römische Brücke«) führt über den Guadalquivír zur Mezquita und hat 16 Bögen. Sie wurde im Jahr 45 v. Chr. nach der Schlacht von Munda von den Römern erbaut und in der

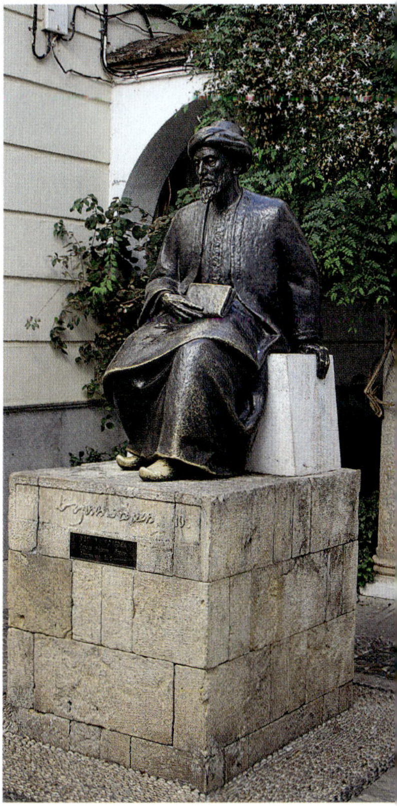

Moses Maimonides, Universalgelehrter Córdobas

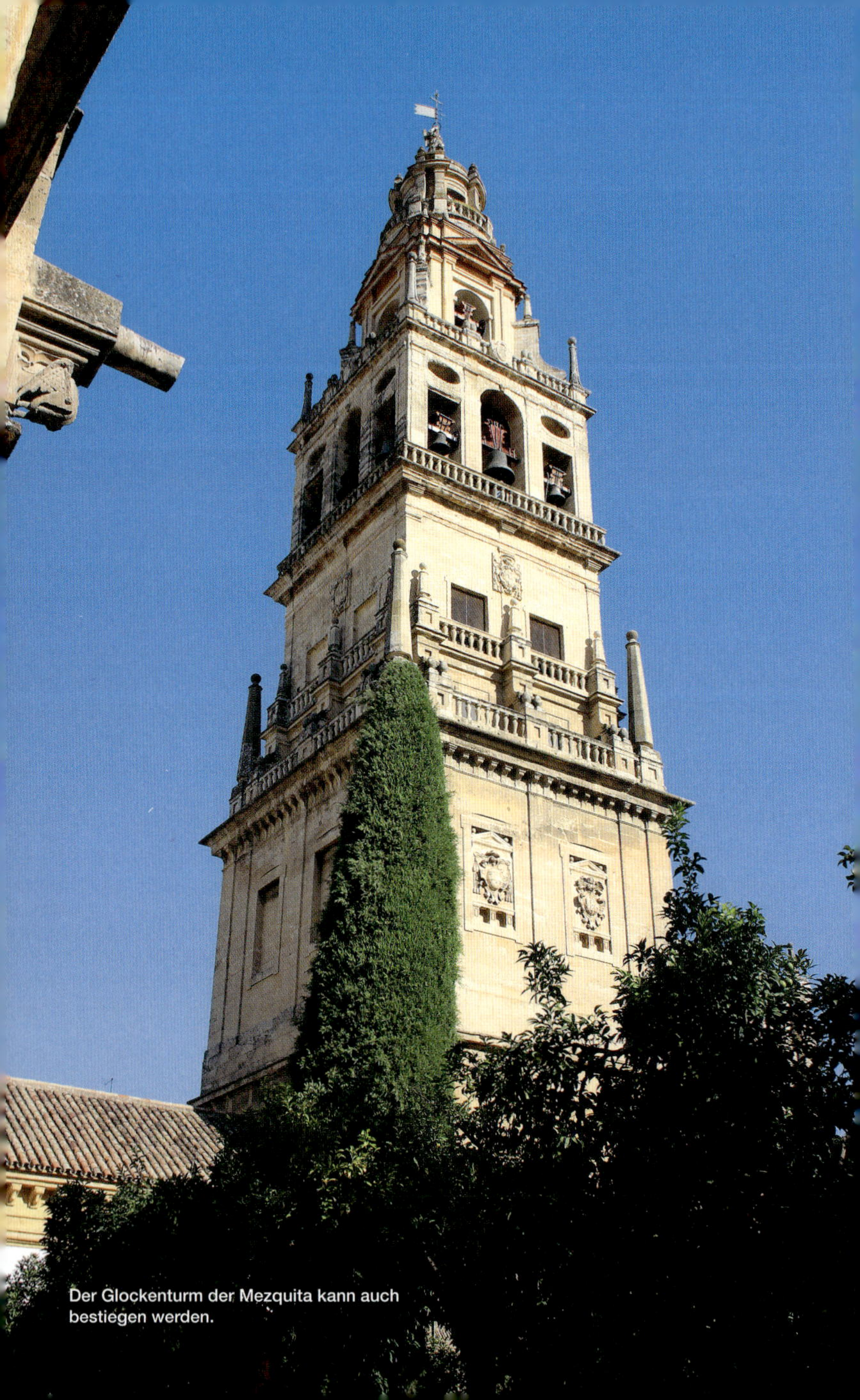

Der Glockenturm der Mezquita kann auch bestiegen werden.

Herrschaftsepoche der maurischen Kalifen erneuert. Der Alcázar de los Reyes Cristianos (»Palast der christlichen Könige«) wurde ab 1328 unter Alfonso XI. anstelle eines älteren arabischen Schlosses erbaut. Er diente den katholischen Königen bis zur Rückeroberung Granadas als Residenz. Im Inneren befinden sich arabische Bäder sowie römische Mosaike und ein Marmorsarkophag aus dem 3. Jahrhundert. Von den ursprünglich vier Türmen an den vier Ecken des Gebäudes sind drei noch erhalten: der älteste, Torre de Los Leones, zugleich der Eingang des Alcázars, der achteckige Torre del Homenaje und der runde Torre del Río. Die Plaza del Potro (»Platz des Fohlens«) wurde nach einem Brunnen aus dem Jahr 1577 benannt. Am Platz befindet sich das historische Gasthaus »Posada del Potro« aus dem 15. Jahrhundert, das Miguel de Cervantes in seinem »Don Quijote« erwähnte und der selbst auch öfters hier übernachtete. Das Bauwerk ist original erhalten und die Räume gruppieren sich um einen blumendekorierten Innenhof, von dem aus man in eine Dauerausstellung zum Thema Flamenco gelangt.

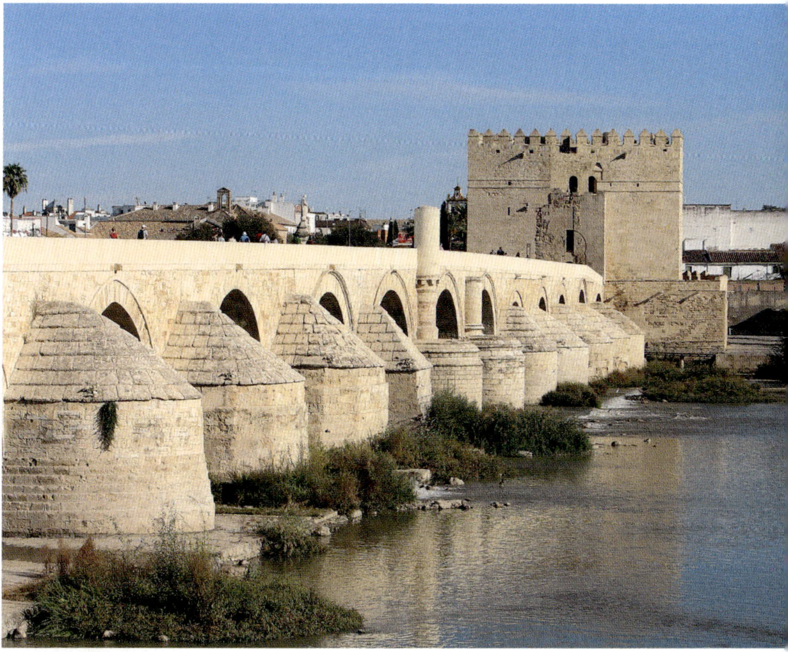

Die Römische Brücke über den Guadalquivír

34 MEDINA AZAHARA

Ruinen einer riesigen Palaststadt

Die ehemalige Palast- und heutige Ruinenstadt wurde von Abd ar-Rahman III. aus der Dynastie der Omaijaden im Jahr 936 in Auftrag gegeben. Sie liegt acht Kilometer westlich von Córdoba an den Hängen der Sierra Morena. Der Panoramablick auf das Tal und Córdoba dürfte bereits den maurischen Herrschern und Angestellten gefallen haben.

Lage Ca. 10 km nördlich von Córdoba Richtung Sierra Morena

Anfahrt Mit Pkw, sonst mehrmals im Tag spezieller Ausflugsbus von Córdoba, Haltestelle gegenüber der Markthalle an der Ringstraße

Wegen der Hanglage ist die Anlage in Terrassen gegliedert, die die soziale Hierarchie widerspiegelten: die oberste war die des Kalifen, darunter die der Verwaltungsbeamten, mit Resten vom Haus des Wesirs. Noch eine Ebene tiefer liegt die eigentliche Wohnstadt mit Wohnhäusern, Werkstätten und der Hauptmoschee. Medina Azahara ist im Kontrast zu den typisch arabischen Altstädten mit ihrem Gassenlabyrinth rechtwinklig angelegt, auf einer Fläche von rund 1500 mal 750 Metern und einem ausgeklügelten Frisch- und Abwassernetz. Medina Azahara gilt als die größte städtische Plansiedlung im Mittelmeergebiet, bisher sind nur etwa zehn Prozent der Grundfläche ausgegraben, mit dem »Salón Rico« als herausragendem Element und seinen drei mit roten und bläulichen Marmorbögen getrennten Längsschiffen. Er diente dem Empfang von wichtigen Gesandten. Für den hohen Wasserverbrauch der Palaststadt wurden aufwändige Aquädukte konstruiert. Diese leiteten das Wasser aus der Sierra Morena in die Hauptstadt.

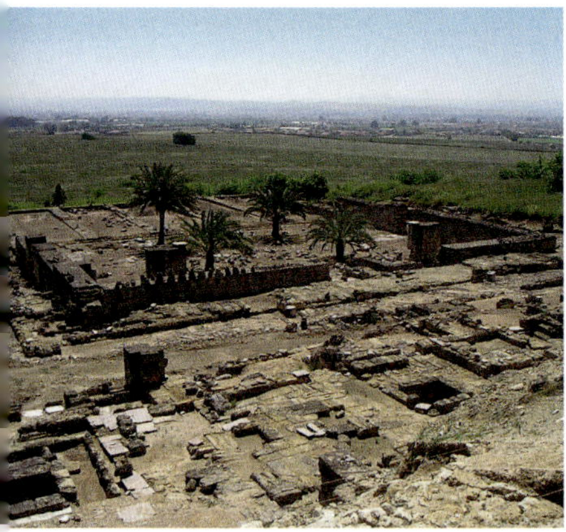

Terrassenlage von Medina Azahara

35 LAGUNA DE FUENTE DE PIEDRA

Heimat des Rosaflamingos

Die Laguna de Fuente de Piedra mit einer Ausdehnung der Wasserfläche von 6,5 mal 2,5 Kilometern ist ein unter Naturschutz stehendes Feuchtgebiet und liegt bereits in der Provinz Málaga.

Lage Ca. 20 km nordwestlich von Antequera

Anfahrt Mit Pkw über A-92

Der Binnensee birgt Salzwasser, der Wasserstand ist verhältnismäßig niedrig und beträgt selten mehr als einen Meter. Die Wasserfläche bietet zahlreichen Vogelarten Nahrung und ist ein bedeutender Rastplatz während des Vogelzugs. Sie ist außerdem Standort der größten spanischen Brutkolonie an Rosaflamingos, die hier allerdings nicht jedes Jahr brüten, sondern nur bei ausreichendem Mindestwasserstand. Vom offziellen Besucherzentrum aus kann man die Wasservögel mit guten Ferngläsern beobachten.

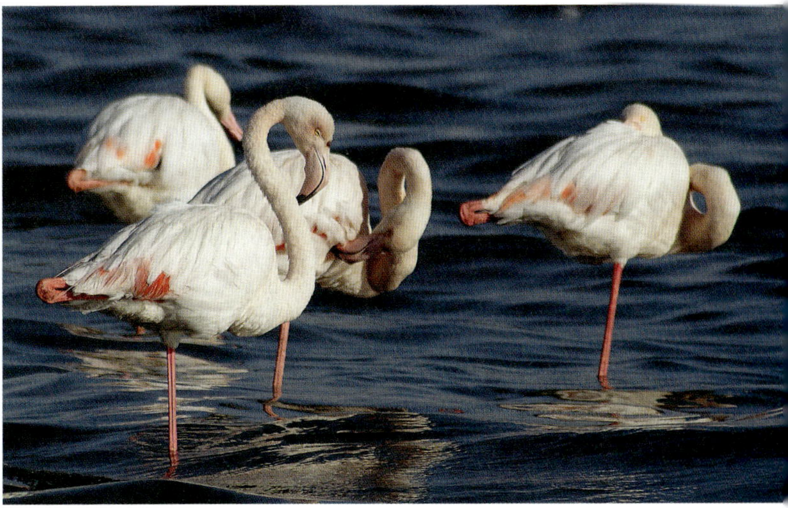

Flamencos in der Laguna de Fuente de Piedra

36 ANTEQUERA

Zeitreise durch die Geschichte

Antequera mit seinen rund 40 000 Einwohnern liegt in der Provinz Málaga und hat sich in den letzten Jahren von einem verschlafenen Kleinstädtchen zu einem beliebten, touristisch orientierten Ort entwickelt und herausgeputzt.

Lage Ca. 40 km nördlich von Málaga

Anfahrt Mit Pkw auf N-331, gute Bahn- und Busverbindungen

Die Stadt liegt geografisch günstig zwischen Málaga, Granada, Córdoba und Sevilla, sodass sie sich auch als Standort für mehrtägige Aufenthalte eignet. Die komplette Altstadt wurde im Jahr 2013 zum »Conjunto histórico-artístico« erklärt. Am nordöstlichen Stadtrand liegen der Dolmen de Menga und der Dolmen de Viera aus der Zeit um 3800 v. Chr., die zu den größten Megalithanlagen Europas gehören. Der größere, Menga, hat einen Durchmesser von 25 Metern, ist vier Meter hoch und aus 32 Megalithen aufgebaut, von denen der schwerste rund 180 Tonnen wiegt. Die Dolmen Viera, Menga und El Romeral gehören seit 2016 zum UNESCO-Weltkulturerbe. Das alte Medina Antaquira, damals von etwa 2600 Menschen bewohnt, wurde zu einer wichtigen Grenzstadt in der Reconquista, mit Befestigungsanlagen und der Alcazaba auf dem Hügel oberhalb der Stadt, von der noch der Torre del Homenaje erhalten ist. Die Mauren eroberten Antequera, das fortan ein Ausgangspunkt für den Krieg gegen Granada wurde. Das Stadtbild veränderte sich radikal. An die Stelle von Moscheen traten Kirchen wie die größte und prunkvollste der Stadt, Real Colegiata de Santa María la Mayor (1514–1550) mit ihrer puristischen Fassade, die Renaissance- und spätgotische Elemente miteinander verbindet. In den Museen der Stadt befinden sich viele wichtige Kunstschätze der Provinz Málaga, eine Fundgrube für geschichtlich und volkskundlich interessierte Besucher ist beispielsweise das Museo de la Ciudad de Antequera, das zu Beginn des 20. Jahrhunderts als archäologisches Museum gegründet wurde. Es beherbergt zahlreiche Funde aus römischer und maurischer Zeit, aber auch mittelalterliche und frühneuzeitliche Exponate sind zu sehen. Ein Infozentrum präsentiert Filme zur Geschichte der historischen Monumente.

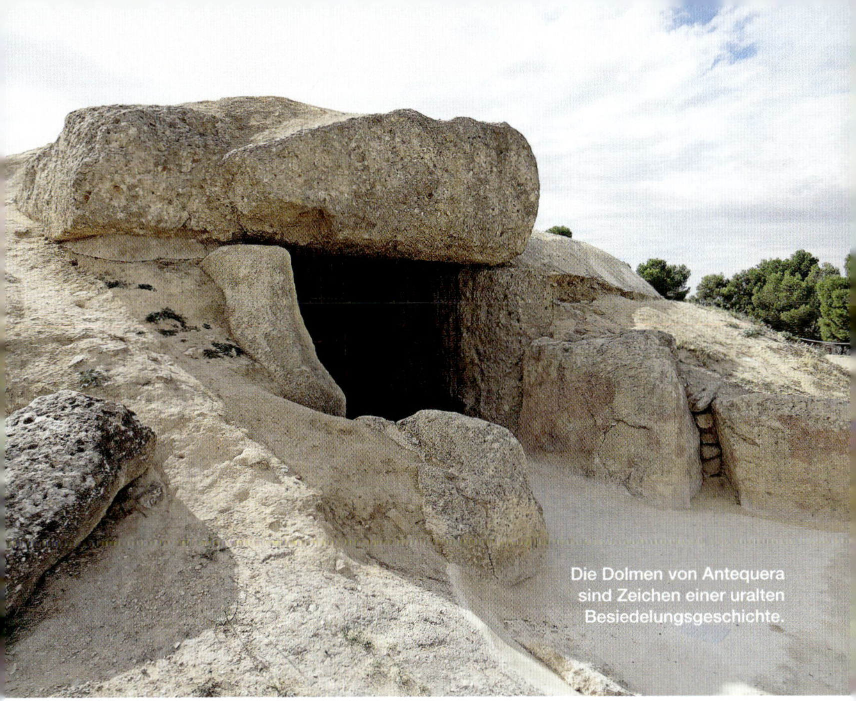

Die Dolmen von Antequera sind Zeichen einer uralten Besiedelungsgeschichte.

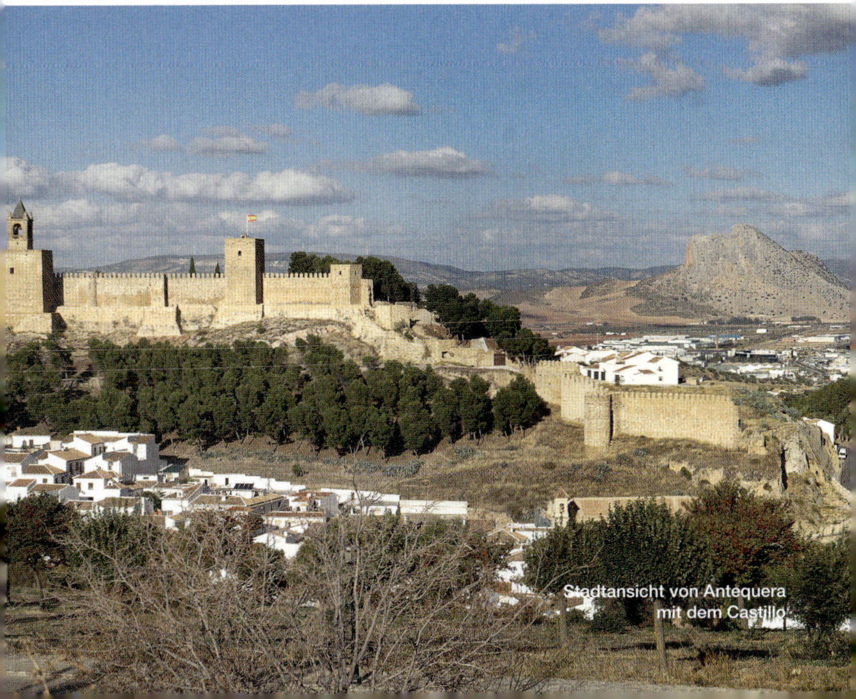

Stadtansicht von Antequera mit dem Castillo

37 PRIEGO

Stadt des Wassers

Die Stadt Priego heißt wegen ihrer vielen Brunnen Ciudad del agua, Stadt des Wassers, und wegen ihrer vielen barocken Gebäude Joya del Barroco Cordobés, Juwel des cordobesischen Barock.

Lage Am östlichen Rand des Parque Natural Subbéticas Cordobesas

Anfahrt Von Granada aus mit Pkw auf C-336, gute Regionalbusverbindungen (Strecke Granada – Córdoba, »Ruta« beachten)

Einkehr Priego: Beliebte Straßencafés an der Plaza de Andalucía – ideal zur Beobachtung des regen Treibens

Die Landwirtschaft in der Umgebung wird von einem teils hochwertigen Olivenanbau dominiert, Aushängeschild und Einnahmequelle der Stadt war lange Zeit eine florierende Seidenproduktion. Das historische Erbe mit dem barock geprägten Stadtbild und die Lage mit den vielen Wandermöglichkeiten in der Nähe machen Priego zu einem Ziel für kulturell interessierte Touristen und für Naturliebhaber, die die ruhigere Seite Andalusiens kennenlernen möchten. Die Stadtburg Priegos ist eine ursprünglich maurische Anlage aus dem 13. und 14. Jahrhundert, ein militärischer Zweckbau von strengem Erscheinungsbild mit mehreren rechteckigen Türmen und einem runden Turm. Einer der Türme, der Torre del homenaje (Huldigungsturm), ist 30 Meter hoch. Das Stadtviertel Barrio de la Villa bestand schon in der maurischen Zeit. 1972 wurde es unter Denkmalschutz gestellt. Die Architektur der weißen, zwei- bis dreistöckigen Häuser und der Blumenschmuck in den langen, engen Gassen erinnern an den Albaicín in Granada oder die Judería in Córdoba. Der barocke Brunnen Fuente del Rey wurde von Remigio del Mármol 1803 erbaut. Drei geschwungene Becken werden von insgesamt 139 Wasserspeiern versorgt. Als Besucher benötigt man etwas Glück, denn die Wasserspiele hängen von der Gesamtversorgung mit Wasser in der Region ab – empfehlenswert ist daher der Besuch nach vorherigen Regenfällen. Zentraler Platz ist die Plaza de la Constitución, wo sich das Rathaus und die Touristeninformation befinden. Gegenüber an der Plaza de Andalucía sitzt es sich gut in den Straßencafés.

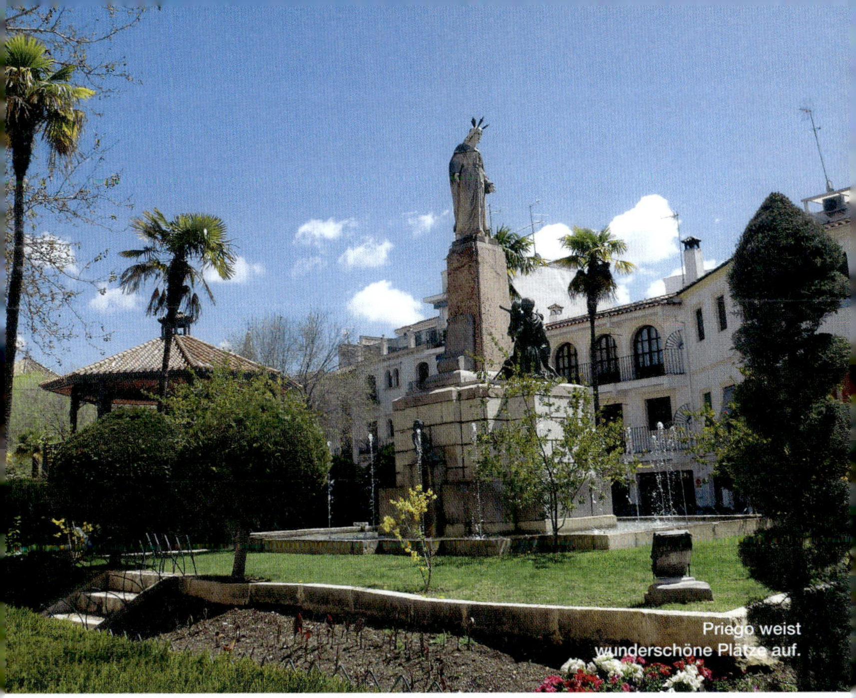

Priego weist wunderschöne Plätze auf.

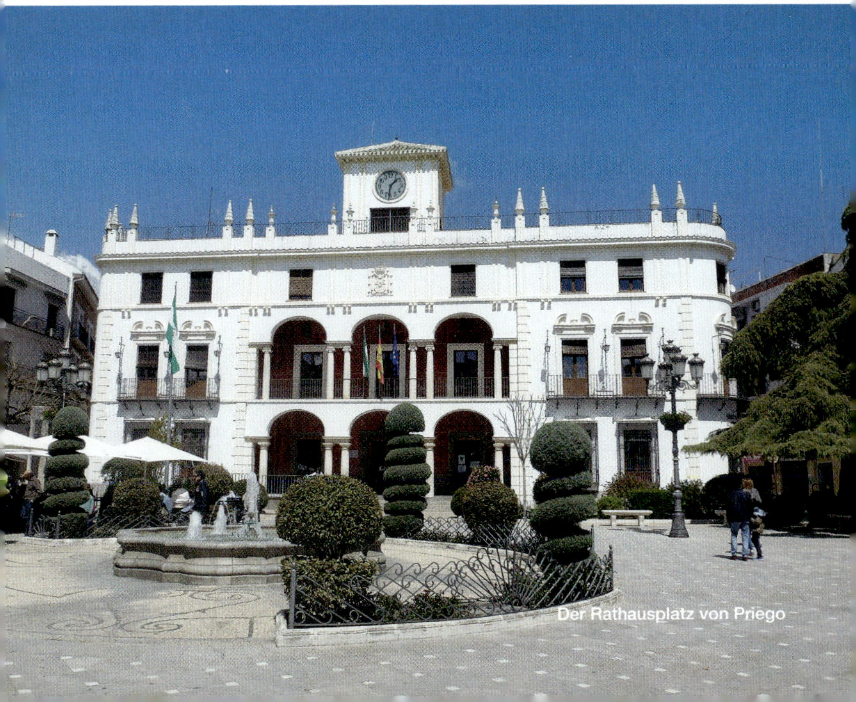

Der Rathausplatz von Priego

38 IM TORCAL DE ANTEQUERA

Fantastische Felswelt

Im Torcal de Antequera durchstreifen wir ein Gebiet mit bizarren Felsformationen. Das Erscheinungsbild vieler Felsen regt die Fantasie an und veranschaulicht Kraft und Wirkungsweise geologischer Prozesse.

leicht **2:00 Std.** **2 Km** ↑ 120 m ↓ 120 m

Tourencharakter Gut begehbare Wanderwege

Ausgangspunkt Besucherzentrum El Torcal; GPS 36.953032-4.54456

Anfahrt Auto: Über die C-3310 von Antequera aus, etwa 14 km. Bus: Antequera mit guten Verbindungen, von dort weiter mit »taxi-turístico« zum Torcal (25 €)

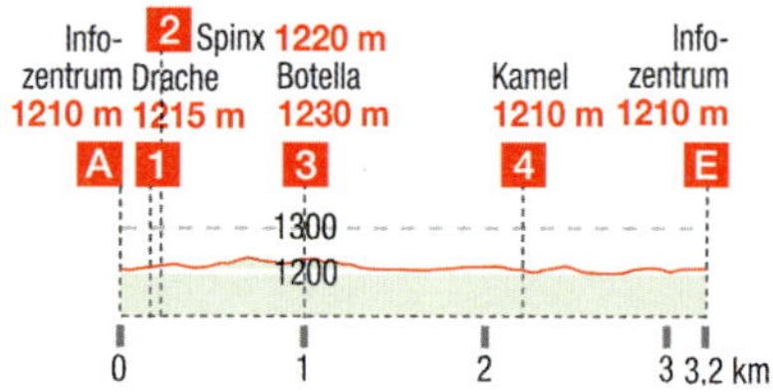

Fabelhaftes Felslabyrinth

Bizarre Felsen wecken Assoziationen zu Tieren und Fabelwesen, wir fühlen uns wie Zwerge inmitten einer magischen und märchenhaften Gesteinswelt. Der Torcal de Antequera ist ein riesiges, 1171 Hektar großes Felslabyrinth, das sich wie ein großer runder Tisch aus der Umgebung hervorhebt, sein höchster Punkt liegt auf 1336 Metern. Seit 1978 ist das Gebiet unter Naturschutz gestellt, als »paraje natural«. Den Torcal sieht man bereits von Weitem, beispielsweise von den Aussichtspunkten in Ronda. Bereits bei der Anfahrt wird man »steinig« empfangen: Die mächtigen Dolmen am Ortseingang von Antequera (siehe S. 155) sind die Vorboten. Der Torcal ist ein gut begehbares »Geotop«, auch Kinder haben ihre Freude bei den abenteuerlichen Gängen zwischen den Felsen. Manche Geologen zählen das Gebiet

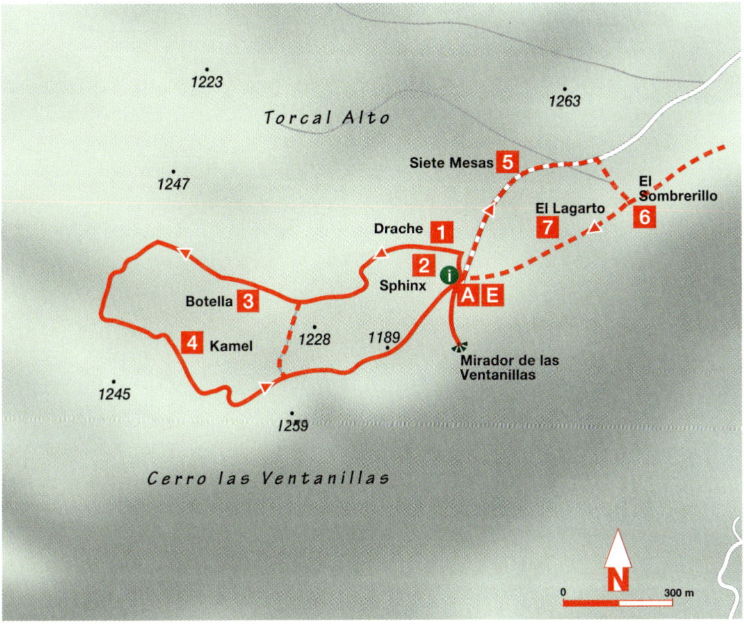

gar zu den spektakulärsten geologischen Sehenswürdigkeiten der Erde. Nun, wie kamen die oft aus verschiedenen Platten bestehenden skurrilen Formen zustande? Fast das komplette Gebiet besteht aus großen, jurazeitlichen Kalkmassiven, die allesamt zur Betischen Kordillere gehören. In Nord-Süd-Richtung wird diese Karstregion von tektonischen Rissen durchzogen, die während der alpinen Auffaltungen entstanden. Aufgrund seiner Beschaffenheit unterliegt das Jura- und Kalkgestein einer Vielzahl von Erosionsprozessen. Im Torcal lagen große Kräfte vor, die mit massivem Druck die Kalkschichten zusammenpressten und verformten. Hierbei wurde auch Wasser in Klüften und Rissen mit eingeschlossen. Die Kalkschichten der Felsen jedoch sind aus mineralogisch verschiedenen Kalken komponiert, daher sind sie auch unterschiedlich widerstandfähig gegen Frostsprengung und karsttypische Lösungsverwitterung. Ergebnis dieses unterschiedlich erfolgreichen »Angreifens« der Erosionskräfte sind die wie aufgestapelt wirkenden Kalkplatten, bei denen sich stabilere und schwächere Schichten abwechseln. Was die Tierwelt betrifft, so werden im Torcal Steinböcke beobachtet, ebenso gibt es Wildschweine, Dachse,

Wildkatzen und Füchse. Beeindruckend ist die Vielfalt an Vogelarten, über 80 verschiedene Spezies leben im Torcal. Größere Greifvögel wie Königsadler, Mönchsgeier und Gänsegeier sieht man allerdings nur noch selten, dafür aber diverse Falkenarten. Steine sollte man tunlichst nicht anheben, sie sind Ruheplatz von Vipern und Skorpionen. Pflanzen haben es schwer in dieser Felslandschaft: Hier wachsen kleine Steineichen und Vogelbeeren, außerdem »Fels-Spezialisten« wie der Steinbrech, Weißdorn und viele Flechtenarten. Anfang Mai blühen die Paeonien, wild wachsende Varianten der Pfingstrose.

Der Wegverlauf

Wir kombinieren für unseren Rundweg vom **Infozentrum** **A** aus zunächst gegen den Uhrzeigersinn die grüne und die gelbe Route, von

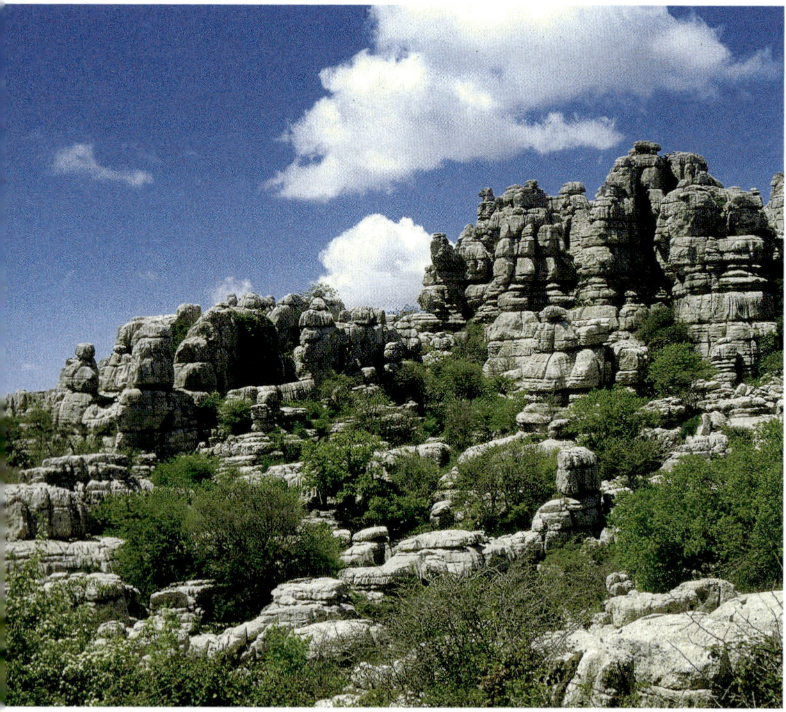

Die bizarren Formen entstehen durch chemische Verwitterung und Frost.

denen jeweils viele kleine Pfade als kurze Einbahnstraßen seitlich abzweigen: Rechts des Wegs begrüßt uns ein »dragon«, ein **Drache** 1 (0:15 Std.), während zur Linken die **Sphinx** 2 (0:15 Std.) rätselhaft emporragt. Nach einer halben Gehstunde voller kurioser Beobachtungen führt der gelbe Weg geradeaus weiter, während der grüne links abzweigt. Neben vielen Formen fällt auch die **»botella«** 3 (0:30 Std.) auf, die Flasche. Rechts reckt sich eine Faust gen Himmel, mit einem ausgestreckten Finger, dem »dedo«. Verblüffend echt und mit beeindruckenden Steinhöckern ausgestattet wirkt nach der Schleife Richtung Ausgangspunkt das **Kamel** 4 (1:15 Std.).

In die andere Richtung vom **Infozentrum** E (2:00 Std.) aus führt die rote Route, die wir im Uhrzeigersinn begehen. Hierzu muss man sich allerdings einer geführten Tour anschließen, die bei hoher Besucherfrequenz an Frühjahrs- und Herbstwochenenden organisiert werden. Die Anmeldung erfolgt gegen eine Teilnahmegebühr im Infozentrum. Höhepunkte sind links des Wegs die wie eine Gruppe von sieben Tischen wirkende Formation **»siete mesas«** 5 (2:15 Std.) und das »castillo«, das wirklich wie ein Schloss aussieht. Vom Riesenpilz **El Sombrerillo** 6 (2:30 Std.) aus haben wir einen weiten Blick über die Region Antequera. In der Nähe befindet sich auch die Formation »El Tornillo«, die wie eine riesige Schraube aussieht. Auf dem Rückweg kommen wir noch an der Rieseneidechse **»el lagarto«** 7 (2:45 Std.) vorbei. Tatsächlich kommt im Torcal die größte europäische Eidechsenart vor. Im **Infozentrum** E (3:00 Std.) informiert eine Dauerausstellung über Geologie, Ökologie und Geschichte des Torcal. **Variante:** Wanderung zum Infozentrum vom unteren Parkplatz aus, ca. 3,5 km einfach.

DOLMEN

Außerhalb des Zentrums von Antequera in Richtung Granada liegen mit der Cueva de Menga, der Cueva de Romeral und der Cueva de Viera die drei größten und besterhaltenen Hügelgräber der Iberischen Halbinsel. Sie stammen aus der Kupferzeit von 2500 bis 1800 v. Chr. Die Cueva de Menga ist besonders beeindruckend – allein ihr Deckstein wiegt 180 Tonnen. Angeschlossen ist ein archäologisches Besucherzentrum. Dort erklären Ausstellungen und Filme, wie die Dolmen errichtet wurden. In der Nähe liegt die Laguna de Fuente de Piedra, wo man Flamingos beobachten kann. Südwestlich, Richtung Alora, findet man den Lobo-Park: Dort tummeln sich verschiedene Wolfsarten in weiträumigen Gehegen.

39 IM NATURPARK SIERRAS SUBBÉTICAS

Unter Geiern

Zwischen Olivenhainen und schroffen Kalkfelsen erkunden wir den wenig besuchten nördlichen Teil des Naturparks Sierras Subbéticas. Schafe und Ziegen sind häufige Wegbegleiter, ebenso wie die imposanten Gänsegeier am Himmel. Der Duft aromatischer Kräuter erfüllt die Luft.

mittel | **5:30 Std.** | **19,4 Km** | ↑ 950 m ↓ 950 m

Tourencharakter Landwirtschaftliche Fahrwege, Schotterpisten, Wander- und Viehpfade

Ausgangspunkt Quellteich in der Dorfmitte von Zagrilla Alta; GPS 37.487569-4.24234

Anfahrt Mit dem Auto ab Priego de Córdoba auf der CO-8211 bis nach Zagrilla Alta, Schulbusse nur einmal täglich von Priego de Córdoba, sonst per Taxi (Touristeninformation: www.turismodepriego.com)

Einkehr Zagrilla Alta: Restaurant La Fuente, am Ausgangspunkt

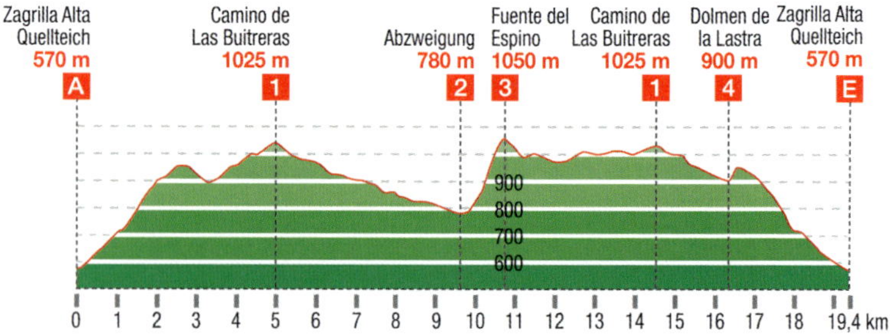

Der Wegverlauf

Wir beginnen die Wanderung in dem romantischen Dörfchen Zagrilla Alta – einem der schönsten der Region. Der Ort schmiegt sich zwischen Olivenhainen am Südhang der Berge in die Landschaft ein. In der Mitte des Dorfes gehen wir zum Restaurante La Fuente, welches an einem wunderschönen **Quellteich** **A** gelegen ist. Wir können uns jetzt schon auf das Ende der Wanderung freuen, wenn wir uns hier mit einem kühlen Getränk belohnen. Vom Teich gehen wir die Straße Calle Iglesia bergauf zur Kirche, an der wir rechts abbiegen. Hinter der Kirche gehen wir links, dann weiter bergauf nach rechts und nach wenigen Metern gleich wieder rechts bis zu einem kleinen Aussichtspunkt, an dem rechts eine Treppe zum Quellteich hinunterführt. Wir gehen weiter die Calle El Pecho bergauf; am Ende des Dorfes geht die Straße in einen unbefestigten Wirtschaftsweg über. 450 Meter nach den letzten Gebäuden macht der Weg eine scharfe Rechtskurve, nach weiteren 400 Metern kommen wir zu einer Kreuzung, an der wir links abbiegen. Es folgt ein etwas steileres Stück bergauf, der anstrengendste Teil der heutigen Wanderung. Einzelne Wegabschnitte sind zementiert. Rechts vor uns sind die schroffen Felswände der Sierra Alcaide zu sehen.

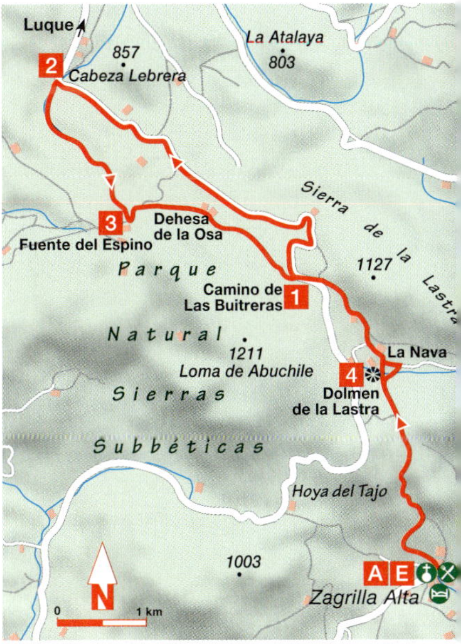

Bei den letzten Olivenbäumen endet der Weg und geht in einen Pfad über, der rechts an einer Trockenmauer entlangführt. Von nun an geht der Weg durch z. T. dichte Macchie, wo zahlreiche Sträucher, wie z. B. Mastixstrauch, verschiedene Ginster- und Zistrosenarten unseren Weg säumen. Unangenehm schmerzhaft sind die Dornen des Stechginsters. Nach einer Weile lichtet sich das Gebüsch, und der Weg ebnet sich. Wir sind umgeben von einem lichten Dickicht einer blattlosen Ginsterart. Bald öffnet sich ein Tal vor uns – die Dehesa de la Lastra. Am gegenüberliegenden Hang befindet sich das gleichnamige Gehöft. Wir folgen den Fahrspuren zum tiefsten Punkt des Tales; dort macht der Weg eine Rechtskurve und wir stoßen auf einen Fahrweg, dem wir scharf links bergauf folgen. Nach circa 200 Metern macht der Weg eine Rechtskurve und bald darauf gehen wir durch ein Gatter, welches wir hinter uns wieder schließen (wie auch alle weiteren Gatter und

Tore). 200 Meter, nachdem wir das Gehöft überquert haben, biegen wir rechts in einen Weg ein, der bald zu einem Viehpfad wird und dem wir bergauf in nördliche Richtung folgen. Nach rund 250 Metern treffen wir – zu unserer Linken – auf einen Zaun, der uns für etwa 650 Meter begleitet. Sobald es auf dem Viehpfad bergab geht, halten wir uns links und kommen an einer durch einen Draht gesicherten Einfahrt auf eine breite Schotterpiste, den sogenannten **Camino de Las Buitreras** **1** (1:30 Std.), den Weg der Geierhorste.

An der nächsten Gabelung gehen wir geradeaus (nach links geht es zur Dehesa de la Osa) und folgen der Piste, die bergab in Richtung der endlos erscheinenden Olivenhaine führt. Das weiße Örtchen vor uns ist Luque. Kurz bevor die Piste nach ungefähr 4,5 Kilometern eine Rechtskurve macht, kommen wir an eine **ausgeschilderte Abzweigung** **2** (2:30 Std.), an der wir links in Richtung Fuente el Espino einbiegen. Es geht bergauf und im Frühjahr sehen wir hier mit ein wenig Glück zahlreiche gelbe Ragwurz-Orchideen (Ophrys lutea). Nach 20 Minuten führt der Weg unterhalb eines Stallgebäudes vorbei und geht nun in einen Viehpfad über, der sich bisweilen verzweigt. Wir bleiben immer auf dem Hauptpfad, orientieren uns entlang des seichten Geländeeinschnittes und gehen durch einige Gatter, die wir hinter uns wieder schließen. Nach weiteren gut 20 Minuten überqueren wir einen Bachlauf, dem wir bachaufwärts bis zur **Fuente del Espino** **3** (3:15 Std.) – der Quelle des Dornenbuschs – folgen.

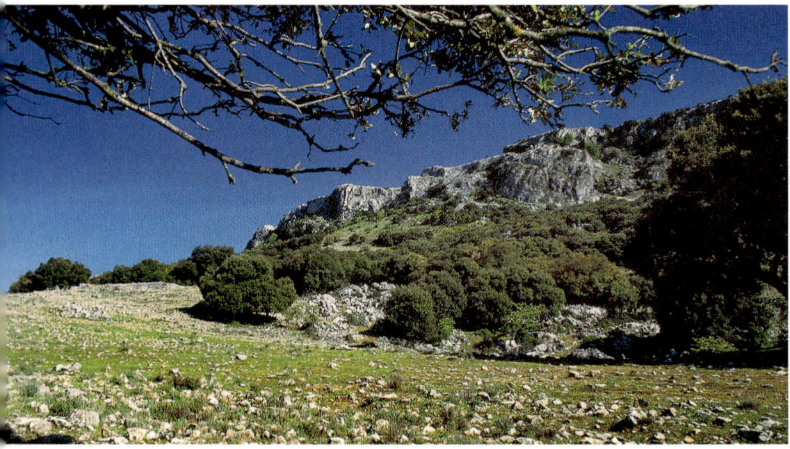

Steinige Grasfluren und bewaldete Hänge in den Sierras Subbéticas

Nach einer kurzen Pause gehen wir ein Stückchen zurück, bis wir kurz vor dem Bachlauf rechts einer Piste in östliche Richtung folgen. An der nächsten Gabelung gehen wir geradeaus und bleiben auf dem oberen Weg. Nach circa einem Kilometer überqueren wir das Gehöft Dehesa de la Osa und folgen der Piste, bis wir auf eine Kreuzung treffen. Hier gehen wir 200 Meter nach rechts, wo wir an der mit einem Draht gesicherten Einfahrt nach links einbiegen und dem vom Hinweg bekannten **Camino** 1 (4:00 Std.) nach Zagrilla folgen. 100 Meter, nachdem wir an der Dehesa de la Lastra das Gattertor passiert haben, verlassen wir die Piste an einer scharfen Linkskurve und halten Ausschau nach einer Baumgruppe 200 Meter südlich von uns. Wir queren das Ginsterdickicht und gehen leicht bergauf zu dieser Gruppe, die aus Eschen und Eichen besteht. Dort befindet sich eine archäologische Rarität: ein **Dolmen de la Lastra** 4 (4:30 Std.), also ein steinzeitliches Gemeinschaftsgrab, dessen Alter auf 5000 Jahre beziffert wird. Anschließend gehen wir hangparallel weiter Richtung Süden und treffen nach wenigen Schritten wieder auf die Fahrspuren und den Weg nach Zagrilla, wo uns eine verdiente Pause am **Quellteich** E (5:30 Std.) erwartet. Der Wirt serviert uns Erfrischungen und kleine Happen und erzählt dazu (auf Spanisch) so manche skurrile Anekdote. Eine gastronomische Alternative bietet die rustikale Dorfkneipe Bar Paco 100 Meter vom Teich entfernt, an der Dorfstraße gelegen.

DIE SIERRA LEBT!

Neben den majestätischen Gänsegeiern kommen im Naturpark auch Schlangenadler, Wanderfalken (gleichzeitig Wappenvogel des Naturparks) und Uhu vor. In den Felswänden nisten die auffälligen Alpendohlen. Mit etwas Glück bekommen wir auch den sehr seltenen Steinadler zu Gesicht. Die Säugetiere sind vertreten mit Wildkatze, Ginsterkatze, Wildschwein und Fuchs; die Kriechtiere mit Kreuzkröte, Treppennatter, Stülpnasenotter und Perleidechse.

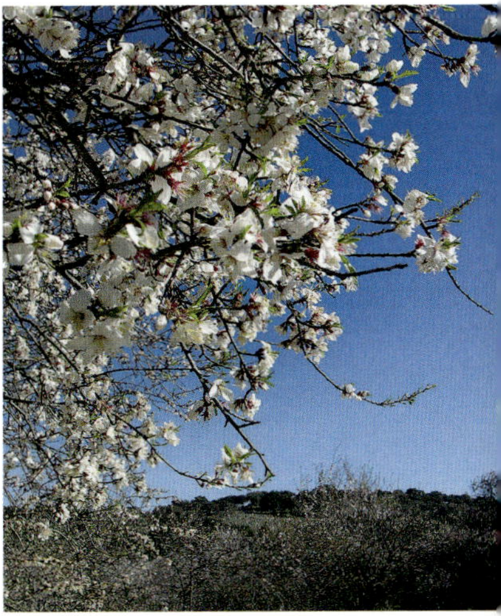

Am Camino de las Buitreras blühen Mandelbäume.

40 DURCH DIE SCHLUCHT DES RÍO BAILÓN

Im Herzen des Naturparks Sierras Subbéticas

Diese relativ einfache, aber wunderschöne Rundtour führt uns durch die Schlucht des Río Bailón in das Herzstück des Naturparks. Wir wandern oberhalb und unterhalb von Felsabbrüchen sowie direkt am Bachufer entlang, bisweilen durch dichtes Grün und vorbei an imposanten Steineichen.

leicht **4:15 Std.** **14,8 Km** ↑ 650 m ↓ 650 m

Tourencharakter Wander- und Viehpfade, landwirtschaftliche Fahrwege, ein kurzes Stück Straße

Ausgangspunkt Bushaltestelle in Zuheros im oberen Ortsteil, direkt neben der Bar Atalaya; GPS 37.544159-4.314151

Anfahrt Auto: Ab Córdoba via Baena über die N-432, weiter auf der A-3128 und der CO-6209 oder aus Richtung Süden, z. B. auf der A-318 ab Cabra. Bus: Linienbusse mit Autocares Carrera (Tel. +34/957/50 03 02)

Einkehr Zuheros: Bar Atalaya, nah am Ausgangspunkt

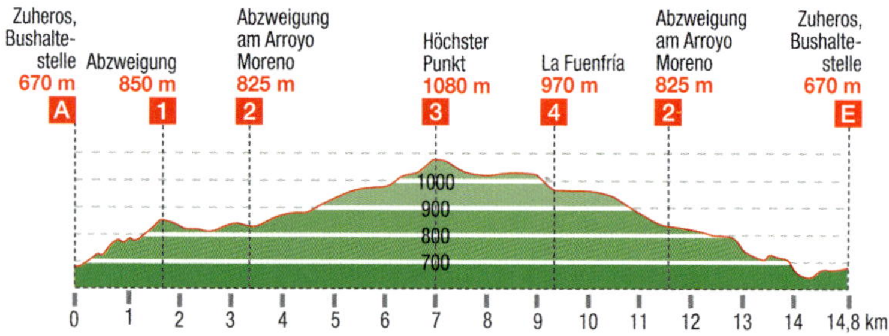

Der Wegverlauf

Die Wanderung beginnt an der Bushaltestelle in **Zuheros** A. Links neben der Bar Atalaya mündet eine als CO-6210 gekennzeichnete Straße, der wir bergauf in Richtung Fledermaushöhle (Cueva de los Murcielagos) folgen. Nach circa 1750 Metern – und knapp 200 Höhenmetern – kommen wir in einer Rechtskurve an einer Tränke mit einer **Wegabzweigung** **1** (0:30 Std.) vorbei. Dort biegen wir rechts in einen Pfad ein, der uns in die Bailónschlucht hinunterführt. Zunächst geht der Weg an ein paar Mandelbäumen vorbei und wird anschließend etwas steinig. Auf der gegenüberliegenden Seite der Schlucht sehen wir eine imposante Höhle mit Tropfsteinen, die Cueva de los Frailes (Höhle der Mönche). Kurz darauf kommen wir an eine unmarkierte Abzweigung, an der ein Pfad rechts nach unten und direkt zum Bachlauf führt, wir gehen jedoch links. Am Ende eines kurzen Steilstücks sehen wir vor uns einen großen Felsen, von dem die Einheimischen sagen, er sähe aus wie ein betender Mönch mit einer Kapuze. Es folgt ein kurzer, felsiger Abschnitt (ca. 20 Meter), auf dem wir unsere Schritte vorsichtig setzen. Wenig später kommen wir an eine weitere Abzweigung, an der wir geradeaus und leicht bergauf gehen. Das Tal öffnet sich, die Hänge werden flacher und wir folgen dem Pfad bergab bis zum Talweg, direkt am Río Bailón.

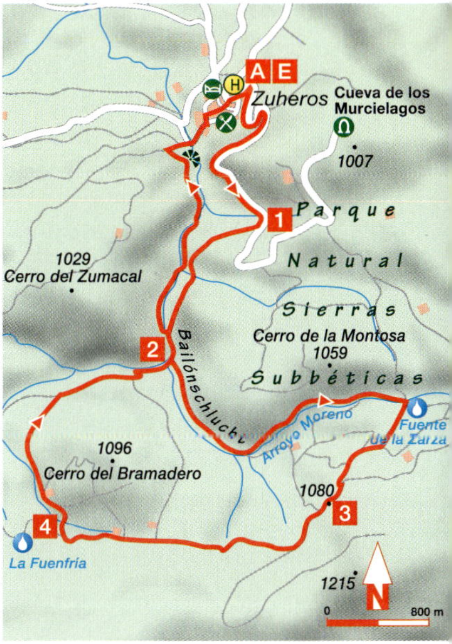

Nach 120 Metern auf dem Hauptweg kommen wir an eine Abzweigung am **Arroyo Moreno** **2** (1:00 Std.) und biegen links in einen Pfad ein. Gelegentliche Steinmännchen weisen uns den Weg. Dieser Pfad folgt auf den nächsten rund 2,5 Kilometern dem Bachlauf. Der vollständige Name ist eigentlich Arroyo Moreno y Zarcilla, was so viel heißt wie: Bach des Braungebrannten und des kleinen Brombeerleins. Der Weg verläuft zunächst links vom Bachlauf. Ungefähr einen Kilometer nach der letzten Abzweigung gelangen wir an einen Pappelhain sowie ein kleines weißes Gebäude, welches der Wasserentnahme dient. Wenige Meter weiter kommen wir zu einer Einzäunung mit einem Felsüberhang. Rechts davon steht eine alte Brücke, die wir überqueren. Wir bleiben auf der rechten Seite des Baches und folgen seinem Lauf. An einer Portugiesischen Eiche (Quercus faginea) wechseln wir wieder auf das

andere, also linke, Bachufer. Weiter bachaufwärts öffnet sich das Gelände, und wir folgen dem Bachlauf über eine große Wiese, bis wir nach 600 Metern auf eine Fahrpiste treffen, auf die wir nach rechts einbiegen. Schließlich gelangen wir zu einer Quelle, der Fuente de la Zarza.
An der Kreuzung bei der Quelle gehen wir auf dem mittleren Weg leicht bergauf und kommen nach 300 Metern an einem verfallenen Gehöft vorbei. Weitere Abzweigungen vom Hauptweg werden ignoriert, und knapp einen Kilometer nach der Quelle kommen wir auf dem höchsten Punkt der **Wanderung** 3 (2:15 Std.) an. Gut 200 Meter nach diesem Punkt verlassen wir an einer Linkskurve die Hauptpiste, gehen geradeaus ins Tal und kommen nach zwei Kilometern an eine weitere Quelle, **La Fuenfría** 4 (2:45 Std.). Hier sehen wir Reste terrassierter Hänge, Feigen-, Quitten- und andere Obstbäume, die einst hier angepflanzt wurden und es nun, da hier keine Bewirtschaftung mehr stattfindet, sichtlich schwer haben.

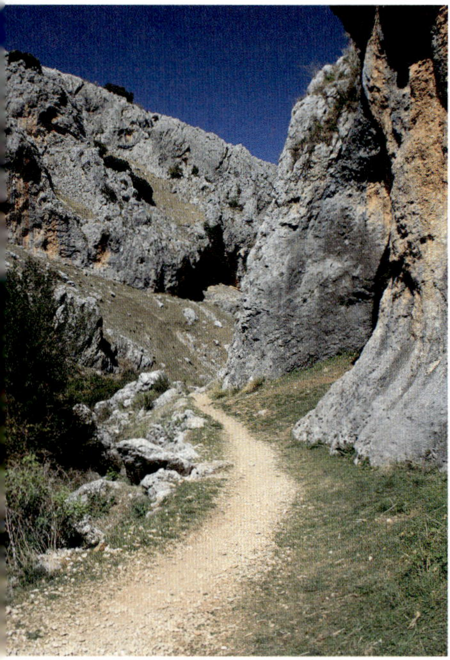

Kalksteinfelsen überragen den Talweg in der Schlucht des Río Bailón

Nach einer kurzen Erholungspause gehen wir nach Norden – auf dem Pfad, der dem aus der Quelle austretenden Wasser folgt. Nach wenigen Metern kommen wir an einer imposanten Steineiche vorbei, deren Alter auf mehrere Hundert Jahre geschätzt wird. Ein Stück weiter steht oberhalb des Weges ein verfallenes Gehöft, anschließend taucht der Weg in einen jungen Steineichenwald ein. Knapp 1,5 Kilometer nach der Quelle öffnet sich der Wald und wir blicken in das Bailón-Tal zu unserer Linken, kurz darauf folgt eine Serpentine, und nach weiteren 300 Metern kommen wir wieder an die Abzweigung zum **Bach des Braungebrannten** 2 (3:20 Std.). Im weiteren Verlauf folgen wir nun immer dem Lauf des Río Bailón, überqueren den Bach mehrfach und kommen an einer Quelle vorbei – der Fuente de la Mora. Wenige Minuten später er-

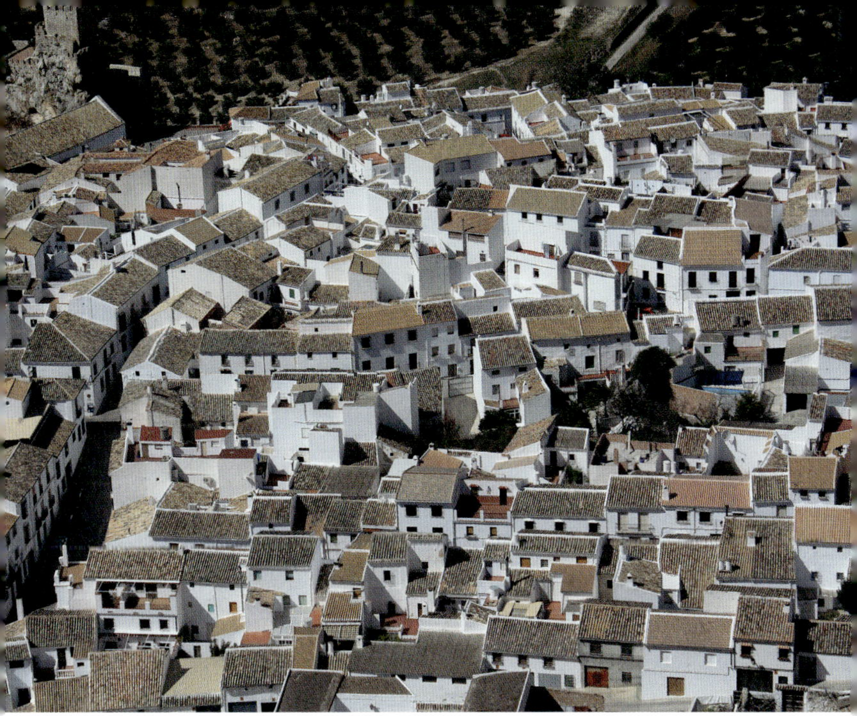

Detailansicht von Zuheros, welches als das schönste Dorf Córdobas gilt.

blicken wir wiederum die Höhle (Cueva del Fraile), die wir schon auf dem Hinweg bewundert haben. Von hier sind es noch 800 Meter bis zu einem Aussichtspunkt, von dem aus wir einen fantastischen Blick auf Zuheros haben. Wir folgen dem Serpentinenweg bis zur Straße und gehen diese bergauf ins Dorf. Oben angekommen, biegen wir an der ersten Kreuzung links ab und gehen nach 25 Metern gleich wieder rechts zum Aussichtspunkt (Mirador), wo wir die Wanderung beenden und uns mit einem kühlen Getränk erfrischen oder mit einem kleinen Happen stärken können. Der Restaurantbesitzer, Don Rafael, ist ein begeisteter Anhänger einer populären Ballsportart im Allgemeinen und von Real Madrid im Speziellen und hat den Tresenbereich mit zahlreichen Autogrammkarten fußballerischer Berühmtheiten geschmückt. Kulinarisch hervorzuheben ist der Wildspinat mit Krabben (collejas con gambas), der Grüne Spargel (esparragos con sal) und der gemischte Salat mit Ziegenkäse (ensalada mixta con queso de cabra). An Wochenenden und Feiertagen ist es hier allerdings sehr voll. Eine hervorragende gastronomische Alternative bietet daher auch das Mesón Atalaya an der **Bushaltestelle** **E** (4:15 Std.).

41 AUF DEN KIRSCHBAUMPASS

Beeindruckende Fernsicht

Entlang von Olivenbäumen und imposanten Steineichen führt uns diese leichte Wanderung auf den Puerto Cerezo – auf den Kirschbaumpass, wo sich uns ein schroffes, fast alpines Panorama eröffnet. Bei klarer Sicht erblicken wir in der Ferne die Sierra Nevada und die Gebirge Málagas.

leicht | 3:30 Std. | 13 Km | ↑ 720 m ↓ 720 m

Tourencharakter Landwirtschaftlicher Fahrweg zum Pass, später Wanderpfad zum Aussichtspunkt

Ausgangspunkt Los Villares an der Landstraße CO-7208 unweit von La Pasada de los Arrieros; GPS 37.399511-4.282165

Anfahrt Von Priego de Córdoba auf A-339 Richtung Cabra. 2 km nach der Tankstelle am Ortsende links auf CO-7208 Richtung Carcabuey/Los Villares, 6 km bis zum ersten Gebäude am Bach Arroyo de los Villares

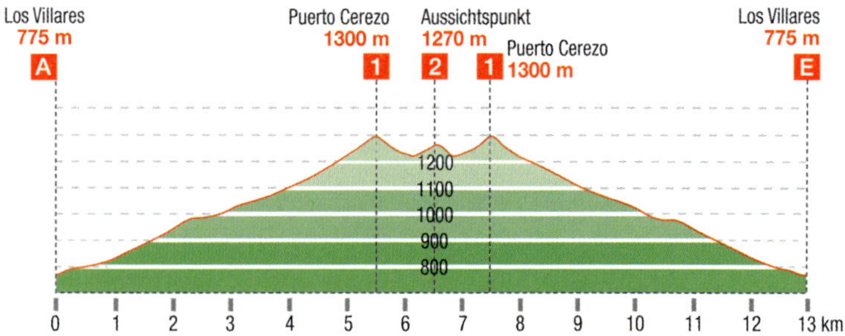

Der Wegverlauf

Die Wanderung beginnt an der Landstraße CO-7208 in **Los Villares** A, dort wo die Straße eine leichte Rechtskurve macht und wir links einen Bachlauf sehen. 50 Meter vor uns steht das erste Gebäude (kurz dahinter befindet sich die Abzweigung auf den GR 7 nach Rute, Tour 43). Wir gehen jedoch entgegengesetzt, also nach Osten und folgen dem Bachlauf, der hier Arroyo de los Villares heißt. Nach knapp

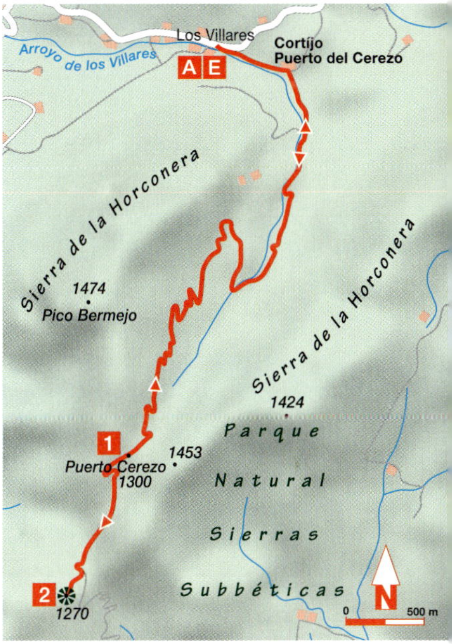

500 Metern erreichen wir das bewirtschaftete Gehöft Cortíjo Puerto del Cerezo. Wir überqueren das Hofgelände zügig, da dies nicht besonders ansehnlich ist und die übliche Begrüßungszeremonie der Hundeschar nicht zum Verweilen einlädt. Direkt am Hofgebäude schwenken wir nach Süden und wandern einen Weg leicht bergauf. Wir folgen fortan diesem alten Fahrweg, der außer zur Bewirtschaftung der Olivenhaine nicht mehr genutzt wird. Bereits auf dem ersten Abschnitt treffen wir auf imposante Exemplare der Steineiche, die eine wichtige Rolle spielt bei der Eichelmast der sogenannten Schwarzen Schweine (span. pata negra). Diese Freilandschweine liefern den beliebten und extrem aromatischen Trockenschinken, den jamón serrano. Genau genommen bedeutet jamón serrano: »Schinken aus den Bergen« oder »Schinken aus der Sierra«, was sich auf den Reifungsprozess in der trockenen Bergluft bezieht. Für die Herstellung dieses Schinkens werden jedoch oftmals Schweine in normalen Mastbetrieben gezüchtet. Allerdings liefern die frei laufenden, glücklichen schwarzen Schweine, die sich im Herbst von leckeren Eicheln ernähren einen ganz besonders aromatischen Schinken, nämlich den jamón serrano del cerdo ibérico (Trockenschinken vom Iberischen Schwein). Vielleicht haben wir Glück und sehen ein paar der niedlichen Tiere, die mit der Schnauze am Boden grunzend im Unterholz nach Eicheln oder anderen Leckereien suchen, bei einem gesunden Schlammbad in der nächsten Suhle Körperpflege betreiben oder anschließend wonniglich quiekend in der Sonne liegen.

Circa 850 Meter nach dem Gehöft folgen wir den ersten kleinen Serpentinen. Zu unserer Rechten erblicken wir einen Hang mit einem Olivenhain, darüber ragt der westliche Rücken der Sierra de la Horconera empor, mit dem Gipfel des Pico Bermejo (1474 m). Zu unserer Linken – fast noch beeindruckender, weil wir uns direkt am Bergfuß

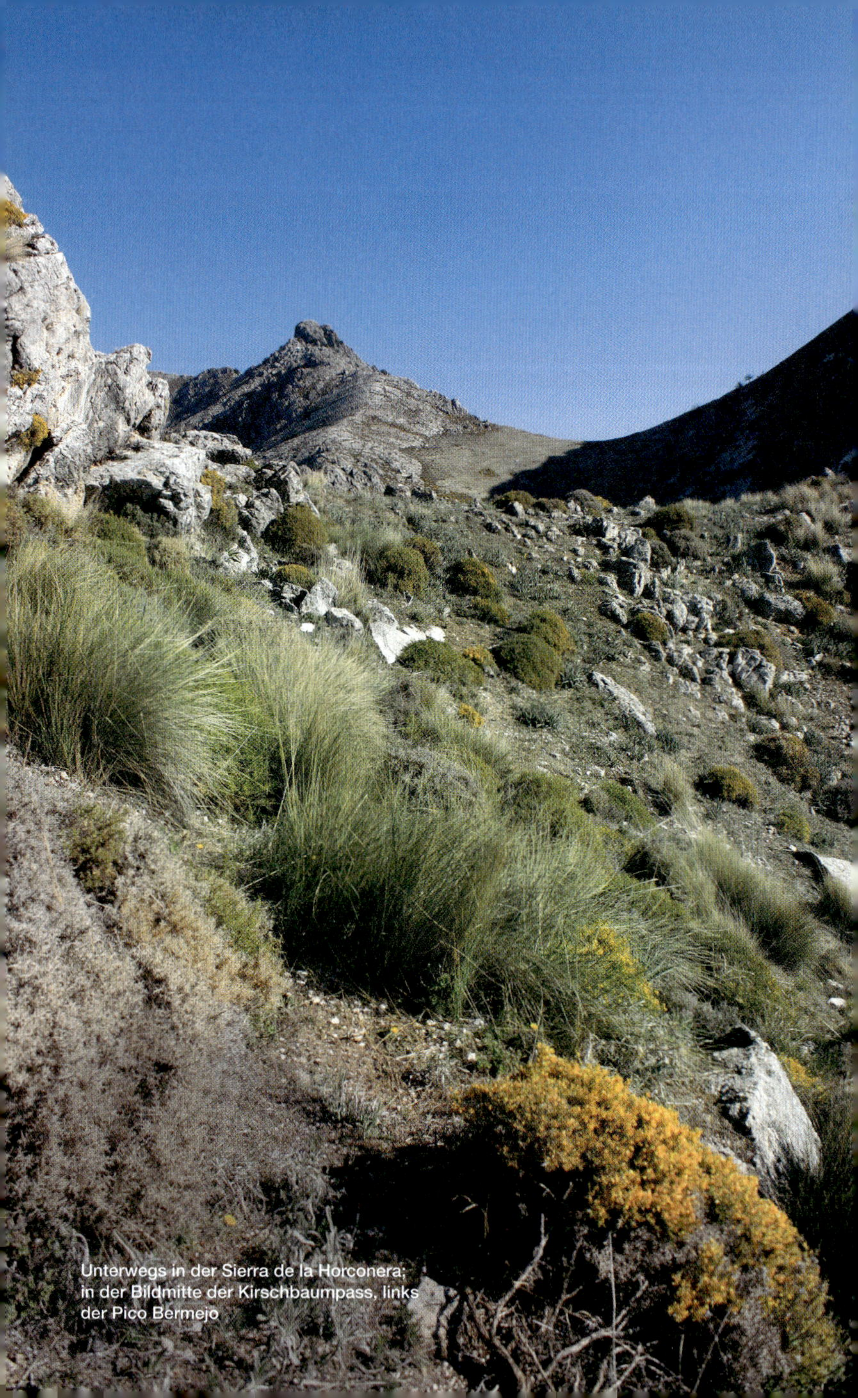

Unterwegs in der Sierra de la Horconera; in der Bildmitte der Kirschbaumpass, links der Pico Bermejo

befinden – thront der östliche Ausläufer der Sierra de la Horconera mit seinen extrem steilen Felswänden. In ihnen brüten Gänsegeier, deren Horste wir an den weißen Klecksen erkennen können. Knapp einen Kilometer nach den ersten Serpentinen wechselt der Weg auf die andere Talseite und gewinnt langsam an Höhe. In einer scharfen Rechtskurve erreichen wir eine Quelle, die Fuente del Cerezo (Quelle des Kirschbaumes). Hier wächst auch tatsächlich ein Kirschbaum, der Namensgeber für den Kirschbaumpass (Puerto Cerezo) ist. Den Pass selbst erreichen wir nach weiteren 1,5 Kilometern. Vom **Puerto Cerezo** **1** (1:30 Std.) aus haben wir sowohl einen sehr schönen Blick zurück in das Tal, das wir erwandert haben, als auch über die unendlich anmutenden Olivenhaine, die sich fast bis zum Horizont zu erstrecken scheinen.

Nach dem Pass gehen wir noch etwas in südwestlicher Richtung weiter und kommen nach knapp einem Kilometer an einen weiteren (namenlosen) Pass. Uns eröffnet sich ein sehr schöner Ausblick nach Südosten. Optional können wir in südwestlicher Richtung den Hang erklimmen, indem wir die vor uns liegenden Felsen rechts umgehen und so nach 150 Metern einen **Aussichtspunkt** **2** (1:50 Std.) erreichen. Bei klarer Atmosphäre und guter Fernsicht genießen wir von hier aus ein spektakuläres Panorama. Mit etwas Glück können wir im Osten in rund 100 Kilometern Entfernung die im Frühjahr meist noch schneebedeckte Sierra Nevada erblicken und den mit 3482 Metern höchsten spanischen Festlandsberg, den Mulhacén (Tour 63).

Nach einer verdienten Pause gehen wir über den **Puerto Cerezo** **1** (2:10 Std.) auf dem gleichen Weg zurück nach **Los Villares** **E** (3:30 Std.).

EICHEN SIND NICHT GLEICH EICHEN

In den Sierras Subbéticas kommen drei verschiedene Eichenarten vor. Die Steineiche (Quercus rotundifolia) ist die häufigste; ohne Einwirkung des Menschen würde sie den Großteil Andalusiens mit einem flächendeckenden immergrünen Wald überziehen. In höheren Lagen oberhalb von 1000 Metern wird es der Steineiche zu kühl und sie bekommt Konkurrenz von der Portugiesischen Eiche (Quercus faginea), einer Laub abwerfenden Art. Dritte im Bunde ist die buschige Kermeseiche (Quercus coccifera). Sie besitzt einen stacheligen Blattrand und ist ein typischer Vertreter der Macchien.

42 DURCH DIE SIERRA DE HORCONERA

Auf dem Fernwanderweg GR 7

Diese lange Wanderung verläuft auf einer sehr schönen Etappe des Fernwanderweges GR 7 (s. hierzu »Fernwandern in Andalusien«, S. 242) und führt uns von dem pittoresken Örtchen Priego de Córdoba nach Rute. Dabei durchqueren wir den südwestlichen Teil des Naturparks entlang der schroffen Hänge der Sierra de la Horconera.

● mittel | **6:45 Std.** | **25 Km** | ↑ 1060 m ↓ 1110 m

Tourencharakter Meist Wirtschaftswege, daneben Vieh- und Wanderpfade sowie Asphaltstraßen

Ausgangspunkt Ortszentrum von Priego de Córdoba am Rathausplatz, der Plaza Municipal; GPS 37.439038-4.194608

Anfahrt Auto: Auf A-45 bis Lucena norte (Ausfahrt 56), dann weiter auf A-318 und A-339 bis Priego de Córdoba. Bus: Überlandbusse bis Lucena (ALSA), dann weiter nach Priego (Autocares Carrera)

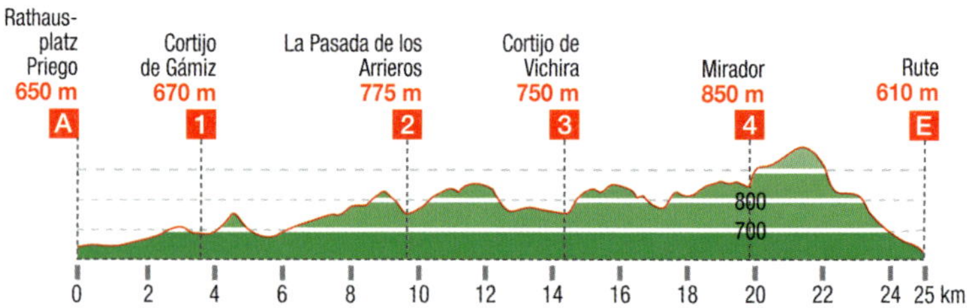

Priego, heimliche Hauptstadt der Sierras Subbéticas, ist der Ausgangspunkt dieser Wanderung. Der Ort hat eine sehenswerte Altstadt, deren enge und blumengeschmückte Gassen jeden Besucher bezaubern. Besonders anlässlich des Feiertages Las Cruces Anfang Mai richten die Bewohner ihre Häuser schön her. Zahllose Blumentöpfe zieren dann weiß getünchte Wände, die Plätze werden mit Blumenmosaiken dekoriert, während die Bewohner mit dem Anlass entsprechender Garderobe durch die Innenstadt und entlang des Panoramaweges am Rande der Altstadt, dem Balcón de Adarve, flanieren.

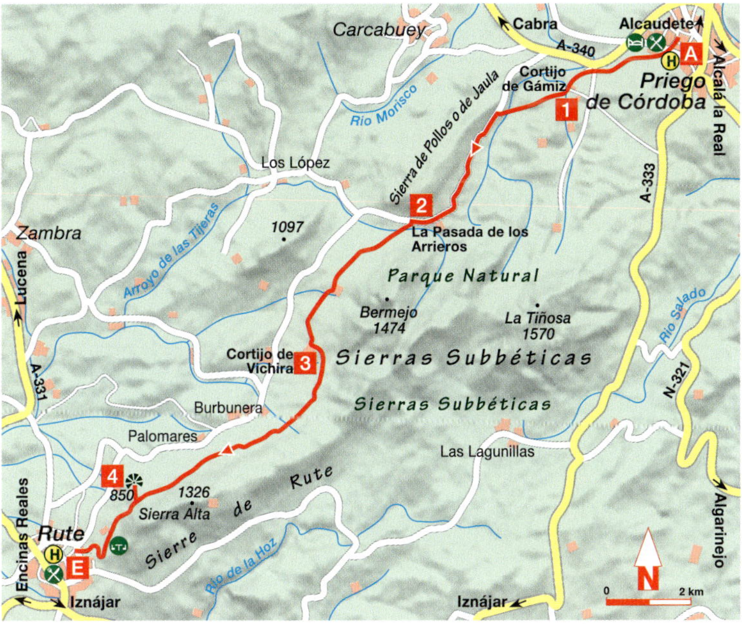

Der Wegverlauf

Unsere Wanderung beginnt im **Zentrum am Rathausplatz** A, von wo aus wir auf der Carrera de las Monjas – dem »Wettrennen der Nonnen« – in westliche Richtung gehen. An einer Verkehrsinsel gehen wir geradeaus bis zu einer Ampelkreuzung. Auf der gegenüberliegenden Seite befindet sich der Busbahnhof. Wir folgen der Hauptstraße, der Avenida de España, für etwa 350 Meter bis zu einer Abzweigung mit einer Informationstafel (Sendero Sierra Horconera). Hier biegen wir links ein und folgen der Asphaltstraße.

Nach gut zwei Kilometern biegen wir links auf eine Fahrstraße ein, zweigen nach 250 Metern rechts ab und kommen am **Gehöft Cortijo de Gámiz** 1 (0:45 Std.) vorbei. Kurz darauf überqueren wir eine kleine Brücke, hinter der wir rechts abbiegen. Es geht leicht bergauf, und von einer Kuppe erblicken wir die Sierra de Pollos o de Jaula, ein etwas ulkiger Name, bedeutet er doch so viel wie: »Sierra der Hühner oder des Käfigs«. Wir bleiben stets auf dem Hauptweg, biegen nach einer weiteren Brücke rechts ab und treffen auf eine kleine Landstraße, der wir für rund vier Kilometer nach links folgen, bis wir zu einigen Gebäuden gelangen. An der Abzweigung hinter dem ersten Haus steht ein GR 7-Schild (mit falscher Zeitangabe), an dem wir links abbiegen und eine kleine Brücke, **La Pasada de los Arrieros** 2 (2:00 Std.), überqueren. Nach etwa einem Kilometer biegen wir auf einen Pfad ein. Dieser geht wiederum in eine Piste über, verliert in einer weiten Rechtskurve etwas an Höhe und führt auf das Gehöft Cortijo de Arraiganes zu. Etwa 100 Meter davor biegen wir nach links ab (bis vor Kurzem stand hier noch ein GR 7-Wegweiser). Wenig später überqueren wir eine Lichtung mit alten Steineichen, und nach gut 800 Metern liegt rechts von uns ein verfallenes Gebäude sowie ein Pumphaus. Kurz darauf führt der Weg an dem Gehöft Cortijo del Soto Bajo vorbei; wir folgen anschließend dem Weg nach rechts 250 Meter bis zu einer Kreuzung, an der sich eine Quelle befindet, bleiben auf dem Hauptweg und gehen weiter bis zum nächsten Gehöft. Nach weiteren 800 Metern kommen wir an ein verlassenes Gehöft, dem **Cortijo de Vichira** 3 (3:15 Std.), wo wir uns nach links wenden und an einer Quelle mit Wasserbecken vorbeikommen. Wir bleiben auf der Piste (die Markierung ist hier irreführend) und erreichen nach 250 Metern eine Weide mit alten Steineichen, wo wir die Piste in einer Linkskurve verlassen. Jetzt haben wir einen tollen

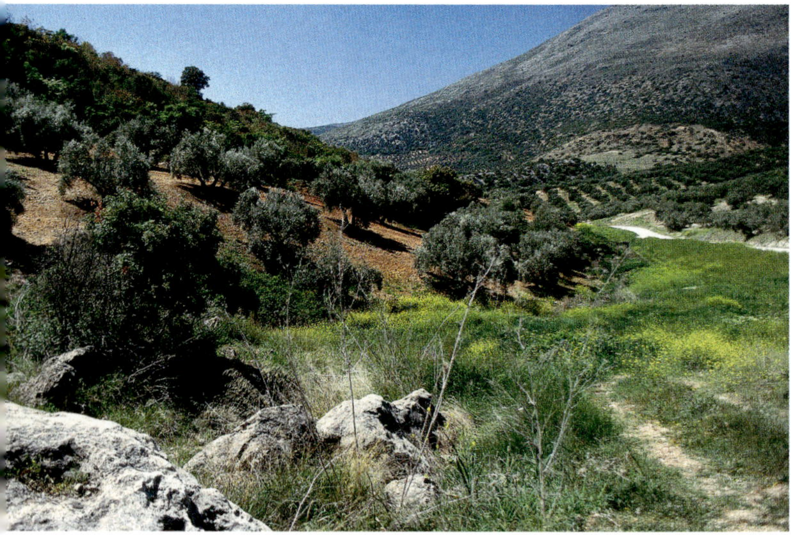

Olivenhaine, Kalkfelsen und mit Macchie bewachsene Hänge

Ausblick auf die Sierra de Rute und die umliegenden Olivenhaine.
Wir folgen den Markierungspfosten leicht bergab und gehen parallel zu einem Bachbett, welches wir anschließend überqueren und dabei einige großer Steine überwinden. Auf dem folgenden rund acht Kilometer langen Abschnitt, auf dem es immer auf und ab geht, halten wir Ausschau nach Markierungen. Der Weg verläuft immer an der Grenze von Gestrüpp, Wald und Olivenhainen. Gleichzeitig ist es ein sehr schöner und ursprünglicher Wegabschnitt, der, je weiter wir gehen, umso schönere Ausblicke gewährt. Circa 800 Meter nach dem Bachlauf erreichen wir eine Kuppe und nach weiteren 1200 Metern führen uns farbige Markierungen über einen kleinen Felssporn. Nach nochmals gut vier Kilometern treffen wir auf eine Abzweigung, an der ein **Mirador** 4 (5:45 Std.) ausgeschildert ist, von wo aus wir einen besonders schönen Ausblick in die nähere Umgebung haben. Zurück auf dem Hauptweg geht es bald leicht bergab und nach rund 2200 Metern erreichen wir den Picknickplatz Fuente Alta, meist gut zu erkennen an den zahlreichen Eseln. An einem Zaun entlang gehen wir bergab direkt in das Ortszentrum von **Rute** E (6:45 Std.), wo unsere Wanderung an der schönen Plaza Nuestra Senora del Carmen endet. Von hier aus ist es nicht weit zur Bushaltestelle, und vielleicht probieren wir noch einen der berühmten Anis-Schnäpse, die diesen Ort landesweit so bekannt gemacht haben. Salud!

FERNWANDERWEG GR 7

Der GR 7 (GR für Gran Recorrido) ist Teil des Europäischen Fernwanderwegenetzes. Er ist der westliche Abschnitt des Europawanderweges E 4, der von Südspanien bis nach Griechenland führt. Auf andalusischem Gebiet verläuft der GR 7 auf einer Strecke von 1250 Kilometern von Tarifa – gleichzeitig dem südlichsten Punkt der spanischen Halbinsel – bis nach Puebla de Don Fadrique im Nordosten der Provinz Granada und verbindet die Provinzen Cádiz, Málaga, Córdoba, Jaén und Granada. Von dort wendet er sich nach Norden und führt auf weiteren 1450 Kilometern bis nach Andorra. Ab hier wird er nicht mehr als GR 7, sondern ausschließlich als E4 bezeichnet.

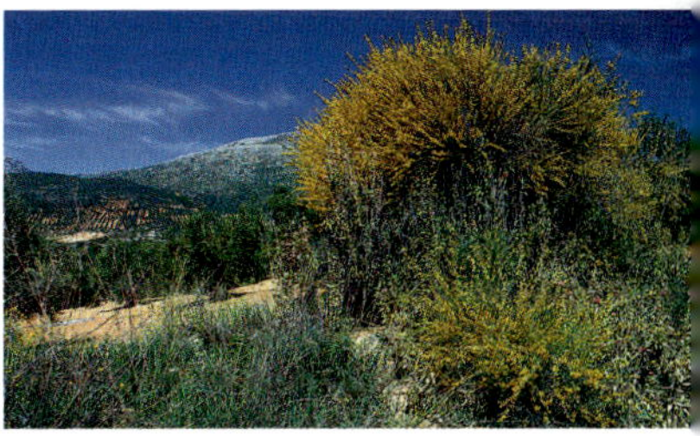

Blühender Ginster im Frühsommer – ein häufiger Anblick

43 AUF DEN LA TIÑOSA

Der höchste Gipfel Córdobas

La Tiñosa, der höchste Gipfel der Provinz Córdoba, ist unser heutiges Ziel. Wir wandern zunächst durch ausgedehnte Olivenhaine bis zum Gehöft Las Chozas de Toledo. Von hier aus erklimmen wir den Gipfel, von wo wir an klaren Tagen fast alle Gebirgszüge Andalusiens erblicken können.

● **schwer** | **6:30 Std.** | **18,2 Km** | ↑ 1000 m ↓ 850 m

Tourencharakter Größtenteils befestigte Wege und Pisten; alpiner, steiniger Bergpfad auf den Gipfel

Ausgangspunkt Ortszentrum von Priego de Córdoba am Rathausplatz, der Plaza Municipal; GPS 37.439038-4.194608

Anfahrt Auto: Auf A-45 bis Lucena norte (Ausfahrt 56), weiter auf A-318 und A-339 bis Priego de Córdoba. Bus: Überlandbusse bis Lucena (ALSA), dann weiter nach Priego (Autocares Carrera)

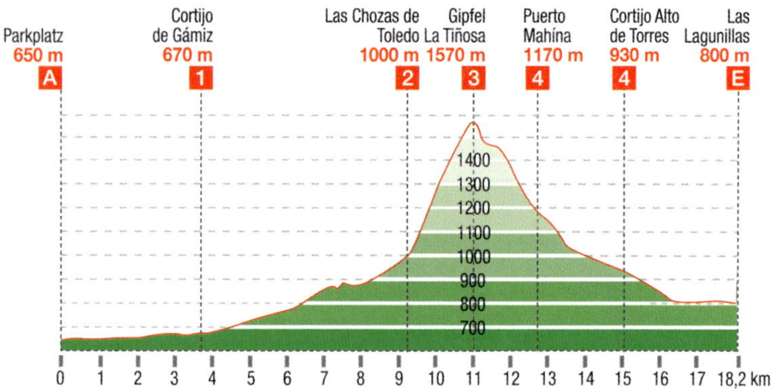

Der Wegverlauf

Wir beginnen unsere Wanderung im Ortszentrum von **Priegó de Córdoba** **A** und gehen auf den ersten knapp vier Kilometern so, wie bei der Tour 42 beschrieben, bis zum Gehöft **Cortijo de Gámiz** **1** (0:45 Std.). Von hier aus folgen wir dem dem Sträßchen »Camino de las Navasequillas« nach Süden. Nach weiteren 2,8 Kilometern geht der As-

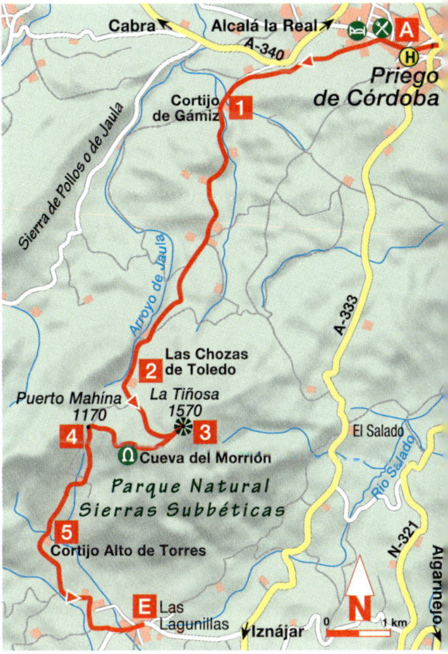

phalt in eine Piste über. Nach nochmals gut 1,5 Kilometern erreichen wir das Cortijo de la Peñuelas und kommen nach weiteren 800 Metern auf das große Hofgelände **Las Chozas de Toledo** **2** (2:15 Std.). Links befindet sich das erste Gebäude, um das wir links herumgehen und den Weg auf einer Piste fortsetzen, die zunächst durch einen Olivenhain und an einem Pool vorbeiführt. Zehn Minuten nach dem Hofgelände lassen wir eine Abzweigung rechts liegen und gehen weiter bergauf. Nach weiteren fünf Minuten erreichen wir das Ende des Olivenhains, wo wir uns leicht nach links orientieren. Es geht wieder bergauf, mehr oder weniger querfeldein, der Taleinschnitt liegt zu unserer Rechten, bis wir ihn nach weiteren 15 Minuten queren. Wir gehen parallel zum Taleinschnitt weiter bergauf, direkt auf einen Bergeinschnitt zu, der beidseitig von steilen Felsen flankiert wird, der »Cañada de los Pozos«. Auf Höhe der steilen Flanken gehen wir links um einen Felsen herum und dann steil bergauf, auf den über uns liegenden Kamm zu, wobei wir nach Steinmännchen Ausschau halten. Sobald es zu steil wird, weichen wir nach rechts auf einen bewachsenen Streifen aus. Auf einer Höhe von 1350 Metern gehen wir leicht links, sodass die bizarren Felsformationen des Gipfelgrates rechts oberhalb von uns sind. Der letzte Abschnitt ist zwar steinig, aber gut erkennbar und mit Steinmännchen markiert. Unmittelbar vor dem Gipfelgrat ist besondere Vorsicht angebracht, da sich hier ein ungesicherter Höhleneingang befindet. Oben angekommen halten wir uns links und haben nach gut 300 Metern den **La Tiñosa** **3** (4:00 Std.) (1570 m) erreicht, den höchsten Gipfel der Provinz Córdoba. Von hier aus haben wir einen fantastischen Ausblick auf die Sierra de la Horconera mit ihrem höchsten Gipfel, dem Pico Bermejo (1476 m), im Westen, die nördlichen Sierren der Subbéticas mit dem Lobatejo (1217 m) im Norden, die Sierra Nevada im Osten und die Sierren Málagas und den Torcal de Antequera (Tour 38) im Süden/Südwesten.

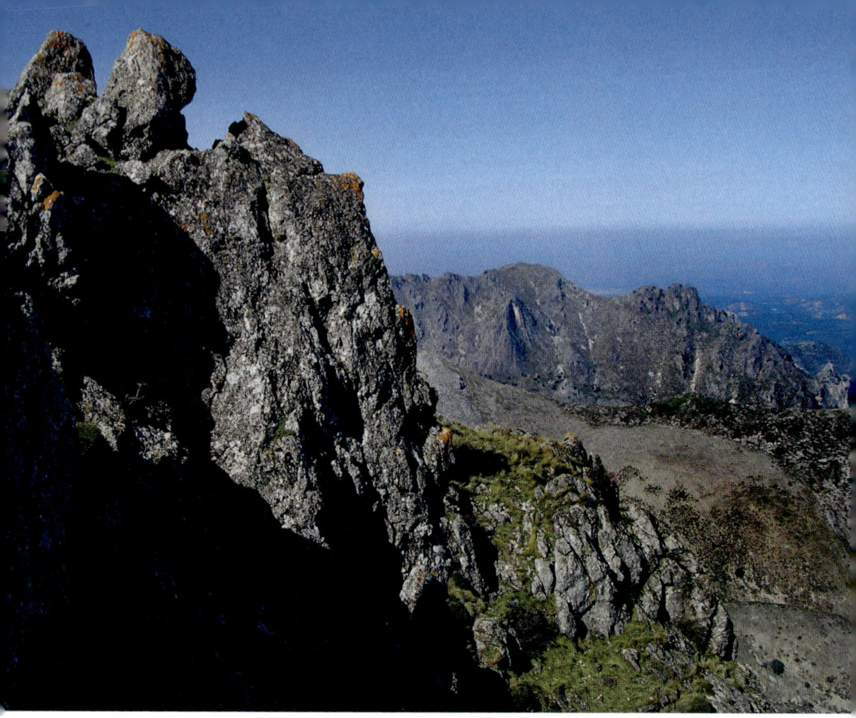

Blick vom La-Tiñosa-Gipfel (1570 m) nach Westen mit der Sierra de Horconera

Auf dem Abstieg kommen wir wieder an der Stelle vorbei, an der wir zuvor den Kamm erreicht haben und gehen weiter auf diesem entlang nach Südwesten. Dabei umgehen wir den felsigen Gipfelbereich von El Morrión. Circa 800 Meter nach dem Gipfel wendet sich der Pfad deutlich nach rechts, wird steiler und steiniger, und nach weiteren knapp 100 Metern erreichen wir die Höhle Cueva del Morrión. Wir gehen an ihr vorbei und folgen dem Pfad gen Westen, der mit Steinmännchen markiert ist. Kurz darauf müssen wir eine Felsrinne hinabsteigen. Der Pfad ist nicht immer leicht zu finden, sodass wir unbedingt beachten müssen, nicht zu weit südlich (in Gehrichtung links) zu gehen und Steilstellen zu meiden. Eventuell müssen wir etwas zurückgehen und nach Steinmännchen suchen, die den richtigen Weg markieren.
Ungefähr 1000 Streckenmeter und 300 Höhenmeter unterhalb der Höhle haben wird den **Pass Puerto Mahína** 4 (5:00 Std.) erreicht. Von hier aus gibt es für die Wahl des Rückweges zwei Möglichkeiten. Sofern wir nach Priego de Córdoba zurück wollen, gehen wir vom Pass nach Norden. Wir folgen dabei immer dem Geländeeinschnitt, durchqueren einen Olivenhain und kommen nach etwa 850 Metern am

Gehöft Las Chozas de Toledo vorbei. Von hier aus folgen wir dem bereits bekannten Weg in umgekehrter Richtung. Die Gehzeit von hier nach Priego beträgt ca. 2:15 Stunden. Sofern wir die Wanderung bis nach Las Lagunillas fortsetzen wollen, folgen wir vom Pass dem Geländeeinschnitt nach Süden, bis wir nach etwa einem Kilometer an dem verfallenen Gehöft Cortijo de la Cañatienda ankommen. Dort wechseln wir auf die andere Talseite und folgen der Piste zum großen Gehöft **Cortijo Alto de Torres** **5** (5:45 Std.), das wir rechts umgehen. Von hier aus wandern wir auf der Schotterpiste bis nach Las Lagunillas, zunächst durch Eichenwald, dann durch Olivenhaine. Wenig später kommen wir an einem weiteren Haus vorbei, dem Cortijo de los Petronilos, wo wir uns unmittelbar darauf links halten. Wir folgen weiterhin der Hauptpiste, überqueren eine kleine Bachbrücke und erreichen knapp einen Kilometer später die Landstraße, der wir ins Ortszentrum von **Las Lagunillas** **E** (6:30 Std.) folgen.

Hinweis: Für die Besteigung des Gipfels La Tiñosa ist eine Genehmigung erforderlich, die man entweder im Informationszentrum Santa Rita zwischen Priego de Córdoba und Cabra an der A-339 unweit des Passes Puerto del Mohón (Tel. +34/957/50 69 86) oder bei der Provinzverwaltung der Naturschutzbehörde – Delegación Provincial de Medio Ambiente de Córdoba (Tel. +34/957/00 13 00, volcor.cma@juntadeandalucia.es) – beantragt.

GEOLOGIE

Die Sierras Subbéticas, so auch der Gipfel der La Tiñosa, zählen geologisch zu den Betischen Kordilleren, wobei sich der Begriff »betisch« von der römischen Provinz Hispania Baetica ableitet, die ungefähr dem heutigen Andalusien entsprach. Die Gesteine entstanden aus fossilienreichen Kalkablagerungen der Jurazeit und haben somit ein Alter zwischen 200 und 145 Mio. Jahren. Die Auffaltung und Hebung der Berge geschah im Tertiär, in einer Zeitspanne von vor 34 Mio. bis 5 Mio. Jahren.

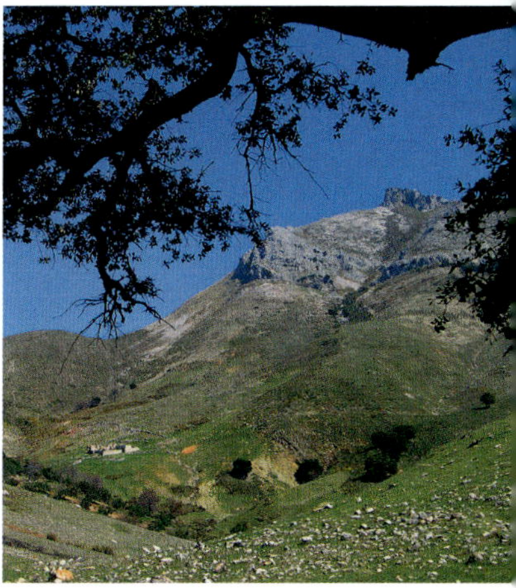

La Tiñosa mit dem Cortijo de la Cañatiend

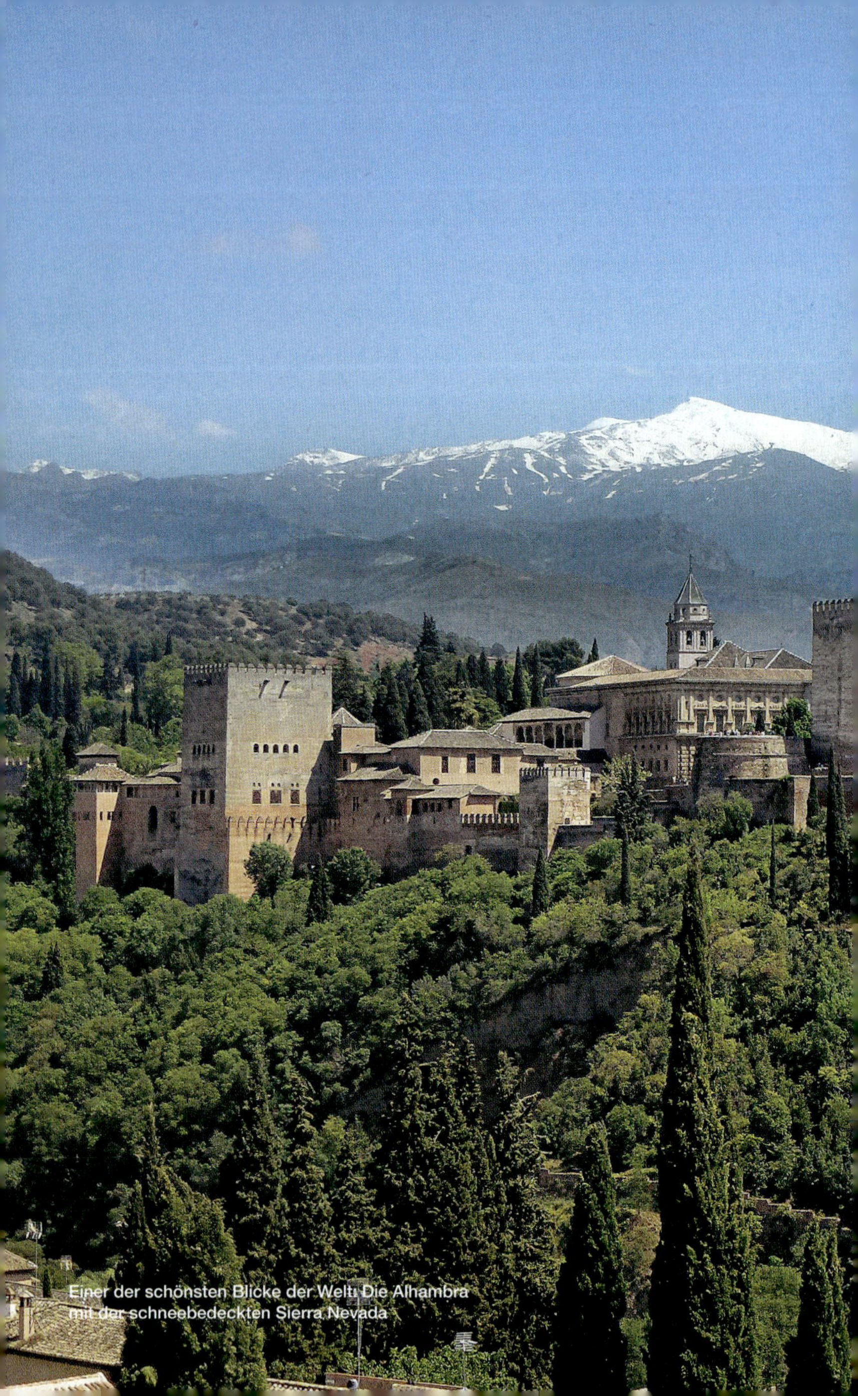

Einer der schönsten Blicke der Welt: Die Alhambra mit der schneebedeckten Sierra Nevada

ÖSTLICHES ANDALUSIEN

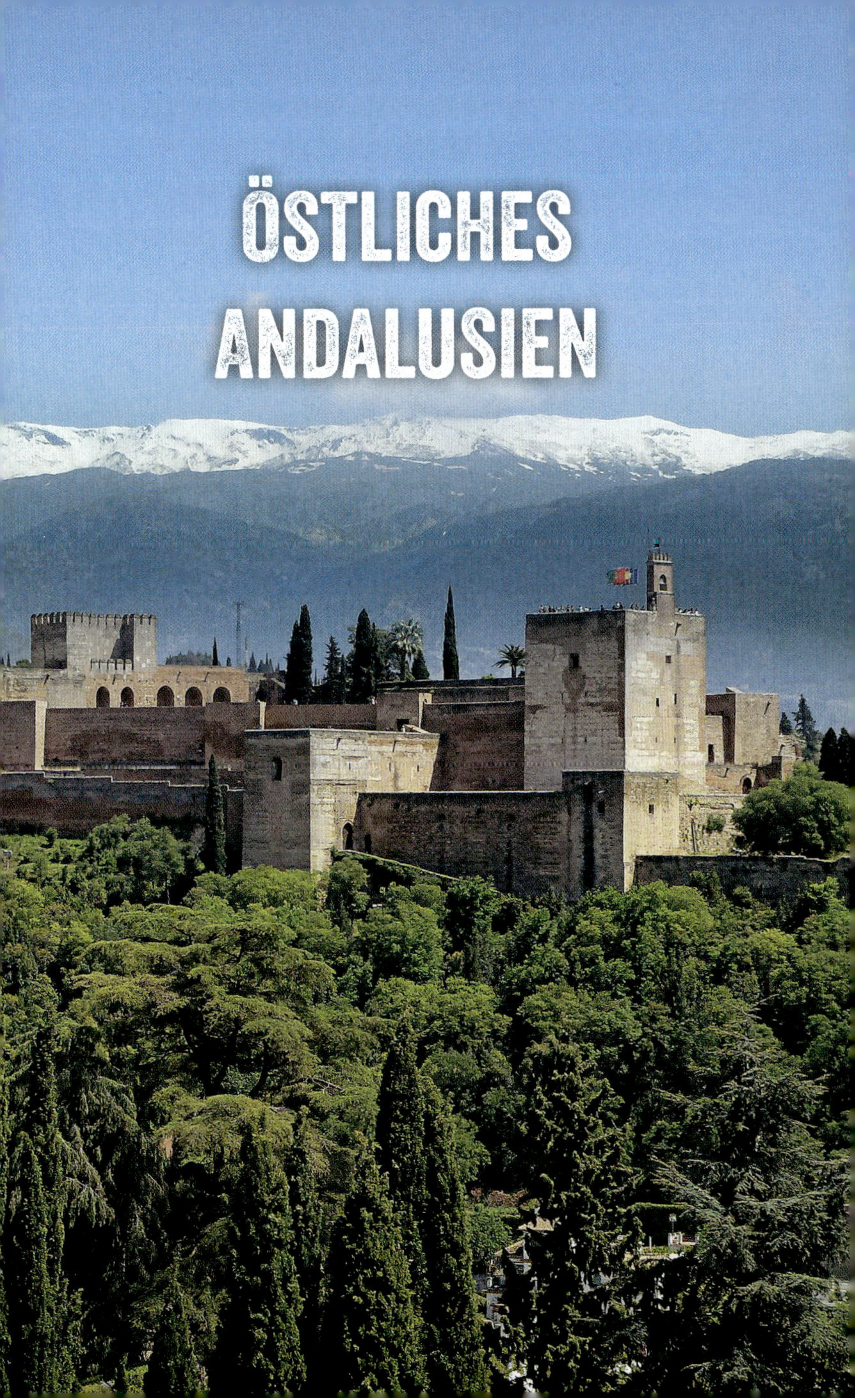

DAS ÖSTLICHE ANDALUSIEN

Granada, Hochgebirge und Wüstenlandschaft

Das Hochgebirge der Sierra Nevada mit ihren Ausläufern, die Sierra de Cazorla und die einzige Naturwüste Europas am Cabo de Gata prägen die Region östlich von Granada. Von der ausladenden fruchtbaren, landwirtschaftlich genutzten Ebene der Vega von Granada steigt das Relief nach Osten hin mächtig an.

Zunächst in den stadtnahen Bergen der »media montaña« wie dem Trevenque, dann in den von Granada aus majestätisch und ruhig wirkenden Gipfeln der »alta montaña« mit ihren Dreitausendern erstreckt sich die Sierra Nevada in West-Ost-Richtung. Einen Korridor zum Mittelmeer bildet zwischen Granada und Motril das Valle de Lecrín, östlich davon wird es stark gebirgig mit einem schmalen Küstenstreifen südlich der Kette der Sierra de Gador bis Almería. Ein landschaftsbildender Faktor ist die Niederschlagsmenge: Nach Osten hin nehmen die Niederschläge massiv ab, denn in Andalusien herrscht eine Westwindlage vor, und der Regen bleibt an der Sierra de Grazalema und an der Sierra Nevada hängen. In der Provinz Almería herrschen daher halbwüsten- und wüstenhafte Verhältnisse, was die Region nicht zuletzt für bestimmte Filmgenres interessant werden ließ. In den östlichen Gebirgsstöcken wie der Sierra de Alhamilla und der Sierra de Baza sind größere Gebiete nahezu menschenleer, es handelt sich um eine trockene Wildnis. Dabei wies die Region im 19. Jahrhundert noch eine gewisse Vegetation auf, doch fiel diese dem Rohstoffhunger der Montanindustrie zum Opfer. Sogar das Espartogras wurde verheizt und die Oberflächen blieben schutzlos Starkregen und Sonne ausgeliefert, was zu einer »Badland«-Bildung führte. Im äußersten Südosten am Cabo de Gata ist die Landschaft baumlos, bis auf wenige Palmen in schmalen Taleinschnitten. Ehemalige Vulkane prägen die Szenerie, es wachsen Zwergpalmen und andere Sukkulenten. Im Nordosten dominiert ein weiterer Gebirgsstock das Relief:

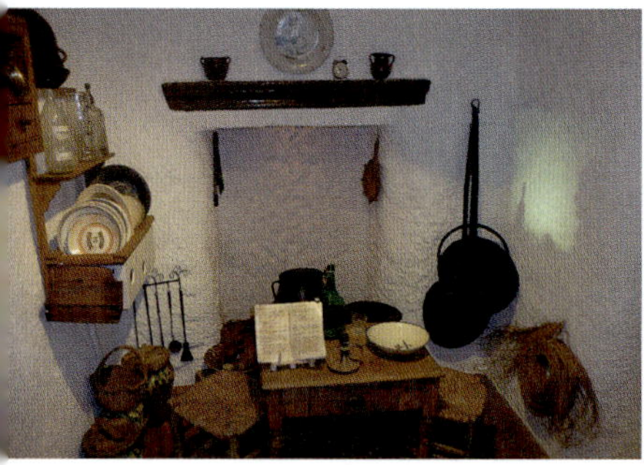

Höhlenmuseum in Guadix

die Sierra de Cazorla im Verbund mit der Sierra de Segura. Dieses eigenständige Gebirge ist wasser- und waldreich, denn als traditionelles Jagdgebiet des spanischen Adels und auch des Caudillo, also des Diktators Franco, unterlag das Gebiet lange Zeit einem hohen Schutz. Dabei hat sich die Vegetation im Lauf der Jahrhunderte stark geändert, denn begehrte Laubbäume wurden zwecks Schiffbau für die spanische Armada abgeholzt und auf dem Guadalquivír weit flussabwärts geflößt. Bedeutendste Wirtschaftszweige im östlichen Andalusien sind der Tourismus und die Landwirtschaft sowie viel Kleingewerbe und Handel. In Granada gibt es viele Arbeitsplätze an der Universität, der viertgrößten Spaniens, sowie an den großen Kliniken und natürlich in Gastronomie und Hotellerie. In der Alpujarra hat sich ein »ländlicher« Tourismus längst etabliert, die Landwirtschaft funktioniert meist als Nebenerwerb. Die Intensivlandwirtschaft in riesigen Gewächshäusern ist allerdings ein wichtiger Posten in der Provinz Almería. Im »mar plástico«, dem Meer aus Plastik, arbeiten rund um die Kleinstadt El Ejido sowie im Osten der Hauptstadt über 80 000 Menschen in Gewächshäusern, zum großen Teil unter unwürdigen Bedingungen. Es sind rund 15 000 Betriebe, die für eine Jahresproduktion von drei Millionen Tonnen Gemüse und Obst sorgen und die auch stark in den deutschsprachigen Raum exportieren. Eine weitere Landwirtschaftsregion ist die »Costa Trópical« an der Küste südlich von Granada. Hier gedeihen in Sonderkulturen die Chirimoyas, lecker schmeckende Früchte mit einem weichen, zu löffelnden Fruchtfleisch. Die Fischerei spielt hingegen eine untergeordnete Rolle, auch wenn in Städtchen wie Adra noch ein paar wenige Menschen vom Meer leben.

Kulturell und geschichtlich ist Granada freilich der »Platzhirsch« mit seinem boomenden Städtetourismus und der Alhambra als großem Magneten für Besucher aus aller Welt. Doch sowohl in der Provinzhauptstadt als auch in kleineren Orten kann eine historische Spurensuche durchaus Spaß machen, und nicht nur die Überbleibsel aus der maurischen Epoche haben »ihre« Geschichte zu erzählen. Überall in den Provinzen Granada und Almería gibt es Initiativen und Ideen, die auf spannende Weise Lust machen auf Geschichte und Natur.

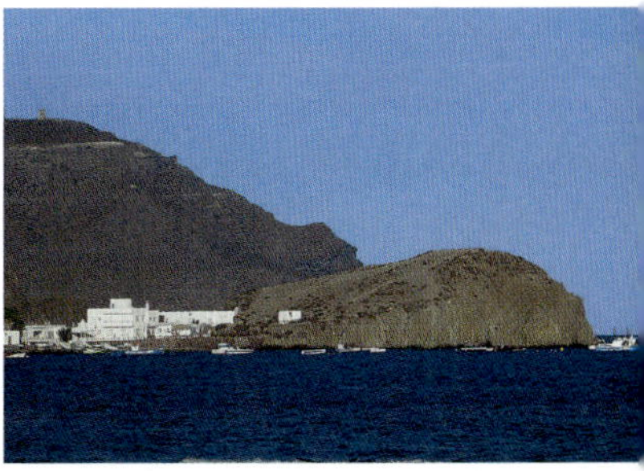

La Isleta del Moro am Cabo de Gata

ENTDECKERTOUR

Maurische Wassergärten und Wüste: von Granada ans Cabo de Gata

Unsere Tour durch den Osten Andalusiens starten wir mit dem kulturellen Highlight Granada. Wir besichtigen Alhambra und Generalife, bummeln am Darro entlang und streifen durch das maurische Stadtviertel, den Albaicín.

Die Kathedrale beeindruckt uns ebenso wie der Blick von der Plaza de San Nicolás auf die »rote Burg« mit der Sierra Nevada im Hintergrund. Nachdem wir unsere nächtliche Tapastour durch die Studentenmetropole verkraftet haben, brechen wir auf Richtung Alpujarras mit seinem Eingangstor Lanjarón und seiner großen Mineralwasserabfüllung.

Durch die Alpujarras

Entlang der Route durch die »weißen Dörfer« mit ihrer maurischen Vergangenheit kommen wir durch hübsche Flecken wie Pampaneira, Bubión und Capileira im Poqueiratal. Sowohl hier als auch in Pitres setzen einige der vorgestellten Wanderungen an. Falls wir Größeres vorhaben, brechen wir mit Übernachtung im Refugio Poqueira bis in die Gipfelregion der Sierra auf. In Trevélez können wir eines der Schinken-Lagerhäuser besichtigen und Spezialitäten verkosten, und in Yegen besuchen wir das kleine Volkskundemuseum zu Ehren von Gerald Brenan, dessen Buch Südlich von Granada wir mit Interesse gelesen haben. Je weiter nach Osten wir fahren, desto spärlicher wird die Vegetation und umso trockener wird es. Brauntöne treten an die Stelle der grünen, fruchtbaren Hänge mit ihren vielen Obstbäumen. Über das kleine Kurstädtchen Alhama de Almería lassen wir das Hochgebirge hinter uns und rollen nach Almería hinein. Dessen großes

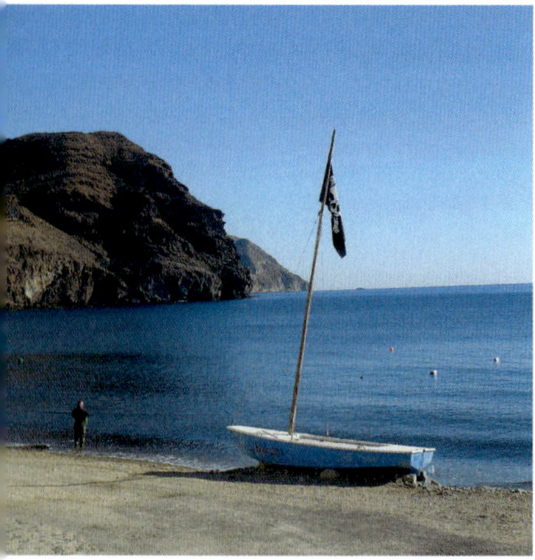

Am Strand von Las Negras

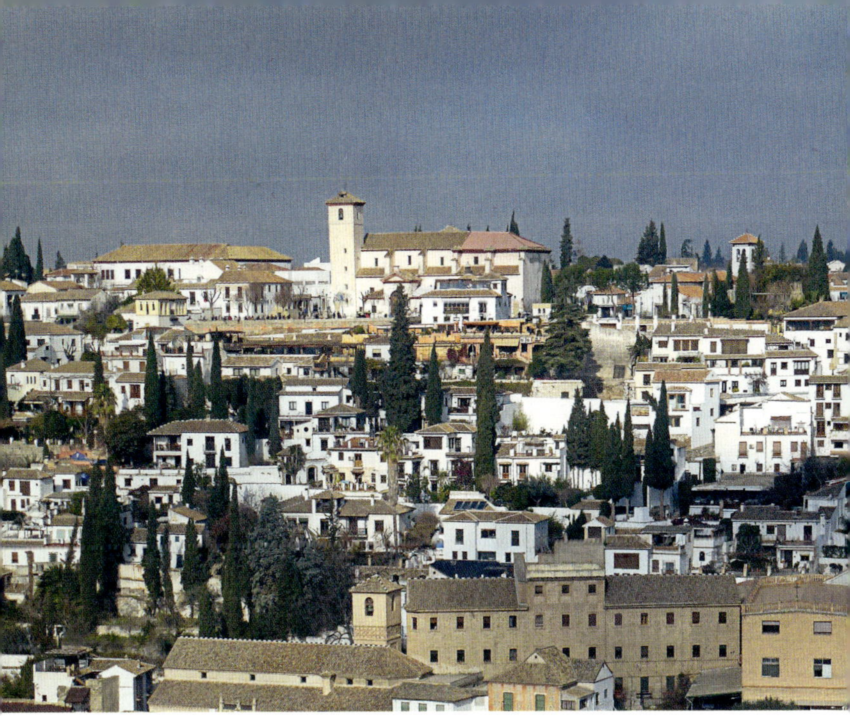

Der Albaicín von Granada von der Alhambra aus gesehen

Castillo – nach der Alhambra das zweitgrößte maurische Bauwerk Europas – wirkt wie eine Version derselben, allerdings schlichter und ist dementsprechend weniger besucht. Ein interessanter Platz mit viel Historie! Die Hafenmeile bietet ein Industriedenkmal, das »Cable Inglés«: Es wurde im Jahr 1902 von einer englischen Firma errichtet und diente der Verladung von Eisenerz auf Schiffe.

Zum Cabo de Gata – einzige Wüste Europas

Durch eine Zone von Treibhäusern fahren wir weiter nach Osten, hinein in den Parque Natural Cabo de Gata, eine beinah magische Umgebung. San José weist einiges an touristischer Infrastruktur auf, und wir können von hier aus gut die Umgebung erkunden. Wanderungen zu toll gelegenen Stränden oder auf kleine Vulkangipfel begeistern uns. Das Ambiente von Örtchen wie La Isleta und Las Negras nimmt uns gefangen. Ein spannender Abstecher führt uns zum Minenmuseum von Rodalquilar und wir fühlen uns wie in einer anderen Zeit. Auf dem Rückweg nach Granada machen wir halt in Tabernas und erkunden einen Canyon wie im Wilden Westen. Vielleicht besuchen wir eines der Westerndörfer mit ihren Stuntvorführungen oder sehen uns in der Nähe das große Solarkraftwerk an. Im hübschen Sorbas schauen wir uns nach Töpferwaren um, können aber auch eine geführte Höhlentour im nahen Karstgebiet mitmachen. Hier, im »wilden Osten« Andalusiens, ist die Siedlungsdichte gering und die Landschaft erinnert an Filme wie »Spiel mir das Lied vom Tod«. Auf dem Rückweg über die A-92 haben wir zur Rechten die Sierra de los Filabres, die in die Sierra de Baza übergeht, links von unserer Route erhebt sich die Nordseite der Sierra Nevada. Spektakulär liegt die Burg von La Calahorra aus dem 16. Jahrhundert vor der Kulisse der Dreitausender. Hier befindet sich auch die größte Solaranlage Europas.

Guadix – Wohnen wie bei den Hobbits

In Guadix machen wir halt und besichtigen das große Viertel mit mehreren Hundert Höhlenwohnungen. In dem weichen Lössgestein wohnt es sich recht behaglich, denn die Erde isoliert hervorragend sowohl gegen Kälte als auch gegen Hitze. Von mehreren Aussichtspunkten gewinnt man einen schönen Überblick über die ungewöhnliche Szenerie und ein offizielles, modernes Höhlenmuseum informiert über Bau- und Lebensweise und auch über weitere Ansammlungen von »casas de cuevas« in Andalusien. Jetzt können wir die Runde nach Granada komplettieren oder über Baza einen Schwenk nach Norden machen. In Pozo Alcón erreichen wir den Südzipfel der großen Sierra de Cazorla, Segura y las Villas, die mit ihrem Wasser- und Wildreichtum einen Kontrast zum trockenen Südosten bildet. Der Hauptort Cazorla ist das Einstiegstor zu weiteren Wanderungen.

Durch das Olivenmeer von Jaén

Úbeda und Baeza werden gerne in einem Atemzug genannt – beide Städtchen sind echte Kleinode der spanischen Renaissance und bestechen durch gepflegte Innenstädte mit historischen Gebäudeensembles. Jaén ist die Hauptstadt des Olivenanbaus. Wie eine Insel in einem Olivenmeer wirkt der Burgberg mit dem Parador. Wir können noch in der Sierra Mágina, einem mächtigen Gebirgsblock, einen Wanderabstecher unternehmen, bevor wir direkt nach Süden zu unserem Ausgangspunkt Granada zurückkehren.

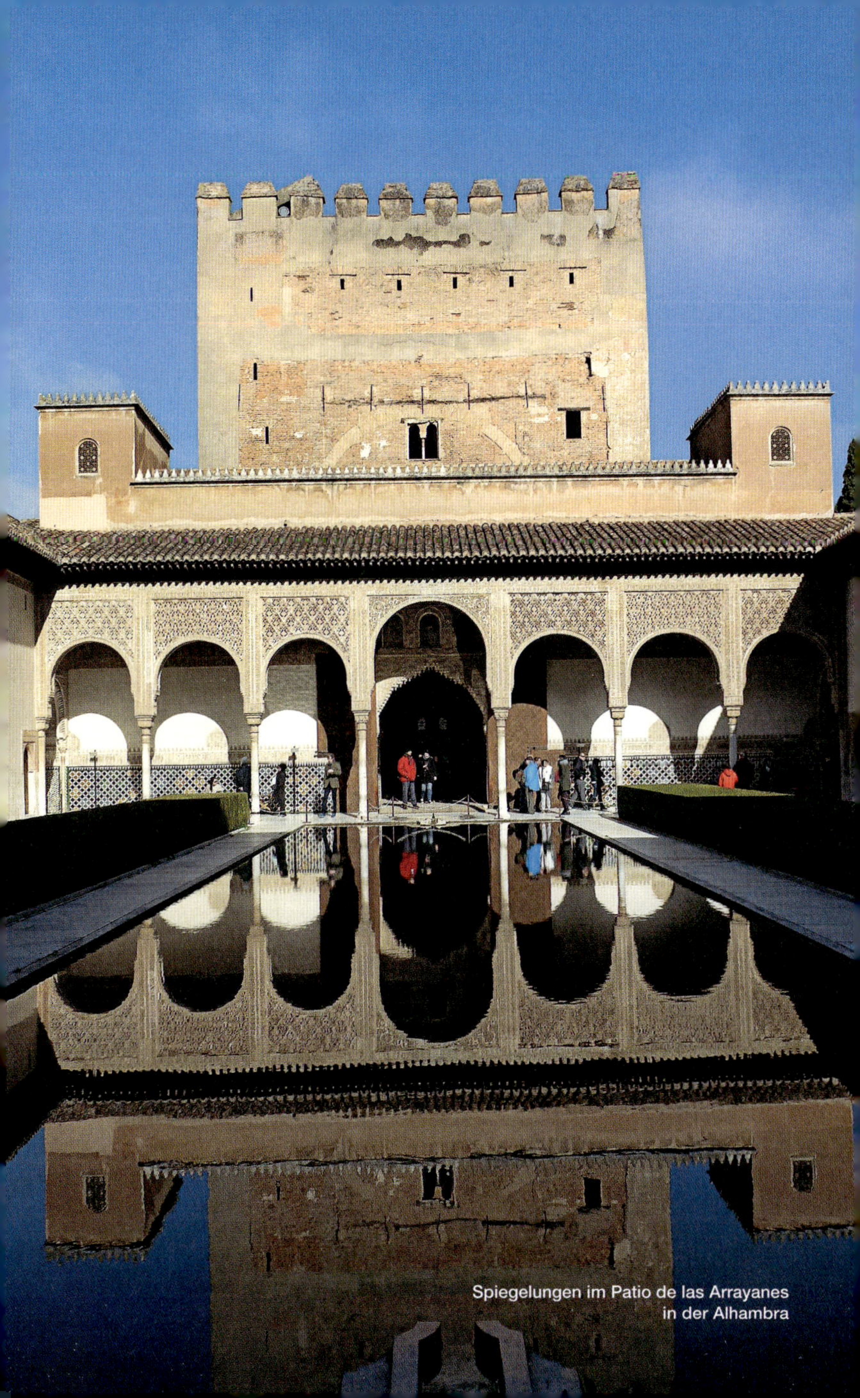

Spiegelungen im Patio de las Arrayanes
in der Alhambra

HILFREICHE ADRESSEN

Oficina de Turismo Almería (Tour 46): Von September bis Juni ist das städtische Touristenbüro tägl. 9–17 Uhr geöffnet. Im Juli und August tägl. 9–14 Uhr und 16–19 Uhr. Es werden tägl. Führungen zu verschiedenen Themen angeboten. Plaza de la Constitución, s/n, 04001 Almería, Tel. +34/950/21 05 38, www.turismodealmeria.org

Oficina de Turismo de la Junta de Andalucía (Tour 46): Das Touristenbüro der Provinzverwaltung ist Mo bis Fr 9–19.30 Uhr geöffnet. Sa, So und an Feiertagen 9.30–15 Uhr bzw. im Sommer 10–14 Uhr. Parque Nicolás Salmerón, an der Ecke Calle Martínez Campos, 04002 Almería, Tel. +34/950/17 52 20

Estación Intermodal de Autobuses de Almería (Tour 46): Plaza de la Estación, 6, 04006 Almería, Tel. +34/950/26 20 98

Informationszentrum Las Amoladeras. Las Amoladeras liegt an der Landstraße, die vom Flughafen Almería zum Cabo de Gata führt. In den Wintermonaten ist das Zentrum tägl. 10–15 Uhr geöffnet und im Sommer tägl. 10–14 Uhr und 18–20 Uhr. Carretera 3115 Retamar – Pujaire, Km 7, 04007 Almería, Tel. +34/950/16 04 35

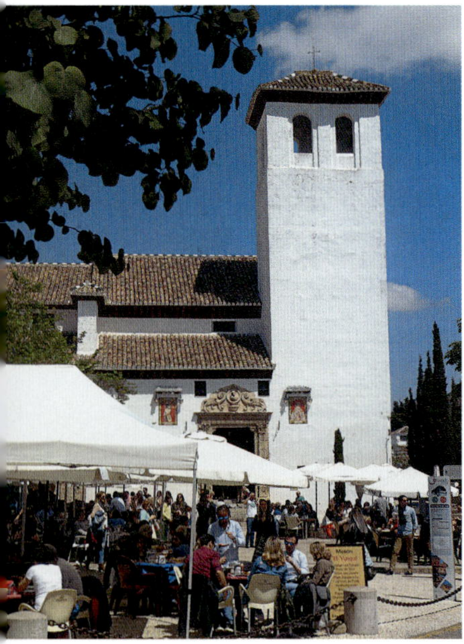

Im Albaicín in Granada

Cuevas de Sorbas (Tour 68): Es gibt verschiedene Routen mit Führungen durch das Höhlensystem. Die Basisroute kostet 15 Euro für Erwachsene und 10 Euro für Kinder. Es empfiehlt sich, eine Tour online zu reservieren. Ein Restaurant sorgt fürs leibliche Wohl. Paraje Barranco del Infierno, 04270 Sorbas, Tel. +34/950/36 47 04, info@cuevasdesorbas.com, www.cuevasdesorbas.com

Oficina de Turismo Guadix (Tour 49): Plaza de la Constitución 15–18, 18500 Guadix, Tel. +34/958/66 28 04, otguadix@andalucia.org, www.guadix.es

Oficina de Turismo Granada (Tour 44): Das Touristenbüro ist Mo bis Sa 10–19 Uhr geöffnet und So sowie an Feiertagen 10–14 Uhr. Ayuntamiento, Plaza del Carmen, s/n, Tel. +34/902/40 50 45, informacion@granadatur.com, www.granadatur.com

Museo Cuevas de Sacromonte (Tour 44): Ein wirklich sehenswertes Museum. Es gibt verschiedene Lebensräume, darunter eine Töpferhöhle, eine Küchenhöhle und Stallungen. Am Berghang Barranco de los Negros, im Herzen des Stadtviertels Sacromonte gelegen, bietet es außerdem einen herrlichen Blick auf die Alhambra.
Das Museum hat täglich geöffnet, von 15. März bis 14. Oktober 10–20 Uhr und von 15. Oktober bis 14. März 10–18 Uhr, www.sacromontegranada.com

Oficina de Turismo de Monachil (Tour 57): Plaza Baja, s/n, 18196 Monachil, Tel. +34/958/30 12 30, ayuntamiento@monachil.es, www.monachil.es

Punto de información turística de Sierra Nevada (Tour 57): Plaza de Andalucía. Edificio Monachil, 18196 Sierra Nevada, Tel. +34/958/48 04 64, infosierranevada@monachil.es

Punto de información del Parque Nacional de Sierra Nevada Pampaneira (Tour 45, 58, 59, 60, 61): Plaza de la Libertad, s/n, 18411 Pampaneira, Tel. +34/958/76 31 27, guias@nevadensis.com

Oficina de Turismo de Jaén (Tour 52): Calle Maestra 8, 23002 Jaén, Tel. +34/953/19 04 55 und +34/953/31 32 81, oficinaturismo@aytojaen.es, www.turjaen.org

Oficina de Turismo de Cazorla (Tour 66): Paseo de Santa María, s/n, 23470 Cazorla, Tel. +34/953/71 01 02, turismo@cazorla.es, www.cazorla.es

Oficina de Información del Parque Natural Sierras de Cazorla, Segura y las Villas (Tour 66): Calle Martínez Falero, 11, 23470 Cazorla, Tel. +34/953/72 01 25

Oficina de Turismo Úbeda (Tour 50): Calle Baja del Marqués, s/n, 23400 Úbeda, Tel. +34/953/75 08 97, www.ubeda.es

Oficina de Turismo Baeza (Tour 51): Plaza del Pópulo, s/n, 23440 Baeza, Tel. +34/953/74 04 44, info@baezaturismo.com, www.baezaturismo.com

Museo de la Cultura del Olivo (Tour 51): Puente del Obispo, 23529 Baeza, Tel. +34/953/76 51 42, info@museodelaculturadelolivo.com, www.museodelaculturadelolivo.com

44 GRANADA

Lebendige Stadt mit maurischer Vergangenheit

Granada ist unter den Großstädten in Andalusien die Stadt mit der spektakulärsten Lage: Am Rand der majestätischen, oft schneebedeckten Sierra Nevada gelegen, ergeben sich von vielen Plätzen aus erhabene Blicke auf das Hochgebirge mit seinen Dreitausendern. Die Alhambra als die bedeutendste Sehenwürdigkeit unserer Reiseregion ist ein besonderer Anziehungspunkt für Besucher aus aller Welt.

Lage Ca.70 km nördlich der Costa del Sol, westlich der Sierra Nevada

Anfahrt Regionalflughafen, Bahnhof der RENFE, gute Fernbusverbindungen, mit PKW auf A-7 und A-44 oder A-45 und A-92 von Málaga aus

Einkehr Bar Restaurante Leon, Calle Pan, 1, Tel. +34/958/22 51 43, info@restaurantebarleon.com, www.restaurantebarleon.com; Café Bib Rambla. Plaza Bib-Rambla, 3, Tel. +34/958/25 68 20, www.cafebibrambla.com; Restaurante Mirador de Morayma. Albaicín, Calle Pianista García Carillo 2, Tel. +34/958/22 82 90 und +34/958/22 48 12, info@miradordemorayma.com, www.miradordemorayma.com; Granada: El Trillo, Terrassenrestaurant an der Plaza Nicolás; Tipp: Bodega Castaneda, der »Klassiker« in der Altstadt mit urigem Ambiente, gute Tapas, Travesia Almireceros. Gute »raciones« auch an der Plaza San Miguel Bajo und am Campo del Principe sowie an der Plaza Bibrambla und in der Calle Navas.

Vom Albaicín aus, dem alten maurisch geprägten Stadtviertel, genießt man die besten Panoramen auf die berühmte Festung mit den Palastbereichen und bummelt durch ein heute zunehmend wieder arabisch gefärbtes Viertel. Die Kathedrale ist eine der größten Kirchen Europas und ebenfalls einen Besuch wert. In Granada gibt es die viertgrößte Universität Spaniens und entsprechend reichhaltig ist das Angebot an Bars, Restaurants und Cafés. Vor allem Freitag und Samstag wird hier die Nacht zum Tag gemacht auf einer leckeren Tapastour und mit vielen sympathischen Kontakten.

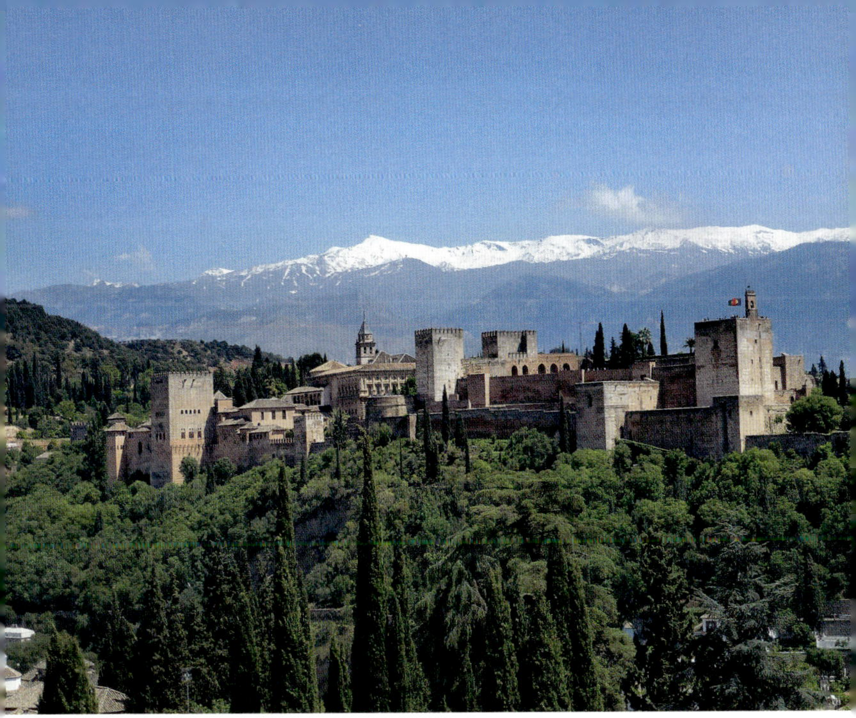

Die Alhambra mit der schneebedeckten Sierra Nevada

Höhepunkt islamischer Baukunst

Die Alhambra, auf dem Sabikahügel gelegen, ist eine von einer Festung geschützte Palaststadt. Weitläufige Gartenanlagen durchstreift der Besucher schon auf dem Aufstieg durch die Cuesta de Gomérez, die sich in Alhambra und Generalife, dem Gartenpalast, fortsetzen. Durch die mächtige Puerta de la Justicia, das Gerechtigkeitstor, führt der populärste Weg. Zunächst kann man von einer Terrasse aus hinüberschauen auf die »weißen Häuser« des Albaicín mit seinen vielen Kirchtürmen und Gärten – bis hierher hat man noch freien Eintritt. Hoffentlich konnte man – meist mit langem Vorlauf – ein Ticket ergattern, dann richtet sich der Rundgang nach dem Zeitfenster für den Besuch der fragilen und sehr ästhetischen Palastbereiche aus. Dieser beginnt mit dem Mexuar, einem Gerichtssaal. Dann gelangen die Besucher in einen kleinen Hof mit zwei kostbaren, großen Türen, den Cuarto Dorado. Der Torre de Comares ist der höchste Turm der Alhambra, er weist im Inneren eine filigrane Ornamentik auf. Der Patio de las Arrayanes, der »Myrtenhof«, war der Haremsbereich des Palastes und in seinem Zentrum befindet sich ein langes Wasserbecken, in dem sich die Architektur spiegelt. Höhepunkt des sich steigernden Besuchs ist der Gang um den berühmten Löwenhof, den Patio de los Leones. Der Löwenbrunnen an sich ist schlicht gehalten, er wird von kleinen Rinnsalen als Symbolen des Paradieses umgeben. Kontrastreich ist das überbordende Stuckdekor an den Säulen und Portalen, wie auch in der Sala de los Abencerrajes mit ihrer fein gestalteten Decke. An und in der Alhambra wird ständig restauriert, daher kann es sein, dass nicht alle Räume wie die Bäder oder die Sala de los Reyes zugänglich sind. Im Freibereich wartet ein weiterer Palast mit schöner Gartenarchitektur, der Partal. Nach einem längeren Spaziergang kommt man zum Generalife, dem Gartenpalast der maurischen Herrscher, mit kühlenden Wasserspielen und seltenen Rosenarten. Auf dem Areal wurde früher Landwirtschaft betrieben zur autarken Versorgung der Alhambrabewohner. Im hinteren Bereich der Gärten sollte man unbedingt die Wassertreppe besuchen, ein echtes Kleinod. Auf dem weitläufigen Park- und Palastgelände stehen viele weitere Bauwerke, von denen das größte und wuchtigste die Alcazaba, die Festung ist, mit dem Torre de la Vela als idealem Aussichtspunkt über Granada. Der Palast von Karl V. wirkt wie ein Fremdkörper in der ganzen Anlage, auf der man auch im Parador übernachten kann.

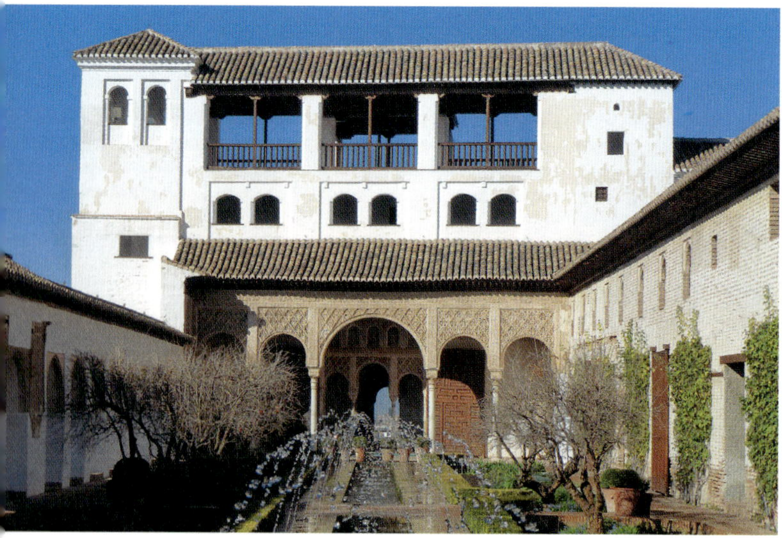

Wasserspiele im Generalife, der maurischen Sommerresidenz

Stadtrundgang

Ein toller Spaziergang führt von der Plaza Nueva aus den Darro entlang. Viele historische Bauten stehen an der Route, die sich am Paseo del Darro öffnet. Über die Cuesta del Chapiz kann man weiter in den Albaicín eintauchen und an der Plaza San Nicolas »den« berühmten Alhambrablick genießen, musikalisch umrahmt von Flamenco. In der Nachbarschaft hat die arabische Gemeinde vor wenigen Jahren die Moschee Granadas errichtet, deren Garten man ebenfalls betreten darf. Vom Glockenturm der Kirche aus hat man ein noch besseres Panorama! Gerade im maurischen Stadtviertel wurden in den letzten Jahren weitere Stadtpaläste restauriert und der Öffentlichkeit zugänglich gemacht, darunter wahre Kleinode. Über die Plaza San Miguel Bajo kann man zur Innenstadt zurückgehen, am besten aber über die arabischen Gässchen der Caldería Nueva, wo Teterías (Teestuben) mit verführerischen Düften und leckeren Plätzchen locken.
Unweit der Plaza Nueva, auf der anderen Seite der Gran Vía, erhebt sich die riesige Kathedrale Santa María de la Encarnación aus dem Dächermeer heraus. Sie wurde kurze Zeit nach der Übergabe Granadas an die Christen im Jahr 1523 als gotischer Bau begonnen. Ihre fünf Schiffe erstrecken sich über eine enorme Länge von 116 Metern und eine Breite von 67 Metern. Die berühmtesten Künstler ihrer Zeit wie Alonso Cano und Diego de Siloé steuerten Skulpturen bei und Gemälde. Die Capilla Real hat einen separaten Eingang: Im Inneren befinden sich die Gräber der »Christlichen Könige« Isabella von Kastilien und Ferdinand von Aragón. Gegenüber der Capilla ist ein besonderes Gebäude, das aufwendig restauriert wurde: Die Madraza war die Hochschule Granadas in maurischer Zeit, im Inneren sieht man Stuckdekor und filigrane Holzdecken.
Rund um die Plaza Bib-Rambla spielt sich das innenstädtische Einkaufsleben ab, ein paar Schritte weiter steht die Markthalle. In den kleinen Gässchen der Alcaicería, dem ehemaligen Seidenmarkt, kann man preiswerte Lederwaren aus Marokko kaufen. Von hier aus über die Calle Reyes Católicos gelangt man zum Corral del Carbón, einer frü-

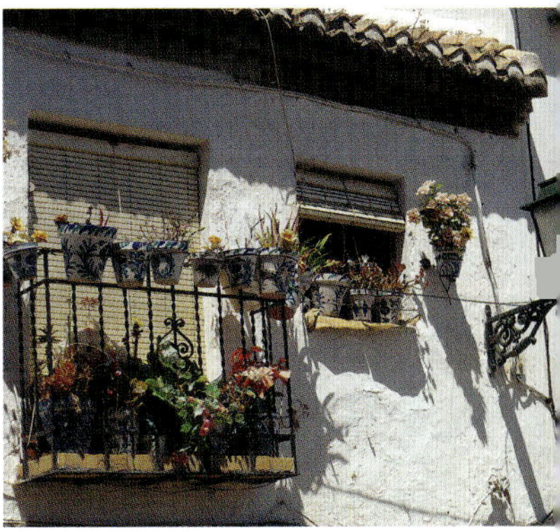

Fassade im Albaicín

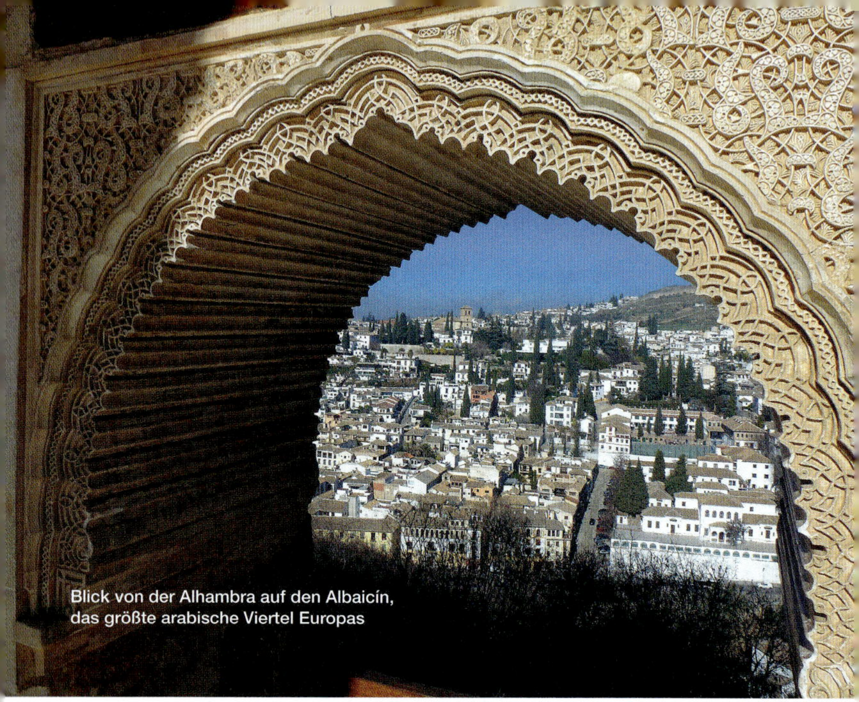
Blick von der Alhambra auf den Albaicín, das größte arabische Viertel Europas

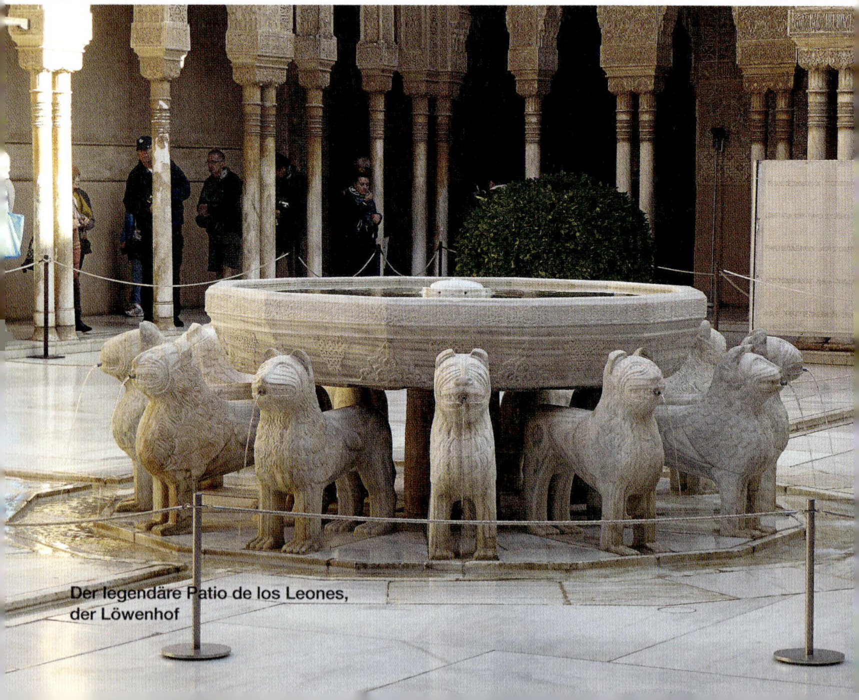
Der legendäre Patio de los Leones, der Löwenhof

heren Karawanserei, einem weiteren Bauwerk aus der maurischen Vergangenheit Granadas.

Hintergrund: Grundzüge der islamischen Kunst

Die Grundzüge der Kunstauffassung entwickeln sich aus dem jeweiligen Menschenbild in den verschiedenen Kulturkreisen, aus der Position des Menschen in seinem physischen und gesellschaftlichen Umfeld. Die Umgebung übt eine starke Prägung aus auf das Individuum, beeinflusst dessen Sicht von Ästhetik und Kunstempfinden, wobei auch die Religion eine starke Rolle spielt. Kennzeichnend für die Kunstauffassung im Islam ist das abstrakte Gottesbild und damit der grundsätzliche Verzicht auf Abbildungen. Gott ist keine Person. Daraus ergibt sich, dass weder Gott noch hohe Repräsentanten der Religion in der Malerei vorkommen, wie dies in der christlichen Kunstgeschichte der Fall ist. An diese Stelle tritt die Schrift, in der Steigerung die Heilige Schrift, also der Koran. Die kalligrafische Schriftkunst ersetzt das Bild und wirkt in künstlerischer Funktion. Die Moschee ist geprägt von der Gleichheit der Gläubigen vor Gott und besteht daher aus einem einheitlichen Raum, lediglich die Gebetsnische, der Mihrab, gibt mit seiner Ausrichtung auf Mekka eine Orientierung. Oft schmücken Zitate aus dem Koran und Lobpreisungen auf Allah die Gebetsnischen. Nicht-Muslimen erschließen sich diese Schriftzüge nur mit fachkundiger Interpretation, denn die Kenntnis der arabischen Schrift ist hierfür eine Voraussetzung. Die künstlerische Verzierung von Gräbern hingegen ist von sekundärer Bedeutung. Gräber sind oft Kuppelbauten (Mausoleum), denn die Kuppel repräsentiert den Himmel. Medersen (oder auch: Madraza), islamische Universitäten, konnten bezüglich der Innenarchitektur sehr fein ausgestaltet sein. Ein Musterbeispiel hierfür ist die prachtvoll restaurierte Madraza in der Nähe der Kathedrale in Granada. Viele Beispiele angewandter Kunst bzw. Kunsthandwerk kann man heute im Museum der Alhambra im Karlspalast besichtigen. Musik und Poesie spielten eine wichtige Rolle. Eine wichtige Rolle als Übersetzerin arabischer Lyrik spielte Annemarie Schimmel, die für ihre Tätigkeit den Friedenspreis des Deutschen Buchhandels erhielt. Ganz spannend ist eine Reihe von übergreifenden Musikprojekten zwischen Spanien und Marokko, die auf eine Fusion von Flamenco mit Elementen aus der marokkanischen Rai-Musik wie Percussion und der arabischen Laute, der »Ud«, abzielen.

45 DIE ALPUJARRAS

Zauberhafter Landstrich

An den Südhängen der Sierra Nevada erstreckt sich eine faszinierende alte Kulturlandschaft aus »weißen Dörfern« mit maurischem Erbe und Landwirtschaftsterrassen – die Alpujarras.

Lage Am Südrand der Sierra Nevada

Anfahrt Von Granada aus über Lanjarón, akzeptable Regionalbusverbindungen

Bereits in römischer Zeit wurde hier gesiedelt, doch die Mauren bauten die Infrastruktur und insbesondere die Bewässerungssysteme aus und kultivierten hier Maulbeerbäume für die Seidenproduktion. Nach der Übergabe Granadas zogen sich viele Mauren in die Bergwelt zurück und erhoben sich von 1568 bis 1570 gegen die christlichen Herrscher, denn es drohte die Zwangstaufe. Um 1609 wurden die letzten Morisken aus der Alpujarra vertrieben. Eingangstor und zugleich die größte Siedlung ist der Kurort Lanjarón, dessen Mineralwasser die Hauptmarke in der Region darstellt. Ein touristisches Zentrum ist das Poqueiratal mit den Ortschaften Pampaneira, Bubión und Capileira: Viele kleine Pensionen und Ferienwohnungen eröffnen für mehrtägige Aufenthalte einen zauberhaften Landstrich.

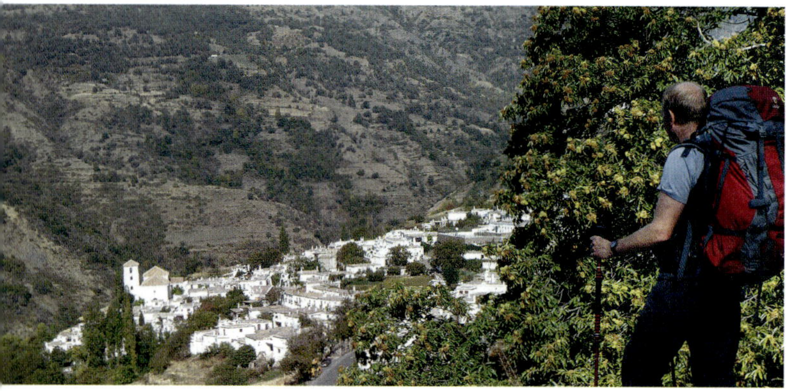

Bubión im Poqueiratal

46 ALMERÍA

Hauptstadt der Provinz

Das Zentrum an der Ostküste Andalusiens wird stark von der Landwirtschaft geprägt, denn ringsum herrscht »Agrobusiness« in Form eines »Meers aus Plastik«, wie die Treibhäuser auch genannt werden.

Lage Zentrum der Küste im östlichen Andalusien

Anfahrt Regionalflughafen, Fernbusverbindungen, Bahnhof der RENFE, mit Pkw über Küstenautobahn A-7 oder von Granada über A-92

Dennoch hat sich die Stadt auch touristisch ein wenig gemausert: Die Alcazaba ist eine große und sehr schön restaurierte Festungsanlage, von deren Saliente-Bastion man einen großartigen Blick auf die Stadt hat. Die Kathedrale als trutzige Wehrkirche zum Schutz vor Piratenüberfällen weist ein sehr schönes Chorgestühl aus Nussbaumholz aus dem 16. Jahrhundert auf. Die Plaza Vieja und das Rathaus sind weitere Fixpunkte auf einem Stadtrundgang, ebenso das Olivenölmuseum Museo del Aceite de Oliva. Die Hafenzeile wird durch den Fährverkehr nach Marokko bestimmt und durch das Industriedenkmal des »Cable Inglés« geprägt, einer Anlage für die Verschiffung von Erzen.

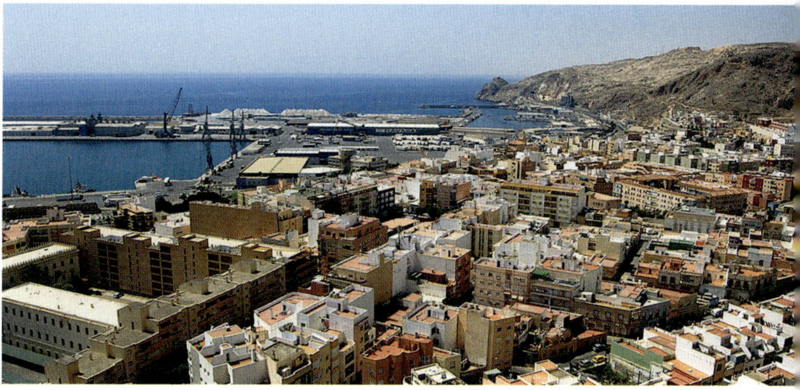

Ansicht von Almería

47 CABO DE GATA

Küstenidyll am Mittelmeer

Ganz im Südosten Andalusiens und außerhalb der Landwirtschaftsflächen mit ihren zugehörigen Quartieren für Billiglöhner erstreckt sich der Naturpark Cabo de Gata. Das Gebiet zeichnet sich durch starke Trockenheit aus: Es ist im Regenschatten der Sierra Nevada gelegen und damit die einzige natürliche Wüste Europas.

Lage Ganz im Südosten Andalusiens östlich von Almería

Anfahrt Mit Pkw zunächst auf N-344, dann nach örtlicher Beschilderung, Busse ab Almería

Hier darf maximal zweigeschossig gebaut werden und die touristischen Anlagen sind entsprechend überschaubar und haben noch individuellen Charakter. Hauptort ist San José, von wo aus man gut zum tollen Strand der Playa de los Genoveses kommt. Isleta del Moro ist ein kleiner Weiler mit prägnantem Felsen im Meer und in Las Negras steppt an den Wochenenden abends der Bär in den kleinen, aber vollen »chiringuitos«, den Strandkneipen. Ein besonderer Ort ist Rodalquilar, das ein Stück im Hinterland liegt: Hier kann man eine ehemalige Silbermine besuchen, die aussieht wie im Wilden Westen, zudem gibt es ein Infozentrum für den »Parque Natural«.

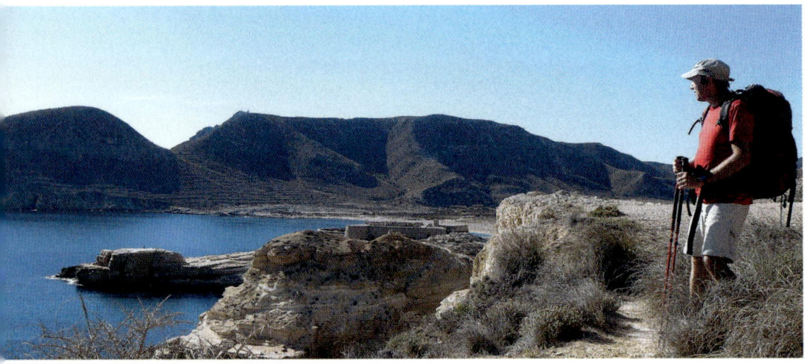

Küstenwanderung am Cabo de Gata

48 TABERNAS

Mini-Hollywood in der Wüste

Das verschlafene Nest mit Busverbindung nach Almería ist ein guter Ausgangspunkt für Touren in die umgebende Canyonlandschaft mit ihren bizarren Tälern und Schluchten.

Lage Ca. 25 km nördlich von Almería

Anfahrt Mit Pkw auf N-340, akzeptable Busverbindungen von Almería

Über dem Ort thront eine alte Burgruine und nördlich von Tabernas steht ein riesiges Sonnenkraftwerk, die »Plataforma Solar«, das Besichtigungen anbietet. Die örtlichen Touristiker scheinen nach und nach das Potenzial der Umgebung zu erkennen und bieten Wanderbroschüren an unter dem Motto »auf den Spuren berühmter Filme«, denn die Region ist ein beliebter Drehort.

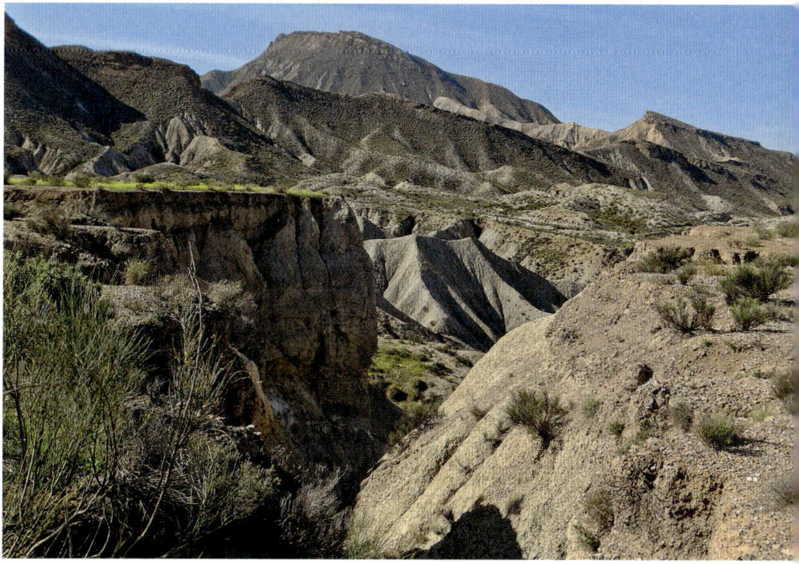

Wüstenlandschaften rund um Tabernas

49 GUADIX

Wohnen im Berg

Ungefähr auf der Hälfte der Strecke zwischen Almería und Granada bietet sich ein Zwischenstopp an in Guadix, das längst kein Geheimtipp mehr ist.

Lage Ca. 60 km nordöstlich von Granada Richtung Almería

Anfahrt Regionalbahnanschluss mit Bustransfer zur Stadt, Regionalbusse, mit Pkw auf der A-92

Einkehr Meson Cueva Virgen de Gracia, rustikales Restaurant im »Höhlenviertel«; Gastronomie rund um Rathaus und Kathedrale

Aus der Altstadt der Kleinstadt ragt die Kathedrale heraus, die ab 1594 an der Stelle einer vorherigen Moschee entstand. Die Ruine der maurischen Burg kann man wegen Baufälligkeit leider nicht besichtigen. Hauptattraktion von Guadix ist jedoch das Höhlenviertel Barriada de las Cuevas. Es ist die größte Ansammlung von Höhlenwohnungen in Andalusien, weitere in das Gestein hineingebaute Häuser gibt es in Baza, Monachil oder auch im Sacromonte in Granada. Ungefähr 1400 Menschen leben in Guadix zum Teil komfortabel, aber auch ärmlich in den Höhlen, insgesamt waren es in Andalusien rund 28 000 Menschen um 1990 herum. Im Sommer sind die Behausungen angenehm kühl, im Winter speichern sie die Wärme. Es gehört eine gewisse Architektur und Statik dazu als Basis, wie man im Höhlenmuseum erfahren kann. Die Küche befindet sich neben dem Eingang, damit man Fenster zum Lüften öffnen kann. Das Museum zeigt typische »Innereien« von Höhlen und alte Werkzeuge sowie Filmaufnahmen. An mehreren Stellen gibt es auch private »Museen«, deren Inhaber natürlich gerne ein Trinkgeld sehen sowie Aussichtsterrassen mit tollen Panoramen von Guadix und dem Höhlenviertel.

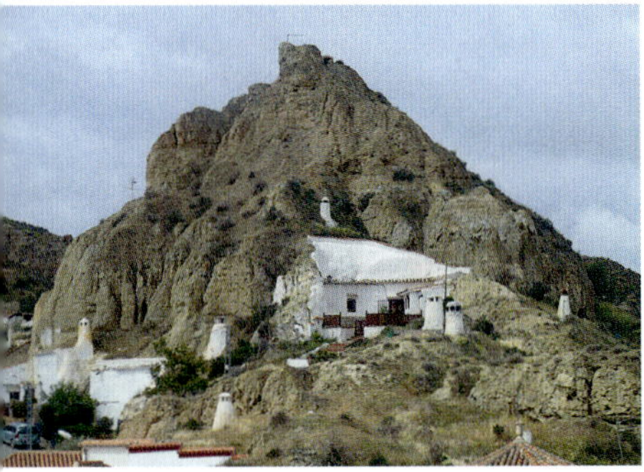

Das Barrio de las Cuevas in Guadix

50 ÚBEDA

Schatztruhe der Renaissance

Das Städtchen mit 36 000 Einwohnern glänzt mit vielen sehenswerten historischen Renaissancebauten und gilt auch als das »Salamanca Andalusiens«.

Lage Ca. 130 km nördlich von Granada

Anfahrt Mit Pkw auf der N-321, Regionalbusse

Zentraler Platz ist die Plaza Vázquez de Molina, von der aus man einen exzellenten Weitblick in die Sierra de Cazorla und auf die Olivenplantagen genießt. Der Palacio de las Cadenas, der »Kettenpalast«, und die Sacra Capilla del Salvador sind nur zwei herausragende Monumente in dem Altstadtensemble. Etwas handfester wird es in dem Keramikmuseum Alfarería Paco Tito, wo man in zwölf Sälen alles über spanische und insbesondere andalusische Keramik erfährt.

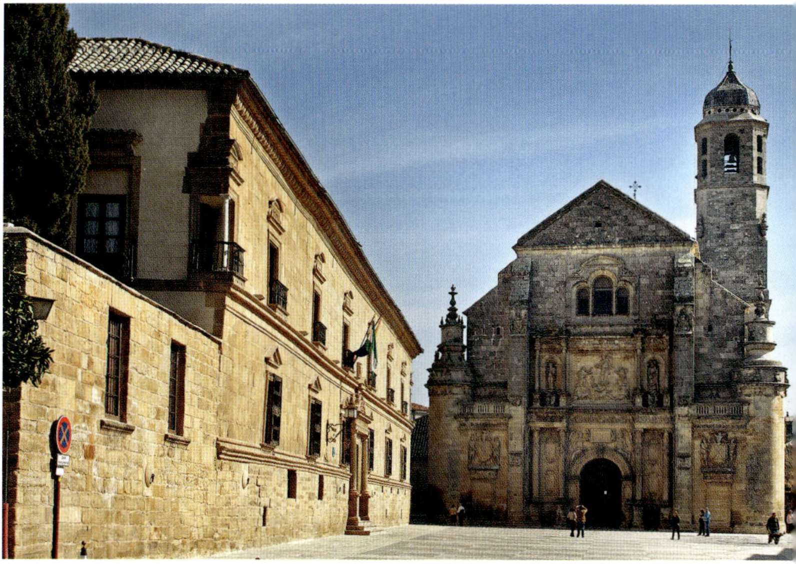

Die Sacra Capilla del Salvador

51 BAEZA

Eine Stadt wie ein Museum

Baeza, eine Kleinstadt mit 16 500 Einwohnern, wird immer in einem Atemzug mit seiner Nachbarstadt genannt und ist wie diese auf der Liste des Weltkulturerbes der UNESCO.

Lage Ca.120 km nördlich von Granada

Anfahrt Wie Úbeda

Die Stadt war mit ihrer günstigen Lage nach Kastilien einer der wichtigsten Ausgangspunkte für die Eroberung Andalusiens durch die Christen. Der Landadel versuchte sich gegenseitig mit dem Bau von Palästen zu übertreffen: Die Casa del Populo, der Palacio de Jabalquinto und die Kathedrale Santa María sowie die angrenzenden Casas Consistoriales sind nur einige Beispiele sehenswerter Bauten. Bauten in dem zum Stadtbummel einladenden Ensemble.

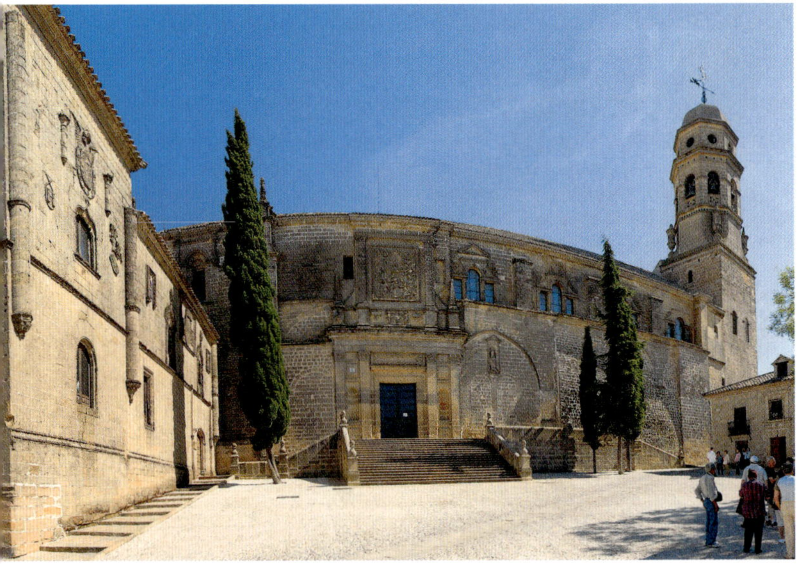

Kirche Santa María in Baeza

52 JAÉN

Hauptstadt im Olivenmeer

Die Hauptstadt der gleichnamigen Provinz schwimmt förmlich in einem Olivenmeer, dem größten Olivenanbaugebiet der Welt.

Lage Ca. 100 km nördlich von Granada

Anfahrt Mit Pkw auf der A-44, Bahnhof der RENFE, Fernbusverbindungen

Die riesige Kathedrale, errichtet nach 1500, ist das herausragende Bauwerk der Innenstadt. Im Palacio de los Villardompardo findet man im Untergeschoss die größten arabischen Bäder aus maurischer Zeit in Spanien. Oberhalb und etwas außerhalb der Stadt thront auf einem Bergrücken das Castillo de Santa Catalina, eine der beeindruckendsten Burganlagen Andalusiens.

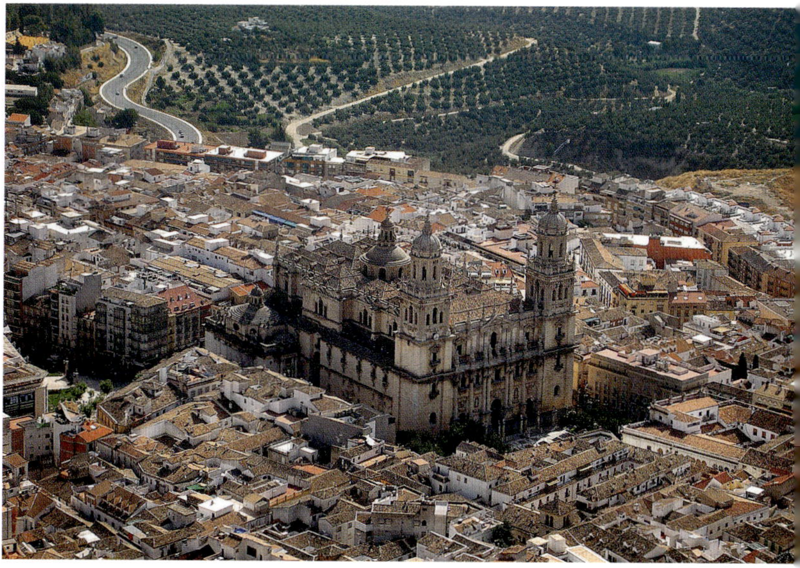

Blick auf Jaén mit seiner mächtigen Kathedrale

53 IN DAS NAHERHOLUNGSGEBIET LLANO DEL PERDIZ

Die Alhambra und das Wasser

Von der Stadtmitte Granadas aus erkunden wir das Naherholungsgebiet oberhalb der Alhambra. Zurück wandern wir auf schmalem Pfad entlang der königlichen Wasserleitung aus maurischer Zeit und blicken in das tief eingeschnittene Darrotal, den Sacromonte und den Albaicín.

leicht | **3:00 Std.** | **11,5 Km** | ↑ 280 m ↓ 280 m

Tourencharakter Bergauf Wechsel von Teerstraße und Wanderwegen, bergab schmaler Wanderweg

Ausgangspunkt Plaza Nueva in Granada; GPS 37.177271-3.596358

Anfahrt In einem Wohnviertel parken und mit dem Bus oder zu Fuß ins Zentrum. Bus: Gute Verkehrsanbindung an die Stadt mit Fernbussen, www.alsa.es. Bahn: www.renfe.es

Karte Keine ideale Karte verfügbar, mit Abstrichen Parque Nacional Sierra Nevada 1:25 000 vom Instituto Geografico Nacional

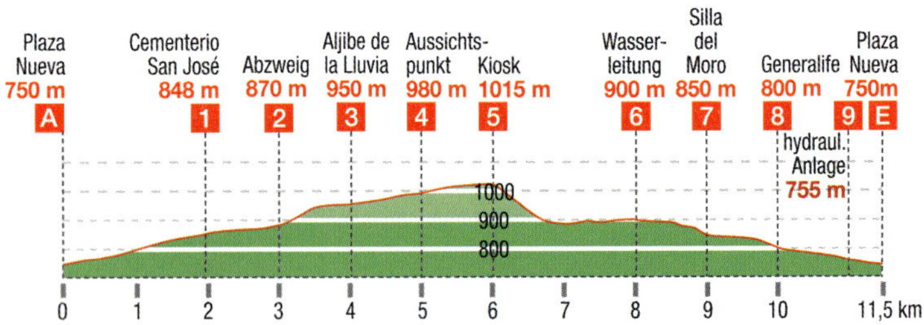

Als Kontrast zur quirligen Innenstadt Granadas oder ergänzend zum Alhambrabesuch empfiehlt sich diese schöne Wanderung, die vom Zentrum in das Naherholungsgebiet Llano del Perdiz führt. Unterwegs stoßen wir immer wieder auf die maurische Vergangenheit Granadas, insbesondere auf das Thema der Wasserversorgung. Die Alhambra und der Albaicín waren in der muselmanischen Epoche mit einem aus-

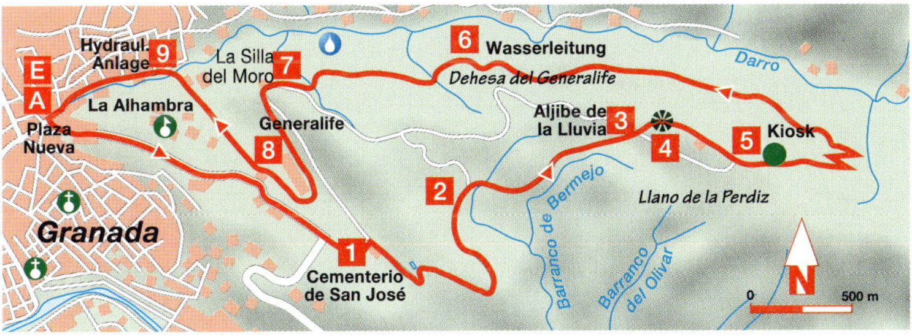

geklügelten Wasserleitungsnetz mit den näheren Gebirgen verbunden. Ebenso wurde die Vega von Granada von Kanälen durchzogen, den Bewässerungsrhythmus steuerte man mittels Glockenschlägen von der Alhambra aus.

Der Wegverlauf

Wir starten an der **Plaza Nueva** A und beginnen mit dem »klassischen« Spaziergang Richtung Alhambra bergan durch die Cuesta de Gomerez. Dabei bleiben wir geradeaus auf der hübschen Allee und passieren das Carmen de los Martires mit seinem schönen Garten. An der Alhambra vorbei erreichen wir den **Friedhof Cementerio San José** 1 (0:30 Std.). Nach dessen Haupteingang treffen wir auf eine Teerstraße, der wir nach rechts leicht bergauf folgen (Hinweisschild »parque de invierno«).

Wir kommen am arabischen Friedhof vorbei und stoßen nach etwa 15 Minuten auf einen nach rechts abzweigenden **Wanderpfad** 2 (0:45 Std.), der eine kleine Holzbrücke überquert. Hier können wir rechts das beeindruckende Panorama der Sierra Nevada überschauen. An einer Verzweigung mit Übersichtstafel halten wir uns auf dem rötlichen gerölligen Weg. Ein Schild verweist auf den **Aljibe de la Lluvia** 3 (1:00 Std.) in 400 Metern. Der Aljibe ist eine archäologische Ausgrabung und bezeichnet ein für die Versorgung der Alhambra zuständiges Wasserbecken aus maurischer Zeit. Wir bleiben zunächst auf der Teerstraße, wechseln dann nach links auf die von vielen Mountainbikern genutzte Piste aus Roterde und erreichen einen **Aussichtspunkt** 4 (1:15 Std.), von dem aus sich weite Blicke über Granada und die komplette Region bieten.

Wenige Minuten später sind wir an unserer »Mittelstation« angekommen, dem Llano de Perdiz, einem typischen Naherholungsgebiet,

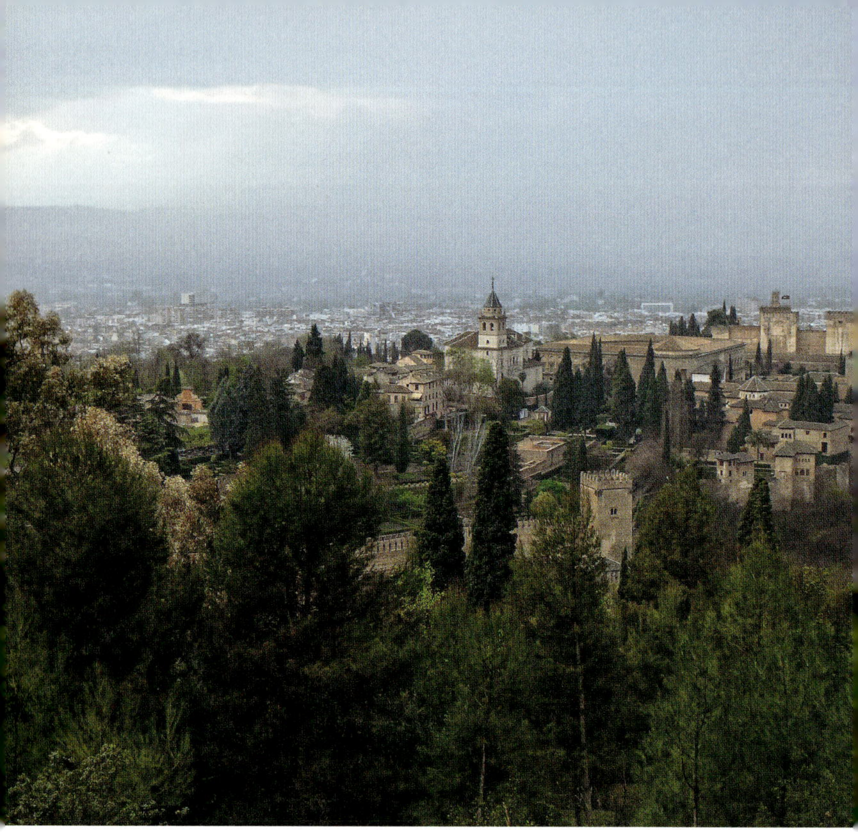

Blick auf die imposante Alhambra

das nach den vielen hier vorkommenden Rothühnern benannt ist. Wir werfen einen Blick auf die riesige Sonnenuhr, die auf die umliegenden Gebirge und Orte verweist, und kommen zu einem Freizeitgelände mit Fußballplätzen, vielen Grillanlagen und einem kleinen, im Sommer betriebenen **Kiosk** **5** (1:30 Std.) direkt am Hang des Darrotals. Knapp unterhalb des Kiosks setzt unser Rückweg an. Eine Tafel erläutert das gegenüberliegende Panorama mit der Sierra de Huétor im Hintergrund und die Vielfalt der Landschaftselemente im Darrotal. Der Weg wendet sich anfangs nach rechts, also weg von Granada, macht aber nach ein paar Metern kehrt, und von nun an gehen wir auf einem faszinierenden Weg durch alte Olivenbaumbestände, dabei queren wir steile Hänge weit über dem Darro. Der Weg streift einen schönen Bestand von Pyrenäen- und Steineichen, zunehmend kommt Granada mit dem Sacromonte und dessen Abtei sowie dem Albaicín ins Blickfeld.

Wir erkennen hier und da Reste der alten **maurischen Wasserleitungssysteme** 6 (2:00 Std.) und queren diese an einer sehr schön erhaltenen Stelle. Eine Viertelstunde später zweigt ein schmaler Pfad nach rechts ab. Wir halten uns hingegen links und steuern auf den **Silla del Moro** 7 (2:15 Std.) zu, einen Turm aus maurischer Zeit. Hier werden wir mit einer der schönsten Aussichten auf die Alhambra überhaupt belohnt. Nach links bergab kommen wir an einem großen Wasserbecken vorbei und nehmen nach dem Zaun den Fußweg. Nach dem **Generalife** 8 (2:30 Std.) halten wir uns rechts und unterqueren die Torbögen, von denen einer wiederum eine Wasserleitung trägt. Auf der Cuesta de los Chinos erreichen wir in ein paar Minuten den Darro, dessen Lauf wir folgen. Am Fluss treffen wir noch auf einen zur Hälfte erhaltenen Torbogen: Er gehörte zu einer **hydraulischen Anlage** 9 (2:55 Std.), die ebenfalls der Wasserversorgung diente. Unsere Wanderung endet wieder an der **Plaza Nueva** E (3:00 Std.) mit ihren vielen Straßencafés und Restaurants. Am Hang zwischen Llano de Perdiz und Darro kann man sich leicht versteigen: Verpasst man die Route zum Silla del Moro und steigt zu weit nach rechts ab, kann man auch an einem kleinen Wildzeltplatz vorbei zur Fuente del Nogal und kommt über einen komfortablen Spazierweg mit Tafeln spanischer Lyriker zur Cuesta de los Chinos (Aufstiegsroute zur Alhambra) und zur »Zivilisation« am Paseo del Salon in Granada.

WASSER IN DER ALHAMBRA

Wie ein Traum aus Tausendundeiner Nacht erscheinen die Qal´at al Hamra (die »Rote Burg«) und der Generalife. Die Paläste mit ihrer verschachtelten Architektur, den Wasserbecken und Brunnen und den filigranen Inschriften sind das meistbesuchte Bauwerk Spaniens. Setzt man die Tour unter dem Motto »Wasser« in den Gärten des Generalife fort, trifft man auf die bezaubernde »escalera de agua«, die »Wassertreppe«. In den Handläufen der zu einer kleinen Moschee führenden Treppe rinnt Wasser, das auch zur rituellen Waschung vor dem Gebet diente.

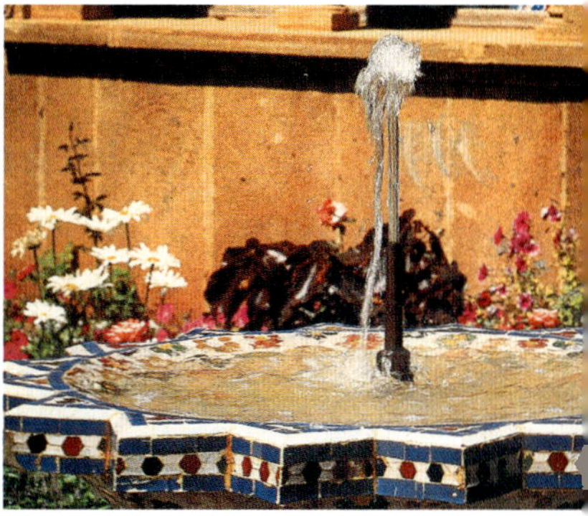

Brunnen in der Alhambra

54 ZUM AUSSICHTSPUNKT CRUZ DEL VÍZNAR

Im Naturpark Sierra de Huétor

Der wenig bekannte Naturpark Sierra de Huétor pflegt ein großes Netz gut markierter Wanderwege durch reizvolles Terrain. Wir erklimmen den Aussichtspunkt Cruz del Víznar mit besten Blicken auf die Region Granada.

leicht | **1:45 Std.** | **5,5 Km** | ↑ 343 m ↓ 343 m

Tourencharakter Gut begehbarer Bergwanderweg

Ausgangspunkt Besucherzentrum Centro de Visitantes Puerto Lobo; GPS 37.237657-3.532926

Anfahrt Auto: Von Granada aus über El Fargue Richtung Huétor Santillán, dann am Abzweig »Puerto Lobo« nach links. Bus: Nächste Busanbindung in Víznar, dann 2 km zu Fuß zum Puerto Lobo

Karte Flyer mit guter topografischer Darstellung im Naturparkzentrum erhältlich

Einkehr Kiosk und Bar im Besucherzentrum Puerto Lobo

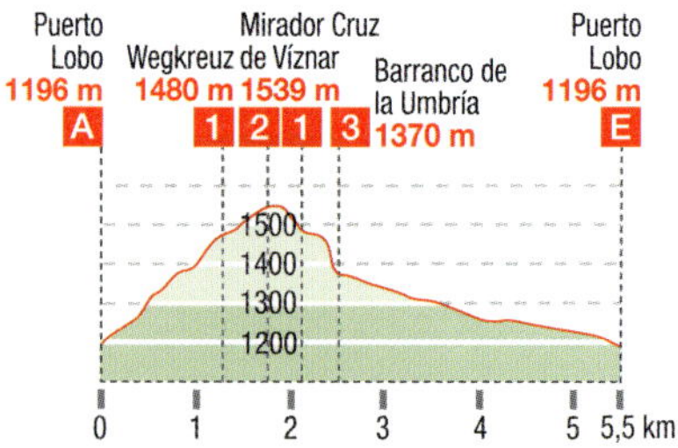

Der Wegverlauf

Die Sierra de Huétor ist ein noch recht junger Naturpark vor den Toren Granadas und ein ideales Wanderrevier auf Höhen zwischen 1100 und 2000 Metern. Die Sierra ist umgeben von Orten mit traditionsreicher

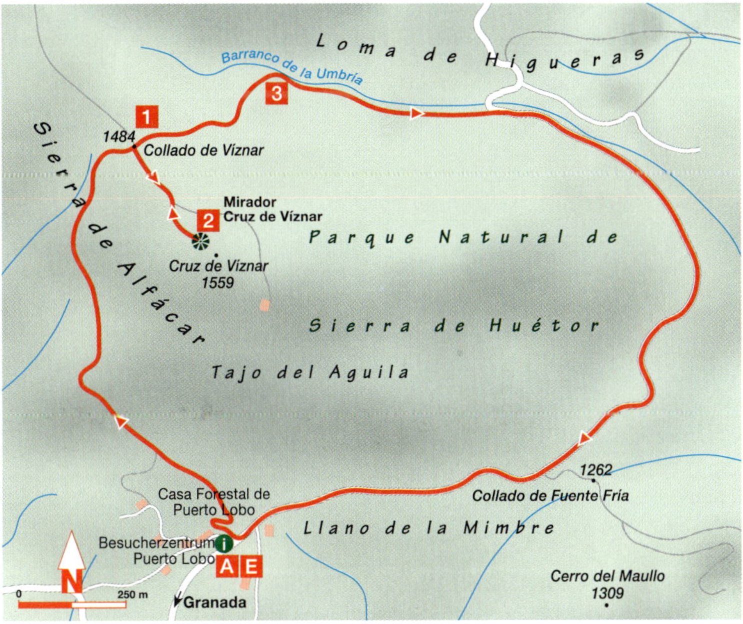

Gastronomie wie Víznar und dem für seine Bäckereien bekannten Alfácar. Beinahe mustergültig sind hier Wege ausgeschildert, und man erhält gutes Material über Fauna und Flora des Parque Natural. Ein idealer Ausgangspunkt von Granada aus ist daher das Besucherzentrum **Centro de Visitantes Puerto Lobo** A, das wir über Víznar oder durch El Fargue Richtung Huétor Santillán erreichen. Am Puerto Lobo ist eine volkskundliche Ausstellung aufgebaut, die die Tradition der Olivenernte in der Region zeigt, mit alten Pressen und sonstigen Gerätschaften. Hier können Besucher mit eingeschränkter Mobilität einen rollstuhlgerechten Rundgang durch die repräsentativen Ökosysteme unternehmen.

Unser Wegeinstieg auf 1260 Metern Höhe befindet sich etwa 200 Meter vom Besucherzentrum entfernt, er ist gut markiert und es gibt Übersichtstafeln. Zunächst geht es ein paar Meter auf einer Treppe hoch, und wir dringen links in den seit den Fünfzigerjahren kräftig aufgeforsteten Kiefernwald ein. Inzwischen tendiert man zu Aufforstungen mit den stärker brandresistenten Steineichen und Kanareneichen, die zudem das Lokalklima günstiger beeinflussen. Im Sommer sind

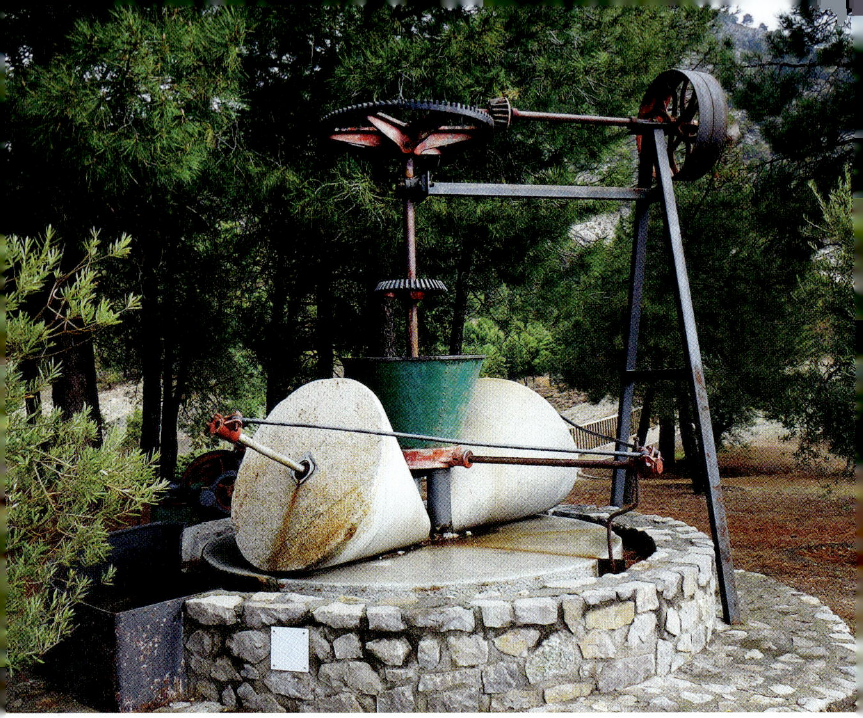

Alte Ölmühle am Besucherzentrum Puerto Lobo

hier Waldbrände ein Problem, noch immer sieht man die Überbleibsel eines Großfeuers im Jahr 2003. Daher gibt es in der Nähe des Weganfangs entsprechende Einrichtungen der Forstverwaltung. Bereits von Beginn an bewegen wir uns in mediterranem Nadelwald, bestehend aus Schwarzkiefern und im »Untergeschoss« mit aromatischen Gewürzpflanzen wie Majoran, Thymian, Lavendel und Rosmarin. Einfach bücken und an den Blättern reiben, dann entfalten sie ihren Duft! Im Frühjahr wirken die Farben des blühenden Ginsters und der Zistrosen. Nach einer knappen halben Stunde geht es an einem **Wegkreuz** 1 (0:30 Std.) nach links auf den Weg »Cueva del Agua«, der eine potenzielle Verlängerungsmöglichkeit wäre. Wir wenden uns aber nach rechts, und nach einer stärkeren Steigung gelangen wir zum Aussichtspunkt **Mirador natural Cruz de Víznar** 2 (0:45 Std.) auf gut 1500 Metern. Von hier aus genießen wir weite Blicke auf die Vega von Granada, die frühere »Kornkammer« des Maurenreiches, die zusehends von Siedlungen eingeengt wird. Auf der anderen Seite erhebt sich majestätisch und würdevoll die Sierra Nevada, die vor allem im Frühjahr mit ihren schneebedeckten Gipfeln ein großartiges Panorama abgibt. Jeder

Ort der Umgebung hat hier seinen eigenen Hausberg mit Gipfelkreuz, daher gibt es in der Nachbarschaft auch die Kreuze von Alfácar und Beas de Granada. Auf »unserem« Gipfel befindet sich auch ein Beobachtungsposten der INFOCA, der Waldbrandbekämpfungsstelle. Durch das **Barranco de la Umbría** 3 (1:15 Std.) (Schattental) steigen wir ab und sehen in dieser Zone vereinzelte Igeltannen, die sonst nur in der Region Grazalema und Yunquera vorkommen sowie in Marokko. In dieser feuchteren und schattigeren Bergregion wachsen Eichen und Ahornbäume, Wildschweine haben ihre Wühlspuren hinterlassen. Wir treffen schließlich auf eine Forstpiste, die uns zum **Ausgangspunkt** E (1:45 Std.) zurückleitet.

Variante: Am erwähnten Abzweig weiter auf dem Weg »Cueva del Agua«, auf dem man an einigen Höhlen, Karstquellen und kleinen Wasserläufen vorbeikommt. Vom Aussichtspunkt Cueva del Agua aus sieht man die gleichnamige Höhle. Diese Tour verläuft ebenfalls als Rundweg (zusätzlich etwa zwei Stunden) und trifft wieder auf den Weg »Cruz de Víznar«.

NATURPARK SIERRA DE HUÉTOR

Dieser mit rund 12 000 Hektar etwas kleinere »Parque Natural« erstreckt sich auf einer Höhe von 1100 bis 2000 Metern. Der Park bietet zahlreiche Wander- und Erholungsmöglichkeiten in Großstadtnähe. Viele enge Bachtäler, Höhlen und Schluchten gliedern das Relief. Hier leben Wildschweine, Steinböcke und Raubvögel wie der Königsadler. Die Vegetation ist typisch mediterran mit Stein- und Kanareneichen, im Unterholz wachsen zahlreiche Gewürzpflanzen wie der Thymian. Eine gute Anlaufstelle ist das Besucherzentrum Puerto Lobo. Die Ortschaften ringsum wie Viznar sind bekannt für gute traditionelle Küche.

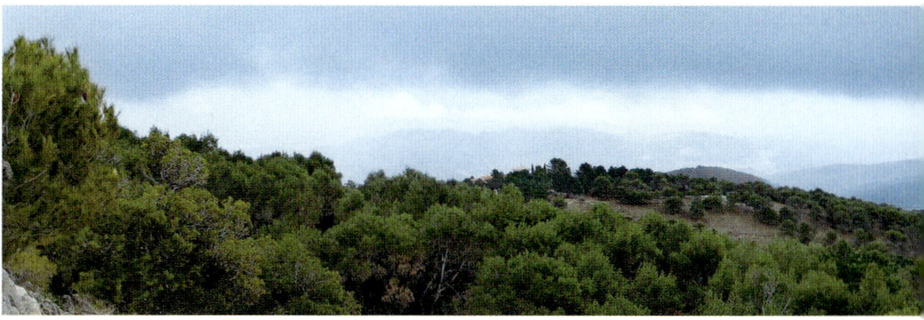

Die Wege in der Sierra de Huétor führen durch Steineichen- und Kiefernwälder.

55 DURCH DIE LAGUNE VON PADUL

Naturbeobachtungen in der Ruheoase

Eine echte Ruheoase ist die mitten im Tal von Lecrín gelegene Lagune von Padul. In diesem ausgedehnten Feuchtgebiet mit schilfumrandeten Seen kann man stillere Naturbeobachtungen machen. Hier leben 200 verschiedene Vogelarten und viele Amphibien.

leicht · **2:30 Std.** · **9,2 Km** · ↑ 0 m ↓ 0 m

Tourencharakter Teerstraße zu Beginn, Feldwege, rund um die Lagune Bohlenwege; nicht nach Starkregen gehen wg. Überschwemmungen

Ausgangspunkt Zentrum von Padul, Grünanlage mit Kiosk und Bushalt in der Avenida de Andalucía; GPS 37.022527-3.626338

Anfahrt Auto: Auf der N-323 von Granada Richtung Motril. Bus: Von Granada aus stündlich ab Palacio de Congresos, www.alsa.es

Einkehr Espacio Vegano, Calle Real 119, empfehlenswertes veganes Restaurant mitten in Padul

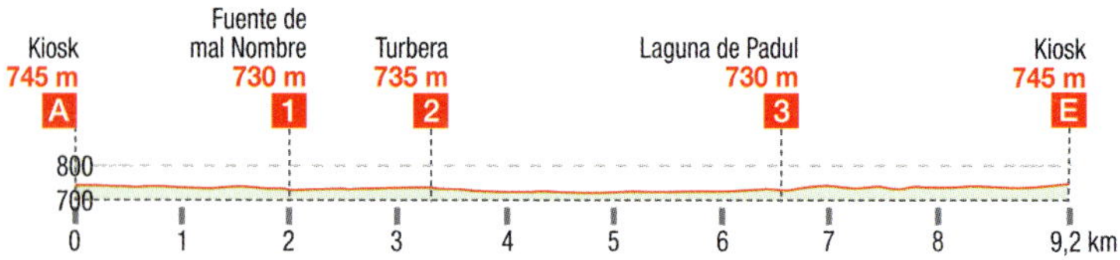

Ruhe im Vogelparadies

Wem der Rummel in Granada zu viel ist, der kann auf halber Strecke zwischen der Costa Granadina und der Großstadt zu Wanderungen in die Ruhe aufbrechen. Die Lagune von Padul liegt zu Füßen der Sierra Nevada und stellt eine wahre Oase der Stille dar. Viele Ortschaften im Tal haben sich in traditioneller Architektur ihren ursprünglichen Charme erhalten. Die Lagune wird umgeben von einem 327 Hektar großen Feuchtgebiet, das gleichzeitig das größte Torfmoor der europäischen Mittelmeerländer ist. Dies konnte durch die starke Durchfeuchtung des Tals von Lecrín und die Ansammlung organischen Materials entste-

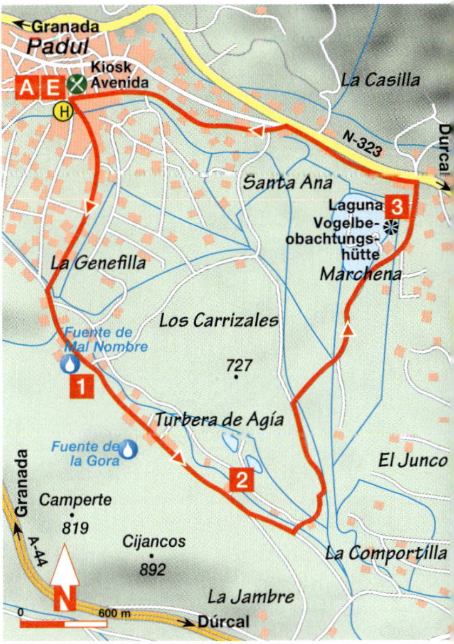

hen. Die Lagune von Padul gehört seit 1989 zum Parque Natural Sierra Nevada und genießt zusätzlichen Status als Vogelschutzgebiet. Hier leben rund 200 Vogelarten, darunter Seiden- und Königsreiher, Störche, Rothühner und verschiedene Raubvögel wie der Zwergadler. Mit etwas Glück kann man Eisvögel beachten. Im Wasser tummeln sich Schildkröten, Ringelnattern, Krebse und seltene Fischarten.

Der Wegverlauf

Unsere Rundwanderung auf dem längsten Themenrundweg »El Agia« starten wir im Zentrum Paduls an der Avenida beim Kiosk an der **Bushaltestelle** **A**. Dort folgen wir dem Hinweisschild nach rechts Richtung »Molinos« und passieren zunächst Häuser mit großen Gartengrundstücken. Rechts befinden sich ehemalige Mühlen. Nach gut zwei Kilometern fällt auf der rechten Seite ein felsiger Hügel auf. Dort entspringt die **Fuente de Mal Nombre** **1** (0:30 Std.), im Gelände haben sich auch Karrenspuren aus römischer Zeit erhalten. Jetzt können wir nach links von der Teerstraße abzweigen und halten uns gleich wieder rechts auf dem parallel zum Bach verlaufenden Weg.

Die **Gebäude der Turbera** **2** (0:45 Std.) (Moorbewirtschaftungsstelle) lassen wir links liegen und folgen weiter der Beschilderung »El Agía« durch das Feuchtgebiet. Der von Schilf flankierte Rundweg ist gut mit Richtungspfeilen auf Pfosten markiert. Wir gelangen nun zu einer großen Wasserfläche, es ist die **Laguna de Padul** **3** (1:30 Std.), wo wir uns Zeit für Vogelbeobachtungen nehmen sollten. Die Aula de Naturaleza informiert über Fauna und Flora des Gebiets. Rund um die Lagune sind Bohlenwege angelegt, wie die »Ruta del Mamut« als Anspielung auf den Fund von Mammutknochen. Entlang des Nordufers der Lagune gelangen wir auf dem Weg »El Agía« wieder zurück zur Ortsmitte von **Padul** **E** (2:30 Std.).

56 AUF DEN SILLETA DE PADUL

Beeindruckende Aussichtskanzel

Der gut erreichbare Silleta ist eine Aussichtskanzel erster Güte. Vom Gipfel aus haben wir einen Überblick über Stadt und Vega von Granada, das Tal von Lecrín und die Bergwelt der Sierra Nevada.

mittel | 4:30 Std. | 15,5 Km | ↑ 540 m ↓ 540 m

Tourencharakter Gut begehbare Wander- und Forstwege, Abstieg abschnittweise geröllig

Ausgangspunkt Ortsmitte von Dílar, Bushaltestelle; GPS 37.073695-3.598816

Anfahrt Auto: Von Granada aus auf der G-V-4101 über Gojar. Bus: Von Granada sehr gute Verbindung, ab Callejón del Pretorio, Tel. +34/958/591061, www.ctagr.com

Karte Parque Nacional Sierra Nevada 1:25000 des IGN mit voreingezeichneter Tour

Einkehr Dilar: Venta la casucha, beliebtes Ausflugsrestaurant, Carretera Fábrica de la Luz o. Nr.

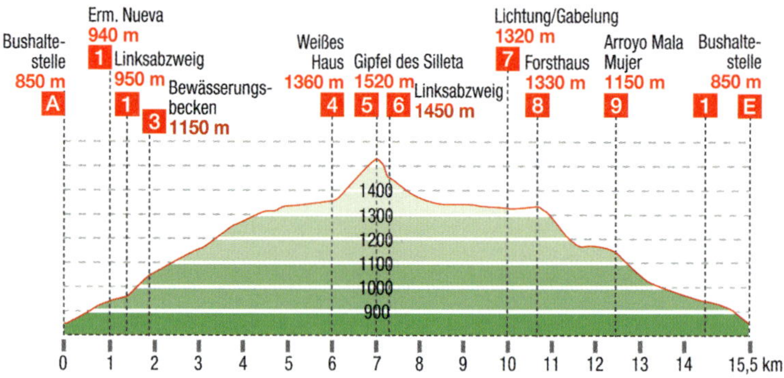

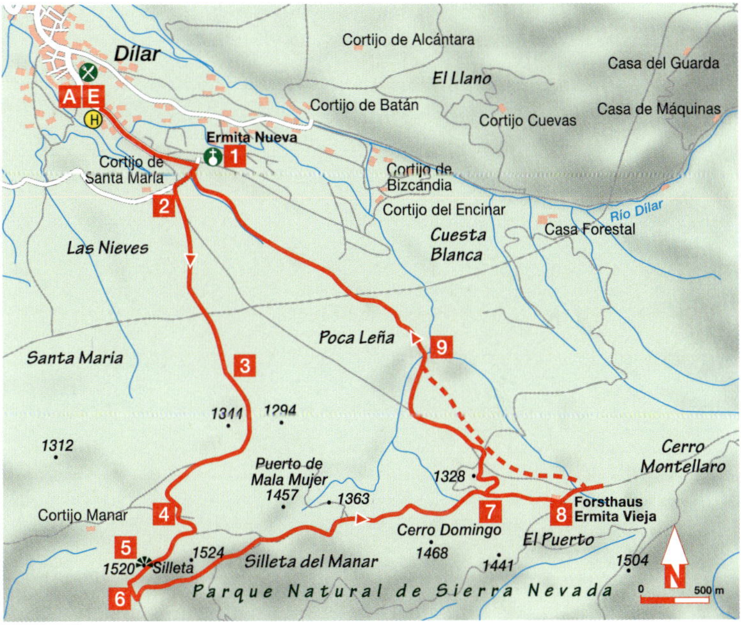

Der Wegverlauf

Wir starten an der **Bushaltestelle A** mitten im ruhigen Dörfchen Dílar und folgen dem Hinweisschild »La Ermita« nach rechts und bergauf. Nacheinander passieren wir hübsche Brunnen, die Post und einen kitschigen Bau im »Alhambrastil«. Nach 15 Minuten erreichen wir die **Ermita Nueva 1** (0:20 Std.), eine Wallfahrtskapelle, wo wir letztmalig Wasser auffüllen können. 100 Meter hinter der Ermita befindet sich ein kleiner Wanderparkplatz mit Übersichtstafel. Wir halten uns rechts höhengleich auf der Teerstraße. Bereits nach 100 Metern, in der Kurve an einem Strommast, zweigt ein Weg nach links ab. Auf diesem kommen wir später zurück. 100 Meter weiter nehmen wir den nächsten **Abzweig 2** (0:25 Std.) nach links, den man an einer weißen, würfelförmigen Quelleinfassung erkennt. Der nun bergauf führende Weg wird links von Mandelbäumen begleitet, rechts stehen Oliven.

Nach 1,5 Kilometern kommen wir rechts an einem großen **Bewässerungsbecken 3** (0:50 Std.) vorbei, und wenig später führt der Weg durch einen sehr hübschen Kiefernwald. Wo sich hier Wege verzwei-

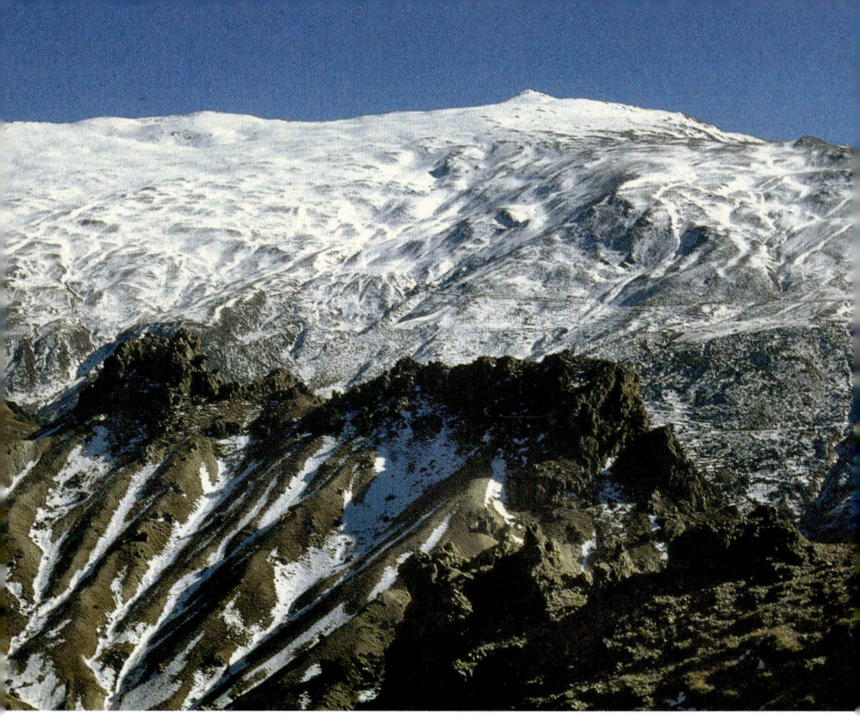

Vor dem Silleta breitet sich das Panorama der Sierra Nevada aus.

gen, führen sie auch wieder zusammen. Allmählich gelangen wir aus dem Wald heraus, die Vegetation besteht jetzt aus Büschen und vereinzelten kleineren Bäumen. An einer flacheren Stelle treffen wir auf einen nicht mehr bewirtschafteten Acker. An diesem gehen wir links auf einem Trampelpfad vorbei und treffen im rechten Winkel auf einen Zufahrtsweg, von dem aus schmale Abkürzer steiler nach oben zum Gipfel führen. Wir gehen aber auf dem Zufahrtsweg 500 Meter nach rechts bis zu einem **weißen Haus** 4 (1:45 Std.). Hier setzt im spitzen Winkel schräg nach links bergauf ein Wanderweg an. Er bringt uns mit Blicken auf den markanten Trevenque und die Gipfelkette der Alayos de Dílar zum **Gipfel des Silleta** 5 (2:00 Std.) (1520 m).
Vom tatsächlichen »Aussichtssitz« (Silleta bedeutet »Sitzchen«) im Fels an der Nordseite öffnet sich ein weiter Blick auf die Region Granada und die Sierra Nevada. Westlich zieht sich das fruchtbare Tal von Lecrín Richtung Mittelmeer. In dieser Richtung wandern wir nun die ersten Schritte abwärts, in Blickrichtung haben wir die Autobahnbrücke vor uns. Vorsicht: Vom Gipfel aus nach etwa 300 Metern zweigt unser Weg nun **rechtwinklig links ab** (Holzpfosten, gelb-weiße Markierung) 6

(2:05 Std.), geradeaus würde es nach Marchena gehen. Wir umwandern nun die Gipfelregion des Silleta nach Osten und orientieren uns im Zweifelsfall an den Pfostenmarkierungen. Nach etwa 20 Minuten vom Gipfel aus treffen wir auf einen Forstweg, dem wir nach rechts folgen.

Sanft bergab treffen wir etwa 45 Minuten nach Beginn des Abstiegs auf eine Lichtung und eine Gabelung mit **Wegweisern** 7 (2:45 Std.). Hier können wir die »Stichstrecke« nach rechts zur Ermita Vieja nehmen, aber auch direkt nach links wieder zur Ermita Nueva hinuntergehen. Wir halten uns rechts und kommen nach etwa 700 Metern zu einer freieren Fläche. Die Kapelle gibt es allerdings nicht mehr. Vielmehr finden wir hier Einrichtungen der Umweltbehörde zur Waldbrandbekämpfung, nämlich ein **Forsthaus** 8 (3:00 Std.), einen Hubschrauberlandeplatz, einen großen Wassertank und eine Quelle. Der Boden ist stark aufgewühlt, hier gibt es viele Wildschweine. Wir kehren um, nehmen aber den rechts parallel zum Forstweg verlaufenden Trampelpfad. Zunächst auf Waldboden, dann gerölliger führt er hinunter zu einem ausgetrockneten Bachbett, dem **Arroyo de la Mala Mujer** 9 (3:30 Std.), dem wir ein paar Hundert Meter folgen. Ein Wegweiser schickt uns nun nach links zur gegenüberliegenden Seite des Bachbetts und wieder leicht bergauf durch den Kiefernwald. Auf der anderen Seite der Anhöhe verbreitert sich der Weg recht schnell zum Wirtschaftsweg und wir gelangen durch die Mandel- und Olivenplantagen zurück. Wir kommen an der Stelle wieder auf die Teerstraße, die wir zu Beginn der Wanderung noch ausgelassen hatten. Von hier sind wir schnell wieder bei der Ermita Nueva und wandern zurück zur **Bushaltestelle** E (4:30 Std.) in der Ortsmitte.

GEOLOGIE DER SIERRA NEVADA

Die Sierra Nevada als Zentrum der Betischen Kordillere entstand wie auch die Alpen oder der Hohe Atlas in Marokko vor etwa 100 Millionen Jahren. Die Kollision der Afrikanischen Platte mit der Eurasiens führte zu einer Auffaltung von Gebirgsketten bis hin zum Himalaya. Das Material für die Gebirgsbildung kam aus dem Tethysmeer zwischen Europa und Afrika. Daher ist das heutige Gestein der Sierra Nevada sehr reich an Kalk und Fossilien. Die Betische Kordillere erstreckt sich von der Sierra de Grazalema im Westen bis hin zur Sierra de María im Osten. An Gesteinen ist die Sierra Nevada sehr vielfältig, der Gipfelbereich besteht aus Glimmerschiefer.

57 DURCH DIE SCHLUCHT VON MONACHIL

Über Hängebrücken und unter Felsen

Eine hoch unterhaltsame Tour für Abenteurer und solche, die es werden wollen, ist die Route durch die Schlucht von Monachil. Die Wanderung führt über Hängebrücken und unter Felsen hindurch. Gelenkigkeit ist hier gefragt!

mittel · 3:00 Std. · 8,5 Km · ↑ 310 m ↓ 310 m

Tourencharakter Zufahrtswege und Wanderpfad; teils von Felsen eingeengter Weg; Hängebrücken

Ausgangspunkt Bushaltestelle am Ortseingang von Monachil; GPS 37.132902-3.539862

Anfahrt Auto: Von Granada über La Zubia nach Monachil. Bus: Werktags häufige Verbindungen von Granada, Haltestelle Paseo del Salon, Liñan, Tel. +34/958/26 37 25, www.ctagr.com

Karte Parque Nacional Sierra Nevada 1:40 000 von Editorial Alpina; brauchbarer Flyer von der örtlichen Touristeninformation

Einkehr Monachil: Nette Bar direkt an der Bushaltestelle, guter Kaffee und reichhaltige Auswahl an bocadillos (= belegte Brötchen), schräg gegenüber Supermarkt für Marschverpflegung

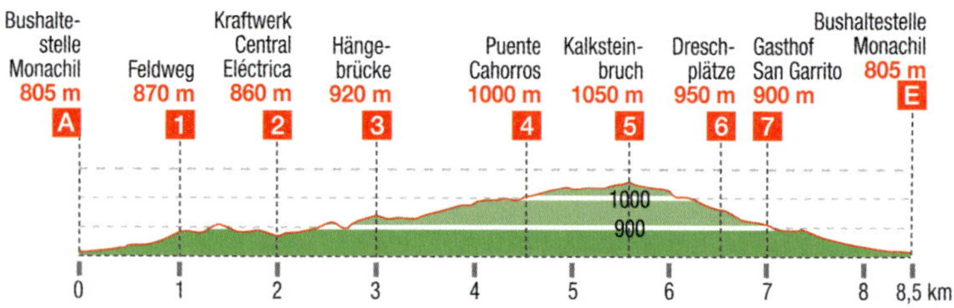

Der Wegverlauf

Wir starten vom kleinen Platz mit der **Bushaltestelle** **A** am Ortseingang des kleinen Bergortes Monachil, dessen Ortsteil Pradollanos 1996 die Skiweltmeisterschaft in der Sierra Nevada ausgetragen hat.

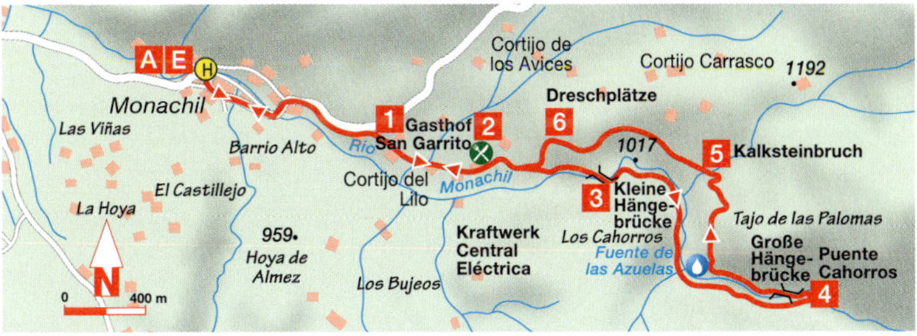

Lange Zeit war diese Wanderung ein Geheimtipp; inzwischen ist die Tour von einheimischen und internationalen Wanderern gut frequentiert. Wegen einer für Wanderer, Autoren und Tourismusverantwortlichen ärgerlichen Grundstückssperrung hat sich der Einstieg in die Wanderung geändert.

Am Ortseingang von Monachil befinden sich die Bushaltestelle, ein kleiner Park und eine Bar – hier ist unser Startpunkt. Wir gehen zunächst mitten durch den Ort, links ist das Rathaus mit der Touristeninformation. Hier erhalten wir Informationsmaterial, zur Tour gibt es einen Flyer mit einer Kartenskizze. Wenige Meter weiter folgen wir dem nicht zu übersehenden Schild »Cahorros« nach links und folgen der Straße über den Fluss und leicht bergauf bis zu einem **Wanderparkplatz** 1 (0:20 Std.). Hier setzt der eigentliche Wanderweg in die Schlucht an, und wir gehen jetzt bergab in Richtung des stark eingeschnittenen Tals. Nach 10 Minuten passieren wir ein Ausflugsrestaurant mit großem Außenbereich, das Restaurante **San Garrito** 2.

In der Talachse stoßen wir bereits auf die erste von mehreren Hängebrücken. Dieses Wegstück ist hoch unterhaltsam und man fühlt sich wie in manchen Abenteurer-Filmen. Lediglich die Krokodile im Fluss fehlen noch ... Doch keine Sorge, die Brücken sind hier alle gut in Schuss und die Sicherungen links und rechts beruhigend hoch. Nach mehreren kleinen Überquerungen der Schlucht auf Hängebrücken in dieser filmreifen, an die Anden oder an den Himalaja erinnernden Landschaft à la »Indiana Jones« gelangen wir zur größten **Hängebrücke** 3 (0:45 Std.), die sage und schreibe 63 Meter lang ist. Wegen Schwankungen sollten nicht mehr als vier Personen gleichzeitig auf ihr den Abgrund am Wasserfall überqueren. Generell lassen wir bei der Wanderung kleine Pfade unbeachtet – es sind Zustiegswege für Kletterer, die hier auch ihr »Revier« haben. Wir halten uns einfach weiter am Bach entlang.

Der Weg verläuft nun auf der Mauer entlang des Río Monachil. Immer wieder ist Gelenkigkeit gefragt, denn der Fels überragt häufig den Weg, und manchmal muss man an Griffen zwei Meter tiefer in den Bach absteigen und wieder retour. Hier haben kleine flinke Wanderer sicher ihre Vorteile gegenüber großen oder »umfangreichen« Naturfreunden, auch Trekkingstöcke und große Rucksäcke wirken sich störend aus. An einer Stelle sieht es aus, als müsste man auf Steinen auf die andere Seite. Aber auch hier führt der Weg auf der Mauer weiter, die als Schutz über einem Trinkwasserkanal verläuft. Nach den Engstellen wird die Schlucht wieder zum Tal, und wir erreichen eine Zone mit Wiesen, den »Azuelas«, die sich ganz gut für eine Rast eignen. Eine weitere Hängebrücke passieren wir und gehen an der rechten Bachseite weiter aufwärts bis zu einer Wegkreuzung mit Hinweisschildern. Nach rechts käme man über den Castillejo zurück nach Monachil. Geradeaus weiter ist die Fuente Cahorros ausgeschildert. Wir steigen an der Wegkreuzung nach links zur **Puente Cahorros** 4 (1:30 Std.) hinunter und überqueren den Río Monachil.

Auf der anderen Seite beginnen wir nun mit dem Rückweg nach links auf einem in leichtem Auf und Ab verlaufenden Wanderpfad. Atemberaubende Blicke auf die Schluchtenlandschaft und den bisherigen Wegverlauf belohnen uns, und mit etwas Glück laufen uns Steinböcke

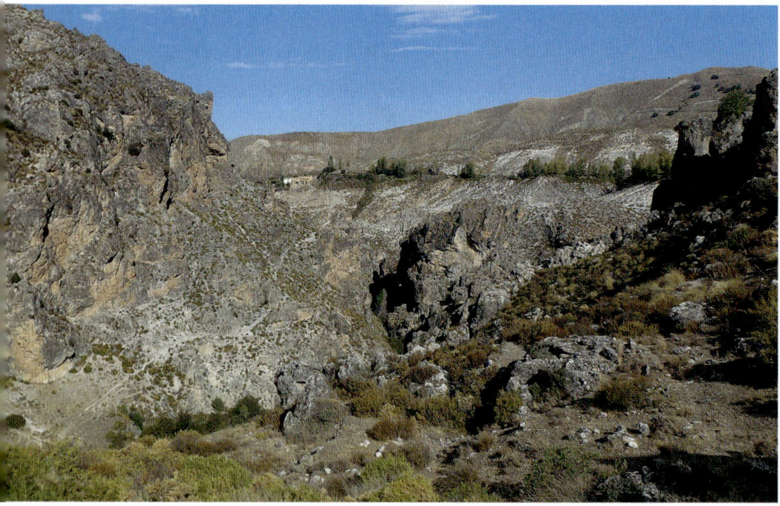

Die Cahorros von Monachil mit ihrer schroffen Schluchtenlandschaft

oder Bergziegen über den Weg. Hier befinden wir uns schon am Ansatz des Hochgebirges. Im Gegensatz zur mineralisch sehr harten Gipfelzone der Sierra Nevada mit eher abgerundeten Formen handelt es sich bei diesen Formationen um Kalksandstein, der stärker verwitterungsanfällig ist. So kommen abrupte Abbrüche zustande (cahorros bedeutet »markante Felsen«), und daher befinden sich im Gebiet auch viele Höhlen. Nach gut 20 Minuten ab der Brücke kommen wir zu einem **Kalksteinbruch** 5 (2:00 Std.) und zu einem querenden Fahrweg, der bergaufwärts nach rechts zieht, dem Camino Solana. Schräg links unter uns sehen wir die Hängebrücken vom Beginn der Tour, nach links und rechts (nach Monachil) gibt es Wegweiser. Wir halten uns allerdings geradeaus, wo der Pfad an einem Felsen farbig und etwas verblasst markiert ist. Nach einer halben Stunde erreichen wir zwei alte **Dreschplätze** 6 (2:30 Std.), die Eras de los Renegrales. Früher wurden solche Dreschplätze strategisch an Stellen errichtet, wo der Wind gut die Spreu vom Weizen trennen half. Direkt an den Eras setzt ein Pfad aus feinem schwarzen Schotter an, der durch einen Olivenhain in einigen Kehren hinunter Richtung Monachil führt. Nach einer großen Holztafel mit Hinweis auf die Cahorros kommen wir wieder am **Gasthof San Garrito** 2 (2:45 Std.) vorbei. Von hier aus ist die Orientierung einfach. Wir passieren noch den Gasthof Puntarrón und gelangen nach abenteurlicher Tour zurück nach Monachil E (3:00 Std.).

BOTANISCHER GARTEN LA CORTIJUELA

Oberhalb von Monachil und der Siedlung Cumbres Verdes, in der Nähe des Restaurants Fuente del Hervidero, liegt der Botanische Garten der Sierra Nevada und der Universität Granada. Er präsentiert auf über 14 Hektar 58 Pflanzenfamilien und 400 Arten, darunter viele vom Aussterben bedrohte. 60 Endemismen (nur hier vorkommende Arten) der Sierra Nevada werden hier gehütet. An zwei Bachläufen findet man feuchteliebende Pflanzen. Geöffnet Di–So 10–16 Uhr.

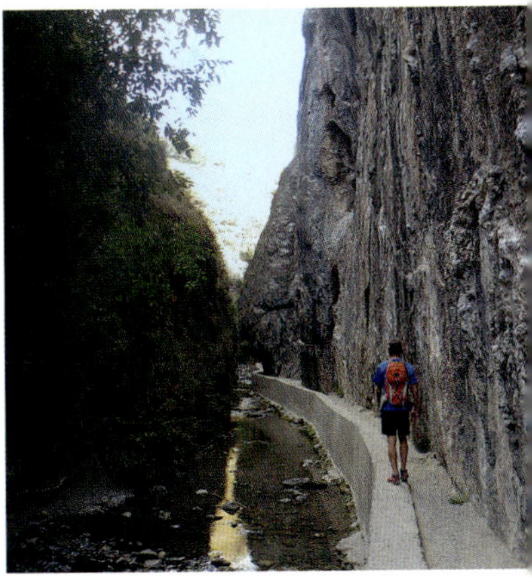

In der Schlucht des Río Monachil

58 HÖHENWEG IM POQUEIRA-TAL

Entlang maurischer Bewässerungskanäle

Auf einem der schönsten Alpujarra-Höhenwege erkunden wir das obere Poqueira-Tal. Wir steigen bis zur Poqueira-Schutzhütte (2500 m) und gehen entlang maurischer Bewässerungskanäle zurück. Die Route kann mit der Besteigung des Mulhacén (Tour 63) zu einer 2-Tages-Tour kombiniert werden.

● schwer | 6:30 Std. | ↔ 19,5 Km | ↑ 1450 m ↓ 1450 m

Tourencharakter Größtenteils gut begehbare Bergpfade, im letzten Abschnitt Forstweg

Ausgangspunkt Ortszentrum von Capileira am Informationszentrum Altas Cumbres; GPS 36.961756-3.358377

Anfahrt Auto: Von Granada auf A-44 bis Ausfahrt 164 (Lanjarón), dann auf A-348 (Órgiva) und A-4132 (Pampaneira). 1,5 km nach Ortskern scharf links auf A-4129 bis Capileira. Bus: Linie Granada–Trevelez (dreimal tägl.)

Karte Parque Nacional Sierra Nevada 1:40 000, Editorial Alpina

Einkehr Mesón Poqueira, mitten in Capileira. Das Refugio Poqueira ist mit einer Alpenvereinshütte vergleichbar und bietet Essen an.

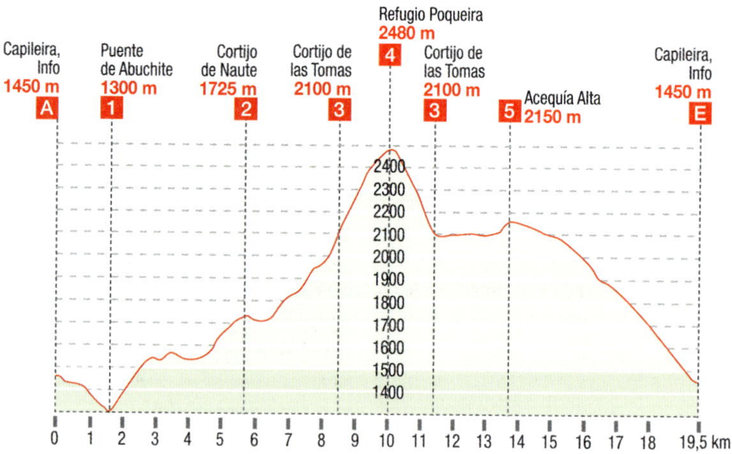

Der Wegverlauf

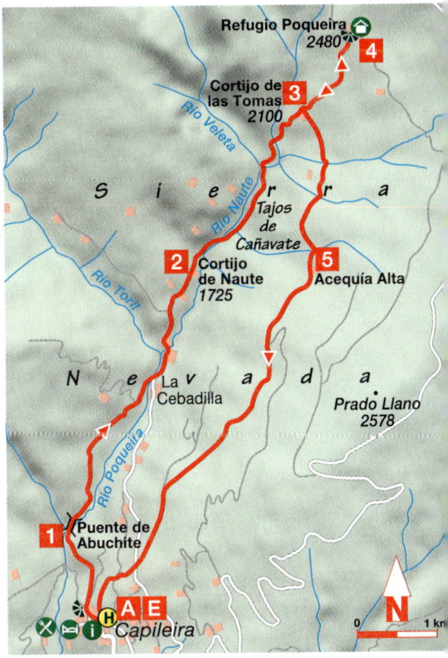

Vom **Informationszentrum** A im Ortskern von Capileira gehen wir wenige Meter die Hauptstraße bergauf und biegen dann links in die gepflasterte Calle del Doctor Castillo ein. An der Apotheke gehen wir rechts in die Calle del Carril, biegen an einem Brunnen links in die Carretera del Aldeire ein und gehen dort bergab, bis wir nach wenigen Minuten an einem großen Dreschplatz, gleichzeitig ein Aussichtspunkt, dem Mirador de Aldeire, ankommen. Von hier haben wir einen tollen Ausblick in das unter uns liegende Poqueira-Tal sowie auf die Gipfel der Sierra Nevada. Der Weg führt Richtung Norden, und nach circa 700 Metern erreichen wir eine gepflasterte Treppe, die links von der Piste abzweigt. Am Ende der Treppe gehen wir scharf rechts und folgen einem schönen Pfad, auf dem wir nach 500 Metern die Brücke **Puente de Abuchite** 1 (0:30 Std.) erreichen. Wir überqueren diese über den Río Poqueira und gehen auf der anderen Talseite flussaufwärts. Der Pfad folgt dem Flusslauf und führt an mehreren verlassenen cortijos sowie Dreschplätzen vorbei, während wir stetig an Höhe gewinnen. Wir bleiben immer auf dem mit Holzpflöcken und gelb-weißen Markierungen gekennzeichneten Hauptweg und erreichen etwa 30 Minuten nach der Brücke eine dicht mit Wald und Gebüsch bewachsene Schlucht (barranco).

Die Eichen, die hier wachsen, sind sogenannte Pyrenäen-Eichen (Quercus pyrenaica); man erkennt sie an den hellen, mit feinen Härchen besetzten Blättern. Ihr Verbreitungsgebiet erstreckt sich von Westfrankreich und Portugal bis nach Marokko. In Südspanien ist sie auf die Höhenlage der Sierra Nevada beschränkt; trotz ihres Namens kommt sie in den Pyrenäen nicht vor. Nach dem ersten barranco wird es relativ eben, wir kommen an einem weiteren cortijo vorbei und kurz darauf an einen, ebenfalls mit üppigem Grün bewachsenen, zweiten barranco.

Danach passieren wir einen Dreschplatz sowie ein cortijo. Vor uns erblicken wir bereits ein weiteres Gehöft mit einem Sendemast, das wir nach wenigen Minuten erreichen. Nach dem Gehöft folgen wir der Piste bergab und erblicken auf der anderen Talseite einige verlassene Gebäude – La Cebadilla. Im Tal angekommen, gehen wir den Fahrweg links bergauf und kommen am Zusammenfluss von Río Toril und Río Naute am Wasserkraftwerk Central Eléctrica del Poqueira vorbei.
An einer Informationstafel steigen wir auf steinigem Pfad in Kehren bergauf, kommen nach 20 Minuten an einem weiteren verlassenen cortijo vorbei und treffen wenig später auf eine Weggabelung, an der wir rechts zum **Cortijo de Naute** **2** (1:45 Std.) wandern. Von dort aus geht es langsam bergab, direkt zum Bachbett, das wir auf der Höhe eines Gehöftes überqueren. Es liegt auf einer Insel und trägt daher den Namen Cortijo de la Isla. Der Weg führt nun ein kurzes Stück unterhalb einer beeindruckenden Steilwand (Tajos de Cañavate) auf der rechten Bachseite entlang. Wir überqueren eine Brücke und durchwandern ein Weidendickicht, wo wir ein verfallenes Haus zwischen Kirschbäumen antreffen. Während sich die Schlucht verengt, steigt der Pfad ein wenig an. An einer Abzweigung gehen wir wieder zum Bach hinunter und

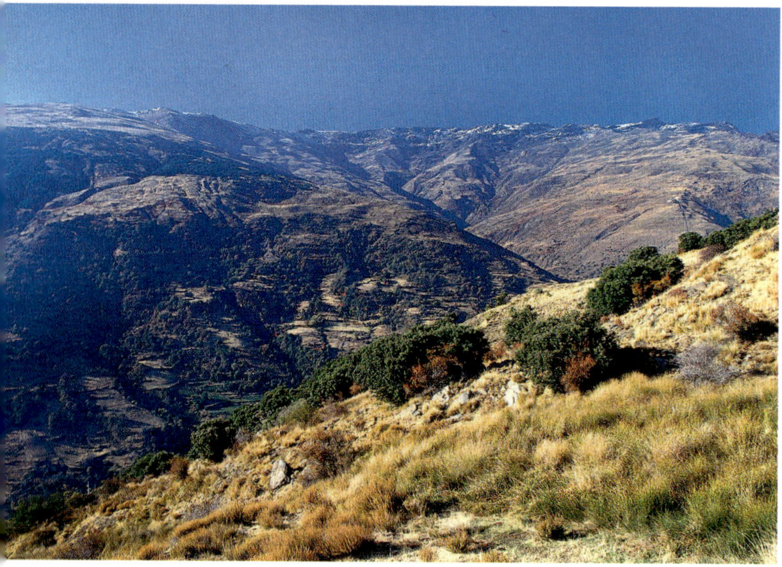

Auf dem Höhenweg im oberen Poqueira-Tal, hinten der Veleta (3396 m)

nach wenigen Minuten kommen wir über eine weitere Brücke, auf der wir den Río Veleta überqueren. Nach einem kurzen Anstieg kommen wir zu einem weiteren Bach, dem Río Mulhacén, und nun geht es steil bergauf bis zum **Cortijo de las Tomas** 3 (3:00 Std.), welches zwischen zwei Bewässerungskanälen liegt, der Acequia Baja und der Acequia Alta. Beide stammen aus der Maurenzeit und leiten das Wasser bis zur Taha de Pitres.

Der Pfad führt rechts am Cortijo de las Tomas – auch Cortijo de Antonio Quirante – auf einem steilen aber nicht langen Stück zum **Refugio Poqueira** 4 (4:00 Std.), wo wir bei einer wohlverdienten Pause den Ausblick über das Poqueira-Tal genießen. Anschließend geht es auf gleichem Weg bis zum **Cortijo de las Tomas** 3 (4:30 Std.) zurück, wo wir auf dem markierten Pfad nahezu hangparallel zwischen beiden Bewässerungskanälen südwärts gehen. Auch hier ist der Ausblick spektakulär, und uns bietet sich ein Panorama über mehrere 3000er, vom Tajo de los Machos, dem höchsten Gipfel auf der anderen Talseite, über den Veleta bis zum Mulhacén. Nach einem kurzen Anstieg treffen wir auf die **Acequía Alta** 5 (5:10 Std.), der wir ungefähr einen Kilometer folgen, bevor der Pfad allmählich bergab verläuft und auf einer Höhe von rund 2000 Metern den unteren Bewässerungskanal überquert. Der Weg geht nach etwa einem Kilometer in einen Brandschutzstreifen und danach in eine Piste über und verläuft durch einen aufgeforsteten Kiefernwald. Nach 1300 Metern kreuzen wir eine Piste, die nach La Cebadilla führt und überqueren kurz nach Verlassen des Waldes einen weiteren Kanal. Wir gehen weiter nach Capileira und kommen an einem weißen Häuschen vorbei, welches der Wasserversorgung dient. Ein paar Schritte weiter haben wir von einem Felsen aus einen sehr schönen Ausblick auf das vor uns liegende Capileira. Der Weg führt uns weiter bergab, und kurz darauf erreichen wir das **Informationszentrum** E (6:30 Std.) im Ortskern.

MAURISCHES ERBE

Die Alpujarras sind eine arabisch geprägte Kulturlandschaft. Im 12. Jahrhundert siedelten hier Berber aus Sevilla, nach der Eroberung Granadas 1492 kamen vertriebene Mauren. Dies spiegelt sich in vielen Ortsnamen: Albuxarrat wurde mit »weißes Gebirge« übersetzt, aber auch mit »ungezähmt«, anspielend auf regionale Aufstände. Pampaneira ist ein Mix aus lateinischem Stamm und maurischer Endung und bedeutet »reich an Weinranken«, während Atalbéitar (arabisch) »Dorf des Tierarztes« heißt.

59 NACH BUBIÓN UND PAMPANEIRA

Zu drei der schönsten Dörfer der Alpujarra

Die abwechslungsreiche Wanderung führt uns durch drei der schönsten Dörfer der Alpujarra: Capileira, Bubión und Pampaneira. Wir wandern durch den unteren Teil der Poqueira-Schlucht entlang terrassierter Hänge, durch lichten Eichenwald und vorbei an alten Cortijos und Kastanienhainen.

mittel | 4:30 Std. | 10 Km | ↑ 900 m ↓ 900 m

Tourencharakter Größtenteils gute, z. T. auch etwas steilere Bergpfade, Wege und Dorfstraßen

Ausgangspunkt Ortszentrum von Capileira am Informationszentrum Altas Cumbres; GPS 36.961756-3.358377

Anfahrt Auto: von Granada auf A-44 bis Ausfahrt 164 (Lanjarón), dann auf A-348 (Órgiva) und A-4132 (Pampaneira). 1,5 km nach Ortskern scharf links auf A-4129 bis Capileira. Bus: Linie Granada–Trevelez (dreimal tägl.)

Karte Parque Nacional Sierra Nevada 1:40 000 von Editorial Alpina

Einkehr Pampaneira: Restaurante Casa Diego, Plaza de la Libertad, typische Alpujarra-Küche

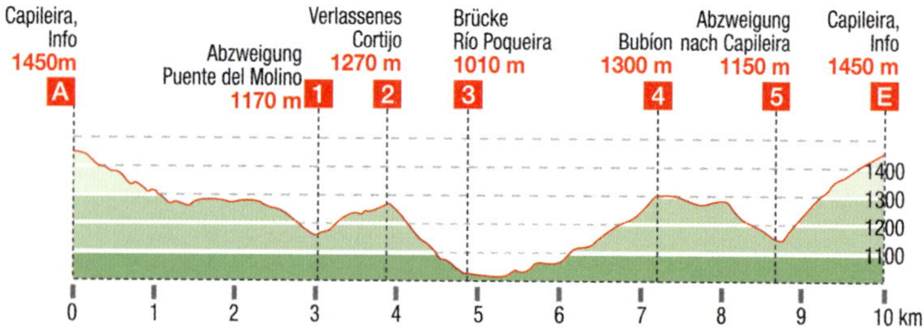

Der Wegverlauf

Die Wanderung beginnt in der Ortsmitte von Capileira, am Servicio de Interpretación de Altas Cumbres, dem **Informationszentrum** A. Hier sollten wir uns – wie bei allen anderen Wanderungen im Poqueira-Tal

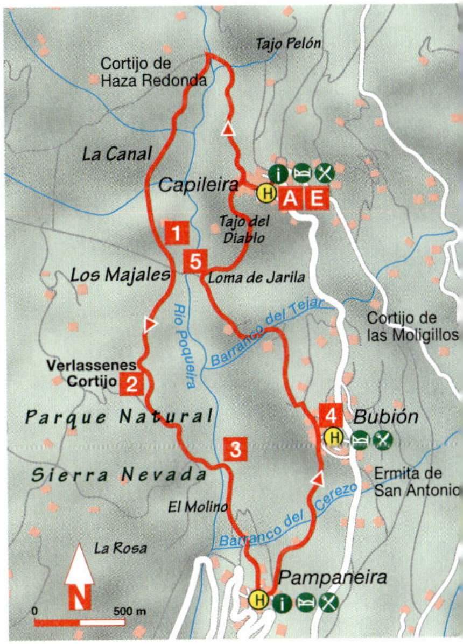

und auf den Mulhacén (Tour 63) – vorab übers Wetter und die aktuelle Beschaffenheit der Wege informieren. So wie in anderen Hochgebirgen sind besonders nach dem Winter die Wege nicht immer in einem guten Zustand. Wir steigen nun zum nordwestlichen, unteren Viertel des Dorfes ab, gehen vom Informationszentrum wenige Meter die Hauptstraße bergauf und biegen dann links in die gepflasterte Calle del Doctor Castillo ein. Am Ende der Straße gehen wir links, danach über die Plaza und weiter geradeaus, direkt an der Kirche Santa María de la Cabeza vorbei. Am Ende dieser Straße gehen wir rechts und anschließend wieder rechts in die Calle de Postiguillo, die in die Calle de Alomo übergeht. Die äußerste Dorfstraße ist hier mit einem Holzgeländer begrenzt, dem wir bergab bis zu einer Informationstafel folgen. Hier beginnt der Pfad, der im ersten Abschnitt sehr steil und steinig ist. Auf nassem Untergrund ist besondere Vorsicht geboten, da es dadurch sehr rutschig sein kann. Nach gut 20 Minuten erreichen wir eine Brücke über den Poqueira-Fluss, die Puente de Chiscal. Auf der anderen Talseite geht der Weg bergauf, und nach knapp 150 Metern gabelt sich der Weg; wir gehen den unteren (linken) Weg weiter, lassen Abzweigungen nach rechts außer Acht und bleiben immer auf dem unteren Weg. Circa 30 Minuten nach der Brücke kommen wir an einen Dreschplatz, von dem wir eine tolle Aussicht auf die »weißen Dörfer« des Poqueira-Tals haben. Vom Dreschplatz geht es nun auf dem Pfad bergab, bis wir nach weiteren 20 Minuten zu einer Abzweigung zur **Puente del Molino** **1** (1:15 Std.) kommen. Dort gehen wir jedoch weiter geradeaus und anschließend geht es tendenziell ein Stückchen bergauf. Wir durchqueren dabei mehrere »barrancos«, die z. T. mit dichtem Gebüsch und Strauchwerk bewachsen sind. Etwa 650 Meter oder 15 Minuten nach der letzten Abzweigung zur Puente del Molino kommen wir an einen weiteren Barranco, wo wir durch dichtes Gebüsch den Hang hinaufklettern. Kurz darauf kommen wir an eine Gabelung, an der wir rechts abbiegen. Nach 200 Metern erreichen wir eine Wiese, an deren oberem Ende ein **verlassenes Cortijo** 2 (1:30 Std.) steht. Von hier aus haben wir einen fantastischen Ausblick in das Tal, auf Capileira und die anderen »weißen Dörfer«. Sogar der Mulhacén ist von hier aus zu sehen.

Direkt am Cortijo führt der Weg weiter, und nun geht es auf einem etwas steileren Abschnitt in Kehren bergab. Gut 700 Meter nach dem cortijo (bzw. nach ca. 15 Minuten) kommen wir zu einer Weggabelung mit einem hölzernen Markierungspfosten; dort biegen wir links ab. Auf den letzten Metern zum Fluss ist besondere Vorsicht geboten, denn es ist etwas steil und steinig; Trittsicherheit und Schwindelfreiheit sind Voraussetzung. Unten angekommen, überqueren wir die Brücke über den **Río Poqueira** 3 (2:00 Std.). Optional können wir direkt links hinter der Brücke in einen Weg einbiegen, der zu einem schattigen Pausenplatz und einem Wasserfall führt. Bevor wir uns hinsetzen, achten wir auf Reptilien, die sich hier auch wohlfühlen.

Von der Brücke aus geht es nun auf einer Schotterpiste bergauf nach Pampaneira, wo wir nach einem eingezäunten Grundstück (mit Hund) zum unteren Waschplatz des Ortes (lavadero del barrio bajo) links einbiegen und auf einem gepflasterten Treppenweg bergauf gehen. Oben angekommen, gehen wir rechts an einer aromatisch duftenden Trockenschinkenfabrik vorbei in den Ortskern und zum Hauptplatz, der Plaza de la Libertad. Die zahlreichen Cafés laden zu einer Pause ein, und auch das Kunsthandwerk lohnt einen Blick. Das Gewicht der typischen geknüpften Wollteppiche dürfte jedoch die Freigepäcksgrenze überschreiten. Vielleicht darf es stattdessen lieber etwas Süßes aus der Schokoladenmanufaktur »Abuela Ili« sein? Darüber hinaus lohnt auch ein Besuch im Informationszentrum in der nordwestlichen Ecke der Plaza.

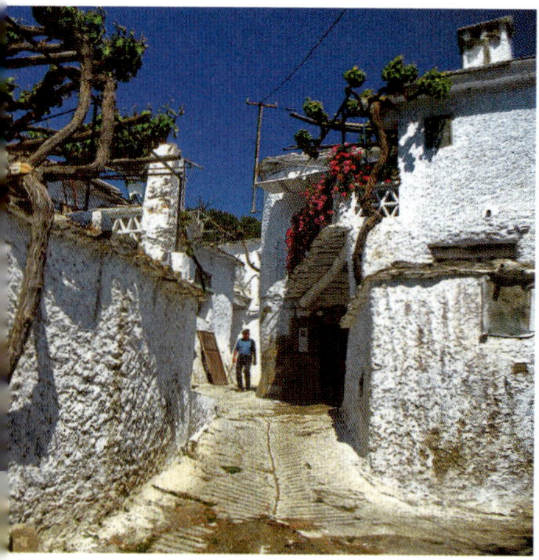

Dorfszene in Capileira mit engen Gassen, Weinranken und Geranien

Von der Plaza steigen wir nun in nordöstlicher Richtung durch die Calle Real bis zum oberen Ortsrand auf, wo wir ein metallenes Hinweisschild finden, welches auf den Camino Real nach Bubión hinweist. Dort folgen wir dem Weg nach rechts, wenige Meter später einer weiteren Kurve nach links. Nach 300 Metern biegen wir rechts in einen schattigen Weg ein, queren einen Barranco und erreichen nach einem kurzen Steilstück die **ersten Häuser von Bubión** **4** (3:15 Std.), wo sich auch eine Quelle mit frischem Wasser befindet. Wir überqueren den Kirchplatz, der einen etwas vernachlässigten Eindruck macht und gehen anschließend am ethnografischen Museum (casa alpujarreña) geradeaus weiter und unterhalb des Sportplatzes vorbei. Nach einem weiteren Barranco geht es bergab bis zu einer **Weggabelung** **5** (3:45 Std.) wenig oberhalb des Flusses und der Puente del Molino. Wir folgen dem ausgeschilderten Weg nach Capileira und erreichen nach einem etwa 45 minütigen Aufstieg, der bisweilen durch ein steiles Bachbett führt, das **Informationszentrum** **E** (4:30 Std.) in der Dorfmitte.

WOZU EDELKASTANIEN?

Ess- oder Edelkastanien waren über Jahrhunderte wichtiger Nahrungslieferant in der Alpujarra. Ihre Bedeutung nahm nach der Entdeckung Amerikas durch die Einfuhr der Kartoffel rapide ab. Die Ablösung als Grundnahrungsmittel war in einigen Regionen Spaniens (z. B. Galicien) so einschneidend, dass dort Kartoffeln immer noch »Kastanien« genannt werden. Heutzutage ist der Kastanienbaum überwiegend Holz- und Baustofflieferant, wenn auch zur Weihnachtszeit in vielen Fußgängerzonen Holzkohlefeuer brennen, auf denen Maronen frisch geröstet werden.

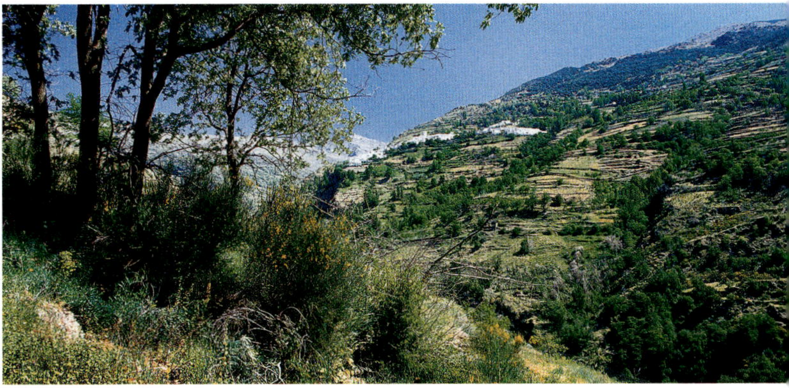

Auf dem Panoramaweg nach Pampaneira eröffnen sich zahlreiche Ausblicke

60 DURCH DIE TAHÁ DE PITRES

»Weiße Dörfer«, Obst- und Olivenhaine

Die einfache Rundwanderung durch die warmen Tieflagen der Alpujarra führt uns zu sieben »weißen Dörfern«, deren Flair aus verschachtelten Gassen und schiefen Häusern uns in die Zeit der Mauren zurückversetzt. Wir wandern durch terrassierte Obst- und Olivenhaine in das Tal des Río Trevélez.

leicht | **3:15 Std.** | **10 Km** | ↑ 620 m ↓ 620 m

Tourencharakter Meist Maultierpfade, gelegentlich kurze asphaltierte Abschnitte auf Dorfstraßen

Ausgangspunkt Dorfplatz in Pitres (Plaza de la Alpujarra) vor der Kirche; GPS 36.937156-3.325050

Anfahrt Auto: Von Granada auf A-44 bis Ausfahrt 164 (Lanjarón), dann auf A-348 bis Órgiva und A-4132 via Pampaneira bis Pitres. Bus: Linie Granada–Trevélez (dreimal tägl.)

Karte Parque Nacional Sierra Nevada 1:40 000 von Editorial Alpina

Einkehr Pitres: Diverse Bars/Restaurants rund um den Dorfplatz in Pitres

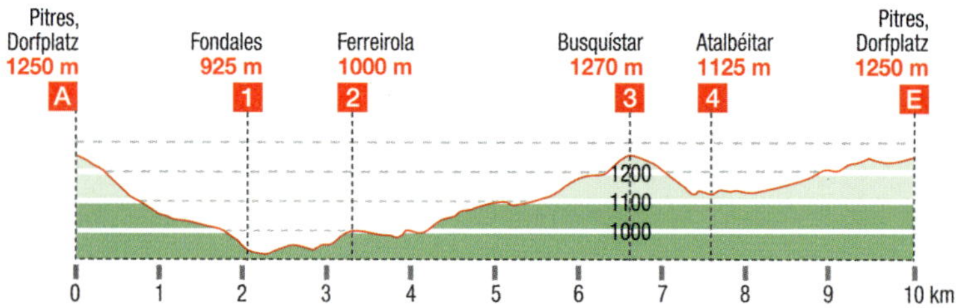

Der Wegverlauf

Die Tour startet vom **Dorfplatz** A in Pitres. Nicht zu übersehen ist der Kirchturm, der als einer der schönsten in der ganzen Alpujarra gilt. Die Kirche ist auf den Fundamenten einer ehemaligen maurischen

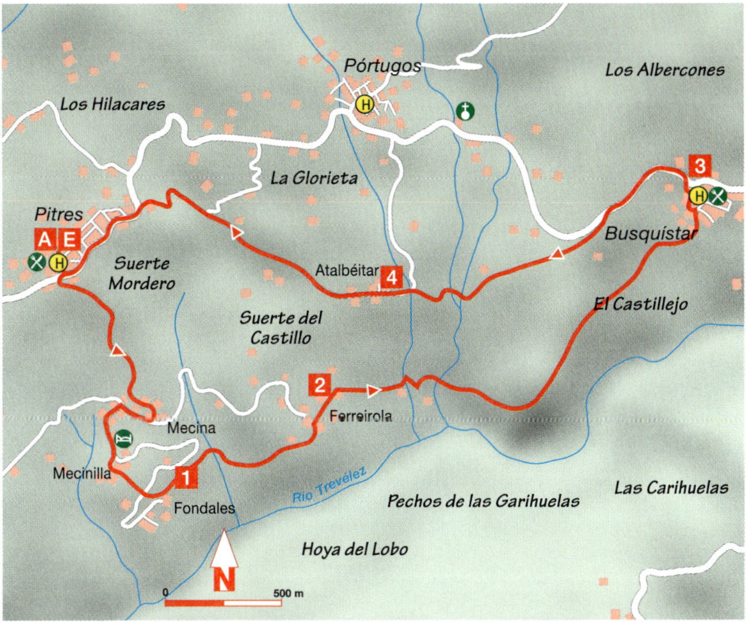

Moschee erbaut. Kirchturm und Schiff weisen Elemente des Mudéjar-Stils auf. Diese Stilrichtung erlebte im 14. Jahrhundert ihre Blüte und verband Elemente aus der islamischen Architektur, wie z. B. Hufeisenbögen und Stuckornamente mit dem christlichen Baustil der Gotik.

Wir verlassen den Dorfplatz in südwestliche Richtung und folgen der Calle del Puerto bis zur Landstraße, die hier interessanterweise Paseo Maritimo heißt. Wir überqueren sie und biegen rechts von dem Restaurant La Carreterra in den alten Camino Real nach Mecina ein. Der Weg geht in einen Maultierpfad über und schlängelt sich durch die terrassierten Hänge. Nach knapp einem Kilometer erreichen wir Mecina, gehen rechts um den Dreschplatz herum in die Calle Real und dann hinunter bis zur Calle de la Alberca, der wir gen Westen folgen. Kurz darauf sind wir am Ende des Dorfes angekommen, wo wir links in die Calle Fuente del Baranquillo einbiegen. Nach 300 Metern erreichen wir Mecinilla. Hier gehen wir an einem Wartehäuschen vorbei und geradeaus weiter in die Calle Real. Gegenüber von einem Brunnen biegen wir in die Calle Laurel ein. Von nun an geht es zunächst wieder auf einem Maultierpfad weiter, vorbei an vielen alten Kastanien sowie an einer bunten Künstlerwerkstatt. Kurz darauf stoßen wir dann auf eine Straße, überqueren diese schräg rechts und gehen auf dem Pfad rechts an einem Gebäude vorbei. So erreichen wir die Straße, die links nach **Fondales** **1** (0:45 Std.) führt.

Gegenüber einem Wartehäuschen biegen wir rechts in die Calle del Cortijo ab, danach links in die Calle Real. Im Zentrum des Dorfes erreichen wir die unscheinbare Plaza de Gerald Brenan (siehe S. 229). Von diesem Platz gehen wir an üppig blühenden Rosenbüschen vorbei Richtung Osten nach Ferreirola. Am Ende des Dorfes stehen zahlreiche Maulbeerbäume, ebenfalls ein Relikt aus der Maurenzeit, als die Alpujarra ein bedeutender Ort für die Seidenproduktion war. Wir verlassen Fondales, und der Pfad führt nun durch Felder und Obstgärten, entlang von Mauern und kleinen Bewässerungskanälen. Nach 45 Minuten erreichen wir **Ferreirola** **2** (1:30 Std.). Auf der Calle de las Aguas kommen wir zum Kirchplatz und gehen an einem Brunnen vorbei nach rechts Richtung Busquístar. Nach circa 500 Metern erreichen wir die Quelle La Gaseosa. Das Wasser ist leicht kohlensäure- und sehr eisenhaltig, ihm wird gesundheitsfördernde und verjüngende Wirkung zugeschrieben, sodass wir viel davon trinken sollten. Kurz nach der Quelle passieren

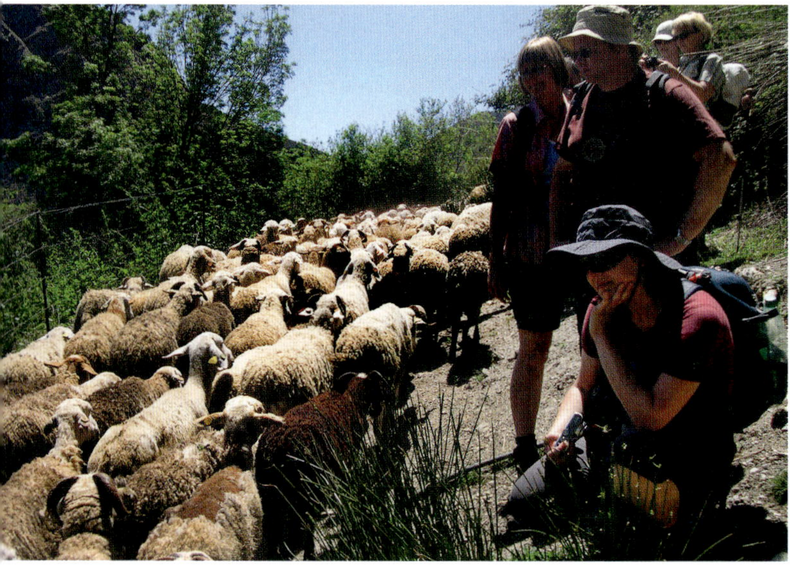

Auf den Wanderwegen in der Alpujarra haben Schafe immer Vorfahrt.

wir einen großen Dreschplatz – la era del Trance. Nun geht es bergauf, und von einem felsigen Abschnitt aus haben wir einen tollen Blick zurück. Knapp einen Kilometer nach dem Dreschplatz stoßen wir auf eine Piste, der wir geradeaus bergab folgen, kommen an einem schäbigen Ziegengatter vorbei, und kurz darauf geht es steil bergauf nach **Busquístar** 3 (2:15 Std.). Im Ort gehen wir eine der Gassen nach links, an der Kirche vorbei und weiter bergauf bis zur Landstraße. Dort wenden wir uns nach links und biegen nach 300 Metern in einer Rechtskurve links auf eine Erdpiste ab. An der nächsten Gabelung gehen wir geradeaus. Nach etwa 250 Metern geht der Weg in einen Maultierpfad über. An einer weiteren Gabelung halten wir uns rechts und durchqueren nach ungefähr 600 Metern das Gehöft El Molino. Kurz darauf gehen wir an einer Gabelung links über eine Brücke und erreichen wenig später **Atalbéitar** 4 (2:45 Std.). Auf der Plaza befindet sich ein Brunnen mit einer Pappel. Während einer Pause werden wir bald staunen, wie viele Katzen in kürzester Zeit aufkreuzen.

GERALD BRENAN

Ein faszinierendes Zeugnis der archaischen Riten und der Lebensweise in den Alpujarras ist das Buch »Südlich von Granada« des englischen Schriftstellers Gerald Brenan. Er ließ sich 1919 für sieben Jahre im kleinen Dorf Yegen östlich von Trevélez nieder und beschrieb die luxusarme, aber poetisch reiche Existenz der Bevölkerung. Brenan schildert, wie Dorffeste im Jahreslauf mit bestimmten traditionellen Liedern und Märchen verbunden waren und wie Menschen, Architektur und Landschaft in Wechselbeziehungen zueinander standen. Nicht zuletzt verblüffen die enormen Wanderleistungen Brenans, der die Sierra Nevada kreuz und quer mit minimalem Gepäck durchstreifte.

Wir lassen die Katzen zurück und gehen circa 800 Meter nach Nordwesten, bis wir an einer scharfen Rechtskurve die Straße verlassen und geradeaus über eine Kuppe hinunter ins Tal des Río Bermejo gehen. Auf der anderen Seite steigen wir bis zu einem Bewässerungskanal auf, dem wir auf 100 Meter nach rechts folgen. An der nächsten Abzweigung biegen wir links ab und sind nach 150 Metern sowohl im Pitres als auch an der Landstraße, wo wir nach links abbiegen. Nach 450 Metern erreichen wir die Bar La Carreterra, wo wir sehr freundlich von dem Inhaber und seinen Söhnen bewirtet werden. Wir sollten den vino de la casa probieren – selbst gemachten Alpujarra-Wein. Anschließend gehen wir zum **Dorfplatz** E (3:15 Std.), wo unsere Tour endet.

61 VON CAPILEIRA NACH TREVÉLEZ

Auf dem Fernwanderweg Camino Sulyar

Auf dieser Wanderung erkunden wir einen besonders schönen Abschnitt des Fernwanderweges Camino Sulyar (GR 240) sowie des GR 7 und wandern vom Poqueira-Tal in das Tal des Rió Trevélez mit dem gleichnamigen Ort, der europaweit berühmt ist für die Produktion von Serrano-Schinken.

mittel | **5:40 Std.** | **18,1 Km** | ↑ 1100 m ↓ 1090 m

Tourencharakter Größtenteils gut begehbare Bergpfade, gelegentlich Pisten

Ausgangspunkt Ortszentrum von Capileira am Informationszentrum Altas Cumbres; GPS GPS 36.961756-3.358377

Anfahrt Auto: Von Granada auf A-44 bis Ausfahrt 164 (Lanjarón), dann auf A-348 (Órgiva) und A-4132 (Pampaneira). 1,5 km nach Ortskern, scharf links auf A-4129 bis Capileira. Bus: Granada–Trevélez (dreimal tägl.)

Karte Parque Nacional Sierra Nevada 1:40 000 von Editorial Alpina

Einkehr In Trevélez reichhaltige »Schinken-Gastronomie«, sehr empfehlenswert das »La Fragua«

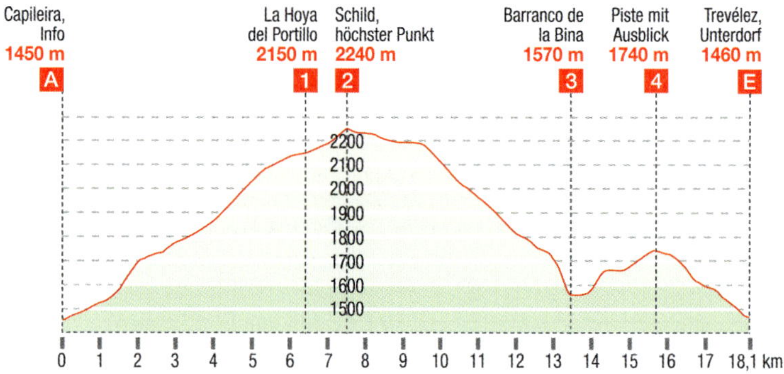

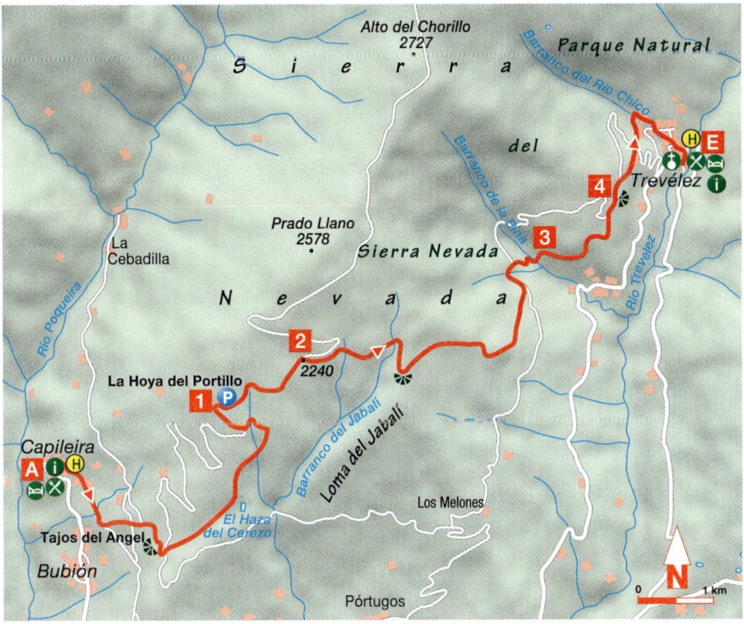

Der Wegverlauf

Vom Informationszentrum in **Capileira** A folgen wir der Hauptstraße bergauf, gehen am Hotel Finca los Llanos – zu unserer Linken – vorbei und erreichen nach ungefähr einem Kilometer einen Wegweiser auf der linken Seite. Wir biegen in den markierten Pfad ein, gehen bergauf durch einen lichten Steineichenwald und überqueren nach gut 400 Metern die Straße, auf die wir nach 200 Metern erneut treffen. Dieser folgen wir jetzt auf einer Strecke von circa 700 Metern bis zum Aussichtspunkt Tajos del Angel. Von hier haben wir einen fantastischen Blick zurück ins Poqueira-Tal, nach Capileira und Bubión sowie zur Sierra de la Contraviesa. Wir gehen auf der Straße weiter und biegen nach wenigen Metern rechts in einen Pfad ein. Der führt nun auf gerader Strecke durch einen Kiefernforst und wenig später an einem Bachbett entlang. Nach einem Kilometer kommen wir auf eine Wiese, folgen der Markierung links den Hang hinauf und treffen kurz darauf auf eine Piste; rechts unterhalb befindet sich ein großes Wasserbecken el Haza del Cerezo. Wir gehen weiter auf der Piste bergauf. Nach 200 Metern

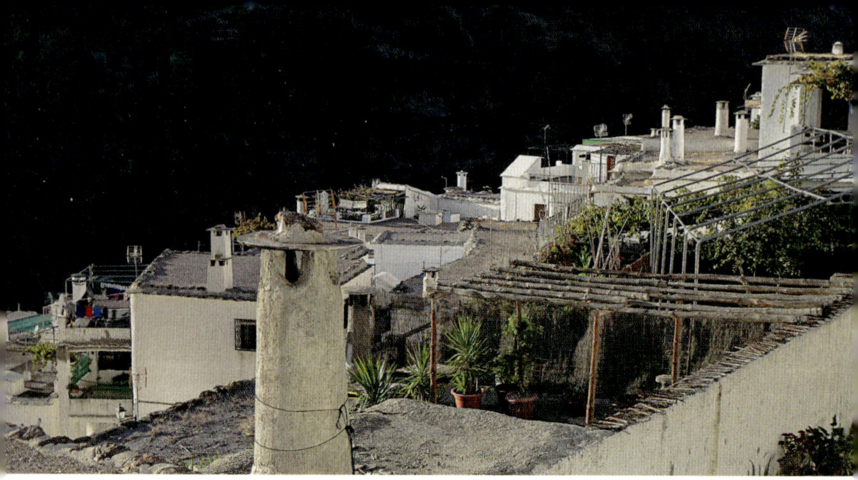

Trevélez, der höchstgelegene Ort der Alpujarras

biegen wir rechts in den markierten Pfad ein und überqueren wenig später den Bewässerungskanal Acequia Baja. Kurz darauf queren wir die Acequia Alta und wenig später den Bach Barranco de las Chorreras. Dann erreichen wir eine Fahrpiste, in die wir nach links abbiegen, sie aber nach etwa 350 Metern rechts auf einem markierten bergauf führenden Pfad verlassen. Nach 100 Metern überqueren wir nochmals den Bach Barranco de las Chorreras, gehen direkt danach scharf links und durchqueren den Kiefernforst, bis wir einen Parkplatz mit einem Schrankenhäuschen sehen – **La Hoya del Portillo** **1** (2:10 Std.).

Vom Häuschen aus gehen wir 20 Minuten auf der Schotterpiste weiter. Der Weg führt zunächst durch Kiefernaufforstungen. Wenig später treffen wir auf einen Feuerschutzstreifen und kurz darauf links auf einen Brunnen. 350 Meter nachdem wir den Wald verlassen haben, kommen wir an ein **Schild** **2** (2:30 Std.), das uns rechts den weiteren Weg weist. Hier ist mit 2240 Metern auch gleichzeitig der höchste Punkt der Wanderung erreicht. Der Weg führt bald wieder in einen Forst, anschließend überqueren wir auf einer Holzbrücke den Bach Barranco del Manzano und wenig später (nach 850 Metern) den Barranco del Jabalí. Nach einem kurzen Anstieg erreichen wir einen Höhenrücken (Loma del Jabalí), von wo aus wir einen fantastischen Ausblick in das Trevélez-Tal im Osten und das Guadalfeo-Tal und die Sierra de la Contraviesa im Süden haben. Mit etwas Glück kann man von hier aus an klaren Tagen auch die afrikanische Küste sehen.

Nach einer Pause folgen wir dem Höhenrücken, bis wir kurz vor dem Waldrand an einem Markierungspfosten scharf links nach Nordosten abbiegen. Wir folgen dem gut sichtbaren Weg immer diagonal zum

Hang. Nach knapp 1,5 Kilometern macht der Weg zwei Kehren, und nach der unteren Kehre gehen wir auf dem Pfad weiter in nordöstliche, später nördliche Richtung. Wenig später erreichen wir ein Wasserbecken – La Balsa del Cortijo Toro – an dem ein alter Walnussbaum steht. Der Weg geht unterhalb des Beckens weiter und führt anschließend nach links durch einen lichten Eichenwald. Gut 600 Meter nach dem Becken stoßen wir auf eine Piste, auf die wir links abbiegen, um sie nach 300 Metern wieder zu verlassen und an einer Wegmarkierung nach rechts in den Wald abzubiegen. Wir erreichen einen Gebirgsbach, den **Barranco de la Bina** 3 (4:15 Std.), den wir auf einer etwas verwegenen Holzkonstruktion überqueren und auf den folgenden circa 600 Metern relativ parallel zum Hang weitergehen. Nach einem 250 Meter langen Anstieg durch lichten Wald macht der Pfad eine scharfe Rechtskurve, und es geht auf 600 Metern relativ hangparallel weiter. Dann folgt auf 700 Metern der letzte kurze Anstieg, und wir erreichen eine **Piste** 4 (5:00 Std.), von der aus wir nach wenigen Metern einen tollen Ausblick nach Trevélez haben.

Nach 600 Metern verlassen wir die Piste und folgen dem markierten Pfad rechts hinunter. Auf dem letzten Stück geht es nun durch Gärten und über terrassierte Hänge. Wir überqueren einen weiteren Bach, den Barranco del Río Chico, und erreichen auf der anderen Bachseite das Oberdorf. Wenig später kommen wir an der Café-Bar Los Rosales vorbei, gehen bergab durch die Calle de Pereza und die Calle de la Cuesta zum Kirchplatz im Mitteldorf; von dort auf der Calle Real ins **Unterdorf** E (5:40 Std.), wo die Wanderung an der Plaza de Francisco Abellán endet.

CAMINO SULAYR

Der Camino Sulayr – oder GR-240 – ist ein Fernwanderweg, der auf einer Strecke von rund 300 Kilometern und auf insgesamt 19 Etappen den Gipfelkamm der Sierra Nevada umrundet. Dabei verläuft er meist auf einer mittleren Höhe zwischen 1800 m und 2000 m und teilweise entlang historischer Pfade, wie z. B. dem Camino de las Nieves (Weg des Schnees), der im Mittelalter als Transportroute für Schnee und Eis verwendet wurde, das von den Hochlagen der Sierra Nevada bis nach Granada und in die Alhambra gebracht wurde. Der Name Sulayr ist eine arabische Transkription aus dem Latein: Mons Solaris oder Mons Solorius, was so viel bedeutet wie »Berg der Sonne«.

62 AUF DEN MULHACÉN

Der höchste Berg der Iberischen Halbinsel

Auf dieser technisch einfachen, aber konditionell anspruchsvollen Hochgebirgstour erklimmen wir den höchsten Berg der Iberischen Halbinsel, den Mulhacén (3482 m). Vom Gipfel aus können wir alle andalusischen Gebirgszüge und bei klarer Sicht auch die nordafrikanische Küste sehen.

● schwer | 6:15 Std. | 14,5 Km | ↑ 1050 m ↓ 1050 m

Tourencharakter Größtenteils gute Bergpfade oder Pisten, steiler, steiniger Abstieg vom Gipfel

Ausgangspunkt Refugio Poqueira (2480 m), alternativ: Alto del Chorillo/Mirador de Trevélez; GPS 37.013450-3.309163

Anfahrt Zweiter Tag einer Zweitagestour von Capileira aus (Tour 59); mit Nationalparkbus (Mai–Sept.) bis Alto del Chorillo/Mirador de Trevélez, alternativ mit dem Auto bis La Hoya del Portillo (Tour 61) oder mit Bergführer

Karte Parque Nacional Sierra Nevada 1:40 000 von Editorial Alpina

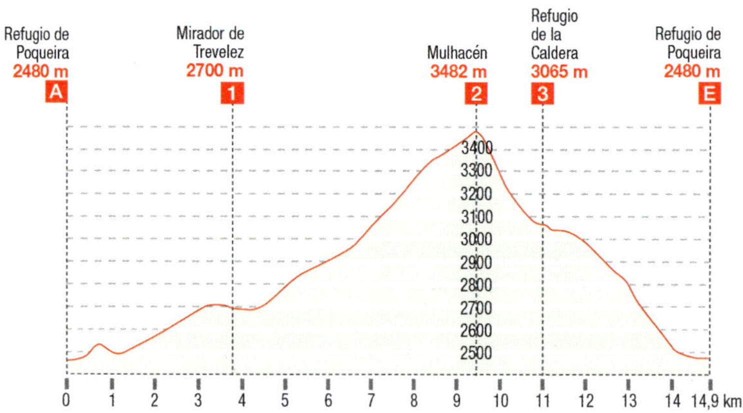

Der Wegverlauf

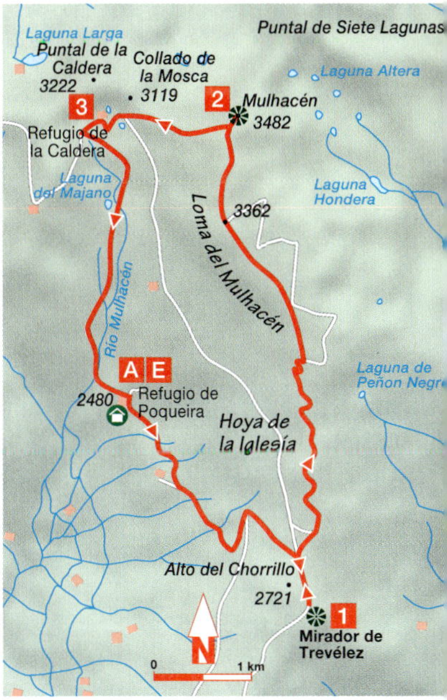

Vom **Refugio de Poqueira** A aus starten wir unseren Gipfelsturm auf den höchsten Berg der Iberischen Halbinsel. Bevor wir uns auf dem Weg zum Gipfel machen, erkundigen wir uns beim Hüttenwart nach dem aktuellen Wetterbericht. Denn auch wenn wir hier im vermeintlich warmen Südeuropa sind, kann hier ein Wetterumschwung fatale Folgen haben. So sind im Frühjahr 2004 drei Holländer beim Aufstieg erfroren, weil sie entgegen aller Warnungen die Wetterprognose ignorierten. Vom Refugio gehen wir auf der Piste in südöstlicher Richtung und erreichen nach etwa einer Stunde die alte Schotterpiste zum Pico Velata. Wir gehen rechts, bis wir nach rund 400 Metern zum Wendeparkplatz des Nationalparkbusses kommen, der den Namen Alto del Chorrillo hat. Von hier aus sind es nur wenige Meter zum Aussichtspunkt, dem **Mirador de Trevélez** 1 (1:15 Std.). Der Ausblick ist fantastisch.

Sofern wir den Gipfel auf einer Eintagestour besteigen und keine Übernachtung im Refugio Poqueira machen wollen, können wir mit dem Nationalparkbus aus Pampaneira via Bubión und Capileira hierher fahren. Der Bus verkehrt allerdings nur in den Sommermonaten, meist von Mitte Mai bis September. Darüber hinaus besteht auch die Möglichkeit, mit dem eigenen Auto bis zur Hoya del Portillo (siehe auch Tour 61) zu fahren und von dort zum Refugio Poqueira zu gehen, um hier die Nacht vor der Besteigung des Gipfels zu verbringen. Eine weitere Option, die insbesondere im Frühjahr interessant ist, wenn noch keine Nationalparkbusse fahren und die Orientierung erschwert ist, weil in den Bergen noch Schnee liegt, ist die Buchung eines Bergführers. Diese Aufstiegsvariante ist jedoch sehr lang und daher konditionell recht anspruchsvoll (Gehzeit 8–10 Std., 1300 Höhenmeter, ca. 22 km). In diesem Fall wenden wir uns an das Informationszentrum in Pampaneira (Tel. +34/958/76 31 27 oder +34/659/10 96 62 bzw. +34/659/84 31 57).

Vom Wendeparkplatz gehen wir 400 Meter auf der Piste zurück und biegen dort auf einen gut sichtbaren Pfad rechts ab, der auf einen markanten Bergrücken führt. Wir folgen dem Pfad und gewinnen dabei stetig an Höhe. Circa 1,5 Stunden nachdem wir den Mirador verlassen haben und uns auf einer Höhe von ungefähr 3050 Metern befinden, kommen wir an einem markanten Felsen mit einigen Steinhütten vorbei, die links des Weges liegen. Dies ist ein strategisch guter Platz für eine Pause.

Anschließend folgen wir dem Pfad weiter bergauf, der nun nicht immer ganz eindeutig zu erkennen ist, sodass wir aufmerksam auf Steinmännchen achten. Aufgrund der dünner werdenden Luft passen wir das Gehtempo den Gegebenheiten an und gehen entsprechend langsamer. Nach einer weiteren guten Stunde kommt der Gipfelbereich in Sichtweite. Etwa 30 Minuten später sind wir am Ziel angekommen – dem **Gipfel des Mulhacén** 2 (4:15 Std.). An einer in den Fels geschlagenen Nische mit einer Marienstatue hat sich im Laufe der Zeit ein Sammelsurium von Glücksbringern, Kerzen, Fotos und Gebetsfahnen angesammelt. Auch ein Geocache ist hier irgendwo versteckt. Da die Nordflanke des Gipfels steil, nahezu senkrecht abfällt, setzen wir unsere Schritte hier sehr vorsichtig und halten mehrere Meter Abstand

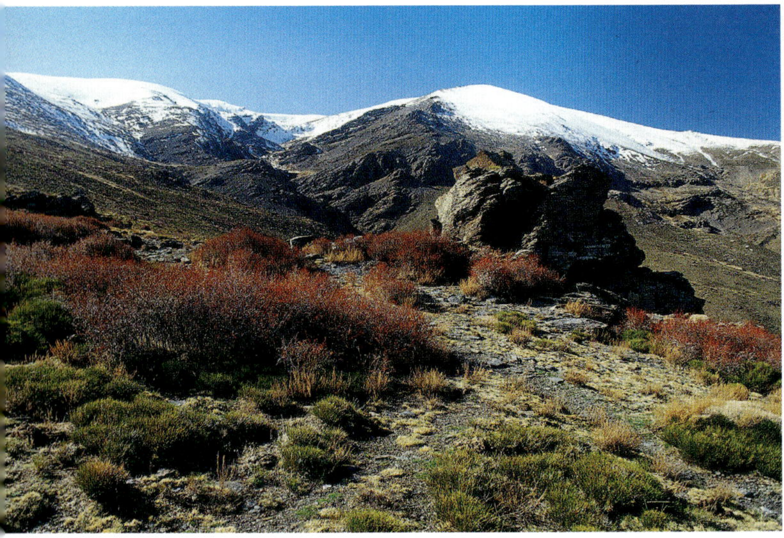

Mit zunehmender Höhe dominieren die Dornpolstergesellschaften (piornal).

von der Kante. Die Aussicht ist dennoch berauschend. Im Westen sehen wir die Stadt Granada und dahinter in der Ferne die Sierras Subbéticas. Unmittelbar nördlich von uns ist die Sierra Mágina zu erkennen und weiter rechts, in nordöstlicher Richtung, die Sierra de Cazorla. Im Osten erkennen wir die Sierra de Alhamilla und die Sierra del Cabo de Gata. Im Süden sehen wir die Sierra de la Contraviesa und – an Tagen mit besonders guter Fernsicht – die nordafrikanische Küste.

Zum Abstieg gehen wir circa 50 Meter zurück und biegen dann in einen Pfad ein, der auf der Westflanke des Gipfels in kleinen Kehren zur Laguna de la Caldera und zum gleichnamigen Refugio hinabführt. Der Pfad ist steinig, aber dennoch gut erkennbar. Sollte Schnee liegen und der Weg nicht gespurt sein, gehen wir am besten auf dem gleichen Weg zurück. Anderenfalls halten wir uns lieber etwas links, denn rechts von uns befindet sich die senkrechte Nordflanke des Berges. Nach 45 Minuten erreichen wir das unbewirtschaftete **Refugio de la Caldera** **3** (5:00 Std.), eine Notunterkunft. Hier tummeln sich häufig Steinböcke.

Sollten wir noch am gleichen Tag mit dem Nationalparkbus zurückfahren wollen (Anmeldung erforderlich), folgen wir der Fahrpiste in östlicher und später in südöstlicher Richtung. Von hier sind es rund sechs Kilometer und dementsprechend rund eineinhalb Stunden bis zum Wanderparkplatz Alto del Chorillo. Für diesen Fall können wir uns den Abstecher zum Mirador auch für den Schluss der Wanderung aufsparen. Anderenfalls gehen wir vom Refugio de la Caldera unterhalb und anfangs parallel zur Piste nach Süden und folgen dabei dem Bachlauf des Río Mulhacén. Der Pfad verläuft mal links, mal rechts vom Bach, ist aber nicht zu verfehlen. Nach knapp vier Kilometern und einer Gehzeit von ca. 1:15 Std. erreichen wir wieder das **Refugio de Poqueira** **E** (6:15 Std.), wo die Wanderung Wanderung in der Höhenluft der Sierra Nevada endet.

WER WAR MULHACÉN?

Abù al-Hasan, Ali ben Saad, von seinen Glaubensbrüdern Mulay Hasan oder von den Christen der damaligen Zeit Muley Hacén genannt, war der vorletzte maurische Herrscher des Königreiches Granada. Er verfügte zu Lebzeiten, dass er auf dem höchsten Berg der Iberischen Halbinsel beerdigt werden wollte, dort, wo er dem Himmel am nächsten ist. So berichtet zumindest die Legende. Sein Grab sowie der Schatz, den es enthalten soll, wurden trotz ernsthafter Bemühungen jedoch nie gefunden, der Berg trägt aber seitdem seinen Namen.

63 IM TAL DES RÍO TREVÉLEZ

Durch die karge Sierra Nevada

Vom Schinkendorf Trevélez aus wandern wir durch die karge Berglandschaft der Sierra Nevada an einsamen Gehöften vorbei. Beim Rückweg begleitet uns der Forellenbach Río Trevélez.

mittel | 4:45 Std. | 12 Km | ↑ 520 m ↓ 520 m

Tourencharakter Bergwanderwege, Teilstück mit Trampelpfadcharakter; an Bächen oft überspült

Ausgangspunkt Hauptplatz von Trevélez an der Durchgangsstraße nach Berchules; GPS 37.000015-3.264103

Anfahrt Auto: Von Granada über Lanjarón und Órgiva, dann A-4132 (kurvenreich). Bus: Dreimal täglich von Granada, www.alsa.es

Karte Parque Nacional Sierra Nevada 1:40 000 von Editorial Alpina

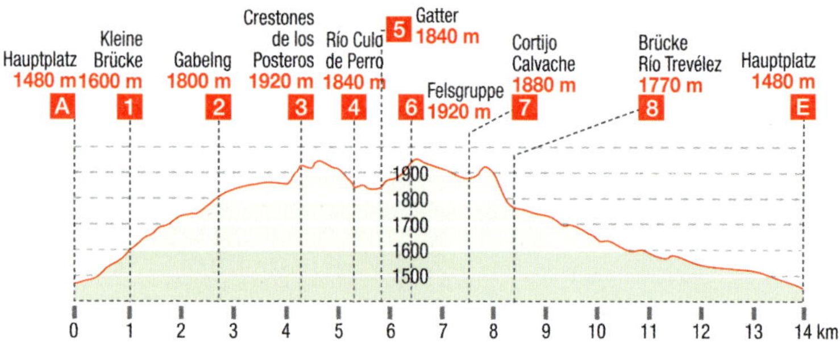

Schinken und Tapas

Trevélez mit seinen etwa 900 Einwohnern ist eines der touristischen Zentren der Alpujarras. Sein Ruf als angeblich höchstgelegener Ort Spaniens (dank der dazugehörigen Gipfel) und die Produktion von Serranoschinken ziehen an den Wochenenden auch viele spanische Ausflügler an. Die Gemeinde geht auf eine lange römische und später maurische Geschichte zurück. Durch die arabische Besiedlung der Region hat sich auch hier die Architektur des marokkanischen Atlas erhalten, mit reizvollen kleinen Gässchen und buntem Blumenschmuck. Nach Trevélez zogen sich nach der Reconquista um 1500 viele zwangsweise zum Christentum konvertierte Mauren zurück. Diese »Moriscos« erhoben sich als Folge ihrer Vertreibung aus Granada in einem jahrelangen Aufstand von 1468 bis 1472 in der Sierra Nevada. Schließlich wurden die Morisken besiegt und endgültig vertrieben, die Gemarkung mit Siedlern aus Nordspanien neu belebt. Heute ist der Ort auf Wanderer gut eingestellt, bereits im Ort mit seinen am Hang gelegenen drei »Barrios« könnte man die eine oder andere »Tapas-Bergtour« unternehmen.

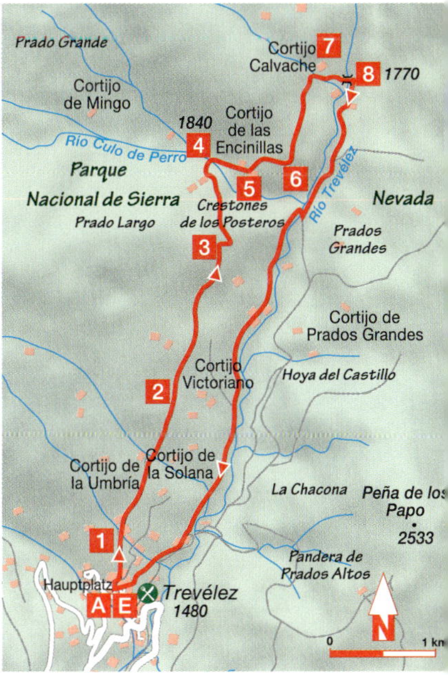

Der Wegverlauf

Für unsere Tour starten wir am **Hauptplatz** A (1500 m), wo auch die Busse halten und die meisten Pensionen und Geschäfte angesiedelt sind. Direkt an der Quelle und den Informationstafeln gehen wir im Ort hoch und folgen am Schinken-Geschäft der innerörtlichen Route »tres barrios«, die auf Kacheln ausgeschildert ist. Wir kommen an der kleinen Kirche und am Rathaus vorbei und orientieren uns nun an den Schildern zu den »7 Lagunas«, einem weiteren beliebten Wanderweg. Etwa 20 Minuten nach unserem Start und kurz nach den letzten Häusern führt eine kleine **Brücke** 1 (0:30 Std.) über eine

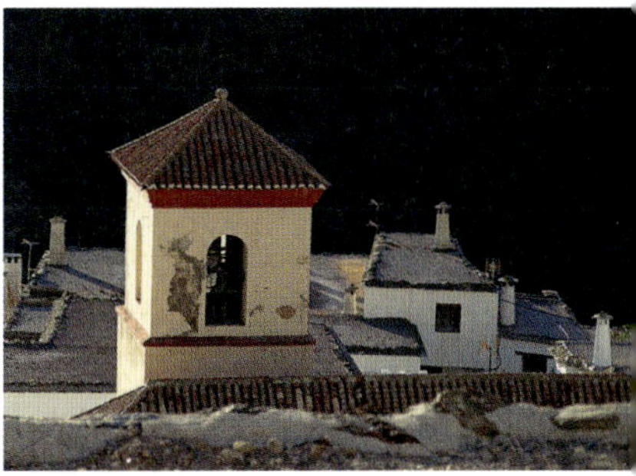

Typische Alpujarrabauweise in Trevélez

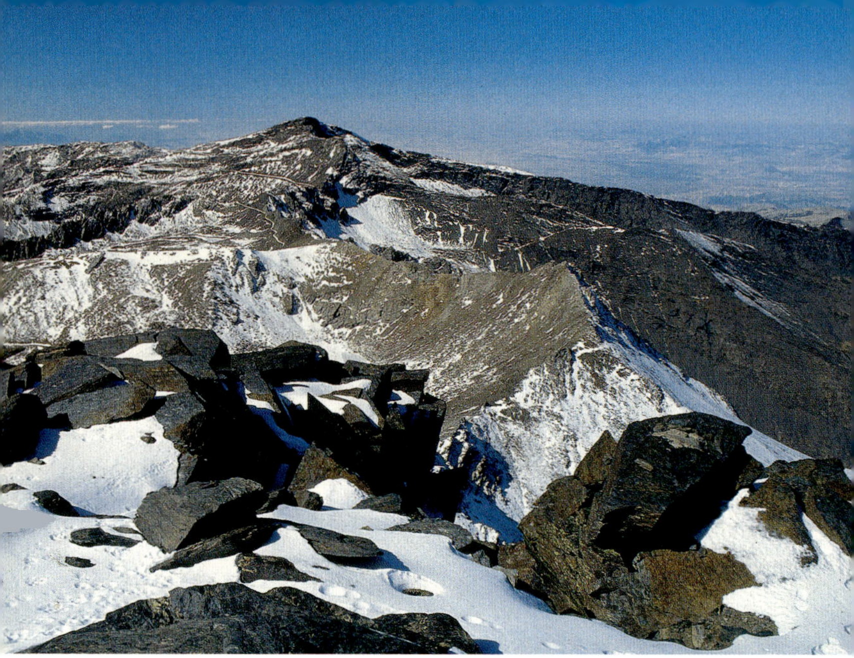

Gipfelpanorama vom Mulhacén (3482 m) mit dem Pico Veleta im Hintergrund

»acequia«, einen Bewässerungskanal; hier gehen wir links weiter. Zehn Minuten später gehen wir an einer v-förmigen Gabelung nach rechts.
In den Landwirtschaftsterrassen oberhalb von Trevélez stehen vereinzelte Cortijos, wir sehen auch alte Dreschplätze. Wir gehen kontinuierlich weiter bergauf und stoßen erneut auf eine Gabelung mit **Wegweiser** **2** (1:00 Std.). Links gelangt man auf einer sehr langen Wanderung weiter zu den »7 Lagunen« unterhalb des Mulhacén, wir halten uns aber rechts. Weiter bergan nimmt die landwirtschaftliche Nutzung stärker ab, das Gelände wird felsiger, und wir gelangen zu der aus Schiefer bestehenden Felsformation **Crestones de los Posteros** **3** (1:45 Std.). In unserer Gehrichtung, auf der anderen Seite vom Seitental des Bachs Culo de Perro (»Hundehintern«) sehen wir bereits die Häuser des Cortijo de las Encinillas. Diese peilen wir an. Wir gehen nun schräg bergab nach links und queren den **Río Culo de Perro** **4** (2:00 Std.) auf einer kleinen Brücke. Von hier aus haben die Wege Trampelpfadcharakter; wir steuern einfach das Cortijo an und durchqueren es durch ein **Gatter** **5** (2:15 Std.).
Jetzt wird es etwas knifflig: Wir gehen nicht geradeaus weiter zum weißen, etwa 50 Meter weiter gelegenen Gebäude, sondern wandern 20 Meter nach Durchquerung des Gatters nach links schräg den

Hang hinauf, wo sich die Ruine eines weiteren Gehöfts befindet. Auf halber Strecke zu den Ruinen halten wir uns rechts und gehen hangparallel. Unterhalb einer **Felsgruppe** 6 (2:30 Std.), an der Biegung von unserem Seiten- zum Haupttal treffen wir wieder auf einen deutlichen Wanderweg, dem wir folgen. Nach einer halben Stunde auf leicht bergab führendem Weg kommen wir an dem **Cortijo de Calvache** 7 (3:00 Std.) mit seinem Dreschplatz vorbei. Von hier geht es jetzt steiler und in Serpentinen hinunter zum Río Trevélez, den wir auf einer **Brücke** 8 (3:15 Std.) queren. Wer zur Quelle weiterwandern möchte, geht nach links weiter aufwärts im Bachtal (einfach eine Stunde). Wir halten uns an der Brücke rechts und wandern am oft von Zuflüssen überspülten Weg entlang zurück nach Trevélez. Die Orientierung ist einfach, zuletzt geht es auf einem Zufahrtsweg nach rechts leicht bergan und wir kommen im Barrio Medio zurück zum **Hauptplatz** E (4:45 Std.).

TREVÉLEZ UND »JAMÓN SERRANO«

Im Bergort Trevélez isst man sehr rustikal und kräftig. Die Produktion des »jamón serrano« (von »sierra« – Gebirge) aus teils weit »angereisten« Schinken bildet zusammen mit dem Tourismus den Hauptwirtschaftsfaktor des Ortes. Gleich am Ortseingang fallen die schlichten Bauten der »secaderos« auf, wo die Schinken mit viel Erfahrung gesalzen und getrocknet werden. Nach Reifezeit und einigen Umlagerungen gelangen sie in den Verkauf oder auf örtliche Speisekarten. Den jamón gibt es als »ración«, im deftigen »plato alpujarreño« sowie als »trucha con jamón« mit Forelle.

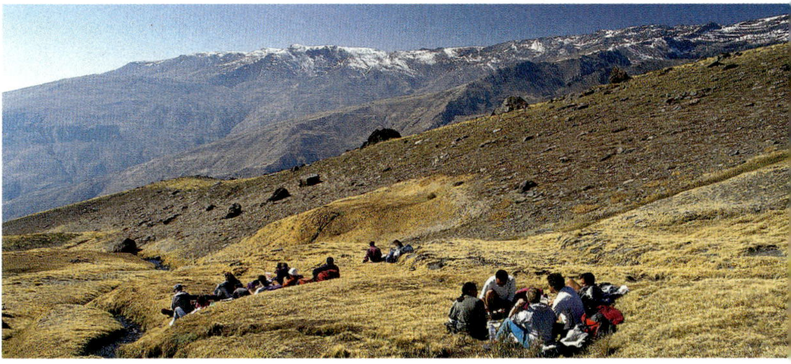

Picknick zwischen dem Refugio de la Caldera und der Poqueira-Schutzhütte

64 EXTRA: FERNWANDERN IN ANDALUSIEN

Auf dem GR 7 durch die Alpujarras

In Andalusien finden Wanderer nicht nur eine große Vielfalt an landschaftlich grandiosen Tagestouren. Auch für Fernwanderer haben die Gebirge im Süden Spaniens einiges zu bieten.

● mittel · 7 Tage · 100 Km · ↑ 3300 m ↓ 3100 m

Tourencharakter Landschaftlich und kulturell reizvolle Streckentour, schönes Frühjahrs- und Herbstziel, wenn in den Alpen die Saison noch nicht eröffnet bzw. vorbei ist.

Ausgangspunkt Lanjarón

Anfahrt Mit dem Bus nach Lanjarón (Fahrpläne unter www.ALSA.es). Innerhalb der Alpujarras Busse bis nach Berchules. Von Berchules (kürzere Variante) morgens direkt nach Almería. Oder von der »Endstation« Laroles (längere Variante) aus mit Frühbus oder Taxi nach Ugijar, dort Umstieg nach Almería. Busse nach Málaga von Adra, El Ejido oder Almería.

Karten Sierra Nevada 1:40 000 (Editorial Alpina), bis Berchules im Osten; Sierra Nevada 1:25 000 in 2 Blättern, amtliche Karte für das gesamte Gebiet, erhältlich vor Ort in Buchhandlungen und Sportgeschäften; beide Kartenwerke verzeichnen den GR 7

Infos www.alpujarraturística.com (Informative Website der Region zu Sehenswürdigkeiten, Festen und Unterkünften)

Andalusische Fernwanderwege

Wer seine Sammlung an Jakobswegen vervollständigen möchte, läuft auf dem Mozarabischen Jakobsweg von Granada über Pinos Puente und Alcalá la Real nach Córdoba. Die Küste entlang Richtung Almería geht es auf dem GR 92, während die GR 41 und 42 durch Teile der Sierra Morena führen. »GR« steht jeweils für »Gran Recorrido«, Fernwanderweg, im Gegensatz zu »PR« für »Pequeño Recorrido« als Tageswanderung. Es sind über 2700 Kilometer an Fernwanderwegenetz in Andalusien, wobei Varianten der Jakobswege hier noch nicht eingerechnet sind. Der längste Fernwanderweg in Andalusien ist der GR 7.

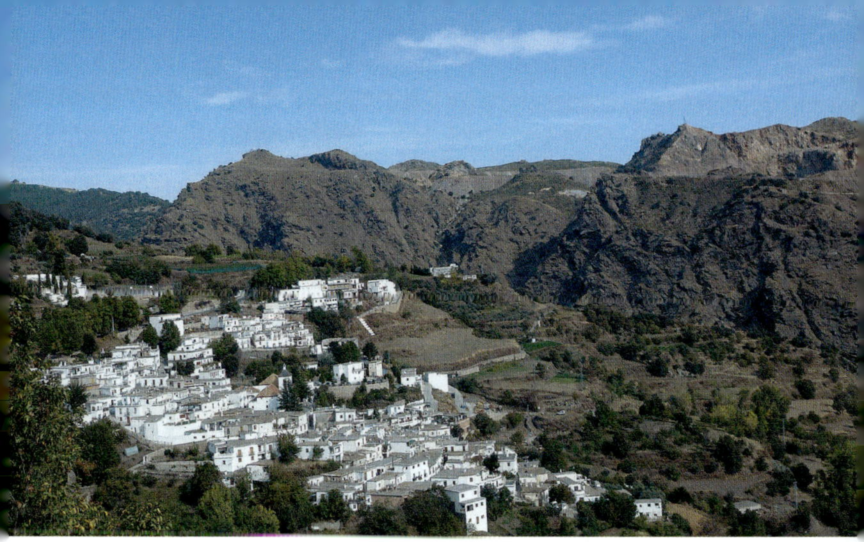

Die Terrassenlandschaft der Alpujarra mit Busquístar

Auf dem GR 7 kann man von Tarifa am Atlantik auf rund 1250 Kilometern bis nach Puebla de Don Fadrique im Nordosten der Provinz Granada wandern. Der GR 7 verbindet die andalusischen Provinzen Cádiz, Málaga, Córdoba, Jaén und Granada. Das schönste, rund 100 Kilometer lange Teilstück jedoch verläuft durch die Alpujarra, am Südrand der Sierra Nevada.

Das schönste Teilstück des GR 7

Der Start der Tour ist in der Kurstadt Lanjarón, die man von Granada aus mehrmals täglich mit dem Bus der Gesellschaft ALSA erreicht. Hundert Meter nach dem östlichen Ortsende setzt unsere Wanderung an und der Weg schraubt sich sportlich in die Höhe, durch einen Hang mit Kleingärten und Ferienhäusern. Auf einem etwas versteckten Pfad erreicht man das pitto-

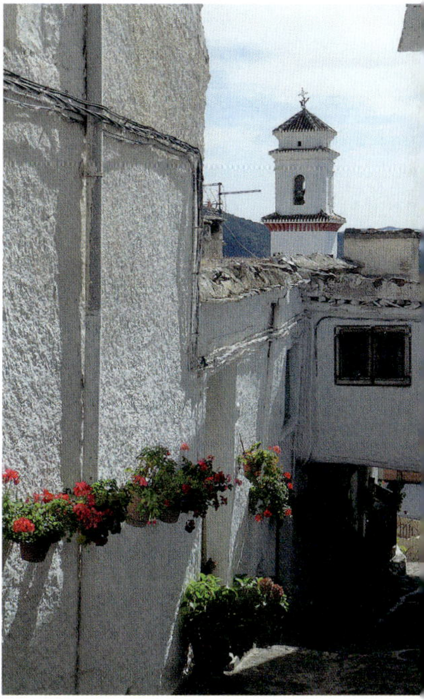

Gässchen in Pitres

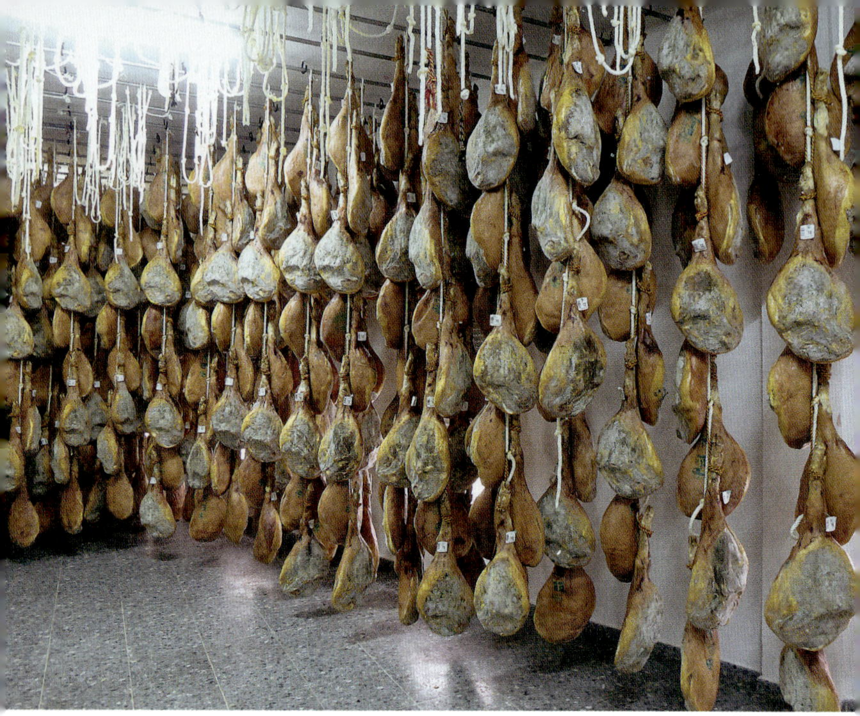

Schinkenlagerhaus in Trevélez – Alptraum aller Vegetarier und Veganer

reske Cañar, den »Balkon der Alpujarra«. Soportujar ist die nächste Zwischenstation, und durch Steineichen und Ölbäume hindurch gelangt man zur ersten Übernachtung im hübschen Pampaneira. Der Ort liegt im Tal des Poqueira, wie auch Capileira und das etwas höher gelegene Bubión, das wir am nächsten Morgen erwandern. Über einen Bergsporn erreicht man schnell Pitres, wo sich ein Rundgang durch die Dörfer der »Tahá de Pitres« anbietet.

Alte Wasserleitungen (»acequias«) versorgen die vielen kleinen Felder und Wasserspeicherbecken (»albercas«) datieren ursprünglich ebenfalls aus maurischer Zeit. Flachdächer mit trocknender, knallroter Paprika, weiß getünchte Wände und »launa« als Baumaterial, eine dichtende Magnesiumtonerde, sind die volkskundlich typischen Elemente der Alpujarra-Bauweise. Auch in der nächsten Übernachtungsstation Trevélez gibt es diese Bauweise, doch dominant sind hier die »secaderos«, die großen Schinken-Trockenhäuser. Aus ganz Spanien wird der »jamón« zum Lufttrocknen in die Sierra gefahren, um dann als »serrano« oder als wesentlich teurerer »ibérico« gehandelt zu werden. Nach dem Schinkendorf wird das Landschaftsbild trockener, der Osten der Sierra

Nevada liegt im Regenschatten des Hochgebirges und die Anzahl der Agaven nimmt zu. Spektakulär und wild ist die Landschaft um Timar und Lobras, eine Ortschaft wie aus vergangenen Zeiten. Aus dem Tal des Río Guadalfeo steigt der Weg noch einmal mächtig an bis Mecina Bombaron. Doch ein Aufenthalt im hauseigenen »Hammam«, einem arabischen Bad, macht die Wanderer fit für die nächsten Etappen.
Ein besonderer Ort ist Yegen, in dem in den 1920er-Jahren der Engländer Gerald Brenan gelebt und die reichhaltige volkskundliche Tradition in seinem Buch »Südlich von Granada« beschrieben hatte. Er durchstreifte die komplette Sierra immer wieder zu Fuß.
In Laroles endet schließlich die einwöchige Tour durch die Alpujarras, die sich derzeit bei der UNESCO für den Status »Welterbe« bewerben.

UNTERKÜNFTE

Pampaneira: Hotel Estrella de las Nieves; komfortables Drei-Sterne.Hotel; exzellentes Frühstück, C/ Real y Huertos, 21, Tel. +34/958/76 39 81, www.estrelladelasnieves.com

Pitres: Hotel Posada San Roque; gediegene Zwei-Sterne-Pension, Paseo Maritimo, 57, Tel. +34/958/85 75 28

Trevélez: Hotel La Fragua II; komfortabel, mit Traditionsrestaurant in der Nähe, C/ Posadas s/n, Tel. +34/958/85 85 73, www.hotellafragua.com

Cádiar: Hotel Alquería de Morayma; Anlage mit Pool und casas rusticas; gehobenes Restaurant, Carretera C-332 Cádiar-Torvizcón, Tel. +34/958/34 32 21, www.alqueriamoraima.com

Mecina Bombarón: Apartamentos Rurales Benarum; Ferienwohnungen, Lebensmittel und deutschsprachiger Vermieter gegenüber; im UG großer Wellnessbereich, C/ Casas Blancas, 1, Tel. +34/958/85 11 49, www.benarum.com

Válor: Hotel El Balcón de Válor (Rezeption in Hostal las Perdices// Ctra. de Trevélez, s/n); Komfortable Ferienwohnungen; alternativ im Hostal, C/ Torrecilla s/n, Tel. +34/958/85 18 21, www.balcondevalor.com

Laroles: Hotel Real de Laroles; freundliches Wanderhotel mit jungem Inhaber und gutem Service, C/ Real 46, Tel. +34/958/76 00 58, www.turismoruralllaroles.com

65 GEHEIMTIPP SIERRA MÁGINA

Insel aus Feld und Wald

Die Sierra Mágina ist ein junger Naturpark und noch ein echter Geheimtipp. Wir folgen einem Bachlauf mit reicher Vegetation und werfen vom alten Wachturm aus weite Blicke über die kontrastreiche Landschaft aus Olivenplantagen, bizarren Felsen und weißen Dörfern.

mittel | **3:00 Std.** | **9 Km** | ↑ 360 m ↓ 360 m

Tourencharakter Gepflegter Wanderpfad im Aufstieg; breiter Forst- und Wirtschaftsweg im Abstieg

Ausgangspunkt Picknickplatz »Área recreativa de Cuadros« bei Bedmar; GPS 37.784321-3.407443

Anfahrt Auto: Von Jaén nach Bedmar, kurz nach der Plaza am oberen Ortsende von Bedmar auf der JA-4111 rechts ab, dann 4 km zur Área recreativa. Bus: Jaén Bedmar, www.munozamezcua.es, weiter mit Taxi

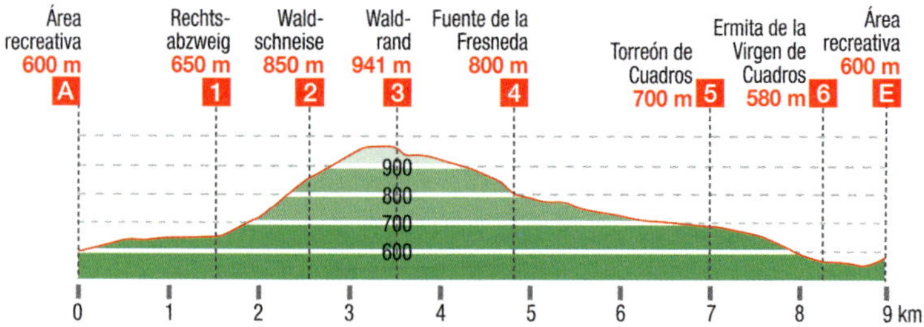

Die Sierra Mágina erhebt sich als mächtige, inselartige Formation aus Felsen und Wald zwischen dem riesigen Meer aus Olivenplantagen der Provinz Jaén und der Sierra de Cazorla. Höchster Gipfel ist der Pico de Mágina mit 2167 Metern. Aus der Inselsituation erwächst auch die ökologische Bedeutung der Gebirgsregion, denn in den Wäldern der oftmals sehr steilen Sierra finden viele seltene Tier- und Pflanzenarten ihren natürlichen Schutzraum, darunter viele Greifvögel wie Königsadler und Wanderfalke, aber auch Säugetierarten wie Steinböcke und Rehe. Abseits der üblichen touristischen Reiserouten kann man hier noch viel ländlich-authentische Atmosphäre schnuppern und so manchen urigen Ort entdecken. Die Ortschaften rund um den Naturpark werben mit ländlichem Tourismus und ihren hervorragenden Olivenölprodukten. Die Gebirgsregion punktet mit einem gut ausgebauten Wegenetz und einer gepflegten Wanderinfrastruktur mit Beschilderungen und Übersichtstafeln. Von Bedmar und Jodar aus, die durch einen Weitwanderweg mit Torres und Albánchez de Mágina verbunden sind, ergeben sich einige Wandermöglickeiten, in Jodar befindet sich auch das Infozentrum des Naturparks im Castillo.

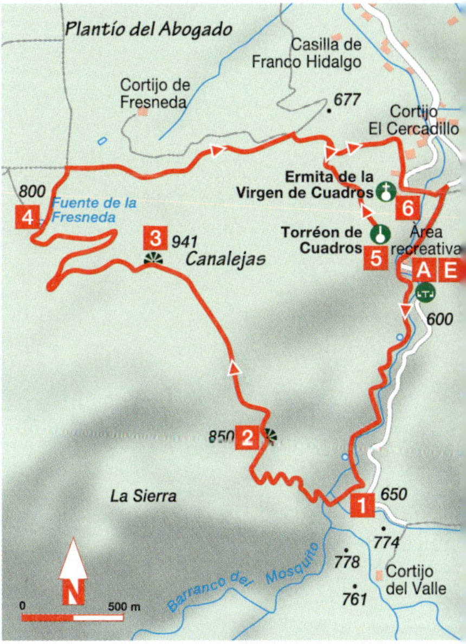

Der Wegverlauf

Wir starten zu unserer Tour mit der Bezeichnung »Las Viñas« am höher gelegenen Ortsende von Bedmar. Etwa 300 Meter nach dem Platz mit der Bushaltestelle und Hostal und Restaurant Paraiso de Mágina zweigt eine kleine Teerstraße nach rechts ab mit dem Hinweis auf die schattige Picknickzone **Área recreativa de Cuadros** A (Grillplätze, WCs) zu beiden Ufern des Cuadros-Baches. Schon von Weitem erkennen wir einen auffälligen Aussichtsturm am Hang – er liegt später auf unserem Weg. Bis zur Área sind es etwa vier Kilometer, und dort lassen wir das Fahrzeug stehen. An Wochenenden kann hier enorm viel los sein, entsprechend beengt wird dann die Parksituation! An der Picknickzone

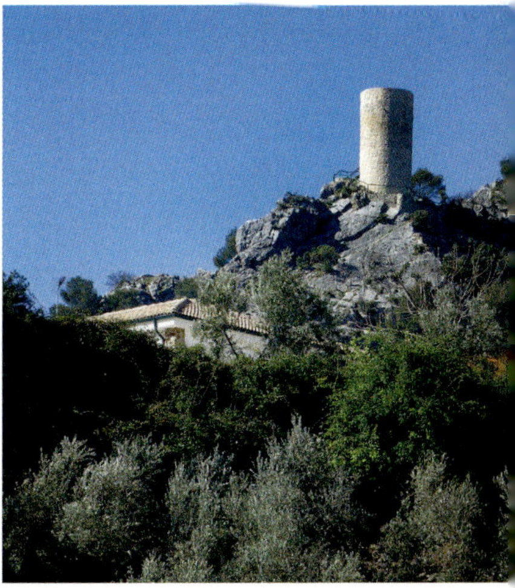

Der »Torreón de Cuadros« – ein reizvoller Abstecher

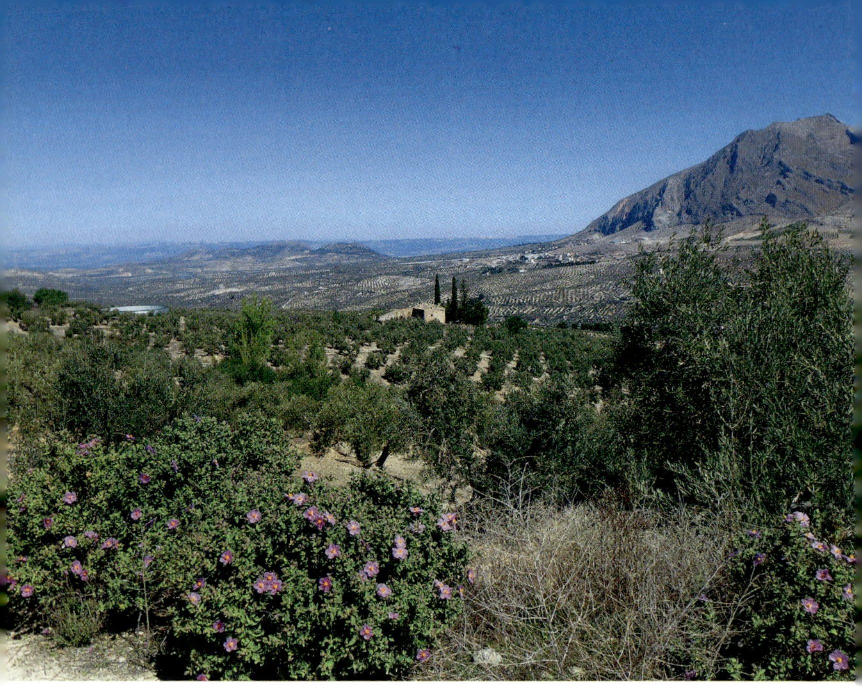

Von der Sierra Mágina aus blickt man auf ausgedehnte Olivenplantagen

gibt es bereits Übersichtstafeln mit Auskünften über Wanderwege. Diese Maßnahmen haben in den letzten Jahren erfreulicherweise zugenommen und werden auch von der örtlichen Bevölkerung akzeptiert, Vandalismus scheint hier ein Fremdwort. Wir überqueren den Bach auf der kleinen Brücke. Auf der anderen Seite weist ein Schild auf einen weiteren Wanderweg nach links, wir gehen aber nach rechts und folgen der Bezeichnung »Las Viñas«. Es geht eine kleine Treppe hoch, dann folgt der Wanderpfad ein paar Meter weiter oben am Hang dem Verlauf des Bachs, der von dichter Vegetation gesäumt wird. Unser Weg ist durchweg mit Holzpflöcken und einem weißen Pfeil markiert und gut zu erkennen.

Wir wandern nun ab der Picknickzone etwa 25 Minuten in leichtem Auf und Ab parallel zum Bach. Ein Trampelpfad weist an einer Verzweigung nach links ins Ufergebüsch, diesen lassen wir aus. Der **Wegweiser 1** (0:25 Std.) schickt uns nun nach rechts bergan. Auf einigen Serpentinen durch den Kiefernwald steigen wir jetzt gut 300 Höhenmeter. Im untersten Stockwerk der Vegetation finden wir typisch Mediterranes vor wie Thymian und Rosmarin, mehrfach erklären Schilder bestimmte Arten. Was ebenfalls auffällt, ist der Reichtum an Singvögeln. Wer

Glück hat, sieht vielleicht einen Wiedehopf. Mit Sicherheit sieht man jedoch Blau- und Tannenhäher.
Wir erreichen eine **Waldschneise** 2 (1:00 Std.) und können erstmals den Kontrast von Oliven und Felsen bestaunen, vor uns liegt der Hausberg von Bedmar und im Hintergrund sieht man Cazorla. Von einem Zaun lassen wir uns nicht aufhalten: »cierren la puerta« bittet uns einfach, das Tor wieder zu schließen.
In einer Dreiviertelstunde haben wir den höchsten Punkt der Tour erreicht. An den Hängen des 1455 Meter hohen Carluco sind wir auf 941 Metern angelangt. Der Weg verbreitert sich nun, und vom **Waldrand** 3 (1:30 Std.) aus abwärtsgehend erweitert sich unser Blick auf ein grandioses Panorama aus Oliven, Felsen und weißen Dörfern. Am Horizont können wir auf einer Anhöhe die 25 Kilometer entfernte Barockstadt Úbeda erkennen. Zur Linken kommt eine Felsformation mit dem Titel »El Torcal« ins Bild. Bei der Quelle **Fuente de la Fresneda** 4 (2:00 Std.) wechselt die Gehrichtung, und wir wandern zunächst etwa 200 Meter nach Norden, wo wir auf eine Backsteinmauer stoßen. Hier geht es nach rechts und wieder in östlicher Richtung zum Ausgangspunkt.
Ein kurzer und lohnenswerter Abstecher nach rechts führt zum **Torreón de Cuadros** 5 (2:30 Std.), den wir bereits bei der Anfahrt sehen konnten: Er ist ein alter arabischer Aussichtsturm aus dem 11. Jahrhundert und steht symbolisch für den »Grenzcharakter« der kompletten Region im Konflikt zwischen den im Norden lebenden Christen und dem von den maurischen Nasriden regierten Königreich Granada. Von unserem Hauptweg aus kommen wir als Nächstes an der Kapelle **Ermita de la Virgen de Cuadros** 6 (2:45 Std.) vorbei. Diese liegt ebenso wie die kleine Höhle Cueva de Agua ein paar Meter rechts vom Weg. Etwa 300 Meter weiter leicht bergab kommen wir zu einer kleinen Brücke und treffen auf den Abzweig, wo es rechts zurück zum **Picknickplatz** E (3:00 Std.) geht.

ÖKOLOGISCHES OLIVENÖL

Die Provinz Jaén rund um den Naturpark Mágina ist ein riesiges Olivenanbaugebiet. Doch mehr und mehr breiten sich hier ökologisch verträgliche Anbaumethoden aus. Verzicht auf chemische Pflanzenschutzmittel und Kompostierung sind nur zwei Maßnahmen nach festgelegten europäischen Standards, die auch der Biodiversität in den Olivengärten zugutekommen. Einen sehr guten Ruf genießt das Öl der Kooperative El Trujal.

66 AUF DEN GIPFEL DES GILILLO

Panoramablick auf Bergwildnis und Kulturlandschaft

Der höchste Gipfel der Sierra de Cazorla erfordert einige Kondition. Wir wandern aus mediterranem Wald zur baumlosen, oft windigen Gipfelregion mit Kugelpolstervegetation. Der Gilillo belohnt uns mit tollem Rundumblick auf Bergwildnis und Kulturlandschaft.

● schwer | 6:45 Std. | 24 Km | ↑ 1080 m ↓ 1080 m

Tourencharakter Zunächst Wanderweg, dann Bergpfad; Gipfelaufschwung mit leichter Kletterei

Ausgangspunkt Plaza Santa María in Cazorla; GPS 37.916777-3.002725

Anfahrt Auto: Gut ausgebaute Straßen von Jaén über Úbeda. Bus: Von Granada über Jaén und Úbeda, www.alsa.es

Karte Sierra de Cazorla 1:40 000 von Editorial Alpina

Einkehr Taberna Quinito, Plaza Santa Maria, gute Forellengerichte

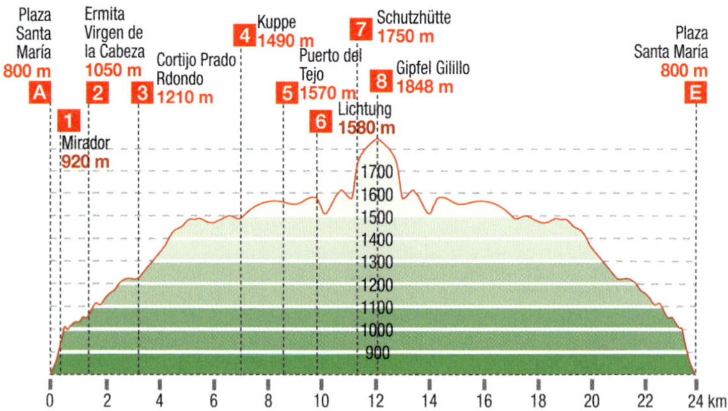

Der Wegverlauf

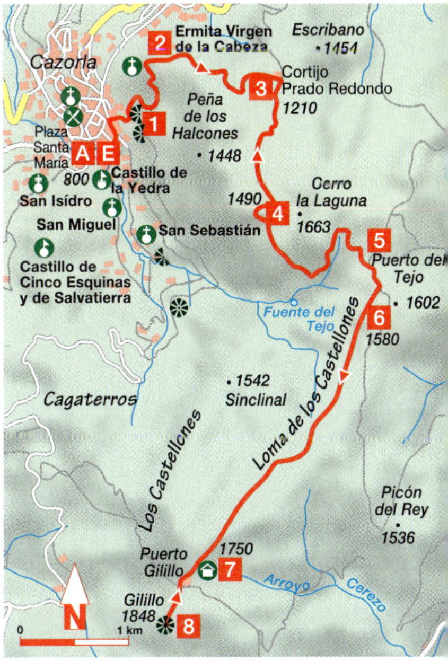

Der Pico de Gilillo mit seinen 1848 Metern Höhe ist der höchste Gipfel der Sierra de Cazorla, er überragt als Hausberg den gleichnamigen Ort. Cazorla ist eine attraktive Kleinstadt mit der lebhaften Plaza de la Constitución und der ruhigeren Plaza de la Corredera im Zentrum, reichhaltigen Einkehrmöglichkeiten und guter touristischer Infrastruktur. Von hier aus kann man längere Wanderungen mit durchaus alpinem Charakter starten, aber auch kürzere wie zum Castillo de Iruela. Cazorla ist auch der einzige Ort des Naturparks, der mit Fernbussen (von Granada und Jaén) erreichbar ist. Ein dritter Platz ist eines der am häufigsten abgebildeten Motive Andalusiens: Die **Plaza de Santa María** A mit ihren weißen blumengeschmückten Häusern wird vom Castillo de la Yedra überragt, gegenüber stehen die Ruinen der Iglesia Santa María.

Auf diesem attraktiven Altstadtplatz beginnt unsere konditionell fordernde Tour auf den Gilillo. An der Kirchenruine, wo auch ein Brunnen steht, gehen wir durch die Calle Collazos nach oben und folgen ab jetzt einfach den Hinweisschildern »Ruta«. Über die Calle Fuente de Maleno gelangen wir zur Calle Herrón und auf dieser bergan zum Startpunkt des Fernwanderwegs GR 7, der auch auf den Stadtplänen vermerkt ist. Nach den letzten Häusern halten wir uns links (Markierung an einem Stahlgerüst) und wandern in einigen Serpentinen bergan, bis wir zu einer **Aussichtsplattform** 1 (0:30 Std.) kommen. Schräg gegenüber führt eine Stichstraße zur Kapelle **Ermita de la Virgen de la Cabeza** 2 (0:45 Std.). Wer ein paar Höhenmeter sparen will, kann das Auto an der Ermita abstellen; am Brunnen kann man auch noch die Wasserflasche füllen, unterwegs gibt es keine Quellen. 100 Meter nach dem Brunnen rechts kommt ein erster Wegweiser mit dem Hinweis auf sehr großzügige 4 Stunden 40 Minuten, wir rechnen ab hier mit drei Stunden bis zum Gipfel.

Bereits 200 Meter nach dem Wegweiser windet sich der Weg nach links durch eine markante Felsengruppe. Links unter uns gerät jetzt das Castillo von Iruela in unser Blickfeld, ein hübsches Ziel für eine Kurzwanderung. Wir bleiben weiter auf unserem Weg, der bereits jetzt tolle Ausblicke auf die Felswände des Cerro de la Laguna ermöglicht. Vielleicht sehen wir hier die kleinen Schmutzgeier, auch das in Cazorla reichhaltige Damwild kommt hierher. Wir steigen durch ein Trockental mit mediterraner Vegetation auf und erreichen das verlassene Forsthaus an der Lichtung **Prado Redondo** 3 (1:30 Std.). Jetzt heißt es etwas direkter aufsteigen und Höhe gewinnen: Durch den Kiefernwald geht es nach rechts oben, und an einer **Kuppe** 4 (2:00 Std.) wendet sich der Weg nach links. Eine gute Stunde vom Forsthaus aus (1200 m) gelangen wir zu einer Wegkreuzung auf einem Sattel, dem **Puerto del Tejo** 5 (2:30 Std.) (1750 m, Wegweiser). Links hinunter würde es zum Parador von Cazorla gehen, wir halten uns rechts und treffen zehn Minuten nach dem Abzweig auf eine **Lichtung** 6 (2:40 Std.) in Fußballfeldgröße.

Nach starken Regenfällen bildet sich in der Senke die Laguna de Cazorla. Achtung: Jetzt kommt die Schlüsselstelle der Tour bezüglich

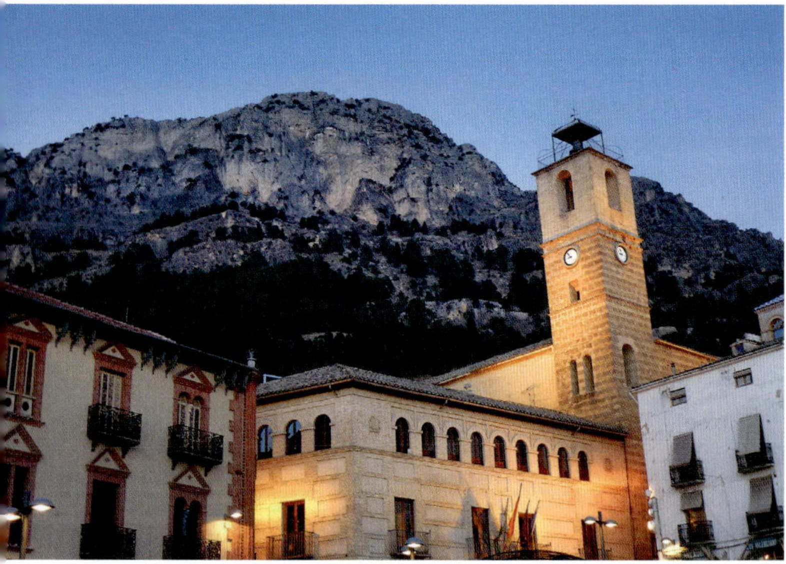

Die abendliche Plaza de Corredera von Cazorla, im Hintergrund der Gilillo

der Orientierung. Ein Markierungspfosten auf dem jetzt zur Forststraße verbreiterten Weg ist jetzt unsere »linke Eckfahne«. Hier bleiben wir stehen und visieren diagonal den rechten Waldrand an. Dort erkennen wir einen Wanderweg und dort müssen wir hin. Der verführerisch breite Forstweg führt ins Niemandsland! Dazu gehen wir zunächst knapp 100 Meter geradeaus auf dem Forstweg, der rechts von einer Reihe auffälliger Kalksteinfelsen begleitet wird. In dieser Reihe ergibt sich an einer Art »Hinkelstein« ein natürlicher Durchlass. Wir gehen hier nach rechts und folgen den Steinmännern und einer neuerlichen Pfostenmarkierung wieder in den lichten Kiefernwald, wo wir in leichtem Auf und Ab zwei große Steinmänner passieren und uns an einem Hang mit Igelpolstervegetation an kleinen Steinmännern orientieren.

Im Frühjahr können wir hier lange, lebendige Ketten beobachten, und zwar die Raupen des Pinienprozessionsspinners. Wir erreichen schließlich eine kleine, halb verfallene **Schutzhütte** 7 (3:45 Std.) und steigen noch kurz an. Die letzten 20 Höhenmeter erfordern etwas Gekraxel bis zu unserem Ziel, dem **Gilillo** 8 (4:00 Std.), dem höchsten Gipfel der Sierra de Cazorla. Von hier aus erlebt man den scharfen Kontrast aus Natur- und Kulturlandschaft. Im Osten erstrecken sich ausgedehnte, wilde Gebirgslandschaften mit tiefen Taleinschnitten und nahezu ohne Siedlungen, denn bereits im Mittelalter war das Gebiet der Jagd vorbehalten. Auf der »Kulturseite« erstrecken sich die Olivenplantagen, so weit das Auge reicht. Wir gehen nun auf dem gleichen Weg zurück zur **Plaza Santa María** E (6:45 Std.). Vorsicht am Puerto del Tejo – hier den Linksabzweig nicht verpassen!

Variante: Abstieg nach Cazorla über den Puerto de Gilillo und den Kontrollpunkt Riogazas. Mehr Wegbeschreibungen und Karten erhält man in der Touristeninformation am Stadtpark, Paseo de Santo Cristo 17.

NATURPARK SIERRA DE CAZORLA

Das größte Schutzgebiet Andalusiens (214 336 Hektar) ist eine »Waldinsel« inmitten großflächiger Ölbaumplantagen. Hier verläuft die Wasserscheide zwischen den Flüssen Guadalquivír und Segura. Wegen der schlechten Zugänglichkeit und des Interesses an der Hochwildjagd genoss das Gebirge bei vielen Herrschern einen bevorzugten Status. Im Gebiet Cazorla und Segura leben Iberische Steinböcke, Damhirsche und Mufflons.

67 AM RÍO BOROSA

Klammwanderung zum idyllischen Waldsee

Entlang des Forellenbachs Río Borosa wandern wir durch eine Klamm an Wasserfällen entlang und durch Tunnel bis zum idyllischen Waldsee Valdeazores hinauf. Unterwegs staunen wir über geologische Formationen und treffen Bergziegen – eine Top-Tour!

mittel | **6:15 Std.** | **22 Km** | ↑ 660 m ↓ 660 m

Tourencharakter Wechsel aus breiten Zufahrtswegen und Bergwanderweg, Tunnel und Brücken

Ausgangspunkt Parkplatz der Fischzuchtanlage (Piscifactoría) am Río Borosa; GPS 37.998694-2.837393

Anfahrt Auto: Von Cazorla Richtung Coto Ríos, vom Infozentrum »Torre Vinagre« noch 1 km. Bus: Mit dem Naturparkbus in der Hauptsaison zweimal wöchentlich von/nach Cazorla, Tel. +34/953/71 01 02

Karte Sierra de Cazorla 1:40 000 von Editorial Alpina

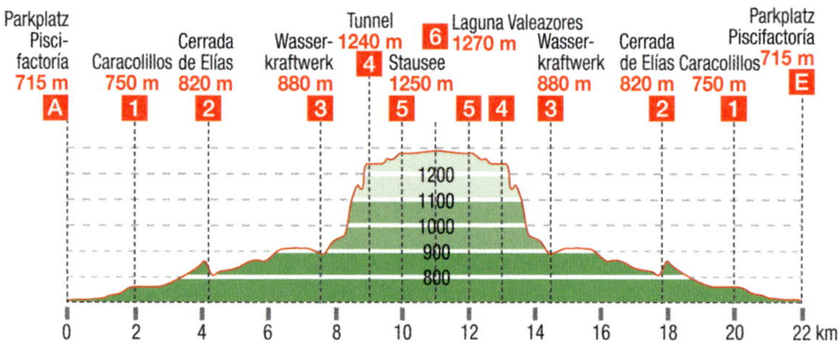

Der auch bei spanischen Inlandsurlaubern populäre Weg entlang des Río Borosa ist eines der Aushängeschilder des Parque Natural Sierra de Cazorla. Die komplette Tour erfordert wegen der Länge eine gewisse Kondition, ist aber auch in individuell abgekürzter Form zu empfehlen. Gerade für Familien ist die Durchwanderung der Klamm mit mehreren Brücken attraktiv, zumal die Steigungen zu Beginn und im

Mittelstück der Tour noch moderat sind. Bei der Anfahrt passiert man bereits das Informationszentrum des Naturparks, wo es einen botanischen Garten gibt und wie in den meisten Infozentren einen Andenkenverkauf und ein Café.

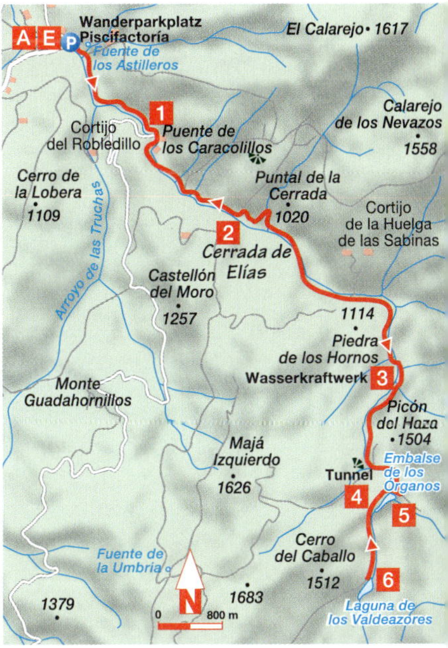

Der Wegverlauf

Start ist aber am großen Parkplatz der **Forellenzucht** **A**, in der Nähe gibt es Einkehrmöglichkeiten. Die Fischzucht konzentriert sich derzeit auf die Wiedereingliederung der gemeinen Forelle und von Bachkrebsen. Lange hatte man die Regenbogenforelle gefördert, die jedoch die einheimischen Arten zu stark zurückgedrängt hatte. Der breite Weg führt zunächst entlang des Bachlaufs auf der linken Seite mäßig bergan. Vogelfreunde werden bei einem sehr frühen Start zu Tagesanbruch ihre Freude an den vielen Vogelstimmen haben. An einer Brücke fällt links des Bachs nach einer halben Stunde eine kuriose geologische Formation auf. Die gigantischen Kräfte im Tertiär haben die Gesteinsschichten zu einer Art Welle gestaucht. Regional trägt sie daher die Bezeichnung **»Caracolillos«** **1** (0:30 Std.) (Schneckchen). Nach etwa einer Stunde erreichen wir die Schlucht **Cerrada de Elías** **2** (1:00 Std.), die das landschaftliche Kernstück der Tour darstellt. Hier zweigen wir nach rechts von dem Fahrweg ab und überqueren wieder den Borosa. Im Kalkgestein hat sich

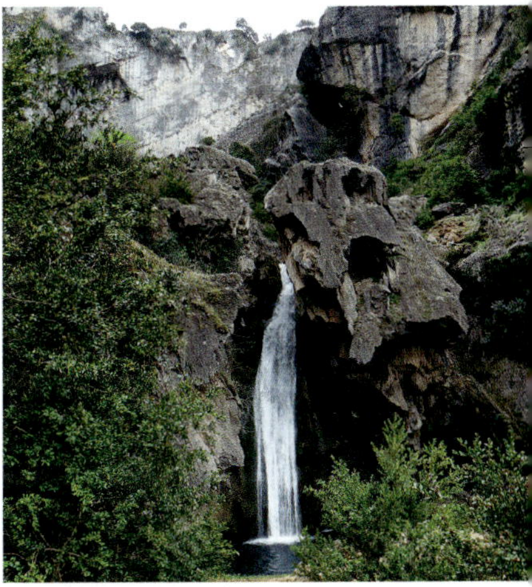

Wasserfälle und Gumpen am Borosa, dem »Forellenbach«

der Bach nahezu senkrecht eingeschnitten. Die Schlucht verengt sich ab hier stark und der Weg verläuft als geländergesicherter Steig entlang der Klamm. Am Ufer des von senkrechten Wänden eingerahmten Bachs, den wir mehrfach überqueren, wachsen Erdbeer- und Buchsbäume sowie fleischfressende Arten. Schließlich wird das Tal wieder

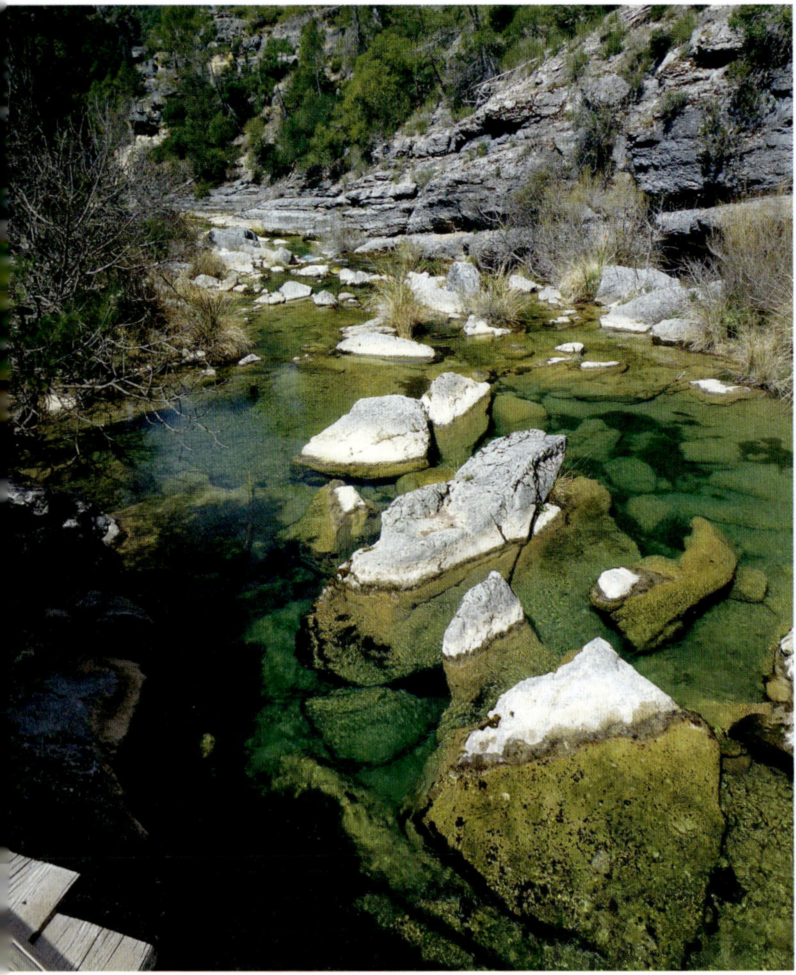

Der Río Borosa mit seinem glasklaren Wasser – eine Top-Tour

etwas breiter und wir treffen erneut auf den Fahrweg. Eine Dreiviertelstunde nach der Klamm gelangen wir auf nun stärker ansteigendem Weg zur Centralelectrica, einem **Wasserkraftwerk** 3 (2:15 Std.) mit mächtiger Rohrleitung. Hier wäre ein geeignetes Zwischenziel für eine abgekürzte Variante, hier endet auch der von der Umweltagentur ausgeschilderte Sendero Río Borosa. Der Talschluss mit den mächtigen Felswänden ringsum ist überwältigend und bietet grandiose Eindrücke vom canyonähnlichen Taleinschnitt des Río Borosa mit seinen Gumpen und Wasserfällen!

Ab hier geht es nach rechts auf einem Bergwanderweg weiter (Beschilderung zu den Seen). Aufwärts passieren wir einige kleinere Karsthöhlen mit typischen Stalaktiten, die durch chemische Verwitterung im Kalk entstanden sind. Der Wasserfall Salto de los Organos zieht unsere Blicke auf sich, und rechts unterhalb des Wegs bahnt sich der Borosa seinen Weg durch zahlreiche Becken und über kleine und große Katarakte. Auf etwas gerölligem Weg kommen wir durch das Revier der Bergziegen, die neugierig unseren Weg kreuzen und erreichen den Eingang eines **Tunnels** 4 (3:00 Std.). Die Durchquerung ist ungefährlich, aber große Wanderer sollten hier den Kopf etwas einziehen, auch auf Steine sollte man wegen der Umknickgefahr achten. Hier kann eine Stirn- oder Taschenlampe ganz nützlich sein. Nach einem zweiten Tunnel überqueren wir die kleine Staumauer des **Organos-Stausees** 5 (3:15 Std.), der früheren Laguna de las Aguas Negras, der ein tolles Bild abgibt. An dessen rechtem Ufer laufen wir durch Laubwald bis zu unserem Ziel, der geradezu idyllisch gelegenen **Laguna de Valdeazores** 6 (3:30 Std.), wo wir Reiher und andere Wasservögel antreffen können. Auf dem Rückweg zum Parkplatz der **Forellenzucht** E (6:15 Std.) können wir die Öffnungen der Tunnel erkennen, die wir vor Kurzem noch durchquert haben.

MENSCH UND WALD

Der große Waldreichtum der Sierra de Cazorla wurde bereits in maurischer Zeit für den Schiffbau genutzt, das Holz flößte man auf dem Guadalquivír zur Küste. Später bediente sich die spanische Marine für ihre riesige »Armada« aus dem Gebiet, die Flotte nannte man daher »selva del mar« (Wald des Meeres). Zwischenzeitlich musste man sogar Holz aus Skandinavien importieren. Nach der Niederlage der Armada im Jahr 1588 konnte sich der Wald etwas erholen. Inzwischen tendiert man zu einer nachhaltigen Forstpolitik mit Aufforstung von Steineichen und Kanareneichen.

68 DURCH DIE WÜSTE VON TABERNAS

In der trockensten Region Europas

Echtes Wüstenfeeling verspricht diese Rundtour durch die trockenste Region Europas. Ein Castillo, Kakteen, Westernstädte und aride Flusstäler wie in Arizona sind die perfekte Umgebung für eine Tour auf den Spuren von Clint Eastwood, Sergio Leone und dem »Schuh des Manitu«.

leicht | 2:15 Std. | 7 Km | ↑ 210 m ↓ 210 m

Tourencharakter Überwiegend staubige Pisten

Ausgangspunkt Touristeninformation am Ortseingang von Tabernas; GPS 37.049584-2.396067

Anfahrt Auto: 35 Kilometer von Almería Richtung Sorbas.
Bus: Mehrfach täglich von/nach Almería, www.alsa.es

Einkehr Tabernas: Restaurante El Puente, Calle Miguel Usero 1

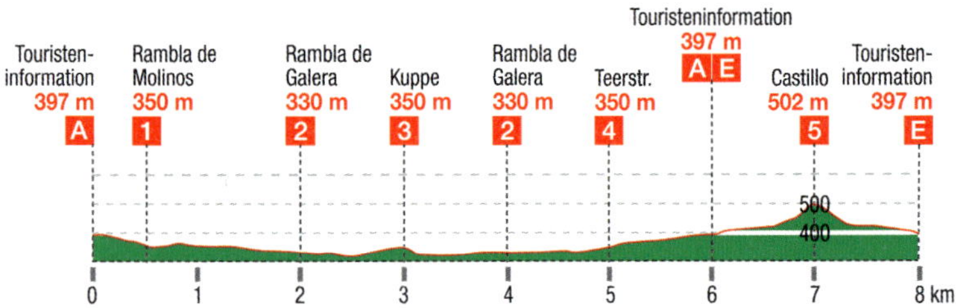

Karge Mondlandschaft

Andalusien ist eine Wanderregion extremer klimatischer Gegensätze. Während im Westen, in der Sierra de Grazalema und im Parque Natural Los Alcornocales die Niederschläge bei etwa 2000 Millimetern im Jahr liegen und in den Korkeichenwäldern Epiphyten auf Ästen wachsen, betragen die Werte im Südosten gerade mal ein Zehntel dessen. Die niederschlagärmste Zone Spaniens und auch ganz Europas ist hingegen der Campo de Tabernas im Hinterland der Provinz Almería. Im Schnitt fallen hier lediglich 240 Millimeter Niederschlag im Jahr, damit

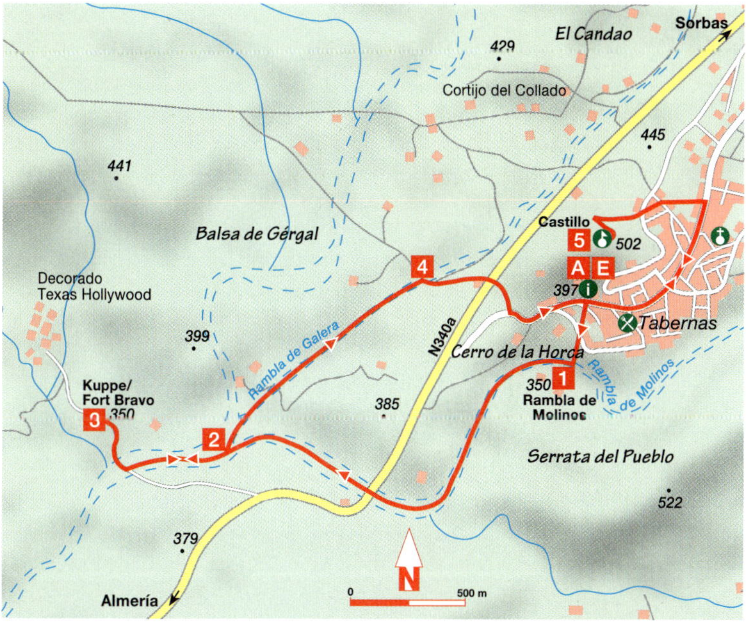

ist die Gemarkung mit einer naturgeschützten Fläche von 280 Quadratkilometern die einzige natürliche Wüste Europas. Hinzu kommt noch, dass ein beträchtlicher Teil der Regenmenge als Starkregen fallen kann, in Form von mächtigen Unwettern. Die Wassermassen spülen dann Autos bis ins Meer. Hauptursache der Aridität ist die Lage im Regenschatten der Sierra Nevada. Auch das Balearentief hat hier keinen Einfluss mehr. Durch die spärliche Vegetation ist der Wasserabfluss umso höher, was eine hohe Erosion der Mergelgesteine zur Folge hat. Daher wirkt die Region wie eine karge Mondlandschaft voller bröseliger Oberflächenformen und Zerschneidungen, die sogenannten »Badlands«. Der menschliche Einfluss kam noch hinzu, und die Minenwirtschaft im 19. Jahrhundert machte der Vegetation den endgültigen Garaus. Doch ein Wirtschaftszweig hat diese Wüste für sich entdeckt – die Filmwirtschaft. Viel Platz und preiswerte Statisten ermöglichten viele Produktionen. Sergio Leone drehte hier seine berühmten Italo-Western wie »Für ein paar Dollar mehr«. Hier entstanden Szenen von »Lawrence von Arabien« und »Indiana Jones und der letzte Kreuzzug«. Auch Bully Herbig drehte hier den »Schuh des Manitu«.

Der Wegverlauf

Auf unserer Route besuchen wir eines der Westerndörfer. Hierzu starten wir am südlichen Ortseingang von Tabernas an der **Touristeninformation** A mit Architektur im Wildwest-Stil. Gleich an der Touristeninformation beginnt eine kleine Parkanlage. Von einem Mirador aus haben wir eine weiträumige Aussicht auf die »Rambla«, den Canyon, der im Frühjahr von einem kleinen Bach durchspült wird. Über einen Trampelpfad gelangen wir zur Sohle der **Rambla de Molinos** 1 (0:15 Std.), wo ein Wanderweg ausgeschildert ist. Das Ambiente ist spannend: Entlang des Bachs begegnet man vielen verschiedenen Singvogelarten, am gegenüberliegenden Hang wächst eine Palme an einer Ruine. Wir unterqueren die N-3408 unter der Straßenbrücke Puente Moreno und stoßen mehrfach auf Schilder Richtung »Fort Bravo«. 500 Meter nach der Brücke merken wir uns einen Abzweig nach rechts (Pfostenmarkierung) in ein anderes Trockenflussbett, die **Rambla de Galera** 2 (0:30 Std.) auf der westlichen Seite von Tabernas. Wir gehen

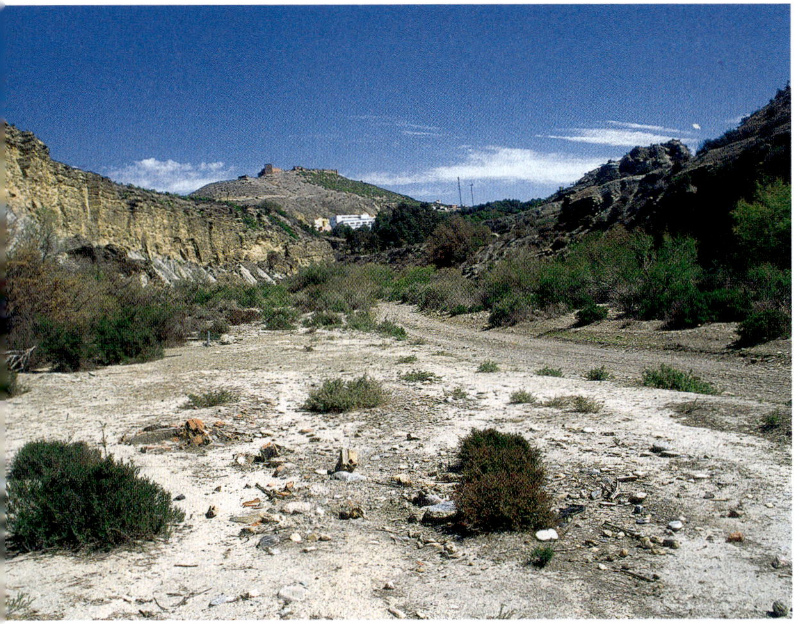

Die Ramblas sind canyonartige Einschnitte in der trockensten Region Europas.

aber weiter geradeaus, links sehen wir bizarr wirkende Felshöhlen.

Kurz darauf stoßen wir auf eine Teerstraße, der wir nach rechts bis zu einer **Kuppe** 3 (0:45 Std.) folgen. Von hier ergibt sich ein Ausblick auf »Fort Bravo«, einem Westerndorf mit Tipis in der Nachbarschaft. Welche Elemente kommen uns aus Filmen bekannt vor? Die Wildwestfans kommen hier voll auf ihre Kosten. Auf gleichem Weg gehen wir zurück bis zum erwähnten **Abzweig** 2 (1:00 Std.). Weiter geht es nach links auf der staubigen Piste. Auf der Böschung rechts von uns sehen wir die lange Einzäunung eines Wasserbeckens. Etwa einen Kilometer nach dem Abzweig treffen wir auf eine **Teerstraße** 4 (1:15 Std.), der wir nach rechts durch eine Unterführung folgen. Jetzt sind wir wieder an der **Touristeninformation** A (1.30 Std.). Die Hauptstraße entlang gelangen wir zum Zentrum von Tabernas mit seiner hübschen Plaza an der Kirche. Von hier folgen wir den Hinweisschildern zum **Castillo** 5 (2:00 Std.). Die Burgruinen stammen aus der maurischen Epoche im 14. Jahrhundert, das Castillo diente dem Schutz der Verbindungswege. Bereits in phönizischer und römischer Zeit befand sich hier eine Burganlage, die in der Legende von geheimen Gängen unterhöhlt sein soll. Archäologisch belegt sind hingegen echte »Khanate«, unterirdische Wasserkanäle, die die Mauren nach nordafrikanischer Bauweise rund um Tabernas angelegt haben. Vom Festungsberg bietet sich ein weiter Rundblick auf die Mond- oder Westernlandschaft ringsum. An der Hauptstraße wieder zurück zur **Touristeninformation** E (2:15 Std.).

Tipp: Bei dieser Tour unbedingt an Sonnenschutz und Trinkwasser denken. In den Canyons kann es sehr heiß werden.

SONNENKRAFTWERK UND SALOONS

Die lange Sonnenscheindauer in der Region Tabernas wird von der Energiewirtschaft genutzt, hier steht eine der größten Sonnenenergieanlagen und Solarforschungseinrichtungen Europas. Die »Plataforma Solar« erreicht man über die A-349 nach Norden in Richtung Tahal. Man kann sie an Werktagen von 8:30 Uhr bis 16:30 Uhr gegen telefonische Voranmeldung im Rahmen einer Führung besichtigen. Es gibt einen Souvenirshop und eine Cafeteria, Tel. +34/950/38 79 90, www.pse.es. Die Westerndörfer kann man ebenfalls besuchen. Außer Fort Bravo liegt in der Nähe noch das größere »Oasys«, das Western-Shows inszeniert, auch einen Zoo gibt es hier.

69 RUND UM DEN BERG DER MÖNCHE

Vulkanberg an der Küste

Auf dieser leichten, sehr abwechslungsreichen, aber auch langen Wanderung umrunden wir den Vulkanberg »Los Frailes« (die Mönche). Wir wandern durch Ramblas, vorbei an Windmühlen und Wasserrädern zu der fossilen Düne von Los Escullos. Zurück geht es entlang grandioser Vulkanküste.

leicht · **4:30 Std.** · **17,3 Km** · ↑ 350 m ↓ 350 m

Tourencharakter Alte Fahrwege, Pisten und Pfade, kurze asphaltierte Abschnitte

Ausgangspunkt Bushaltestelle neben dem Lebensmittelmarkt im Ortszentrum von San José de Níjar; GPS 36.767347-2.109968

Anfahrt Auto: Ab Almería auf A-4/N-340 bis Ausfahrt 460. Weiter auf N-344 (El Toyo), AL-3115 (Rambla Morales), AL-3201 (Rambla Higueras), AL-3108 (San José). Bus: Ab Almería mit Autocares Bernardo

Karte Parque Natural Cabo de Gata 1:50 000 von Editorial Alpina

Einkehr San Jose: Restaurante El Otro Parque, Calle Testa 2, typisch mediterrane Küche, mitten in San José

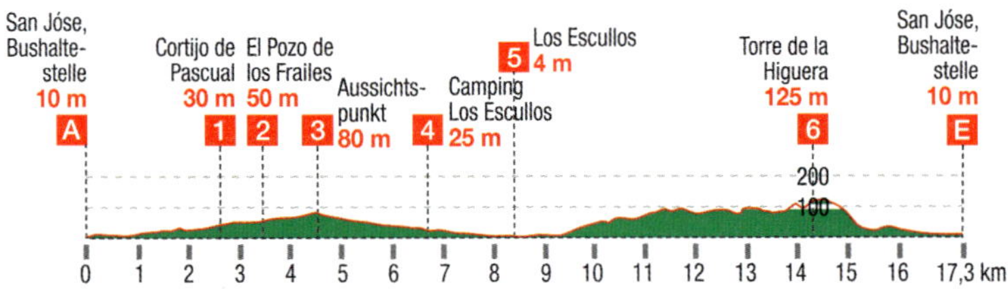

Der Wegverlauf

Die Wanderung beginnt im Ortszentrum von San José an der **Bushaltestelle A**, neben dem kleinen Lebensmittelmarkt. Wir gehen die Avenida de San José nach Norden und überqueren kurz nach dem Hotel Agades Adagir eine Brücke über eine Rambla (trockenes Bachbett). Direkt hinter der Brücke biegen wir links ab. Nach 650 Metern

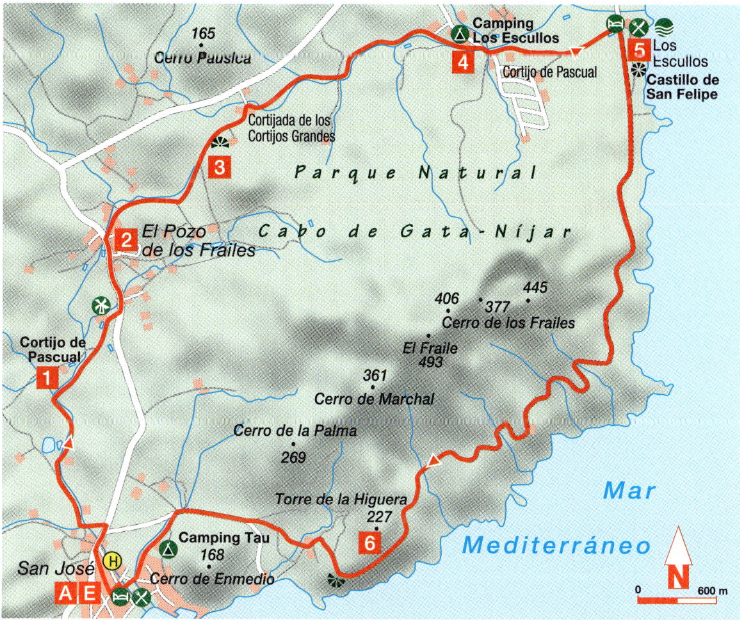

befindet sich auf der gegenüberliegenden Seite der Rambla ein Gehöft (cortijo). Wir überqueren die Rambla auf einem Erdwall und suchen uns einen Weg links am Gehöft vorbei, parallel zur Rambla. Nach weiteren 250 Metern queren wir die Rambla erneut und folgen dem trockenen Bachlauf, 400 Meter weiter führt der Pfad direkt im Bachbett in nordöstlicher Richtung weiter. Hier wächst imposantes Riesenschilf, auch Spanisches Rohr oder Pfahlrohr genannt, welches bis zu sechs Meter hoch wird. Am **Cortijo de Pascual** 1 (0:30 Std.) geht der Pfad in eine Piste über, der wir rechts folgen. Wir kommen an einer Gruppe weißer Häuser vorbei und sehen links von uns eine schön restaurierte Windmühle. Am Ende des Fahrwegs treffen wir auf die Hauptstraße, der wir etwa 550 Meter bis in den Ort **El Pozo de los Frailes** 2 (1:00 Std.) folgen. Zu unserer Linken liegt ein Brunnen (noria) aus dem 14. Jahrhundert, der – so berichten manche Quellen – noch bis 1983 in Gebrauch war.

Wir überqueren die Hauptstraße und folgen einer asphaltierten Seitenstraße (eigentlich handelt es sich hierbei um eine asphaltierte Rambla) in Richtung Norden, bis wir auf eine Weggabelung treffen, an der eine

Infotafel steht. Hier biegen wir rechts (nach Osten) auf eine Piste ab, die bis Los Escullos mit Holzpflöcken markiert ist. Wir lassen uns beeindrucken durch den halb wüstenartigen Charakter der Landschaft. Trotz – oder gerade wegen – dieser Kargheit imponieren hier im Frühjahr prächtige Blumenwiesen, die uns vergessen lassen, dass dies der trockenste Landstrich Europas ist. Hier regnet es im Jahresmittel weniger als 200 mm/m². Daher gibt es hier auch keinen Wald, das hiesige Halbwüstenklima ist zu trocken. Der einzige Baum, wenn man denn so will, ist die Zwergpalme, die nicht nur Symbol des Naturparks Cabo de Gata ist, sondern auch die einzige Palmenart, die natürlicherweise auf dem europäischen Festland vorkommt. Wer hätte das gedacht …
Nach gut 900 Metern kommen wir an einen **Aussichtspunkt** 3 (1:30 Std.), von wo aus wir sowohl das vor uns liegende Gehöft (Cortijada de los Cortijos Grandes) als auch in der Ferne das Meer erblicken. Gut 700 Meter nach den Cortijos Grandes überqueren wir die Rambla de la Capitana und folgen weiterhin den Holzpfählen. Nach rund einem Kilometer erreichen wir den Campingplatz **Los Escullos** 4 (2:00 Std.), wo zahlreiche Tamarisken wachsen. Wir passieren ein Schiebegatter und setzen unseren Weg auf einer Piste nach Osten fort – in Richtung einer Handvoll Gebäude am Strand: Los Escullos. In

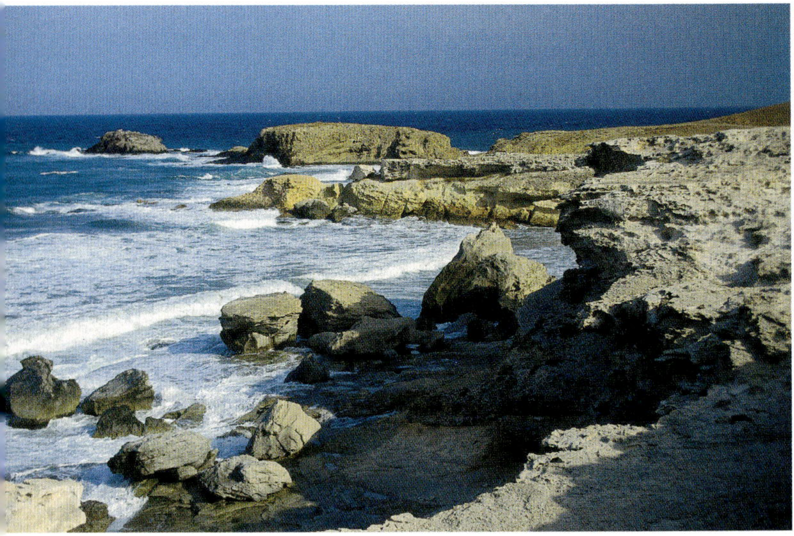

Die fossile Düne bei Los Escullos bietet Ausblicke auf die Brandungsküste.

Los Escullos 5 (2:15 Std.) bietet sich eine Pause an. Der Strand links vom Ort lädt zum Baden ein, wer einkehren möchte, geht zum Hostal Casa Emilio. Anschließend gehen wir küstenparallel nach Süden und treffen zunächst auf das alte Kastell San Felipe, aus dem Jahr 1771 (errichtet von Karl III.). Es ist eines von insgesamt neun Kastellen, die im 18. Jahrhundert an diesem Küstenabschnitt zwischen Garrucha (60 km nördlich) und Málaga errichtet wurden. Sie dienten der Abwehr der zu jener Zeit häufigen Piratenüberfälle.

Zwischen Los Escullos und der Cala Embarcadero treffen wir auf eine fossile Düne, die von bizarren Sandsteinformen überzogen ist. Der Sandstein ist sehr erosionsanfällig, sodass wir unsere Schritte behutsam wählen und anschließend auf dem Fahrweg weitergehen, wo wir bald grandiose Ausblicke auf die imposante Vulkanküste genießen. Der höchste Punkt der heutigen Wanderung ist unterhalb eines alten Wachturms, des **Torre de la Higuera** 6 (3:45 Std.). Von nun an geht es leicht bergab zu einem schönen Aussichtspunkt, von wo aus wir die Cala Higuera und einen Teil San Josés erblicken. Von diesem Aussichtspunkt führt rechts ein etwas gerölliger und steiler Weg hinunter, den wir nach 120 Metern links auf einem Pfad verlassen und auf ein Gebäude zugehen. An dem Gebäude biegen wir rechts auf einen Fahrweg ab, dem wir nach 60 Metern links folgen und durchqueren eine Senke. 650 Meter nach dem Gebäude kommen wir an eine Kreuzung und gehen hier geradeaus. Nach weiteren 600 Metern biegen wir links in eine Asphaltstraße ein, kommen am Camping Tau vorbei und folgen der Straße zum Ausgangspunkt unserer Wanderung, der Bushaltestelle im **Ortszentrum** E (4:30 Std.).

ABSTECHER NACH LA ISLETA DEL MORO

Wenn wir die Wanderung um insgesamt eine Stunde verlängern wollen, so starten wir am Hausstrand von Los Escullos – der Playa del Arco – und gehen am Strand entlang gen Norden nach La Isleta del Moro. Wir durchqueren einige Ramblas, überwinden hier und da eine felsige Passage und im letzten Drittel umwandern wir einen Hügel, bevor wir uns dem kleinen Fischerort nähern. Der Name des Ortes (Die kleine Insel des Mauren) wird zurückgeführt auf einen Berberpiraten namens Arraez, der hier Schutz gesucht haben soll. Am Hafen können Sie im »Restaurante Islata del Moro« einkehren, bekannt für seine frischen Fischgerichte. Wir gehen den gleichen Weg zurück nach Los Escullos.

70 KÜSTENWANDERUNG AM CABO DE GATA

Zu spektakulären Traumstränden

Auf dieser Wanderung lernen wir einen der sicherlich spektakulärsten Küstenabschnitte Europas kennen, der schon oft Schauplatz internationaler Filmproduktionen war. Höhepunkte sind der Strand der Genuesen, die Bucht von Mónsul sowie das Panorama am Torre de la Vela Blanca.

mittel | **6 Std.** | **20 Km** | ↑ 600 m ↓ 600 m

Tourencharakter Strand, schmale Küstensteige, Schotterpiste, kurze asphaltierte Abschnitte

Ausgangspunkt Bushaltestelle neben dem Lebensmittelmarkt im Ortszentrum von San José de Níjar; GPS s.o.

Anfahrt Auto: Ab Almería auf A-4/N-340 bis Ausfahrt 460. Weiter auf N-344 (El Toyo), AL-3115 (Rambla Morales), AL-3201 (Rambla Higueras), AL-3108 (San José). Bus: Ab Almería mit Autocares Bernardo

Karte Parque Natural Cabo de Gata 1:50 000 von Editorial Alpina

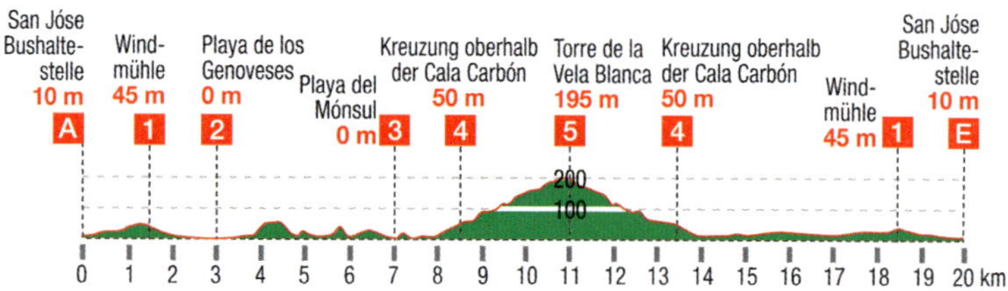

Der Wegverlauf

Wir starten von der Bushaltestelle im **Ortszentrum** A und gehen die Avenida de San José in Richtung Süden. Die Straße beschreibt eine Rechtskurve, und nach 500 Metern biegen wir links in die Calle del Correo ein. An einer Gabelung gehen wir rechts in den Camino de Mónsul und an der nächsten Kreuzung geradeaus. Nach wenigen Schritten

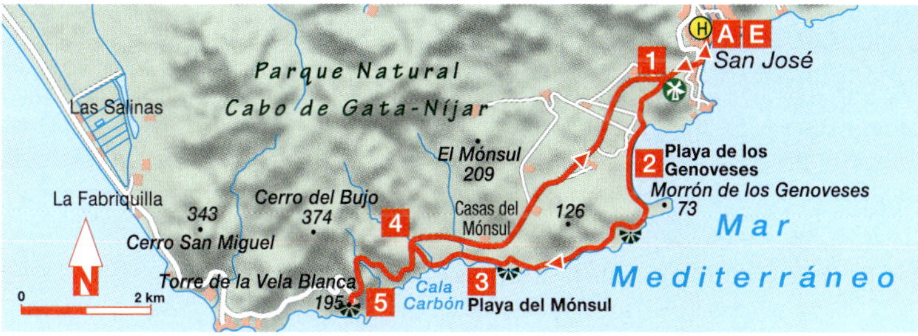

geht die Asphaltstraße in eine Schotterpiste über; hier befinden sich ein Schlagbaum und die Haltestelle für den Pendelbus, der allerdings nur im Hochsommer verkehrt. Wir folgen der Schotterpiste bis zu einer Wegabzweigung bei einer **Windmühle 1** (0:20 Std.). Dort biegen wir links in einen Pfad ein. Von hier aus haben wir bereits einen tollen Ausblick zur Playa de los Genoveses. Der Weg ist gesäumt mit Tausenden von Agaven, die ebenso wie die Opuntien als Erosionsschutz angepflanzt wurden und ursprünglich aus Amerika stammen. Sobald der Weg in einen kleinen Pinienhain eintaucht, kommen wir an eine Kreuzung und biegen links ab. Nach 200 Metern erreichen wir den **Playa de los Genoveses 2** (0:45 Std.). Es handelt sich um einen 1,5 Kilometer langen, unverbauten Strandabschnitt, der sich halbmondförmig bis zu einem markanten Felsen, dem Morrón de los Genoveses, erstreckt. Den Namen verdankt dieser Strand der genuesischen Flotte, die im Jahr 1147 hier landete, um der Reconquista beizustehen und Almería von den maurischen Spaniern zurückzuerobern. Wir folgen dem Strand gen Süden, überwinden dabei einen hellen Felsen und biegen am Ende rechts in einen von Agaven gesäumten Pfad ein, der auf die Felsenküste zuführt; der Morrón de los Genoveses bleibt zu unserer Linken. Von einem ersten Aussichtspunkt gehen wir auf dem Pfad weiter, er ist hier blau markiert. An einem zweiten Aussichtspunkt gehen wir rechts um den Berg herum (die blauen Wegmarken führen weiter geradeaus, allerdings auf einem schmalen und sehr steilen Pfad die Felsküste entlang).

Nach 300 Metern treffen wir auf einen weiteren Pfad, dem wir bergauf folgen und halten uns nach wenigen Metern links auf einem Felsrücken, der Richtung Meer führt. Die Aussicht ist spektakulär. Auf der rechten Seite des Felsrückens steigen wir bergab und gelangen zu einer Bucht, wo wir an der Wasserkante unterhalb der Felswand entlanggehen. Dies ist der spektakulärste Abschnitt der Wanderung, aber nur bei Nied-

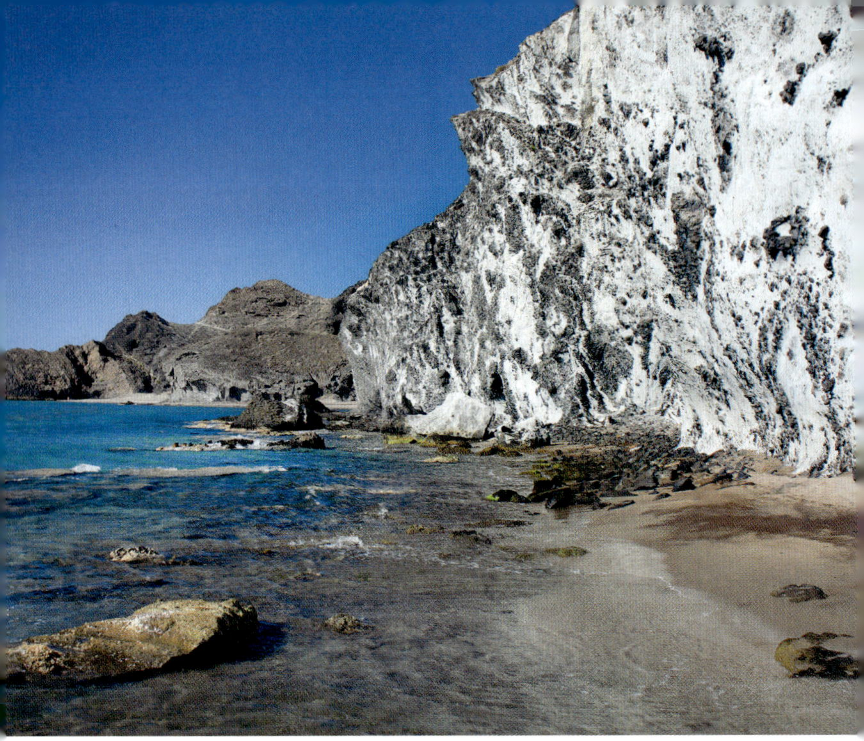

Engstelle mit Vulkangesteinen, die nur bei Niedrigwasser passiert werden kann.

rigwasser und geringer Brandung begehbar. Bevor wir weitergehen, prüfen wir den Wellengang, um sicher zu sein, dass diese Stelle passierbar ist (falls nicht, kehren wir um). Anschließend kommen wir an eine weitere Bucht mit einer Steilwand, an der wir bei guten Bedingungen unten entlanggehen können. Am Ende der nächsten Bucht, der Cala de los Basaltos, erklimmen wir einen wiederum blau markierten Küstensteig, der sich nach 150 Metern gabelt. Links führt der blau markierte Steig in seinem weiteren Verlauf auf ein schmales und sehr steiles Wegstück, für das Trittsicherheit und Schwindelfreiheit erforderlich sind. Wir halten uns rechts und umgehen so die exponierte Stelle. Beide Wege treffen sich auf der anderen Seite des Hügels wieder – oberhalb einer lang gezogenen Düne. Unten an der Düne halten wir uns nach weiteren 100 Metern rechts und folgen dem blau markierten Pfad über die Felsen.

Nach 500 Metern erreichen wir einen Aussichtspunkt, von dem aus wir einen grandiosen Ausblick auf einen lang gezogenen Sandstrand haben: der **Playa del Mónsul** **3** (2:00 Std.), wo eine felsige Landzunge, die Punta de la Peineta, ins Meer ragt und aussieht wie eine zu Felsen erstarrte Welle. Dieser Strand diente so manches Mal als Filmkulisse, beispielsweise in John Milius' »Der Wind und der Löwe« (1975), Terry Gilliams' »Die Abenteuer des Baron Münchhausen« (1988), Steven Spielbergs »Indiana Jones und der letzte Kreuzzug« (1989) mit Harrison Ford und Sean Connery in den Hauptrollen, Alain Tanners »Der Mann, der seinen Schatten verlor« (1991) oder Pedro Almodovars »Hable con ella« (2002).

Am Ende der Playa del Mónsul gehen wir wieder auf dem blau markierten Pfad die Felsen hinauf. Nach 300 Metern erreichen wir die nächste Badebucht – die Playa de la Media Luna (Strand des Halbmondes). Am Ende dieser Bucht folgen wir entweder den blauen Markierungen und kommen an eine kleine Kletterstelle, die Trittsicherheit und Schwindelfreiheit erfordert, oder wir wenden uns entlang eines Barranco landeinwärts und treffen nach 400 Metern auf eine Schotterpiste, der wir westwärts folgen. Sind wir an der Küste weitergegangen, so gelangen wir an die Cala Carbón – die Kohlebucht. Hier gehen wir auf der Piste nach rechts, bis wir an einer Wegkreuzung oberhalb **Cala Carbón** 4 (2:45 Std.) auf die bereits erwähnte Piste treffen, der wir bis zur **Torre de la Vela Blanca** 5 (3:45 Std.) – dem Turm des Weißen Segels – folgen. Von dort genießen wir einen wirklich sagenhaften Ausblick auf den erwanderten Küstenabschnitt. Der Rückweg ist entweder identisch mit dem Hinweg, oder wir können an der Kreuzung zur **Cala Carbón** 4 (4:30 Std.) der Schotterpiste bis zur Wegabzweigung an der **Windmühle** 1 (5:40 Std.) folgen und von dort aus auf bekanntem Weg bis zum Ausgangspunkt, der Bushaltestelle im **Ortszentrum** E (6:00 Std.) gehen.

EIN HAUCH VON AFRIKA

Aufgrund der extremen Trockenheit dieses Landstriches und der Nähe zu Afrika gibt es hier Pflanzenarten, die nur dort verbreitet sind – u.a. der zu den Spindelbaumgewächsen zählende Strauch Mayentus senegalensis, die Glatte Baumschlinge (Periploca laevigata) und die Lotus-Brustbeere (Ziziphus lotus). Bei den Tierarten ist insbesondere der Wüstengimpel (Bucanetes githagineus) bemerkenswert, der hier sein einziges europäisches Vorkommen hat.

Musik-Tipp: Der Gitarrist Riccardo Volkert hat seine empfehlenswerte CD »Cuentos del Sur« mit Motiven vom Cabo de Gato auf dem Cover geschmückt.

71 AUF DEN GIPFEL DES EL FRAILE

Herrliches Küstenpanorama

Diese anspruchsvolle Wanderung führt durch meist wegloses, steiniges und sehr sonniges, aber nicht besonders steiles Gelände auf den höchsten Gipfel der Region.

● **schwer** 4:30 Std. 8,2 Km ↑ 500 m ↓ 500 m

Tourencharakter Größtenteils wegloses, steiniges Gelände; Trittsicherheit erforderlich

Ausgangspunkt Camping Tau am östlichen Ortsrand von San José de Níjar; GPS 36.767797-2.105305

Anfahrt Auto: Von Almería auf der A-4/N-340 bis zur Ausfahrt 460 (Alquián) oder 479 (Nijar–San Isidro). Von letzter weiter auf der AL-3108. Bus: In San José Bushaltestelle der Linie Almería San José

Karte Parque Natural Cabo de Gata 1:50 000 von Editorial Alpina

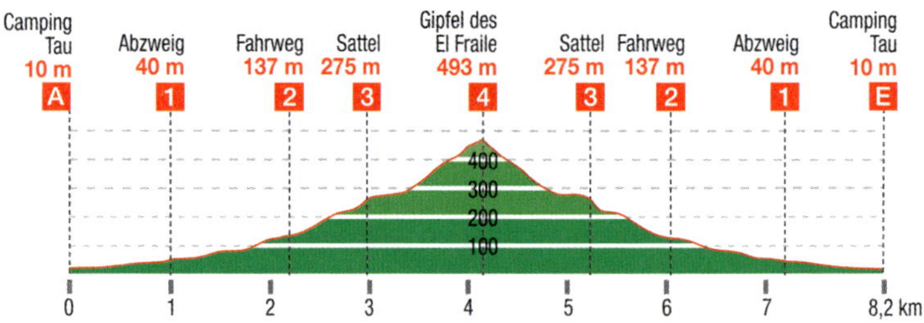

Der Wegverlauf

Vom **Campingplatz Tau** A wandern wir 200 Meter nach Nordosten und treffen auf eine Schotterpiste. Wir gehen nach rechts und gelangen nach 600 Metern an eine Kreuzung, wo wir zuerst den linken Weg nehmen und nach 65 Metern eine **Abzweigung** 1 (0:15 Std.) nach Norden. Nach 60 Metern geht der Fahrweg in einen Pfad über, der zuerst nach rechts und dann nach links schwenkt. Zunächst ist dieser noch gut erkennbar, aber jetzt wird unsere Route immer wegloser und führt häufig durch trockenes, z. T. auch dorniges Gestrüpp. Auch mit

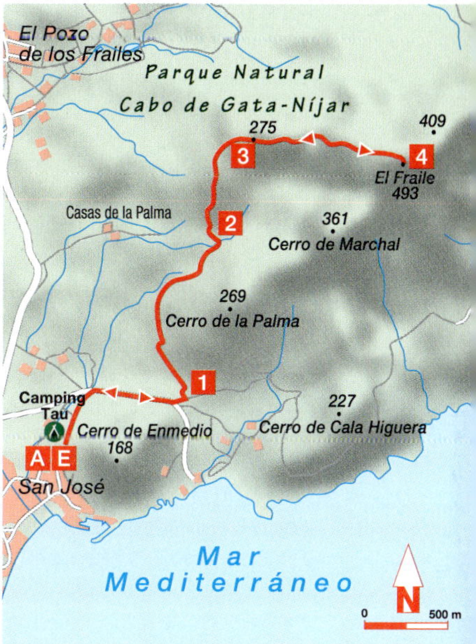

Reptilien ist zu rechnen. Nach weiteren 400 Metern liegt vor uns ein trockenes Bachbett. Wir wenden uns nach rechts, um es zu überqueren und gehen in nördlicher Richtung auf ein weiteres Bachbett zu. Vor uns – auf der anderen Seite – sehen wir in nordöstlicher Richtung eine kleine Senke, auf die wir zuhalten. Dort angekommen gehen wir weiter nach Nordosten und sehen vor uns nun den Höhenrücken, der in einem Rechtsbogen auf den Gipfel des El Fraile hinaufführt. Wir queren ein weiteres Bachbett sowie einen **Fahrweg** 2 (1:00 Std.), der von hier nach Westen zur Landstraße führt.

Danach erklimmen wir querfeldein den vor uns liegenden Hang und treffen nach circa 20 Höhenmetern auf einen weiteren Fahrweg, dem wir bergauf – also nach links – folgen. Wir passieren einen Jagdunterstand aus Steinen. Anschließend erreichen wir den Kamm, dem wir nach links bergauf folgen. Auf unserer rechten Seite befindet sich eine Bodenentnahmestelle, vor uns ein weiterer Jagdunterstand. Wir gehen in nördlicher Richtung weiter, bleiben aber rechts unterhalb des felsigen Kamms. In einer Rechtskurve halten wir auf einen **Sattel** 3 (1:45 Std.) zu und wechseln dort auf die nördliche Seite des Kamms.

Von nun an gehen wir bis zum Gipfel in östlicher Richtung. 350 Meter nach dem Sattel wird es wieder etwas felsig. Wir gehen rechts unterhalb des Kamms auf dessen Südseite bergauf in Richtung einzelner Zwergpalmen. Nach diesem etwas steileren Abschnitt wird es wieder flacher. Nach weiteren 400 Metern kommen wir zu einer Felsstufe, die wir rechts unterhalb queren und direkt zum **Gipfel des El Fraile** 4 (2:30 Std.) hinaufgehen, auf dem sich eine Betonsäule befindet. Von hier haben wir ein grandioses Panorama. Wir steigen auf gleichem Weg ab oder gehen auf dem **Fahrweg** 2 (3:40 Std.) nach Westen zur Landstraße (AL-3108) und von dort zurück zum **Ausgangspunkt** E (4:30 Std.).

WEITERE AUSFLUGSZIELE

Andalusien ist so groß wie Bayern und Österreich zusammen – eine Vielzahl weiterer attraktiver Ziele wartet auf Ihren Besuch!

ALMODÓVAR DEL RÍO (PROVINZ CÓRDOBA)

Hauptattraktion der Kleinstadt, die knapp 22 Kilometer westlich von Córdoba liegt, ist die wuchtige und spektakuläre Burg. Sie steht auf einem Felssporn, der sich mächtig aus der Ebene erhebt. Die Anlage mit ihren zinnenbewehrten Türmen konnte im 13. Jahrhundert den christlichen Heeren vier Jahre lang wiederstehen. Heute sind Besichtigungen möglich, außerdem werden hier regelmäßig mittelalterliche Rittershows veranstaltet; www.castillodealmodovar.com.

SAN PEDRO DE ALCÁNTARA (PROVINZ MÁLAGA)

Das Städtchen liegt zwischen Estepona und Marbella und stellt trotz seiner weitläufigen Apartmentanlagen noch eine der angenehmeren Erscheinungen an der stark verbauten Costa del Sol dar. Am Sandstrand gibt es eine hübsche Chilling-Zone, von der aus man einen alten maurischen Wachturm erkunden kann. Nebenan findet man die Ruinen römischer Thermen und auf einem Spaziergang die Reste einer frühchristlichen Basilika aus dem 6. Jahrhundert. Das Zentrum von San Pedro mit seiner reichhaltigen Gastronomie präsentiert eine restaurierte Finca, die einst das Verwaltungsgebäude für die großen Zuckerrohrplantagen war.

NERJA (PROVINZ MÁLAGA)

Der beliebte Ferienort mit ursprünglichem Kern kann ein geeigneter Standort sein für Urlauber, die vom Meer aus auch zu Wanderungen aufbrechen oder mit den recht guten Busverbindungen nach Granada oder Málaga ausschwärmen. Auf dem Balcon de Europa, einer Flanierterrasse am Meer, kann man bestens ausspannen oder zur Playa de Calahonda an den Strand wechseln. Spektakuläre Höhlenbegehungen erlebt man in der Cueva de Nerja: Die Sala de Cataclismo ist einer der größten Räume in Höhlen weltweit. Einen Rundgang durch die unterirdische Welt kann man auch individuell unternehmen, und wie eigentlich immer in Spanien, bei wichtigen touristischen Anziehungspunkten gibt es ein Infozentrum und Gastronomie. Östlich von Nerja finden Freunde ruhiger Strände noch nicht übervölkerte Buchten mit der Playa de Albercillas, der Playa de Maro oder der Playa de Cantarillán.

ALMUÑECAR (PROVINZ MÁLAGA)

Die Kleinstadt ist praktisch der Stadtstrand von Granada und das touristische Zentrum an der Costa Tropical. Rund um das Castillo San Miguel erstreckt sich die sehenswerte Altstadt mit ihren Gässchen aus arabischer Zeit und viel Atmosphäre. Eine neuere Attraktion ist das große Aquarium, in dem Besucher in Tunneln unter Meerwasserbecken mit Haien durchlaufen. Lohnend ist auch eine Fahrt durch das Tal Valle Tropical, das sich das Küstengebirge hinaufzieht. Man fährt durch riesige Plantagen tropischer Früchte, die hier in einem speziellen Mikroklima gedeihen.

ALHAMA DE GRANADA (PROVINZ GRANADA)

Der frühere maurische Kurort hat auch heute noch wegen der Heilwirkung seiner warmen Quellen im Hotel Balneario einen großen Beliebtheitsgrad. Im Untergeschoss der Badeanstalt sieht man sehr schöne Bögen aus arabischer Zeit. Auch im nahen Fluss wird in warmem Wasser gebadet. Der Ort an sich weist eine Fülle historischer Gebäude auf, die nach und nach saniert werden – ein wahres Schatzkästchen. Die Iglesia de Encarnación wurde von Diego de Siloé gestaltet. Eine Wanderung kann man im beeindruckenden Tajo unternehmen, der unter Naturschutz steht und in dem wilde Bergziegen, Falken und Bussarde vorkommen.

VÉLEZ BLANCO (PROVINZ ALMERÍA)

Das Bergstädtchen führt ganz im Nordosten Andalusiens ein verstecktes Dasein. Das Castillo de los Fajardos überragt den Ort, die Blicke auf das gesamte Ensemble vor dem Hintergrund der Sierra de María sind spektakulär. Ein neues Museum informiert über die uralte Bewässerungskultur. Außerhalb des Ortes kann man die Cueva de Letreros mit ihren steinzeitlichen Felszeichnungen besichtigen. Hier befinden sich auch die Originale des »Indalo«-Symbols.

MOJÁCAR (PROVINZ ALMERÍA)

Der schön herausgeputzte Ort ganz im Nordosten Andalusiens ist ein eigenes kleines Reiseziel und ein Urlaubsstandort »in der Sonne«. Die Strandpromenade Paseo del Mediterraneo ist sage und schreibe sieben Kilometer lang. Der alte Ortskern Mojácar Pueblo liegt landeinwärts an einem Hügel, auf dem die Reste einer maurischen Burg zu sehen sind. Von einem Mirador aus ergibt sich ein toller Blick auf die Umgebung.

WEITERE TOP-WANDERUNGEN

Andalusien ist eine Region voller reizvoller Wanderrouten – folgende Touren bieten eine Ergänzung oder Alternative, wenn man Lust hat auf »mehr« am Urlaubsort:

CUEVA DE NERJA – FRIGILIANA (PROVINZ MÁLAGA)

(Etappe des GR 249; 5 Std., ca. 15 km)
Start am Wanderparkplatz 100 Meter vor dem Kassenareal der berühmten Höhle. Leicht bergan bis zur Picknickzone Pinarillo, dann nach Nordwesten weiter über einen Sattel und hinunter zu den Gumpen des Chillar-Bachs. In fleißigem Auf und Ab durch mehrere Einschnitte zum Flussbett des Río Higuerón und nach Frigiliana. Start und Ziel mit guter Busanbindung. Karte mit Tourenbuch von Éditorial penibética, ISBN 978-84-943652-4-9.

NERJA – RÍO CHILLAR (PROVINZ MÁLAGA)

Vom westlichen Ortsrand von Nerja aus (nahe der Busstation) hinunter zum Bachbett des Chillar und diesem nach Lust und Laune folgen. Je nach Wasserstand watet man Passagen im Bachbett. Karte mit Tourenbuch von Editorial penibética, ISBN 978-84-943652-4-9.

GRAZALEMA (SIEHE TOUREN 15, 23, 24)

Am Campingplatz beginnen zwei schöne Routen, die auf einer Wandertafel dargestellt sind. Bergauf und an einer Gabelung nach links läuft man eine schöne Runde (1,5–2 Std.) mit einigen seltenen Orchideenarten am Wegrand. Ein weiterer Linksabzweig führt zum Ausgangspunkt. Auf Route 2 (»oben« Rechtsabzweig) umläuft man über den Puerto de las Presillas den Peñon Grande und kommt zum Puerto de Boyar, dann parallel zur Straße zurück zum Camping. Karte mit Booklet von Editorial penibética.

CABO DE GATA (SIEHE TOUREN 47, 69, 70, 71)

Von Las Negras aus führt ein toller Küstenpfad als Teil des GR 92 zum alten Piratenstützpunkt Castillo de San Pedro, von dem noch Reste erhalten sind und wo eine kleine Hippiekolonie lebt. Bademöglichkeit am Kiesstrand vorhanden, einfache Wanderung, ca. 1,5 Std. Gehzeit einplanen. Weder Einkehrmöglichkeit noch Schatten – daher sollte man unbedingt Sonnenschutz sowie Wasser und Verpflegung auf die Tour mitnehmen.

PARQUE NATURAL SIERRA SUBBÉTICA CORDOBESA (SIEHE TOUREN 37, 39–43)

Von Zagrilla Alta aus (Bus wochentags von Priego) sportlich bergauf und nach Durchquerung des Hofs vom Cortijo de la Lastra am Cortijo de la Nava vorbei (2 Std.). Von dort auf breiter Forstpiste in langem, aber landschaftlich schönem Abstieg nach Luque (gesamt 4 Std.). Unsere Tour 40 und Karte Parque Natural Sierras Subbéticas der Junta de Andalucia 1:40 000.

VON ZUHEROS NACH CABRA (SIEHE TOUREN 37, 39–43)

(ca. 16 km, 6 Std.)
Start am Wanderparkplatz des Río Bailón in Zuheros, sportlich bergauf mit mehreren Bachquerungen. Durch ein schönes Wäldchen zur Rast an der Quelle Fuenfria. Beschilderung »Ermita de Cabra« folgen und über eine Kuppe und ein Wäldchen zur riesigen Doline de Nava. In der Talachse bis zu einem Cortijo mit Schafhaltung, nach rechts hangaufwärts Wanderparkplatz und Anbindung an die Straße CP 115. Ca. 200 Meter nach rechts, dann zweigt der »Camino Gongora« nach links ab und führt an einem Ausflugsrestaurant vorbei abwärts nach Cabra. Karte Parque Natural Sierras Subbéticas der Junta de Andalucia 1:40 000.

GRANADA

Eine tolle Rundtour ist gut von Granada aus zu erreichen. Start ist Cumbres Verdes (wenige Busse bzw. mit dem Bus nach La Zubia und weiter ab Stadtpark mit Taxi). Vom Wanderparkplatz aus erreicht man eine Aussichtsplattform mit Erklärungstafel, dann geht es durch ein sandiges Tälchen leicht bergan. Ein Rechtsabzweig durch einen Felseinschnitt leitet zum Refugio Rosales, dann steil hinunter zum Río Dilar. Leicht bergan wieder zurück zum Ausgangspunkt. Broschüre: Guía Turística de Rutas por Sierra Nevada.

GÜEJAR SIERRA (BEI GRANADA)

Ebenfalls mit Landkreisbus zu erreichen und eine beliebte Wochenendtour auch für Einheimische ist die »Vereda de la Estrella«. Vom Ort aus wandert man zunächst bergab zum Genil und folgt dann dem Verlauf des Flusses auf einem reizvollen Wanderweg. Die Brücke über den Zufluss Río Guarnón ist ein gutes Ziel, Ausdauerfreaks laufen bis zur Cueva Secreta, die auch als Übernachtungsplatz für Mulhacén-Besteigungen dient. Broschüre: Guía Turística de Rutas por Sierra Nevada.

KLEINER SPRACHFÜHRER SPANISCH

Die Verständigung in Andalusien ist manchmal nicht ganz einfach: Mit Englisch oder gar Deutsch geht wenig, mit Ausnahme mancher Glückstreffer in Touristenzentren oder besseren Hotels. Und das andalusische Spanisch ist vom Hörverstehen her schwierig – als »Konsonantenquäler« sind die Einwohner quasi die Franken Spaniens. Gerne wird das »s« zu einem langen »h« verschliffen, und so heißt es »adiohh« statt »adios«. Das gleiche passiert gerne mit dem »d«: »hablao" an Stelle von »hablado« oder »universida« statt »universidad«. Wird ein Sportler gelobt, ist er ein »campeoh« und kein hochsprachlicher »campeón«. Zudem fällt die Schwelle zum Duzen bedeutend niedriger aus als in Kastilien: Der Verzicht auf die Formen mit »usted« erleichtert wiederum sowohl Sprache als auch Kennenlernen. Einen Vorteil hat das Ganze: Wer in Andalusien einen Sprachkurs macht, wird sich überall in Spanien automatisch leichter tun mit dem Hörverstehen.

ALLGEMEIN

Hallo hola
Guten Tag/Abend buenas tardes
Tschüss adiós
Auf Wiedersehen hasta luego
Guten Morgen buenas días
Gute Nacht buenas noches
O.k.! ¡Vale!
Ja sí
Nein no
Bitte por favor
Danke gracias
Bitte (gern geschehen) de nada
Entschuldigung perdón, disculpa
Wie geht's? ¿Qué tal?
Danke, mir geht es sehr gut. Gracias, estoy muy bien.
Ich heiße Me llamo
Woher sind Sie? ¿De dónde viene usted?
Ich bin aus Soy de
Deutschland Alemania
Sprechen Sie Deutsch? ¿Habla usted Alemán?
Ich spreche nur etwas Spanisch. No hablo mucho español.
Ich verstehe nicht. No entiendo.
Wie viel Uhr ist es? ¿Qué hora es?
Ich habe keine Zeit. No tengo tiempo.
ich möchte quiero
Wie schade! ¡Qué lástima!
einverstanden de acuerdo
müde sein tener sueño
Urlaub vacaciones
Kind niño
Erwachsener adulto
leicht (einfach) fácil
schwer (schwierig) difícil

Achtung atención
Vorsicht cuidado
gefährlich peligroso
verboten prohibido

WETTER

frieren tener frío
schwitzen sudar
Wettervorhersage previsión del tiempo
Was haben wir heute für ein Wetter? ¿Qué tiempo tenemos hoy?
Es regnet llueve
Die Sonne scheint hace sol
Schnee nieve
Nebel niebla
Sturm tempestad
Gewitter tormenta
trocken seco
nass mojado/ húmedo

VERLETZUNG

Arzt médico
Krankenhaus hospital
bewusstlos inconsciente/ desmayado
Unfall accidente
Sturz caída
Hilfe ayuda
Erste Hilfe primeros auxilios
Verband vendaje
Verletzung herida, lesión
Herzinfarkt infarto de miocardio
Knochenbruch fractura de hueso
Schürfwunde rozadura
Prellung contusión
Schwindel (Gefühl) vértigo
Unterkühlung enfriamiento

EINKAUFEN / RESTAURANT

offen abierto
geschlossen cerrado
Speisekarte carta
Wie viel kostet das? ¿Cuánto cuesta?
teuer/billig caro/ barato
Das gefällt mir. Esto me gusta.
Ich suche ... Estoy buscando ...
Haben Sie ...? ¿Tiene usted ...?
bestellen/ bitten pedir
Die Rechnung bitte. La cuenta por favor.
Kleidung ropa
Schuhe zapatos
Bergschuh bota de montaña
Handschuh guante
Rucksack mochila
Kellner,-in camarero,-a
Bar/ Kneipe bar
Markt mercado
Berghütte refugio de montaña

ESSEN UND TRINKEN

Frühstück desayuno
Mittagessen almuerzo
Abendessen cena
Vorspeise entrada
Nachtisch postre
Essen comida

Ich habe Hunger/Durst. Tengo hambre/sed.
Glas (Bier) caña
Glas (Wein) copa
Getränke bebidas
Bier cerveza
alkoholfrei sin alcohol
Rotwein vino tinto
Weißwein vino blanco
Schnaps aguardiente
Mineralwasser agua con gas
stilles Wasser agua sin gas
Kaffee mit Milch café con leche
Tee té

UNTERWEGS

links a la izquierda
rechts a la derecha
geradeaus recto/derecho
abwärts abajo
aufwärts arriba
Wo ist …? ¿Dónde está …?
Wo ist die nächste Bushaltestelle? ¿Dónde está la parada de autobuses más próximo?
Wann fährt der Bus nach … ? ¿Cuando se val el autobus a …?
Wo ist der Flughafen? ¿Dónde está el aeropuerto?
Ich suche ein Hotel. Estoy buscando un hotel.
Ich habe ein Zimmer reserviert. He reservado una habitación.
Ist noch ein Zimmer frei? ¿Hay una habitación disponible?
Ich habe mich verlaufen. Estoy perdido,-a.
Helfen Sie mir bitte. Ayudame por favor.
Ticket billete
Karte mapa
Toilette servicio/baño
Autovermietung alquiler de coche
Bahn/ Zug tren
Bahnhof/Busbahnhof estación de tren/de autobus
Haltestelle parada
Fahrrad bicicleta
Höhe altura
Abhang pendiente
Aufstieg escalada
Abstieg bajada
abschüssig empinado
abstürzen caer/ despeñarse
Wegkreuzung cruce
Berg montaña
Gipfel peñon, cumbre, pico
Gebirge sierra
Schlucht tajo
Aussichtspunkt mirador
Pass (auch Hafen) puerto
Pfad sendero/ camino
Straße Calle
schmal estrecho
breit ancho
Entfernung distancia
zeitweilig Wasser führender Bachlauf/Schlucht barranco
zeitweilig Wasser führender Bachlauf rambla
Fluss río
Stausee embalse
Brücke puente
klettern escalar
Pool piscina

Richtung dirección
Norden norte
Osten este
Süden sur
Westen oeste
Brunnen/Quelle fuente
Trinkwasser agua potable
Haus casa
Haus oder Gehöft auf dem Land cortijo
Größeres Haus oder Gehöft finca

ZEITEN UND ZAHLEN

Jahr año
Monat mes
Tag día
Stunde hora
Minute minuto
Wochentag día de la semana
Montag lunes Abkürzung: L
Dienstag martes M
Mittwoch miércoles X
Donnerstag jueves J
Freitag viernes V
Samstag sábado S
Sonntag domingo D
Morgen/morgen mañana
Mittag mediodía
nachmittags/abends por la tarde
Nacht noche
Feiertag fiesta, festivo
Werktag Laborable
eins uno
zwei dos
drei tres
vier cuatro
fünf cinco
sechs seis
sieben siete
acht ocho
neun nueve
zehn diez
elf onze
zwölf doce
dreizehn trece
vierzehn catorce
fünfzehn quince
sechzehn dieciséis
siebzehn diecisiete
achtzehn dieciocho
neunzehn diecinueve
zwanzig veinte

TOURENÜBERSICHT

Wanderung Ausflug

Schwierigkeitsgrad: 🔵 leicht 🔴 mittel ⚫ schwer bzw. anspruchsvoll

Tour		Bemerkung			
1		Sevilla		x	
2		Carmona		x	
3		Itálica		x	
4		Minas de Riotinto		x	
5		Arcena		x	
6		Palos de la Frontera und Monasterio la Rábida		x	
7		Parque Nacional Coto de Doñana		x	
8		El Rocío		x	
9	🔵	Durch die Sierra de Aracena	x		
10	🔵	Von Aracena nach Linares de la Sierra	x		
11	🔵	Rundgang im Nationalpark	x		
12	🔵	Küstenwanderung im Nationalpark	x		
13		Málaga		x	
14		Ronda		x	
15		Grazalema		x	
16		Arcos de la Frontera		x	
17		Jerez de la Frontera		x	
18		Cádiz		x	
19		Tarifa		x	
20		Gibraltar		x	
21	🔴	Auf den Gipfel des Aljibe	x		
22	🔵	Am Río Hozgarganta	x		
23	🔴	Durch die Sierra del Pinar	x		
24	🔴	In die Garganta Verde	x		
25	🔵	Rund um Ronda	x		
26	🔵	Von Ronda nach Jimera	x		
27	🔴	Auf den Gipfel des Torrecillas	x		
28	🔵	Ins Felslabyrinth Los Riscos	x		
29	🔵	Im Bergland von Marbella	x		
30	⚫	Auf den Gipfel von La Concha	x		
31	🔴	In der Sierra de las Nieves	x		

- Gehzeit
- Höhenmeter
- Länge
- Einkehr
- Für Kinder geeignet
- Sehenswürdigkeit
- Winter geeignet (bei Schneefreiheit)
- Viel Sonne
- Bademöglichkeit
- Schattiger Weg
- Anreise mit Bus/Bahn

Gehzeit	Höhenmeter	Länge	Einkehr	Für Kinder geeignet	Sehenswürdigkeit	Winter geeignet	Viel Sonne	Bademöglichkeit	Schattiger Weg	Anreise mit Bus/Bahn
			x		x	x				x
			x		x	x				x
					x	x				x
				x	x	x				
			x		x	x				x
				x	x	x		x		x
				x	x	x		x		x
					x	x				x
2:45 h	280/280 HM	10,5 km		x		x				x
2:30 h	200/200 HM	9,5 km	x	x		x			x	x
1:30 h	0/0 HM	6 km	x	x		x				
2:00 h	100/100 HM	5,2 km	x	x		x	x	x		
			x		x	x		x		x
			x		x	x				x
			x		x	x				x
			x		x	x				x
			x		x	x				x
			x		x	x		x		x
			x		x	x		x		x
			x		x	x		x		x
3:30 h	704/704 HM	13,6 km	x			x			x	
2:30 h	200/200 HM	8,5 km	x	x	x	x		x		x
3:30 h	300/800 HM	10 km	x			x				x
2:20 h	270/270 HM	6 km	x			x				
4:30 h	320/350 HM	13,5 km	x		x	x	x			x
4:00 h	300/500 HM	16 km	x			x	x			x
5:45 h	820/820 HM	14,2 km	x			x				
3:30 h	568/522 HM	7,4 km	x			x	x			
3:45 h	525/525 HM	7,5 km	x			x	x			
4:30 h	675/675 HM	13 km	x			x	x			
3:45 h	530/530 HM	12 km	x			x				x

Tour		Bemerkung			
32	●	In die Chorro-Schlucht	x		
33		Córdoba		x	
34		Medina Azahara		x	
35		Laguna de Fuente de Piedra		x	
36		Antequera		x	
37		Priego		x	
38	●	Im Torcal de Antequera	x		
39	●	Im Naturpark Sierras Subbéticas	x		
40	●	Durch die Schlucht des Río Bailón	x		
41	●	Auf den Kirschbaumpass	x		
42	●	Durch die Sierra de Horconera	x		
43	●	Auf den La Tiñosa	x		
44		Granada		x	
45		Die Alpujarras		x	
46		Almería		x	
47		Cabo de Gata		x	
48		Tabernas		x	
49		Guadix		x	
50		Úbeda		x	
51		Baeza		x	
52		Jaén		x	
53	●	In das Naherholungsgebiet Llano del Perdiz	x		
54	●	Zum Aussichtspunkt Cruz del Víznar	x		
55	●	Durch die Lagune von Padu	x		
56	●	Auf den Silleta de Padul	x		
57	●	Durch die Schlucht von Monachil	x		
58	●	Höhenweg im Poqueira-Tal	x		
59	●	Nach Bubión und Pampaneira	x		
60	●	Durch die Tahá de Pitres	x		
61	●	Von Capileira nach Trevé	x		
62	●	Auf den Mulhacén	x		
63	●	Im Tal des Río Trevélez	x		
64	●	EXTRA: Fernwandern in Andalusien	x		
65	●	Geheimtipp Sierra Mágina	x		
66	●	Auf den Gipfel des Gilillo	x		
67	●	Am Río Borosa	x		
68	●	Durch die Wüste von Tabernas	x		
69	●	Rund um den Berg der Mönche	x		
70	●	Küstenwanderung am Cabo de Gata	x		
71	●	Auf den Gipfel des El Fraile	x		

	🕒	⛰	↔	🍴	☺	🏛	❄	☼	🌅	🌳	🚌
	2:00 h	120/120 HM	7 km	x	x		x		x	x	
				x	x		x		x	x	
				x		x	x				x
					x	x	x	x			x
				x		x	x				x
				x		x	x				x
	2:00 h	120/120 HM	2 km	x	x		x	x			
	5:30 h	950/950 HM	19,4 km				x	x			
	4:15 h	650/650 HM	14,8 km	x	x		x	x			x
	3:30 h	720/720 HM	13 km	x	x		x	x			
	6:45 h	1060/1110 HM	25 km	x			x	x			x
	6:30 h	1000/850 HM	18,2 km	x			x	x			x
				x		x	x				x
				x		x	x				x
				x		x	x		x		x
				x	x	x	x		x		x
				x		x	x				x
				x	x	x	x				x
				x		x	x				x
				x		x	x				x
				x		x	x				x
	3:00 h	280/280 HM	11,5 km	x	x		x				x
	1:45 h	343/343 HM	5,5 km	x			x				
	2:30 h	0/0 HM	9,2 km	x	x		x	x			x
	4:30 h	540/540 HM	15,5 km	x			x	x			x
	3:00 h	310/310 HM	8,5 km	x	x		x				x
	6:30 h	1450/1450 HM	19,5 km	x			x	x			x
	4:30 h	900/900 HM	10 km	x		x	x	x			x
	3:15 h	620/620 HM	10 km	x	x	x	x				x
	5:40 h	1100/1090 HM	18,1 km	x		x	x				x
	6:15 h	1050/1050 HM	14,5 km	x				x			
	4:45 h	520/520 HM	12 km	x			x	x			x
	7 Tage	3300/3100 HM	100 km	x			x	x			x
	3:00 h	360/360 HM	9 km	x			x				
	6:45 h	1080/1080 HM	24 km	x			x				x
	6:15 h	660/660 HM	22 km	x	x		x				
	2:15 h	210/210 HM	7 km	x	x	x	x	x			x
	4:30 h	350/350 HM	17,3 km	x	x		x	x	x		x
	6:00 h	600/600 HM	20 km		x		x	x	x		x
	4:30 h	500/500 HM	8,2 km				x	x	x		x

REGISTER

IMPRESSUM

Verantwortlich: Stefanie Krüger
Redaktion/Lektorat: Christian Schneider
Umschlaggestaltung: Ralph Hellberg
Layout: graphitecture book & edition
Kartografie: Bruckmann Verlag GmbH, Heidi Schmalfuß;
Huber Kartographie, Heike Block
Repro: Repro Ludwig Prepress
Herstellung: Alexander Knoll
Printed in Italy by Printer Trento

★★★★★

Sind Sie mit diesem Titel zufrieden? Dann würden wir uns über Ihre Weiterempfehlung freuen. Erzählen Sie es im Freundeskreis, berichten Sie Ihrem Buchhändler, oder bewerten Sie bei Onlinekauf.
Und wenn Sie Kritik, Korrekturen, Aktualisierungen haben, freuen wir uns über Ihre Nachricht an Bruckmann Verlag, Postfach 40 02 09, D-80702 München oder per E-Mail an lektorat@verlagshaus.de.

Unser komplettes Programm finden Sie unter www.bruckmann.de

Alle Angaben dieses Werkes wurden vom Autor sorgfältig recherchiert und auf den neuesten Stand gebracht sowie vom Verlag geprüft. Für die Richtigkeit der Angaben kann jedoch keine Haftung übernommen werden, weshalb die Nutzung auf eigene Gefahr erfolgt. Insbesondere bei GPS-Daten können Abweichungen nicht ausgeschlossen werden. Sollte dieses Werk Links auf Webseiten Dritter enthalten, so machen wir uns die Inhalte nicht zu eigen und übernehmen für die Inhalte keine Haftung.

Autorenempfehlung
Sie sind auf der Suche nach weiterführender Literatur? Dann empfehle ich Ihnen den Titel »Andalusien – Zeit für das Beste« von Andrea Hoffmann, Kay Maeritz und Hans Zaglitsch. Oder Sie werfen einen Blick in die Zeitschrift »Bergsteiger«. Hier werden Sie bestimmt fündig. Ihr Michael Pröttel

Bildnachweis: Alle Bilder im Innenteil stammen von den Autoren, mit Ausnahme von S. 30, S. 32 Wikimedia Commons/Emilio J. Rodríguez Posada; S. 31 Wikimedia Commons/Francisco Predilla; S. 38, 40 Wikimedia Commons/Adam63; S. 81 Wikimedia Commons/Iain and Sarah; S. 137, S. 146 Wikimedia Commons/Rabe!; S. 147 Wikimedia Commons/Hans Hillewaert; S. 149 oben Wikimedia Commons/ Manfred Werner; S. 149 unten Wikimedia Commons/ Ingo Mehling; S. 193 unten Wikimedia Commons/ m0gema; S. 195 Wikimedia Commons/ Fährtenleser; S. 197 Wikimedia Commons/ Anual; S. 198 Mihal Grmek; S. 199: Wikimedia Commons/CLE 80

Umschlagvorderseite: Die Alhambra in Granada, Andreas Friedrich; Wanderin in der Sierra Nevada, maruitius images/Kevin Foy/Alamy

Umschlagrückseite: Die Plaza de España in Sevilla

Die Deutsche Nationalbibliothek verzeichnet diese Publikation in der Deutschen Nationalbibliografie; detaillierte bibliografische Daten sind im Internet über http://dnb.d-nb.de abrufbar.

ISBN 978-3-7343-1193-2

Ebenfalls erhältlich ...

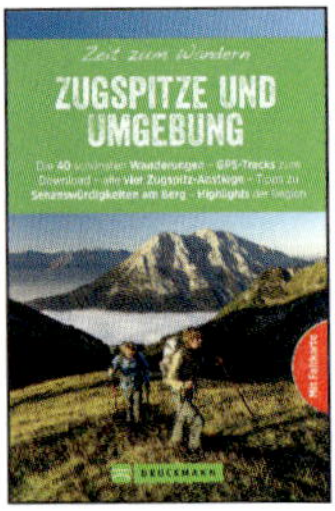

ISBN 978-3-7343-0761-4

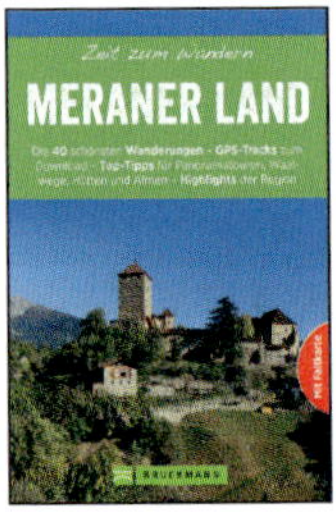

ISBN 978-3-7654-6071-5

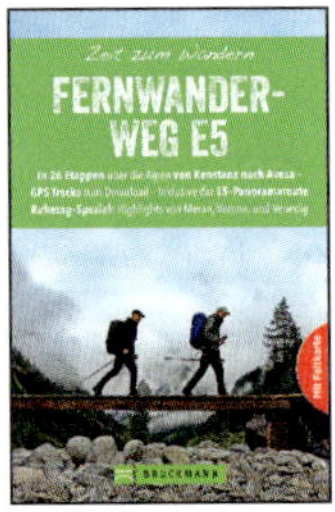

ISBN 978-3-7343-0759-1

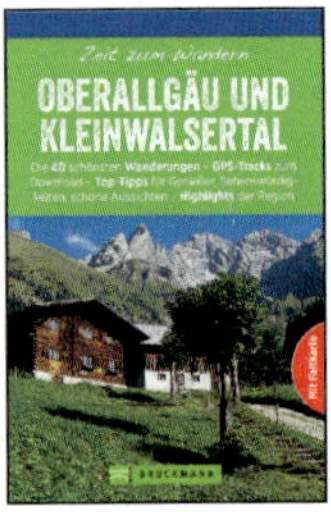

ISBN 978-3-7343-0461-3

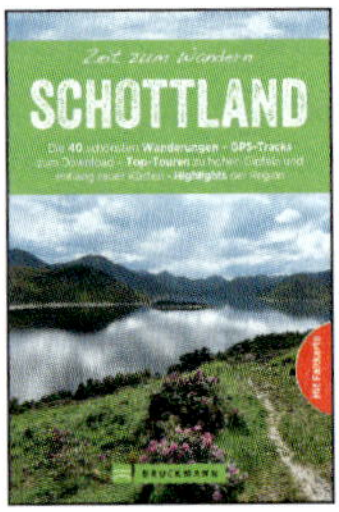

ISBN 978-3-7343-0763-8

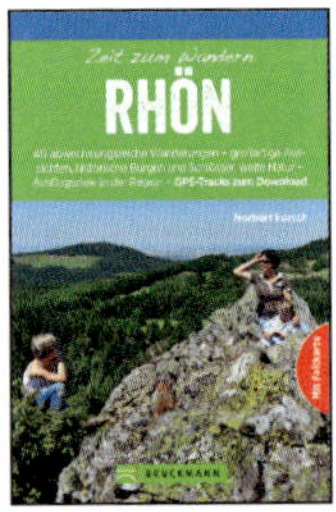

ISBN 978-3-7654-6021-0

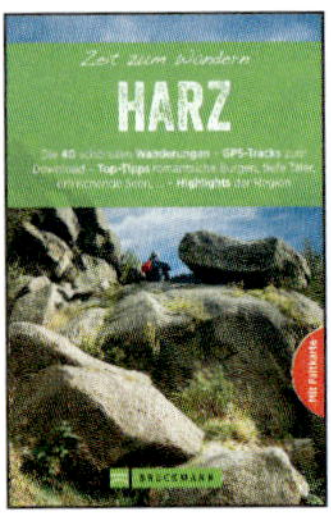

ISBN 978-3-7343-0760-7

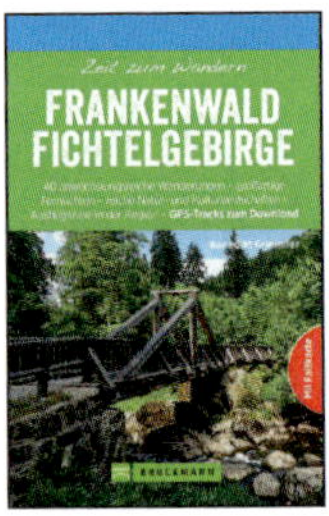

ISBN 978-3-7343-1190-1

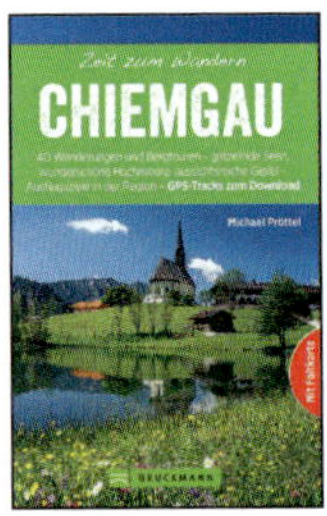

ISBN 978-3-7343-1189-5

BRUCKMANN

www.bruckmann.de